U0852975

新编21世纪新闻传播学系列教材

• 编辑出版学系列 •

选题策划导论

An Introduction to the Design of Topics on Publishing

易图强　著

中国人民大学出版社
· 北京 ·

“新编21世纪新闻传播学系列教材”编委会

主　编　方汉奇

副主编　（按姓氏笔画排列）

丁淦林　何梓华

郑兴东　周瑞金

赵玉明　郭庆光

童　兵

作 者 简 介

易图强　历史学博士，湖南师范大学新闻与传播学院教授、硕士生导师，出版科学研究所所长。2000年5月以来从事编辑出版学教学与研究。目前的研究领域有二：一是图书选题策划，拓展到选题资源全媒体开发利用、全媒体出版运营、出版内容创新以及学术评价；二是畅销书，包括畅销书的策划运作与新中国畅销书的出版传播史，延伸至全民阅读。截至2019年5月，共发表论文69篇，其中编辑出版学论文54篇。出版各种层次的著作10部，其中个人撰述的编辑出版学著作4部：《选题策划导论》（初版为《图书选题策划导论》）、《畅销书与思想解放论稿》、《出版学概论》、《出版经营管窥》。主持国家社科基金项目1项、原国家新闻出版广电总局新闻出版课题1项、湖南省省级与厅级项目5项。

内 容 简 介

本书以初版《图书选题策划导论》为蓝本，做了相当大幅度的修改。以大出版及大传媒的视野考察选题策划，主要探讨图书选题策划，兼顾期刊、音像电子出版物与数字出版物的选题策划，并涉及报纸、广播、电视、电影、互联网和手机等媒体。以大策划的思路布局谋篇，构建选题策划的理论体系。阐释了选题策划的内涵与作用、构成要素、运作机制与程序等基本问题，剖析了选题策划的七个原则，创造性地提炼出选题策划的10个理念与20种方法，形象归纳出选题策划人员必须具备的五种动物本领（狗鼻、狐脑、虎风、狼性、豹胆），开拓性地、比较系统地探索了数字出版物的选题策划。全书解读的案例明确标识的有91个，插入图片204幅，理论与实践紧密结合，贴近时代，论述全面，规范严谨，可读性强。既适合编辑出版学专业师生学习、研读，又能启发、指导编辑出版从业人员，是一部学以致用的选题策划研究著作和实践应用导航书。

总　序

中国人民大学出版社策划出版的“新编21世纪新闻传播学系列教材”，是一套在新闻传播学领域内，皋牢百代，卢牟六合，贯穴古今，笼罩中外，密切联系新闻传播工作的实际，广泛吸收新闻传播学的最新研究成果，高挹遐揽，取精用宏，供新世纪的高等院校新闻传播院系教学使用的系列教材。

20世纪初以来的100年，是世界新闻传播事业飞速发展的100年。这100年来，随着科学技术的不断发展，继报纸、期刊、通讯社之后，广播、电视、网络和多种新媒体相继问世，新闻传播的媒介日趋多元化，新闻传播的手段日趋现代化，“地球村”变得越来越小，新闻传播事业对世界政治、经济和文化的影响则变得越来越大。

这100年，也是中国新闻事业飞速发展的100年。其中最近的30年，即中国改革开放以来的30年，发展得尤为迅猛。

进入新世纪以后，中国新闻事业发展的势头更为迅猛。报纸、期刊、通讯社、广播电台、电视台的数量在宏观调控下，虽无大变化，但软硬件的实力都有了很大的提高。据2011年12月出版的《中国新闻年鉴》的最新统计数字，2010年全国共出版报纸1 939种，平均期印数2.14亿份。共出版期刊9 884种，平均期印数1.63亿份。全国共有广播电台227座，电视台247家，广播电视台2 130家，教育电视台44家。广播综合人口覆盖率为96.78%，电视综合人口覆盖率为97.62%。

另外2012年1月中国互联网络信息中心（CNNIC）发布的《第29次中国互联网络发展状况统计报告》显示，截至2011年12月底，中国网民规模已达到5.13亿，互联网普及率达到38.3%。其中，手机用户数量为3.56亿，博客和个人空间用户数量为3.19亿，微博用户数量为2.5亿，社交网站用户数量为2.44亿，网络视频用户数量为3.25亿。中国居民中具备上网条件和技能的人已经基本转化为网民，大专及以上学历人群中互联网使用率已达96.1%。中国网站总数为230万个，网页数量为866亿个。

这样大的发展规模，这样快的发展速度，在世界和中国新闻事业史上都是空前的。回顾既往，盱衡未来，新闻传播事业在21世纪还将会保持旺盛的发展势头。新闻传播，作为上层建筑中意识形态的一个重要组成部分，在全面准确地宣传党的基本理论、基本路线和基本方针以及各项决策，反映人民群众的伟大业绩和精神风貌，以及推动改革开放和社会主义现代化建设等方面，必将继续发挥重要的作用。

与新闻传播事业的发展相配合，这100年来，为中国的新闻战线培养和输送人才的中国新闻教育，也有了相应的发展。中国的新闻教育起始于20世纪初，迄今有近百年的历史。新中国成立前的30年，虽然先后在个别院校中设立了新闻系或新闻专科，但规模都不大，设备也不够完善，在校学生人数，最多的时候不超过400人，30年间累计培养出来的毕业生还不到3 000人。新中国成立后，为了给新中国的新闻事业培养人才，新闻教育有了新的发展，但到20世纪60年代中期为止，全国的新闻教育机构也还只有14家。当时全国只有343家报社、78座广播电台和13家电视台，革命老区来的新闻工作骨干正当盛年，足以支撑大局，新闻系和新闻专业的学生统招统分，基本上能够满足中央和省市以上新闻单位梯队建设方面的需要。“文化大革命”爆发后，新闻事业进入低谷，新闻人才的培养也被迫中辍。拨乱反正之后，新闻事业有了飞速的发展，但新闻工作的人才却出现了断层，明显供不应求，因而极大地推动了新闻教育的发展。中国的新闻教育得以重振旗鼓并得到空前迅猛的发展，主要是改革开放以来的这30多年的事情。30多年来，中国新闻教育和中国新闻事业同步发展。截至2011年，全国设有新闻传播学类院、系、专业的高校已由改革开放之初的两三所增加到800所以上，各种类型和层次的专业教学点已不下1 000个。新闻专业的教学已从单一的大学本科教育，发展到博士生、硕士生、本科生、大专生、成人教育、函授教育等多层次的格局，不少院系还设置了新闻传播学方向的博士后流动站。改革开放之初，全国在校新闻系科学生总共只有500来人，现在仅在校本科生就有16万人左右，硕士和博士研究生3万人左右，办学层次、办学规模、办学水平都有了很大的提高。进入新世纪以后，随着新闻传播事业的加速发展和新闻战线人才需求的不断增加，中国的新闻教育还将会有更大幅度的发展。

一般说来，新闻教育质量的高低，起决定作用的主要是两个因素：一个是师资，一个是教材。两者之间，教材的作用更大。这是因为，师资的多少和良窳，往往受办学主客观条件的限制，而教材一旦完成，就可以直接嘉惠于学子，风行四海，无远弗届。进一步说，一部好的教材，不仅可以满足教学的需要，培养出一大批人才，而且还可以同时拥有一定的学术含量，推动新闻传播学研究的发展。1919年出版的徐宝璜的《新闻学》，1927年出版的戈公振的《中国报学史》，就是这方面的很好的例子。这两本书都是作者在高等学校从事新闻学理论和新闻史教学时作为教材编写出来的，出版之后，立即引起世人的关注和推崇，一再重版，历久不衰，至今仍然是公认的新闻学理论和新闻史方面的传世之作和经典之作。正因为这样，新闻教育的前辈们，历来十分重视教材的建设。新中国成立初期的十来年，坊间出版的新闻学方面的书籍，绝大部分都是教材。改革开放以后，新闻传播学研究空前繁荣，新闻学方面的书籍大量问世，但教材仍然在其中占了很大的比重。这些教材，覆盖了新闻传播学的方方面面，经过出版家和众多作者们的长期努力，门类和品种基本配套齐全，曾经为同时期的新闻教学做出过重要的贡献。但是，随着时间的推移和新闻工作实际的飞速发展，这些教材的体例日显陈旧，观点和内容也亟待调整和更新。一些属于学科前沿和科技含量较高的新开课程的教材尚付阙如，使现有的教材出现了不少缺口。在新世纪已经到来之际，集聚力量，重新编写出一套体系完整，门类齐全，能够为新世纪的新闻教育和新闻人才培养服务的新闻传播学的系列教材，已经成为人们的共识和新闻业界与新闻教育界的迫切需求。

呈现在读者面前的，就是应这样的需求产生的一套系列教材，它将涵盖新闻学、传播学两个二级学科的方方面面内容，满足新闻、广播、电视、广告、媒体经济、新媒体等多个专业的教学需要。负责这些教材编写工作的，是中国人民大学、复旦大学、北京大学、清华大学、中国传媒大学、中国青年政治学院等多所著名院校长期从事新闻传播学方面教学与研究工作的专家学者，其中有相当大的一部分编写者都是相关学科的国家级的学术带头人，堪称一时之选。收入本系列的教材中，既有国家级重点教材，也有部级重点教材，其他的也都是经过严格筛选的精品，所以，本套系列教材的质量是有保证的，其权威性也将会得到社会的认同。

21世纪是一个高度信息化的时代，是信息经济和知识经济占主导地位的时代。信息经济和知识经济有两大支柱，一是以高科技为代表的传播技术产业，二是从事新闻和信息产品生产的媒体产业。新闻传播学作为将这两大领域有机联结的桥梁，在今后的国家建设和社会发展中必将发挥越来越重要的作用。中国人民大学出版社经过精心策划，隆重推出这套系列教材，是具有高度的前瞻性和战略眼光的。在这里，我谨代表编委会和全体作者向中国人民大学出版社表示由衷的感谢。

这套系列教材开始策划于20世纪的最后一年，21世纪初起陆续问世，迄今已编写出版了50余种。在体例和内容的创新和开拓等方面，远远超过同时期出版的同类教材。其中的有些教材，还根据整个新闻传播理论与实践的发展和新闻传播学教学与研究的发展，陆续作了必要的补充和修订，重新出版，实现了内容的与时俱进。

这批教材的问世，将会为新闻传播事业和新闻教育事业的发展和繁荣、为新世纪新闻传播人才的培养做出它应有的贡献。这是出版者和全体作者共同的一点希望。是为序。

方汉奇

2012年3月

于中国人民大学宜园

前　言

我从事选题策划的教学与研究工作虽然是从2000年下半年正式开始的，但对这门学问有意识的关注最迟可以追溯到1994年下半年。记得当时我找到在湖南某出版社工作的校友许久文先生，向他出示了一份《编撰〈图书选题开发与销售技巧36法〉的设想》。许先生很热情地把它提交到选题论证会上，有与会者问，作者是编辑吗？许先生说，不是，是大学历史老师。对方问，不是编辑，能写这样的书吗？于是选题没有通过。选题虽然被“枪毙”，但我对图书选题策划的兴趣与日俱增。在经常逛书店的过程中，在不断琢磨优秀图书策划案例的过程中，我也尝试着做了一些图书选题策划的实践工作，逐步积累了一些感性认识。后来转到编辑出版学专业承担“图书选题策划”的教学工作，终于可以名正言顺地、系统地探索这门新兴的学问了。

遗憾的是，我至今还是没有在出版社做过编辑，虽然策划过几部有一定影响的图书，但毕竟是在外围敲敲打打。有人一定会问，不是编辑的我撰写的这部探讨选题策划的著作有价值吗？会不会说外行话？能说到位吗？对此，我诚惶诚恐。但我可以负责任地说，我的研究态度是严谨、认真的。回想本书初版（题为《图书选题策划导论》）的写作，在书稿撰写、修改的最后关头，碰上南方50年不遇的冰雪之灾，我仍然不得不经常熬夜到凌晨两点，其中的艰辛可想而知。我确实花了工夫，也大胆表达了自己对选题策划的长期观察与思考。但由于水平有限，不足甚至错误之处肯定存在，敬请诸位行家、专家不吝赐教！

易图强

2009年1月11日初稿

2015年11月10日修改

目 录

上 篇

中 篇

下　篇

上 篇

绪　论

什么是策划？策划学是一门怎样的学科？我国传媒业引进策划理念，开展策划活动始于何时？传媒策划包括哪几种类型？出版媒介的策划活动可以分为哪几个部分？选题策划在出版全程策划中处于怎样的地位？选题策划研究的主要成果有哪些？存在哪些不足？本书如何改进？“绪论”将回答这些问题。

第一节　策划与策划学

一、“策划”的含义

古有“策画”一词。《辞源》（商务印书馆1979年修订本）对其解释是“筹谋，计划”。晋朝人干宝（？—336）的《晋纪·总论》中有“策画军国”语，《文选》引《晋纪》中文字加以注释：“魏武帝为丞相，命高祖为文学掾①，每与谋策画，多善。”在《说文解字》中，“策”的本义是“马箠也”，引申为鞭打。在《辞源》中，“策”的基本意义是“连编诸简谓之策”，即串联在一起的竹简叫“策”，作此意解时又写作“册”，引申为书籍。“策士”是古代常用的词，即“谋士”之意。从上述“策”的词义来看，可以这样理解：出谋划策之人应该既有知识和智慧，又有胆略和力量。

商务印书馆版《现代汉语词典》（第7版）中“策划”的含义是“筹划，谋划”。简单地说就是出谋划策。人们在做一件事情之前所做的构思、计划、设想、假设等，都是策划的具体表现形式。任何类型的策划活动都包括策划者（策划的主体）、策划对象（策划的客体）、策划目标和策划方案四个要素。基于此，笔者将“策划”定义为：策划是有关人员或机构针对特定的对象，为了达到一定的目标而事先进行系统的、深入的思考、筹谋、设计，从而制定切实可行的方案，并根据具体情况的变化对方案加以适当调整的一种创造性的智力活动。

① “掾”为古代属官的通称，“文学掾”是指文牍之官。

二、策划活动演变的线索

胡佛研究所

比较而言，在古代，策划的主要类型是军事策划与政治策划，苏秦（公元前337—公元前284）、张良（？—公元前186）、司马懿（179—251）、诸葛亮（181—234）等谋士进行的活动，本质上就是军事与政治的策划活动。随着人类社会的不断演进，策划活动的内涵与外延不断发展。在18世纪的西方国家，出现了企业策划活动。到19世纪后期，产生了现代策划活动。1919年，在美国斯坦福大学成立“胡佛研究所”，为政府的决策提供咨询服务，这表明咨询策划活动已开始被视为一种相对独立的新兴行业。第二次世界大战后，日本的一些企业家提出了“没有企划就没有企业”的主张。20世纪50年代以后，现代策划活动从经济方面发展到军事、外交、科技、文化、教育等社会生活中的各个方面，即从单一化向综合化的方向发展。

在20世纪80年代以前，“策划”一词在我国人民的语言生活中并不稀罕，但被视为贬义。例如，1968年3月3日的《人民日报》发表《美帝国主义不见棺材不落泪——约翰逊召开战争黑会策划扩大侵越战争》。“文化大革命”时期的许多非正式出版物都使用了“策划”一词，如《武大“三家村”案——陶铸、王任重精心策划的一场政治大阴谋》。改革开放后，随着国门的打开，人民的观念发生了变化，“策划”一词被赋予褒义。例如，1993年9月出版的《策划家——商界传奇的创造者》的内容简介从正面高度肯定“策划”的意义、作用：“几乎在每一个成功的故事后面都有一个精心的策划，策划是谋略的结晶，是成功的先导，是‘运筹帷幄，决胜千里’的艺术。一个优秀的策划将使你的事业从零发展到无限。”①

20世纪90年代以来，随着知识化、信息化和网络化的不断发展，策划活动越来越普及并深入社会各个领域，策划的触角越来越广，影响越来越大。“策划”一词已经成为当今社会使用频率很高的时髦词语，如公关策划、广告策划、商业策划、旅游策划、营销策划、项目策划、活动策划、婚礼策划、会展策划，等等。以策划为职业的人日益增多，如当年的“点子大王”何阳、“第一公关人”王力、策划名家王志刚等。策划的意识与能力对个人或组织、企业的发展日显重要，要想做好一件事情，就必须进行精心的策划。策划是决策的前提条件，为决策提供创意、构思，凡有决策的地方就需要策划，就有策划活动的存在。

---

① 孙黎编著：《策划家——商界传奇的创造者》，“内容简介”，北京，中国经济出版社，1993。

三、“策划学”的含义

由于对“策划”的内涵与外延至今还没有一个统一的看法，所以，关于什么是策划学，也是仁者见仁，智者见智。有专家认为：“所谓策划学，就是以各种策划活动及其过程、关系为研究对象，以揭示策划活动的规律、总结策划的原则和研究策划所需要的现代方法与技术为基本内容的综合性学科。”① 策划学是一门涉及思维学、谋略学、传播学、心理学、公共关系学、管理学、决策学、经济学等学科的综合性学科。

我国出版的第一部题为“策划学”的著作是1995年12月中国纺织大学出版社出版的《策划学》（徐云望、赵承宗著）。吴粲的《策划学》（中国人民大学出版社2004年初版，初版名为《策划学精要》，2012年5月推出第六版）是很有影响的策划学著作。

第二节 传媒策划的兴起及其类型

一、传媒策划在我国的兴起

本书所说的“选题策划”是指以图书为主的出版选题策划，也就是说，从论及的媒介来说，本书内容涵盖传统的书刊出版、音像电子出版与新兴的数字出版。不言而喻，图书出版业的发展与期刊（杂志）出版业、报纸新闻业、广播电视业乃至整个传媒业的发展是息息相关的。所以，在详细考察图书选题策划活动之前，有必要先从整体上交代一下我国传媒策划的有关情况。

从20世纪80年代中后期开始，我国企业经营、商业竞争、信息服务等各种经济活动、经营活动日渐引进策划的理念、开展策划活动。广告与公共关系（属于广义的传媒）是我国最早引进策划的理念、开展策划活动的领域之一，在20世纪80年代末90年代初就已经出版了这方面的著作。据笔者所知，1989年9月由机械工业出版社出版的《现代广告策划》是我国出版的第一部广告策划著作，1991年6月由中山大学出版社出版的《公共关系策划》是我国出版的第一部公共关系策划著作。就全国来说，我国新闻出版、广播电视等整个传媒界引进策划的理念、开展策划活动的时间不会早于20世纪90年代初，原因有二：一是传媒策划活动的兴起与咨询策划行业的整体发展密切相关。1992年9月1日，《人民日报》头版发表《好主意也是“紧俏商品”——何阳卖“点子”赚了40万》，文章说：“允许卖主意，踊跃买主意，体现了尊重知识、尊重人才的社会风尚，这是一个令人欣喜的巨大进步。”这标志着咨询策划行业在我国的正式诞生。我国传媒界纷纷引入策划的理念、开展策划活动无疑与此行业背景有着内在联系。二是传媒策划活动始终与传媒市场的竞争相伴随。策划是一件特别伤脑筋的事情，没有人

---

① ［美］苏姗：《现代策划学》，5页，北京，中共中央党校出版社，2002。

天生喜欢伤脑筋。策划从它产生的那一天起就与竞争相伴。有竞争，就有策划；竞争越激烈，策划就越重要。在计划经济时代，我国传媒市场几乎不存在竞争，传媒从业人员不需要劳神费力去搞什么策划。然而，在市场经济时代，竞争无处不在，市场经济本质上是竞争的经济，传媒从业人员不得不搞策划了。在我国，将计划经济体制转变为市场经济体制是在中国共产党十四大（1992 年 10 月召开）上明确提出的。正是在十四大以后，我国传媒市场的竞争日益激烈，传媒业遇到了前所未有的挑战，出现了生存危机，传媒从业人员遂把策划当作救命的稻草引入传媒业中。换言之，我国传媒策划的实践活动及其理论探索是在推行市场经济的时代背景下兴起的。

二、传媒策划的类型

有多少种传媒，就有多少种传媒策划。传媒有两大类型：一是传统媒体，二是新兴媒体。传统媒体包括图书、报纸、期刊（杂志）、广播、电视、音像制品、电子出版物、电影等，新兴媒体包括互联网、手机等。20 世纪 90 年代初期以来，我国传统媒体不得不开展策划活动。20 世纪 90 年代末 21 世纪初以来，新媒体更是自觉地、主动地大力开展策划活动。

（一）新闻策划

《经济日报》《羊城晚报》和《钱江晚报》等，是我国开展新闻策划的最早的一批报社。1990 年经济日报社召开该报第七次全国记者会议时，有驻地记者建议："在报社编委会领导下，以经济新闻研究所为基础，由一位报社领导挂帅，成立一个'提高质量策划小组'，定期出台新招法，编委会决定后实施，力争在较短的时间内使本报登上一个新台阶。"[①] 这里提到了"策划小组"。成立"策划小组"或"策划组"，配备专职策划人员（20 世纪 90 年代前期，《羊城晚报》就在总编室配备了专职策划人员），是我国传媒界最初为开展策划活动而普遍采取的一个重要措施，后来的各种策划机构就是在此基础上形成的。

《新闻策划论》书影

1997 年出版的《新闻策划论》是我国出版的第一部关于新闻策划（报纸策划）的著作。该著指出："新闻策划，如果说前几年还处于不自觉、不经常的状态的话，那么，现在新闻策划已日趋自觉化、经常化；如果说前几年还只是围绕某一问题、某一热点进行报道的系列策划的话，那么，现在新闻策划已愈来愈成为办报宗旨的一个不可分离的组成部分，并成为报社总揽全局、铸造群体精神的一种组织形式。"[②] 从该著来看，新闻策划的内容包括新闻策划的原则与方法、新闻策划的特性与思路、新闻报道策划书写作、报道选题的策划、深度报道的策划、典型报道的策划、热点新闻的策划、会议报道的策划、新闻摄影的策划、报纸版面的策划、报纸栏目的策划等。2000 年 9 月中国社会科学出版

① 蔡雯：《新闻传播的策划与组织》，73 页，北京，新华出版社，2001。
② 刘宪义：《新闻策划论》，2 页，济南，泰山出版社，1997。

社出版的《报纸策划艺术》是我国出版的第一部题为“报纸策划”的著作。2014 年 10 月中国水利水电出版社出版了《新闻报道的选题与策划》。

（二）广播电视策划

同其他媒体一样，改革开放以来，我国广播电视业获得了前所未有的发展。在广播电视业不断改革、发展的过程中，广播电视策划活动应运而生。20 世纪 80 年代初期，广东电台开创了“珠江模式”，带动了我国广播传播方式的大革新。1987 年 5 月，在广州文化公园举办了《珠江欢乐传万家》大型广场联欢活动，拉开了我国广播人走出直播室开展户外活动的帷幕。1990 年，广东电台新闻台在广州友谊商场设立直播室，开创了我国电台在户外设直播室的先河。“电视策划工作真正引人注目，是 1993 年大型杂志型早间栏目《东方时空》的问世。”① 该栏目在运作中突出“策划”概念，在节目创作人员中明确设立了“策划人”职位。随后，“电视策划”的概念在电视业界日益明确。例如，在 1996 年央视二套的《生活》《中国财经报道》《经济半小时》《企业家》等一大批栏目的推出和改版中，中央电视台经济部的“策划组”发挥了极大作用，其职能是统一协调各个栏目的创建、改版和宣传推广，并建立起该套节目的整体专业构架。

广播电视策划实践的发展推动了广播电视策划理论研究。1999 年 5 月中国广播电视出版社出版的《广播节目策划论》是我国第一部关于广播策划的专著，内容包括新闻类广播节目策划、社会教育类广播节目策划、音乐类广播节目策划等。2000 年 12 月南京师范大学出版社出版的《电视节目的策划与方案》是我国第一部有关电视策划方面的著作，包括电视新闻评论的选题与撰稿、谈话类节目的策划与文案、电视艺术类节目的策划与撰稿等内容。2001 年 10 月中国国际广播出版社出版的《电视策划学》是我国第一部题为“电视策划”的著作。电视策划的内容包括电视策划工作流程、电视台与电视频道的策划、电视栏目的策划、各类电视节目（如新闻政教类节目、生活服务类节目、文体娱乐类节目等）策划等。

《广播节目策划论》书影

《电视策划学》书影

① 游洁：《电视媒体策划新论》，13 页，北京，中国国际广播出版社，2009。

20世纪90年代末以来，电视剧策划、电影策划方面的著作也陆续出版。例如，1999年5月中国电影出版社出版了《中国电影市场营销策划百例》，2006年6月中国传媒大学出版社出版了《电视剧策划艺术论》。

（三）新媒体策划

在我国，互联网、手机等新媒体是在20世纪90年代末21世纪初迅速普及起来的。新媒体是人类创新的伟大结晶，新媒体的发展与繁荣又须臾离不开创新。积极开展策划活动，是新媒体的固有要求，更是新媒体经营企业赖以生存与发展的基本前提。

作为网站建设中的前期步骤，网站策划是网站能够获得高投资回报率的决定性因素。网站建设包括美术设计、栏目规划、页面制作、程序开发、用户体验、市场推广等工作，将其结合在一起的就是网站策划。网站策划的内容涵盖网站设计、网站内容建设、网站推广、网站运营等，事先对这些环节、方面的工作进行系统、科学的构思、谋划和设计，并撰写策划文案，是网站策划人员的职业要求。随着网站竞争日益激烈，网站策划的地位日益凸显。

网站策划涉及心理学、美学、人机工程学①、工程技术、网络知识等多学科的知识、技能。2001年1月复旦大学出版社出版的《网络营销基础——网站策划与网上营销》是我国第一部有关网站策划的著作。同年3月，北京广播学院出版社出版了《网络媒体的策划与编辑》。题为“网站策划”的著作还有：《网站整体策划与设计》（新华出版社，2002年12月）、《互联网创业前奏曲：网站策划九步走》（电子工业出版社，2008年7月）、《网站说服力——营销型网站策划》（电子工业出版社，2014年1月）等。

手机是迄今为止最便捷的大众传播媒介。随着手机技术的日益发展与完善，手机已集电话机、电视机、收音机、录像机、照相机、计算机等多种功能于一身，并日益发挥着书、报、刊的阅读作用。手机已成为千千万万人形影不离的生活用品，更成为青少年的一种生活方式。围绕着手机的开发、生产、运营、传播，形成了一个强大的产业链。手机产业的发展推动着相关理论探讨。2006年9月中国人民大学出版社出版的《手机媒体概论》（2012年7月推出修订版）是我国第一部专门研究手机媒体的著作。2010年6月电子工业出版社出版的《手机游戏策划设计》是我国第一部有关手机策划方面的著作。

新媒体策划方面的相关著作还有：《数字游戏策划》（清华大学出版社，2008年6月）、《数字视频（DV）策划制作师》（中国劳动社会保障出版社，2008年11月）、《新媒体节目策划论》（中国人民大学出版社，2009年6月）等。

（四）出版策划

在我国，传统出版业包含的媒体有图书、期刊（其中的大众化期刊属于新闻媒体）、音像制品、电子出版物。互联网、手机等媒体产生后，又出现了网络出版、手机出版等新型出版形

---

① 人机工程学又称人机工效学（Ergonomics），是一门让技术人性化的科学，是一门关于技术和人的协调关系的科学，即如何让技术的发展围绕人的需求来展开，把人作为产品和环境设计的出发点，使其性能、色彩等更好地适应和满足人类的生理和心理的需要，从而使人们在工作中更安全、便捷和舒适，工作效率更高。其研究方法和评价手段涉及心理学、生理学、医学、人体测量学、美学和工程技术等多个领域。

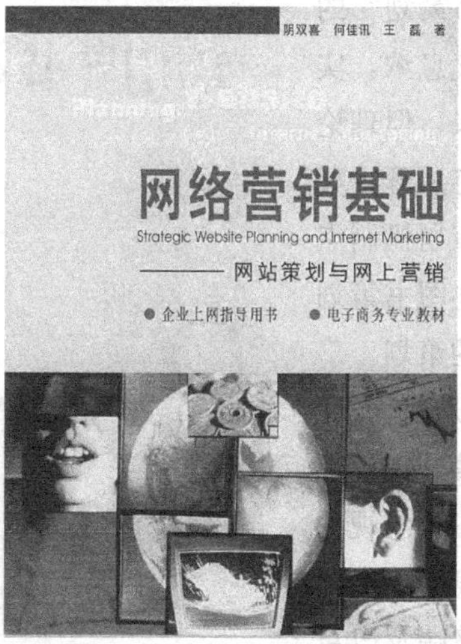

《网络营销基础——网站策划与网上营销》书影

《手机游戏策划设计》书影

态。与之相对应，广义的出版策划包括上述各种出版媒介的策划，可以将其划分为以下四种类型。

1. 图书策划

在上述各种出版媒介中，图书是历史最悠久的出版媒介，目前也仍然是最重要的出版媒介。狭义的出版策划即是指图书策划。在现有研究出版媒介策划的著作中，数量最多的就是研究图书策划的著作。全面地、系统地研究图书策划（不是专门研究图书策划的某一个组成部分）的著作目前已经出版如下6部。

一是《谋划出书》（新华出版社，2002年11月）。作者要力石（做过新华社记者、编辑，现为新华出版社副社长），该书共五篇，分别是选题策划、宣传策划、出版策划[①]、出版改革、附录部分，每篇由数篇文章组成。正如该书"序"所说："从整体而言，该著只是一些断想，但不乏思想的火花。"该书基本上是出版社领导的工作经验总结，但仍有较大价值。例如，《图书出版中的新闻时效》一文比较集中地讨论了图书出版和新闻时效的关系，这是同类书中所没有的。《图书出版的"凤头"与"豹尾"》一文指出，市场经济条件下我国图书出版呈现"哑铃模式"，也就是说，从图书出版的整个过程来看，出版社之间竞争的主要内容、主要方面在一头一尾（选题策划的一头和宣传策划的一尾），作者认为："好的图书策划，在选题策划之初，宣传策划就摆进策划议程，成为一气呵成的一揽子方案。这样首尾相连，首尾照应，才是图书策划的最佳状态和效果！"[②]

二是《实用图书策划学》（中国书籍出版社，2007年1月）。作者要力石，该著由其著作

---

① 长期以来，我国许多出版社的机构设置中都有一个部门叫"出版科"，它的主要职责是承担图书印刷前的装帧设计、准备、管理等项工作。西方国家出版社把这样的部门称为"生产部"或"制作部"。这种狭义"出版"的说法是我国的习惯说法，但不是科学的概念。要力石此书所说的"出版策划"即是以狭义"出版"为视角的，具体是指装帧设计、版式设计、印刷工艺等出版物形式的策划，又称为"制作策划"。这种"出版策划"的说法也只是习惯的说法。广义的"出版"，是指出版物的编辑、制作与销售的整个过程。笔者本书所说的"出版策划"是指出版媒介（与新闻媒介、广播电视媒介相对应的一类媒介）的策划。

② 要力石：《谋划出书》，83页，北京，新华出版社，2002。

《谋划出书》扩充而成，是我国第一部题为“图书策划”的著作，优点可圈可点，如事例、数据鲜活，时代气息浓，实用性强，可操作性强，语言平实、简练，娓娓道来，但理论性、学术规范性欠缺，该有的内容没有涉及或没有展开，如没有归纳、概括图书策划的原则、理念，对图书策划机制点到即止，没有讨论选题论证与选题决策，没有论述图书策划的信息工作，没有论述专业学术图书和教材教辅的策划。

《实用图书策划学》书影

三是《谋划出书》（海燕出版社，2004 年 9 月）。作者郭运庆从操作和理论层面对图书的选题策划、组稿、审读加工和市场营销进行了探讨，如讨论了选题策划中不可忽视的五个矛盾（创意与操作、一般与特色、巩固与开发、一般与重点、一般图书与教辅）、我国选题论证制度的弊端及改革方向，阐释了精品图书的丰厚内涵，介绍了我国和国外图书选题策划的具体做法等。

四是《出版策划》（中国广播电视出版社，2007 年 8 月）。宫承波、要力石主编，是我国第一部题为“出版策划”的著作。这里的“出版”是指广义的“出版”，但书中内容只局限于图书这一种出版媒介，共八章，包括选题策划、作者策划、内容策划、形式策划、营销策划等，其中，系列策划与产业链策划两章最有特色。

五是《图书策划编辑实训教程》（中国书籍出版社，2013 年 9 月）。林少波编著，是目前我国出版的唯一一本专门探讨“图书策划编辑”的著作。上辑内容是“图书编辑需要做职业规划”，包括图书编辑的三个职业方向、策划编辑就是项目经理人、策划编辑必备的职业素质；中辑是“畅销书就是把细节做到位”，包括市场化构思、差异化运作、立体化营销；下辑是“策划编辑是自我管理专家”，包括事务管理、时间管理、情绪管理。可见，上辑与下辑是直接探讨图书策划编辑的，中辑是专门探讨畅销书策划的。该书是中国书籍出版社出版的“编辑出版学实训系列教程”之一，力求将“飘在空中的编辑出版理论落到实处”。

六是《图书策划通论》（中国书籍出版社，2016 年 9 月）。张建明著。该著是作者从事图书出版工作近 30 年的结晶，内容包括总论、图书选题策划、图书制作策划和图书推广策划四大部分，共十章，系统论述了市场化图书整个生命周期策划控制的意义、目的、操作方法，并结合大量典型案例加以论证。

2. 期刊策划（杂志策划）

期刊策划是出版策划的另一个重要组成部分。已故著名编辑出版家徐柏容（1922—2005）的《杂志编辑学》（中国书籍出版社，1991 年 8 月）辨析了期刊的系统结构，专章论述了杂志的总体编辑构思。“总体构思与策划是期刊编辑的重要方面，徐老是这方面研究的发现者和首倡者。”[①]《现代杂志企划设计制作》（中央民族大学出版社，1994 年 8 月）是我国最早出版的有意识地探讨市场经济背景下如何企划（“策划”的近义词）、设计、制作杂志的著作，内容包

① 李频：《期刊工作研究述评》，载《出版科学》，2002（S1）。

《期刊策划导论》书影

括杂志的企划、杂志的总体设计、杂志的版面设计、杂志封面与广告设计等。其他题为“期刊策划”或“期刊运作”的著作有4部：一是《期刊策划导论》（河北教育出版社，2001年1月），这是我国第一部题为“期刊策划”的著作，试图从市场与编辑的结合点上研究大众期刊的策划规律，内容包括期刊的创刊策划、改刊策划、总体策划、广告策划与专题策划等；二是“期刊策划视点书系”（包括《期刊的选题策划》《期刊的栏目策划》《期刊的标题策划》《期刊的叙述策划》《期刊的CIS策划》，辽宁人民出版社，2004年8月）；三是《新锐飞扬——期刊策划著名案例》（中国社会科学出版社，2008年10月）；四是《大众期刊运作》（中国大百科全书出版社，2003年8月）。

关于期刊策划的著作还有：《期刊编辑与策划》（辽宁教育出版社，2011年6月）、《期刊编辑策划文集》（辽宁人民出版社，2002年11月开始出版，此后每两年出版一辑，至2010年10月共出版4辑）、《科技期刊编辑学新论——品牌策划与运作》（吉林科学技术出版社，2005年12月）等。另外，河北教育出版社引进出版的译著《创刊指南》《期刊编辑》与《期刊经营》是美国出版的关于期刊策划、编辑、经营的名作，颇具借鉴价值。还应该提到《出版传播策划学概论》（河南大学出版社，2006年11月）。该著所说的“出版传播策划”实际上就是指“出版策划”，有两大亮点：一是理论性较为突出，如第一章梳理、概括了七个出版传播理念（效益理念、市场理念、产业理念、策划理念、精品理念、品牌理念、国际化理念）；二是注重期刊策划研究，如第四章对期刊品牌策划的研究颇见功力，特别是对两个品牌栏目（《河南大学学报》的“编辑学研究”与《中央音乐学院学报》的“民族音乐研究”）的解剖很有实践意义。

3. 音像制品与电子出版物策划

由于盗版，特别是受互联网（含移动互联网）的冲击，音像制品与电子出版物（合称“音像电子出版物”）的市场范围日益缩小，已从当初的朝阳产业直接过渡到夕阳产业。它们尽管已经成为出版产业里的小众，但仍然具有独特的地位。

目前我国尚未出版专门研究音像制品与电子出版物策划的著作，相关著作有：《音像编辑理论与实践》（河南大学出版社，1998年6月）、《〈图书音像制品电子出版物营销分类法〉实施指南》（海天出版社，2011年10月）、《农业音像制品市场战略与营销体系研究》（国家行政学院出版社，2012年4月）、《图书、音像、电子出版物出版管理手册》（中国法制出版社，2013年3月）等。

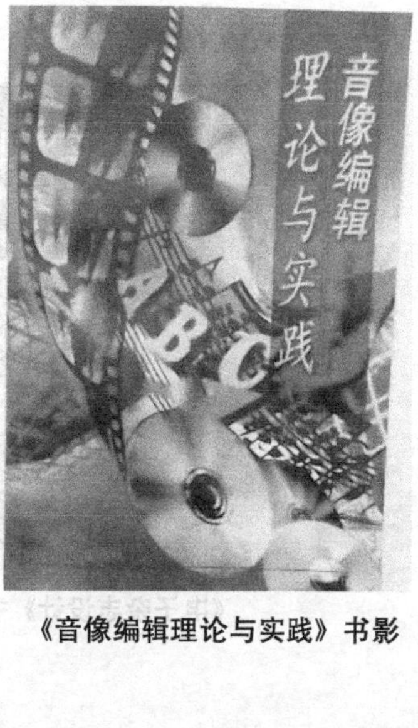

《音像编辑理论与实践》书影

4. 数字出版物策划

从一定角度来看，出版史就是出版技术史。从20世纪后半叶起，信息处理技术、通信技术和计算机技术迅猛发展并普遍运用，最终导致新的传播方式的产生，表现在出版业中，就是数字出版物的兴起。

数字出版物是电子出版物发展到一定阶段的产物，是电子出版物的一种最新的形式，具体是指：在出版的整个过程中，所有的信息都以统一的二进制代码的数字化形式存储于磁、光、电介质中，信息的处理与传递须借助计算机或类似设备来进行的一种出版物形式。数字出版物强调内容的数字化、生产模式和运作流程的数字化、传播载体的数字化和阅读消费、学习形态的数字化。

1994 年，我国正式接入互联网。20 世纪末 21 世纪初的三四年是我国迅速普及计算机、互联网的黄金时期。随着计算机的日益普及、互联网技术的快速发展及其与出版业的有机结合，以前的电子出版物被视为过渡性产品，甚至被推至传统出版物界内，依托互联网的迅速普及而兴起的网络出版物已经成为数字出版物的主流。流通网络化是网络出版物的本质特征。也就是说，网络出版物通过互联网以数字形式向终极用户（网民）直接传送，读者（网民）通过计算机或便携式电子设备（如手持式电子书阅读器）来阅读。网络出版物的具体形态不断涌现，目前主要有数据库、网络型的电子书、数字图书馆、网络游戏、按需印刷、博客、播客、微博、微信等。在网络出版物的基础上，又出现了手机出版物，手机出版物是网络出版物的进一步延伸、拓展。

目前出版的专门探讨数字出版物策划的著作只有《数字出版项目策划和开发》（群言出版社，2015 年 4 月）。该著在调研数字出版现状的基础上，介绍了数据库项目、在线培训项目、数字教材移动应用项目、职业培训资源库项目、全流程数字出版项目的策划和开发，还探讨了多种形态数字产品（如手机视频网站、少儿互动电子书、培训数字化资源包、Windows 平台应用开发）的策划方案，并讨论了数字出版项目的总结和论文撰写问题。除了上文提到的新媒体策划方面的著作，数字出版物策划方面的相关著作还有：《网络出版及其经营管理》（辽海出版社，2003 年 3 月，是我国第一部题为“网络出版”的著作），《制胜数字时代——科技期刊的网络出版》（西安交通大学出版社，2013 年 12 月），《电子出版物》（华中科技大学出版社，2010 年 1 月，该书所谈“电子出版物”实际上是指数字出版物），《电子杂志设计与配色》（中国科学技术出版社，2011 年 6 月），《微博控　控微博》（人民邮电出版社，2012 年 9 月），《网络游戏策划教程》（机械工业出版社，2009 年 6 月），《网络营销策划实务》（中国人民大学出版社，2013 年 5 月），《微信公众平台应用开发实战》（机械工业出版社，2014 年 6 月第 2 版），《微信这样改变世界》（长安出版社，2014 年 8 月），《按需出版——国际图书印刷与营销新途径》（清华大学出版社，2009 年 8 月）等。

《电子杂志设计》书影

《微信公众平台应用开发实战》书影

第三节　选题策划的诞生及其在出版全程策划中的地位

一、选题策划在我国出版业中的诞生

在我国编辑出版工作中，最早出现和长期使用的概念是“选题”，“选题策划”是“选题”发展的产物。

有人说，我国出版界在 20 世纪 80 年代就已经使用“选题策划”，并开展了选题策划活动，[①] 但是，与前述我国整个传媒策划发展趋势一致的是，我国出版界自觉地、比较普遍地开展策划活动（包括选题策划、编辑策划、营销策划等）的时间也不会早于 20 世纪 90 年代初期。另有资料显示，我国图书编辑工作引入策划理念与几部红火的电视剧有关。1992 年 11 月 1 日出版的《出版发行研究》发表王建辉（当时在湖北人民出版社工作）的文章《编辑策划意识》，文中说：“几部红火的电视剧[②]之后，把一个字眼凸显了出来：策划。有好几位朋友在议论把这个文化意味很浓的词儿引入到编辑工作中来，我很赞成，因为策划已经成为编辑工作正在生长着的一种事实。”[③] 我国出版界最早实行策划编辑制的是处在改革开放前沿的广东省属出版社，时间是 20 世纪 90 年代初期。[④] 笔者发现一个事实，1991 年 12 月海天出版社出版的《深圳的斯芬克思之谜》一书的封面上除了作者的署名，还有“策划、审定”的署名。

《深圳的斯芬克思之谜》封面

从语词产生的时间先后来看，“选题”出现在前，“选题策划”产生在后。它们之间虽然有联系，但更有区别，不能混为一谈。有论者有意或无意地将“选题策划”等同于“选题”，说“选题是选题工作或选题方案的简称，也有人称其为选题策划或策划”[⑤]。如果二者没

---

① 时任上海市新闻出版局副局长的赵斌撰文指出，20 世纪 80 年代我国编辑工作的最大特点是：“选题策划在编辑工作中的比重大大提高，在选题策划的技法上有很多创造，而且构思选题的出发点也引进了市场的因素。”［赵斌：《90 年代的编辑工作：继承和发展》，载《编辑学刊》，1991 (1)。］

② 指《渴望》与《编辑部的故事》等电视连续剧。《渴望》于 1990 年在中央电视台热播，该剧由王朔、李晓明等人“策划”。《编辑部的故事》于 1991 年夏在中央电视台热播，“总策划”是郑晓龙，“策划”是朱晓平、王朔、苏雷、魏人、葛小刚、冯小刚、李晓明。

③ 王建辉：《编辑策划意识》，载《出版发行研究》，1992 (6)。

④ 刘宗贵的《市场经济体制下的出版理念刍议》［载《理论与当代》，1999 (10)］提到，广东科学技术出版社在 1992 年率先实行策划编辑制。卞恩才与苏毅的《编辑工作的重大改革——广东策划编辑工作研讨会述评》［载《中国出版》，1995 (7)］明确指出：“1993 年广东省新闻出版局对所属出版社试行体制改革，其中一项重要内容就是要求推行策划编辑制度。”

⑤ 伍传平：《选题及其要素》，载《中国出版》，1999 (3)。

有区别，那么，何必在已有“选题”概念的情况下再创造“选题策划”这个概念呢？

二、选题策划在出版全程策划中的地位

任何出版媒介（图书、期刊、音像制品、电子出版物、网络出版物、手机出版物等），其生产与销售的整个过程都包括不同的阶段、环节。特别是图书，它是系统性最强、生产工序非常复杂的出版媒介。图书的生产与销售过程至少包括采集信息、选题、组稿、审稿、加工、装帧设计、发稿、校对、发行等工序，各工序之间环环相扣。不难理解，图书策划的过程是对各个环节、各个工序进行策划的过程，即全程策划。图书策划不仅是对选题进行策划，还包括对加工、版式、封面、印刷、发行与销售等各要素进行策划。《实用图书策划学》将图书的全程策划划分为五个组成部分：选题策划、宣传策划、编辑策划、制作策划、营销策划。换言之，选题策划只是图书全程策划的一个组成部分，但显然已经成为最重要的一个组成部分，详见本书第一章之第三节对选题策划的作用的论述。

在各种文化活动、科研活动中，确定合适的题目是一个共同的要求，传媒策划也不例外。不管哪种传媒，新闻传媒、出版传媒、广播电视传媒、新媒体传媒都需要高度重视选题。没有选题，传媒活动就成为无源之水、无本之木。有了好的选题，传媒经营往往就成功了一半。推而广之，作为一种现象，选题无处不在，做生意要选择做哪门生意，搞工程建设要选择搞什么项目，发展经济要选择发展哪种行业，“各行各业都有选题现象，都在‘选’自己的‘题’”[①]。怎样尽快地选准适合自己的题目或项目，是做好一切工作的前提条件。毫无疑问，怎样选是一门大学问。选题策划就是要研究这门大学问。

第四节　选题策划研究概述与本书要达到的目的

一、选题策划研究的基本过程

我国开展选题策划理论研究不会早于1992年。2019年5月27日11：30，笔者在中国学术期刊网络出版总库检索得知，从1952年7月至2019年5月，我国共发表题目中含有“选题”的期刊文章10 940篇（含因优先出版而重复出版的），其中，题目中含有“选题策划”的文章共1 328篇。直接研究选题策划的期刊文章的年度分布情况如表1：

表1　　**选题策划研究期刊文章年度分布表**

年份	1993	1994	1995	1996	1997	1998	1999	2000	2001	2002	2003
篇数	1	6	11	21	29	32	51	38	42	45	38

① 赵航：《选题论》，1页，沈阳，辽宁教育出版社，1998。

续前表

年份	2004	2005	2006	2007	2008	2009	2010	2011	2012	2013	2014
篇数	31	39	42	51	62	57	64	62	72	72	74
年份	2015	2016	2017	2018	2019（前5个月）						
篇数	75	94	91	101	27						

上表显示，20 世纪 90 年代前期是我国开展选题策划理论研究的萌芽期，20 世纪 90 年代后期是选题策划研究的井喷期，从 2000 年至 2007 年趋于平稳，2008 年以来又日趋活跃，2016 年以来出现了新一轮高峰。以《中国出版》为例，笔者逐一检索各年度该刊发表的题目中含有“选题策划”的文章，结果发现，1995 年以前（含 1995 年）均为 0 篇，1996 年才开始发表，此后几乎每年都发表 1 篇以上，具体分布如表 2：

表 2　《中国出版》发表的题目中含有“选题策划”的文章年度分布表

年份	1996	1997	1998	1999	2000	2001	2002	2003	2004	2005
篇数	4	8	7	6	4	4	2	4	1	3
年份	2006	2007	2008	2009	2010	2011	2012	2013	2014	2015
篇数	3	1	4	0	1	6	2	2	2	1
年份	2016	2017	2018	2019（前5个月）						
篇数	2	0	2	0						

上表表明，《中国出版》发表选题策划研究文章的态势与上表所示基本一致，尤其明显的是，20 世纪 90 年代后期同样是《中国出版》发表选题策划研究文章的井喷期。

第一篇正式公开发表的、题目中含有“选题策划”的文章是 1993 年 11 月刊发的《面向市场经济　搞好选题策划》①。题目中不含“选题策划”但以其为主题的第一篇文章，就是前文脚注中提到的 1991 年 1 月发表的《90 年代的编辑工作：继承和发展》，该文笼统地提到 20 世纪 80 年代的图书编辑工作已经开展了选题策划。1992 年 11 月发表的《编辑策划意识》实际上是我国正式发表的第一篇有相当深度的选题策划研究学术论文。②《编辑学刊》1993 年第 1 期的“研究文摘”栏目以近 300 字的篇幅专门报道了这篇文章的主要观点。第一篇论及电视栏目选题策划的文章是 1992 年发表的《我与〈观察思考〉》。③

总之，整体而言，我国开展出版选题策划乃至整个传媒策划理论研究始于 20 世纪 90 年代初期，大规模地开展研究则是从 20 世纪 90 年代后期开始的。

二、选题策划研究著作评介

前文在对传媒策划进行分类的时候，已经列举了相关传媒策划方面的开创性著作以及部分

① 黄国新：《面向市场经济　搞好选题策划》，载《科技与出版》，1993（6）。

② 王建辉先生在这篇文章中说：“编辑策划是一种充满出版创意的活动，是编辑工作的一种新形式。”“策划自选题的筹划始，选题是策划的基本内容。策划是对富有创意的选题的思索、规划、提炼，是对选题的总体性谋求与设计。从策划的角度看选题，是出主意、想点子。”可见，该文虽然通篇没有提到“选题策划”一词，但实际上是研究选题策划的。

③ 肖晓琳：《我与〈观察思考〉》，载《中国记者》，1992（6）。

代表性著作，它们都程度不同地探讨了传媒策划最重要的组成部分——选题策划，尤其是5部笼统研究图书策划的著作，都列专章或专篇或专节论述了图书的选题策划。下面只简要评介那些书名中含有“选题策划”或“选题”的出版类著作。书名中不含有“选题策划”或“选题”但与选题策划有着比较密切关系的出版类著作也稍作介绍。

（一）书名中含有“选题策划”或“选题”的出版类著作

我国出版的书名中含有“选题策划”或“选题”的出版类著作不少于14部（不含拙著的初版《图书选题策划导论》）。

1.《图书选题策划六讲》

西南交通大学出版社1996年10月出版，王宗峰编著。六讲依次是图书选题策划的哲学思考、图书选题的框架结构、图书选题策划的思维方法、图书策划编辑的基本素质、图书选题策划的疑难问诊、组织图书选题的运作模式。该书是我国出版的第一部题为“选题策划”的著作，也是第一部专门研究图书选题策划的著作。最具特色的内容是第一讲，以哲学的观点与方法阐述了图书选题策划工作中的一系列辩证关系：无与有、多与少、分与合、早与晚、优与劣、入与出、滞与畅、人与物。最具实用价值的是思维方法与疑难问诊两章。该书是在作者给社内青年编辑讲课的讲稿基础上整理而成的，形式上还保留着讲稿提纲的模式，但开创之功不可抹杀。

2.《选题论》

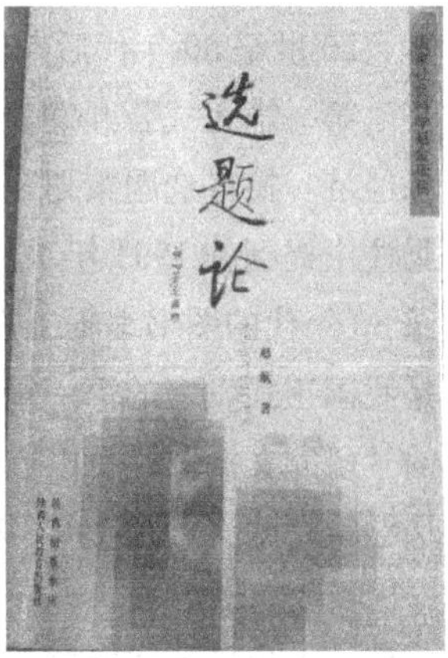

《选题论》（修订版）书影

辽宁教育出版社1998年7月初版，陕西人民教育出版社2010年推出修订版，南开大学编辑学专业创始人赵航著。除绪言外，共九章，依次是选题概说、选题设计的创造性思维、选题的基本原理、选题的制订与优化、选题与信息、选题决策、选题的误导、选题的平衡、选题与出版效益。该著是我国第一部系统、深入地研究出版选题的学术专著，对笔者从事图书选题策划的教学与研究工作帮助很大。拙著直接吸取了该著的一些成果，如对选题信息的分类基本上采纳了该著第五章对出版信息的分类；或者受该著观点的启发，进一步提出了新观点，如该著第四章指出：“我们所说的外延力，也可称作扩张力或可转换性。这是指选题有无在初版形式的基础上延伸出其他形式的出版物，这是考察选题又一种生命力的所在。”① 受此启发，笔者提出了选题策划的“多元转化法”。时至今日，书中不少事例已显陈旧。

3.《选题策划的理论与实践》

河南大学出版社2004年8月出版，李普涛著。共九章，分别是选题策划概述、选题策划的一般程序、选题的基本原则、选题策划的基本思维方法、音像电子与网络出版的选题策划、选题创新能力的开发与培养、选题策划机制与队伍建设、选题的出版与发行、选题策划成功案例评介。作者长期主要从事教育音像制品的编辑出版工作，故书中事例也多为这方面的，特别

① 赵航：《选题论》，135页。

是第五章专门研究了音像电子与网络出版的选题策划，这是此书的最大亮点。该著探讨了选题策划的程序、原则、思维方法、策划机制等问题，但没有深入展开。

4.《出版选题学》

苏州大学出版社 2005 年 6 月初版，原名《现代出版选题学引论》，2013 年 7 月第 2 版改为现名，苗遂奇著。内容可概括为三个方面：一是从宏观角度探索了出版选题与文化发展之间的关系，二是从中观角度论述了出版选题的策划者与组织者，三是从微观角度考察了具体的选题业务。该著由作者的博士论文《文化视野中的出版选题研究》修改而成，学术理论性强是其鲜明特色。第七章系统探讨了一般大众类、专业学术类、教育教材类、古籍类、引进翻译类五类图书选题的组织与策划，第八章专门探究了畅销书的组织与策划，是全书最具应用操作性的两章。

《出版选题学》书影

5.《图书选题策划学》

中国水利水电出版社 2006 年 1 月出版，宋连生主编。共六章，其中三章分别研究畅销书的策划、精品书的策划、长销书的策划，这三章特别是后两章是同类著作所没有的。第六章用一节的篇幅比较详细地介绍了选题策划方案，也是其特色之处。该著是目前唯一一部题为“选题策划学”的著作，但内容单薄。

6.《出版选题策划实务》

重庆大学出版社 2012 年 10 月出版，程德和主编。是全国高职高专印刷与包装类专业教学指导委员会“十二五”规划教材，为出版与发行专业系列教材之一，由六个模块组成：出版选题策划概要、信息采集、选题创意、选题论证、选题设计、选题推广。内容简明扼要，体例比较新颖，强调实践应用，是快速了解选题策划实务的不错的入门书，但广度与深度都明显欠缺。顺便提及，该社出版的该系列教材中还有《传媒策划实务》《数字传媒设计与制作》，前者结合报纸、图书、广播电视以及新媒体等各种传媒业态，为读者展示了包括传媒定位策划、传媒产品策划、传媒营销策划、传媒品牌策划在内的完整策划过程，后者包含图文数字化处理、数字传媒界面色彩设计、数字传媒界面元素设计、三维图文动画设计与制作、数字传媒交互设计等内容。

7.《选题策划与案例分析》

黑龙江人民出版社 2009 年 1 月出版，李文方著。以当代中国出版充分市场化为前提，采用理论探索与实证分析相结合的方法，全面阐述选题策划的知识与操作方法。除导论和附章，共十三章，其中六章分别剖析了《话说中国》《于丹〈论语〉心得》《共和国外交风云中的邓小平》《做最好的自己》《世界摄影史》与《时间简史》等图书的策划营销案例，揭示其成功奥秘。该著是我国出版的第一部案例式选题策划研究著作。第八章介绍选题策划的成本、投资与盈亏测算，是同类著作没有的内容。第十二章从不同的角度归纳出 15 种选题策划的具体方法，虽失于简略，但也是其创新之处。

8.《图书选题策划案例教程》

上海交通大学出版社 2014 年 3 月出版，梁春芳、高虹编著。该著颇得西方案例教程之真谛，是我国出版的第一部真正意义上的案例式选题策划研究著作。共八章，除第一章导论外，其他七章均为各类型图书（原创文学图书、引进版文学图书、传记图书、少儿图书、历史图书、科普图书、图文图书）的典型选题策划案例剖析，每章解剖两到四本（种）图书，共20本（种），包括《狼图腾》、《山楂树之恋》、《杜拉拉升职记》、《我的名字叫红》、“哈利·波特”系列、《史蒂夫·乔布斯传》、《曾国藩全集》与《曾国藩》、“冒险小虎队”系列、“鸡皮疙瘩系列”、“麦兜麦唛系列”、《话说中国》系列、《于丹〈论语〉心得》、“第一推动丛书”、《老照片》系列等，其中，既有畅销书、常销书，又有精品书、品牌书。对每本（种）书的解剖由以下板块组成：教学目的、案例介绍、案例分析、案例点评、练习与思考、注释与参考文献。案例新鲜，点评精要，语言流畅，实用性强。

《图书选题策划案例教程》书影

9.《选题策划》（*Write the Perfect Book Proposal: Ten That Sold and Why*）

河北教育出版社2005年7月出版，美国人杰夫·赫曼（创办了一家著名的图书出版经纪公司）与德博拉·利文·赫曼（是图书出版代理人、图书选题策划顾问）著，崔人元与宋健健译。该著是迄今为止唯一一部从海外引进的选题策划著作，包括两大篇：选题策划的基本要素及建议、10个选题策划案例的成功秘诀。探讨了图书出版经纪人如何与出版商或图书出版代理机构打交道的技巧，重点介绍了如何撰写图书选题策划书。特色有二：一是作者给出的建议十分具体，真正具有可操作性；二是案例评析部分占了全书72%的篇幅，极具参考价值。然而，该著立足于出版经纪人如何与出版商打交道，或立足于作者如何与图书出版代理机构打交道，在我国有“水土不服”之处，译文也有令人费解的地方。

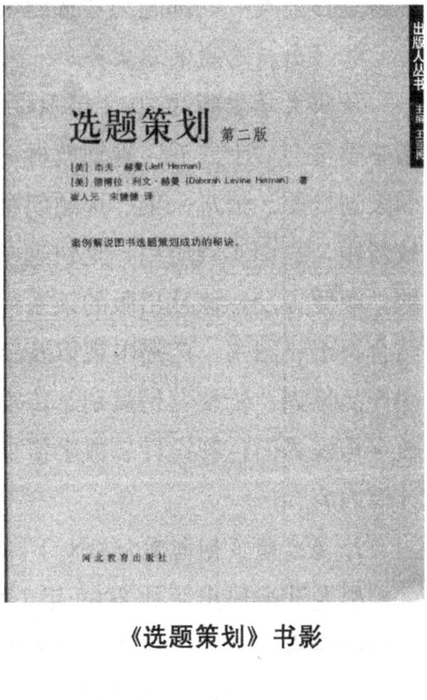

《选题策划》书影

10.《成功选题策划启示录》

河北教育出版社2001年1月出版，新闻出版署教育培训中心编。收录图书选题策划案例文章111篇，作者大多是现身说法，所谈图书许多是两个效益俱佳的畅销书或常销书，不少是获得国家图书奖、中国图书奖和“五个一工程·一本好书奖”等奖项的优秀图书。受体例的限制，该书没有形成知识体系，而且所举案例都是20世纪90年代的。

11.《图书选题创新讲演录》

中国大百科全书出版社2007年3月出版，中国出版集团公司出版业务部编。2006年9月

12—14 日，中国出版集团在北京发起并举办了“图书选题创新论坛”。40 多位与会专家通过自身卓有成就的出版实践和个人经历，从具体出版物的选题创新、出版单位整体的选题创新、出版集团整体的选题创新三个议题出发，进行了广泛而深入的研讨。该书即是大部分与会专家的讲演文集，作者均是我国图书出版界的决策者与精英人物，如聂震宁、李朋义、白冰、俞晓群等，大多数文章的质量是实至名归的。

12.《图书选题策划报告——第五届“未来编辑杯”获奖文集》

科学出版社 2008 年 7 月出版，中国编辑学会秘书处编。收入中国编辑学会组织的第五届“未来编辑杯”征文竞赛获奖文章 44 篇，出自大学生之手，但有些选题及其策划报告可圈可点，如《哈利·波特与罗斯特的故事》《婆媳交响曲》《遗失的活化石——中国人类口头和非物质文化遗产青少年读本》等。值得高校编辑出版学专业学生学习、参考。

13.《期刊的选题策划》

辽宁人民出版社 2004 年 8 月出版，赵丽杰著。是该社出版的“期刊策划视点书系”之一。这是目前唯一一部专门研究期刊选题策划的著作。探讨了期刊选题策划的影响因素、意义、原则、条件、方法等。

14.《选题策划学》

西南交通大学出版社 2015 年 1 月出版，汪启明、李岗与梅红著。该著包含 11 章，依次为：选题策划概说、选题创意论、选题过程论、选题管理论、选题经营论、选题策划与营销学、选题策划与精品战略、选题策划与心理学、分类图书选题策划、选题策划与版权贸易、选题策划与新媒体。

（二）书名中不含“选题策划”或“选题”的有关出版类著作

除了前文提到的各类传媒策划研究著作外，还有一些传媒研究著作的书名中不含“选题策划”或“选题”但与选题策划有着比较密切的关系，下面所列只是此种出版研究著作中的一部分。

首先要介绍《编辑创意论》（天津古籍出版社，1999 年 12 月）。徐柏容著，是作者先后出版的“书刊编辑学系列”（共四部）之第一部。该著实际上是论述编辑策划的著作，富有文化底蕴，充满创见，但实践操作性不太强，且受出版时间的限制而未能全面反映出版业的时代面貌。

其次要提到《出版策划——理论与实践》（广西教育出版社，2000 年 4 月）。这是我国出版的出版媒介策划方面的第一部专题论文集，集中反映了 20 世纪 90 年代后期我国出版界对“出版策划”的概念、功能、机制、运作等方面的研究水平，其中专门研究选题策划的论文有 8 篇。与之相似，《策划与管理》（学林出版社，2002 年 12 月）收录探讨图书策划的文章 22 篇，其中专论选题策划的有 7 篇。

接下来要列举研究畅销书策划、运作的著作。畅销书的选题策划无疑是图书选题策划中最值得关注的部分。自 1985 年 11 月至 2019 年 5 月，我国共出版畅销书研究著作 41 部（含畅销书作家传记和畅销书题材的长篇小说 2 部），其中属于畅销书策划、运作方面的有 15 部，包括《畅销书策划 88 法》《畅销书的“蓄意”操作》《畅销书攻略》《畅销书浅规则》《畅销书营销浅规则》《畅销有理——畅销书案例评析》《从一万到百万——超级畅销书的秘密》《文化的坚守与运营——畅销书出版营销研究》《畅销书内幕》《打造畅销书》《一夜成名——破译顶级畅销书的成功基因》等。它们都程度不同地讨论了畅销书的选题策划。

最后要列举关于精品图书、优秀图书策划运作、营销的案例剖析文集。精品图书策划方面的案例分析文集出版了 3 部：《上海 50 年精品图书 500 种》《精品图书的诞生》《精品图书的策划与创意》。图书营销案例评析著作出版了 3 部：《图书营销案例点评》《出版物市场营销典型案例评析》《中国书业营销金典（一）》。与之相似的著作还有《倾听书海——好书背后的故事》《出版六十年——名著的故事》《脱颖而出——65 种书从写作到出版》等。

还要特别指出，《实践・探索・启迪——数字出版案例选编》（中国书籍出版社，2011 年 11 月）、《数字出版案例研究》（电子工业出版社，2013 年 9 月）和《数字出版个案研究》（高等教育出版社，2016 年 11 月）这三本书，不仅为我国数字出版产业的发展提供了可资借鉴的范例，而且为数字出版的策划与经营研究提供了鲜活的、权威的文献。

《这书要卖 100 万》书影

《实践・探索・启迪——数字出版案例选编》书影

（三）现有选题策划研究著作的不足

从上文介绍的 14 部书名中含有“选题策划”或“选题”的出版类著作及其相关著作来看，现有选题策划研究著作存在以下不足。

1. 出版时间绝大多数在 2009 年以前，因而内容整体上显得陈旧

2009 年以来出版的选题策划研究著作只有 3 部（《选题策划与案例分析》《出版选题策划实务》《图书选题策划案例教程》），加上拙著的初版《图书选题策划导论》也只有 4 部。就算是与 5 年前相比，我国出版业也发生了重大变化，更别说与 10 年前甚至 20 年前相比我国出版业的巨大差异了。包括出版业在内的传媒业是真正日新月异的行业，传媒研究也真正需要与时俱进。受出版时间的制约，现有选题策划研究著作整体上滞后于时代。

2. 现有选题策划研究著作普遍缺乏应有的一些内容

现有选题策划研究著作没有从中国出版“走出去”的角度探讨选题策划问题，没有论及或展开论述图书出版与报刊、影视、互联网、手机等媒体之间互动、融合的问题，没有论及或专门论述选题策划的体制与机制问题，特别是没有专门探讨数字出版物的选题策划。这些内容都是当今中国出

版业改革与发展中的题中应有之义，而现有选题策划研究著作都无视或轻视了这些内容。

3. 理论与实践未能有机结合，是现有选题策划研究著作的普遍症状

一方面，新闻传播学、编辑出版学属于新兴学科，从学科建设的角度来看，确实需要建构理论体系。理论研究、学术研究本身也要求成果要有较强的理论性、学术性。另一方面，任何理论最终应该推动实践的发展，新闻传播学、编辑出版学本身属于应用型学科、专业，选题策划研究更是直接来源于实践，也应该直接服务于实践，因而，选题策划研究成果务必真正做到理论与实践有机结合。遗憾的是，现有选题策划研究成果及其相关研究成果都没有做到这一点，要么学术理论味过浓，要么只满足于实务的概括与经验的总结。选题策划的理论界、教育界与选题策划的实践界、操盘手亟须加强结合，亟须加强对话。一方面，理论界、教育界要主动贴近出版实践，积极面向出版实践，密切关注出版业的发展趋势，及时捕捉出版热点问题、难点问题，把理论探讨切实建立在出版实践的深厚土壤中；另一方面，实践界、操盘手也要自觉重视理论，有意识地将实践经验总结、上升到理论高度。没有理论指导的实践是盲目的实践，终究达不到游刃有余的境界。

4. 绝大多数选题策划研究著作缺乏必要的、基本的学术规范与精神劳动创作的严谨性

无论是作者的学术创作，还是出版社的学术出版，都应该具备最基本的学术操守，都应该遵守最基本的学术规范，集中于一点，要对他人的研究成果给予最基本的尊重。这就要求要有必要的注释，要列出主要参考文献。任何精神劳动都是站在前人肩膀上才得以继续进行的，任何研究成果都会程度不同地引用、参考他人的研究成果。为了明示学术渊源，为了尊重前人、他人已有的精神劳动成果，引用、参考他人成果应该也必须以注释的方式交代出处，并在书后或章后列出主要的参考文献。然而，整体而言，在这方面做得很不理想。

既在正文中比较详细地加注释又在书后或文后列出主要参考文献的著作只有5部：《出版选题学》《选题论》《选题策划与案例分析》《图书选题策划案例教程》与《选题策划的理论与实践》。其他著作有的只在书后列举主要参考文献，有的全书只零星地加了数个注释或文集中只有数篇文章列了参考文献，还有的既无任何注释也未列任何参考文献。有些著作由于没有对引文加注释，也未列出参考文献，就难以避免抄袭、剽窃的行为，起码存在这种嫌疑。例如，某著关于选题策划“宝刀”之二“巧妙跟进”的论述（第79页）就引用了拙著的初版《图书选题策划导论》，特别是引用了笔者关于跟风出版要念好“三字经”的原创性观点（第209页），但既没有加引号，也没有加注释交代出处，引用著名图书策划人杨葵的观点①也是如此。该书作者在后记中说，他写作该书的想法是，做某些“优秀人士”的“思想整理者和汇集者”，他确实整理和汇集得很好，但引用他们思想的时候没有任何交代令人遗憾。

张志强先生指出20世纪中国出版研究的一个弊端是：“一些专著和论文，或哗众取宠，故作惊人之论；或投机取巧，人云亦云，低层次重复；更有一些专著或论文存在剽窃、抄袭等行径。而更多的专著和论文缺少引文、参考文献等，不能反映前人的研究成果和作者在前人劳动

---

① 该书第79页引用了杨葵的观点：“跟风不是什么坏事，不能因为几颗恶劣跟风的老鼠屎，就倒了整个跟风这锅好汤。跟风体现了商业敏感性，是聪明人的做法。”该观点出自杨葵的《我理解的图书策划与营销》（载《中国图书商报》，2013-12-19）。

基础上的新贡献，使出版学专著和论文缺少规范性，也降低了出版科研成果的社会声望。”①现有选题策划研究成果整体上也是如此。

很多专业学术性论著的作者（主要是业界的实践工作者）之所以不愿意加引号加注释，一是为了省心省时，二是因为他们主观上很可能认为，加引号加注释会削弱作品的可读性，会影响读者阅读的流畅性。对于后者，我只想举出一个典型事实。畅销海内外的历史著作《万历十五年》一反传统史学著作深奥的写法，而以散文式笔法写史，体例新颖，表达流畅，没有令读者最为头痛的文言文引文，然而，在每章后面都有很详细的注释，在书后详细列举了参考文献。这就告诉我们，遵守学术规范、尊重他人著作权与增强可读性之间并不冲突。

《万历十五年》书影

三、拙著要达到的目的

笔者在已有研究成果的基础上，博采众长，扬长避短，力求使拙著特色鲜明。

（一）理论与实践紧密结合

要想成为一名出色的选题策划人，既要掌握选题策划的理论知识，又要高度重视选题策划的实践操练。拙著力求做到二者的有机结合，体现在内容的安排方面，全书分为上、中、下三篇，上篇探讨选题策划的基本概念、基本原理等，侧重理论，下篇阐释选题策划的具体方法，侧重实践操作，中篇介于二者之间，既有理性思考，又有实际应用。

在编辑出版学的学科建设与学术研究中，要正确处理理论与实践的关系。“已有的学科建设经验表明，满足于实务的概括，无法搞清出版学的理论原理；不顾出版实践，盲目追求玄虚的理论体系，无法指导出版业的发展。两种倾向都不利于出版学的学科建设。”② 作为出版学的一个分支，作为与出版实践关系更为密切的一项出版活动，选题策划的学科建设与学术研究无疑更要努力实现理论与实践的有机结合。

（二）决不忽视学术规范性与精神劳动创作的严谨性

拙著强调应用操作性，但决不因此而忽视学术规范性与精神劳动创作的严谨性，而是充分反映学术渊源，充分尊重他人著作权。表现在三个方面：第一，参考他人成果，尤其是引用的典型素材、重要数据，都用注释的方式交代出处；第二，引用他人原创性的观点，都使用引

---

① 张志强：《20世纪中国的出版研究》，315～316页，南宁，广西教育出版社，2004。

② 全国出版专业职业资格考试办公室编：《出版专业理论与实务（中级）》，39页，上海，上海辞书出版社，2004。

号，并用注释交代出处；第三，除了在各章的注释中交代文献出处，还在书后集中详细列举了参考文献。拙著对他人著作权的尊重，对学术渊源的交代，不只是体现在引用名家名人观点的时候加引号并用注释交代出处（许多作者这样做的时候只是为了证明自己观点的正确性），还体现在引用自己的学生撰写的没有公开发表的作业中的观点的时候也加注释明示出处。例如，拙著初版（《图书选题策划导论》）提到这样一个观点："畅销书大多有一个'畅销书式'的封面设计。"笔者就此加了一条注释："湖南师范大学新闻与传播学院编辑出版系 2004 级研究生戴莹同学在一篇分析《达·芬奇密码》畅销原因的作业中说，有一个畅销书式的封面设计是该书畅销的重要原因之一。笔者认为这是很有价值的观点，'畅销书式'的封面设计的特点值得深入探讨。"（第 359 页）拙著初版第六章在论述选题策划人应该具备的人际交往能力时，引用了一位本科生的、被笔者判了满分的材料问答题的答案，笔者加了这样一条注释："这份答案是湖南师范大学新闻与传播学院编辑出版学专业 2004 级本科生易玲英在大学一年级第一学期解答期末考试试题的答案，这里只改动了个别文字。"（第 130 页）

创新与严谨，是科学研究必须坚持的两个基本点。学术观点与著述体例上的创新必须建立在严谨、规范的基础之上。应用学科的研究强调实践操作性，行文表述应该活泼一些，但决不能因此忽视学术的规范性与严谨性。这样做，不仅可以明示学术渊源、尊重他人著作权，而且有利于新的研究者和一部分读者进一步追溯阅读。

（三）大胆而又谨慎地发表自己的见解

缺乏创新的科研成果没有价值。要创新，就必须敢于、善于发表己见。关于改革开放以来尤其是推行市场经济以来读者的新需求与新兴读者群体、20 世纪 90 年代后期特别是 2000 年以来涌现的少年儿童（中小学生）作者群体、跟风出版、四种类型图书（畅销书、常销书、精品书、品牌书）之间的联系与区别、选题策划理念等问题的论述，拙著大胆而有根据地表达了自己的看法。特别是中篇与下篇，从不同的角度创造性地提出了选题策划的 10 个理念、20 种方法，提出选题策划人员必须具备五种动物的本领，并开拓性地系统探讨了数字出版物的选题策划，这些是其他同类著作所没有的内容。

（四）材料新颖、丰富

拙著精心选择了典型的选题策划事例，介绍、剖析了畅销书、常销书、精品书与品牌书方面的成功案例，如《谁动了我的奶酪?》、《哈佛女孩刘亦婷》、《狼图腾》、《老照片》、《花季·雨季》、《三重门》、《邓小平故居留言簿》、《大败局》、《水煮三国》、《绝对隐私》、《藏地牛皮书》、《第二次握手》、《天龙八部》、《富爸爸　穷爸爸》、《尤利西斯》、《文化苦旅》、《中国文化知识精华》、《不过如此》、《湘菜集锦》、《365 夜故事》、"汉译世界学术名著丛书"、《十万个为什么》、"五角丛书"、"中国文学鉴赏辞典大系"、"茶座"系列、"布老虎丛书"、幾米绘本系列、"第一推动丛书"、《中国美术全集》、《曾国藩全集》，等等。明确标识为"案例"的有 91 个，实际上远不止于此。

（五）图文并茂，可读性强

在前述 14 部书名中含有"选题策划"或"选题"的出版类著作中，只有 3 部（《图书选题策划案例教程》《选题策划与案例分析》与《出版选题策划实务》）插入了图片。“读图时代”的出现不是偶然的，它适应了以电视、互联网、手机为主体的视觉性大众文化盛行的文化发展大趋势，是当今青少年读者在新的生存环境下的阅读需求。拙著紧密结合内容插入了书影、名人相片等图片 204 幅。笔者还希望在体例、版式方面做得新颖、活泼一些。

（六）内容不局限于图书的编辑出版

前文所述各种类型的传媒都需要开展选题策划活动，拙著所讲的选题策划是指出版媒介的选题策划，而且主要是指图书的选题策划，但适当延伸至其他媒体，具有大出版、大传媒、大策划的视野。例如，第八章论述“不做一锤子买卖（理念 4）”、第二十章论述“草船借箭法（方法 19）”和“多元转化法（方法 20）”时，涉及了期刊、报纸、影视、互联网、手机等媒体。还特意增加三章分别探讨了音像电子出版物选题策划、期刊选题策划、数字出版物选题策划。换言之，拙著虽然按照惯例也以图书的选题策划为主要研究对象，但试图涵盖图书以外的其他媒介的选题策划。

总之，笔者努力使拙著成为一部务实创新、与时俱进、学以致用、严谨而活泼、以图书为主并兼顾其他媒体的选题策划著作。衷心希望编辑出版学专业的师生看了有收获，编辑出版一线的编辑出版人员看了有启发，编辑出版管理者看了不后悔，写书人与书商看了用得上。

【基本概念】

策划　策划学　传媒策划　出版策划　图书策划

【思考题】

1. 什么是策划？策划学是一门什么样的学科？

2. 在我国，传媒策划兴起于何时？传媒策划可以分为哪几种类型？

3. 出版媒介的策划活动可以分为哪几个部分？选题策划在出版全程策划中处于怎样的地位？

4. 精读一本选题策划研究著作，撰写读书笔记或读后感或书评。

第一章

选题策划概说

选题策划的内容具有多层次性，类型具有多样性，绝不能肤浅地理解“选题策划”的内涵与外延。选题策划活动具有创造性、效益性、系统性的特征。选题策划在文化建设和出版产业的发展中具有重大意义、作用，但也具有一定局限性。

第一节　选题策划的内涵

一、狭义的选题策划

同许许多多的概念一样，“选题策划”这个概念也有狭义与广义之分。狭义的选题策划是指对具体选题的策划，即对将要出书的题目及其基本要素的构思、设计。这种选题策划，习惯上被称为策划选题。

(一) 选题的构成要素

整体来说，策划选题是对构成选题的 9 个要素进行策划。

1. 书名

单本书只有一个书名。丛书、系列书与套书的书名，既包括总书名，又包括其中每本书的书名。根据具体情况，书名在正式出版前可以修改。

2. 出版宗旨

出版宗旨是指出书的目的和意义。编辑人员策划新选题要有明确的出版宗旨，选择自投稿或采用社外选题也要根据出版社的出版宗旨来进行。

3. 内容简介

内容简介用来说明稿件内容所属的知识门类、范围、层次和写作角度等。如果是文学类选题，则要说明题材、主题、主要人物和基本情节等。

4. 读者对象

策划选题必须明确读者对象，以便根据读者对象的阅读需要和接受能力，研究图书的内容、篇幅、表现形式、发行范围、发行方式与促销方式等问题。

5. 作者人选

酝酿得比较成熟的选题，一般事先选定了作者。有的选题还未选定作者，也应该有作者人选的设想。要了解作者的观点、学术水平、研究成果、已出作品的影响和写作能力等基本情况。

6. 主要特点

本选题有哪些特色，即与同类书相比有何不同之处，这是必须高度重视的问题。没有特色的选题不值得出版。

7. 效益（社会效益和经济效益）预测

策划选题时，对选题的两个效益（这里侧重经济效益）必须进行精心的预测和周密的评估。

8. 编撰与设计要求

编撰与设计要求包括对选题的物化形态（图书）的内容与形式两方面的要求，前者包括思想性、艺术性、科学性、实用性、通俗性与可读性等，后者包括体裁、体例、结构、装帧方式与表述风格等。此外，对于图书的篇幅、印制、档次与完稿时间等问题，也要在策划选题时一并考虑。

9. 宣传促销措施

一般来说，每个选题，尤其是注重经济效益的选题，必须重视如何宣传、促销。强调社会效益的选题（如学术理论著作），也应有宣传、促销的设想，但更应重视其学术价值、理论价值。

（二）要正确理解“策划选题”和“选题策划”的含义

“策划选题”绝不等同于计划经济时代所说的“制定选题”或“确定选题”。自有出版以来，不论什么时期的出版工作，都需要决定出书题目，都需要事先对选题进行构想，这种工作原来被称作“制定选题”或“确定选题”，而从20世纪90年代中期以来被惯称为“策划选题”，这是有深刻用意的，是为了强调以下三点：（1）新时期选题工作具有新特点——市场经济条件下出版业的产业化定性与市场化取向；（2）新时期编辑出版工作者的观念发生了重大转变——由被动地坐等选题上门到主动地去市场中寻找选题；（3）新时期编辑出版工作者的素质与能力必须更高更强——创新意识、创新思维与创新能力尤为重要。

编辑出版家阙道隆（1928—2009）说：“选题设计也称选题策划、选题构思。”“选题设计是编辑人员创造性的思维活动，充分体现编辑人员参与文化活动的主体性和能动性……选题设计的成败，对书籍的质量与效益，对出版社的生存和发展，都有决定性的影响。在市场经济条件下，选题设计的作用更突出了。”① 笔者以为，正是因为“在市场经济条件下，选题设计的作用更突出了”，因而广泛使用“选题策划”来取代一般意义上的“选题设计”与“选题构思”。“选题策划”一词更能反映选题工作的创造性，更能体现编辑出版人的主体性和能动性，更能显示当今选题工作应以市场为基本取向的特点。

“选题与选题策划的含义不同。选题是选题策划的结果……选题策划是选题的基础，有了到位的选题策划，才有比较成熟的选题产生。”② 这里的“选题策划”显然是“策划选题”的意思。这段话的真实意思是，从行为的因果关系来看，“选题策划”这个行为在先，“选题”这

① 阙道隆、徐柏容、林穗芳：《书籍编辑学概论》，278～279页，沈阳，辽海出版社，2000。

② 朱胜龙编著：《现代图书编辑学概论》，55页，苏州，苏州大学出版社，2003。

个结果在后。这与“绪论”中所说从语词产生的时间关系来看，“选题”一词在先“选题策划”一词在后恰恰相反。

二、广义的选题策划

广义的选题策划有两种视角，或者说有两种分类的标准。

（一）从选题策划主体的角度来划分

也就是从选题策划人的角度来看，广义的选题策划是指对选题、选题计划、选题战略的策划，有三个层次。

1. 对选题的策划

即上文所说的策划选题，这是微观层次。

2. 对选题计划的策划

这是中观层次。选题计划是各个具体选题的集合体，是一家出版社在未来一定时期（一般为一年）内出书的整体规划。对选题计划的策划，是在策划各个具体选题的基础上做进一步的优化，以达到结构科学和综合平衡（详见第四章第二节的有关内容）。

3. 对选题战略的策划

这是宏观层次。选题战略是指出版经营管理的有关人员从更高的高度，对未来相当长时期内（五年以上）一社、一省（市、区）、一国在选题工作方面的总体构想。第五章详细论述之。

就出版社来说，上述三个层次的选题策划由不同层次的选题策划人、编辑出版人来开展。具体选题的策划主要由普通编辑来做，选题计划的策划以编辑室（编辑部）主任为枢纽，选题战略的策划则由社长或总编辑来做。

上述三个层次的选题策划密切联系，呈现层次递进的关系：选题战略策划包含选题计划策划，选题计划策划包含具体选题的策划。换句话说，具体选题策划以选题计划策划为依据，选题计划策划又以选题战略策划为依据。只有选题战略定位正确，选题计划落实，具体选题体现，上下一致，一社以至一省（市、区）、一国的出版业才会有序而持久地发展。

（二）从选题策划在出版流程中所起作用的角度来划分

策划是人们在事前所进行的筹谋、设计，选题策划也不例外，它是有关人员（主要是编辑人员）在获得书稿之前所进行的一种创意，这种创意是观念形态的。同所有策划一样，关于选题的创意也必定要付诸实践，要通过实践的最终结果来检验这种创意是否成功。只有经过实践检验的创意，才能由观念形态变成实体形态。否则，选题策划就失去了实际的价值。因此，选题策划人、编辑人员不仅要重视在书稿形成之前的创意，而且要高度关注在书稿形成之后前期的创意如何得到顺利实施。

图书出版的整个过程由不同的阶段、不同的环节组成。小而言之，可以划分为信息采集、选题、组稿、审稿、加工、装帧与版式设计、发稿、打样、校对、印刷、包装、发行等环节；大而言之，可以划分为编辑工作、校对工作、印制工作、发行工作等阶段。那么，选题策划工作涵盖哪些阶段、哪些环节呢？从这种角度又可以把选题策划划分为以下两个层次。

1. 对选题本身的策划

从图书出版的整个过程来看，对选题本身的策划存在于书稿形成之前，即指信息采集、选题开发和组稿。“选题策划的工作应包含信息筛选、选题设计和作者选择三个方面。”① 换句话说，选题策划工作本质上是催生书稿的工作：通过选题策划人、编辑人员的创造性劳动，促使符合策划目标的书稿按时保质地诞生。对选题本身的策划属于编辑策划的范畴，编辑策划的内容既包括这种选题策划，又包括在审稿、编辑加工等环节所进行的策划（习惯上称为“提高编辑含量”）。

2. 对实施选题的策划

获得书稿之后，编辑出版活动仍在继续进行。图书出版的过程是一个有机联系的整体，选题策划活动自然不能与获得书稿之后的环节、阶段割裂开来。为确保自己策划的选题能够顺利实施，选题策划人、编辑人员必须积极参与获得书稿之后的编辑出版工作。换言之，选题策划活动必定会延伸、渗透到组稿之后的其他各个环节、各个阶段的工作之中去。出版实践表明，这种延伸、渗透的工作（如编辑加工、装帧设计、版式设计、印刷、宣传促销等）做得怎么样，对最终能否实现选题策划的目标起着越来越重要的作用。鉴于此，选题策划人、编辑人员对如何实施与运作选题，即对获得书稿之后各阶段各环节的工作进行事前的策划，乃理所当然。②

然而，从学理、逻辑上说，对如何实施与运作选题而进行的策划不是选题策划本身所固有的内容，借用著名编辑出版家徐柏容先生的话说，这种策划应该被看做是选题策划的“余绪”，即一种延伸、渗透的工作。③ 尽管这种延伸、渗透的工作在出版实践中日益重要，但毕竟不是选题策划的核心内容。在书稿形成之后各阶段各环节的策划工作，主要应由其他相关的策划活动来完成。众所周知，当今图书出版的过程是全程策划的过程。“选题策划、制作策划、宣传策划、发行策划是贯穿于图书的全程策划的四个主要阶段。”④ “出版策划的内容极其丰富，有选题策划、制作策划、宣传策划、营销策划等。”⑤ 这种看法把选题策划看做是图书出版整个策划中的一个组成部分，合情合理。

许多人对选题策划外延的把握出现偏差。“选题策划则是出版社根据已有的选题进行一系列包装策划，使之拥有尽可能大的市场占有率和覆盖率……选题策划包括两个方面的内容，一

---

① 方敏：《全程策划——出版运作的现代追求》，载《出版发行研究》，2000（6）。

② 有论者指出，出版策划不仅有静态的，而且有动态的。静态的策划“自策划者脑中形成创意到完成书面策划书为止”（相当于笔者所说的对本身选题的策划），动态的策划是指静态策划的落实（也就是笔者所说的对实施选题的策划）。（参见叶路：《“策划”漫谈》，见上海市出版工作者协会、上海市编辑学会编：《策划与管理》，17页，上海，学林出版社，2002。）

③ 徐柏容认为，从编辑工作的本质特征考虑，书刊编辑工作的主要内容包括创意、选择、结构与优化四项。符合创造性创意的书稿、文稿的完成标志着编辑创意的完成，可是，编辑创意的“余绪”还会渗透到其后的选择、结构与优化等工作中去。徐先生所讲的编辑创意基本上相当于我们所讲的选题策划。（参见徐柏容：《编辑创意论》，20～21页，天津，天津古籍出版社，1999。）

④ 方敏：《全程策划——出版运作的现代追求》，载《出版发行研究》，2000（6）。

⑤ 吴智仁：《关于“出版策划”的四点思考》，载《中华读书报》，2002-03-13。

是图书的包装，二是图书的营销。"①"图书的包装"是指书名、封面、勒口、目录、版式、定价等，"营销"是指发行、宣传、促销。在这里，选题策划与制作策划、宣传策划等同起来了。持类似观点者的逻辑是，当今出版业的策划是全程策划，而选题策划在出版策划的整个过程中居于十分重要的地位，所以，选题策划必然是全程策划。

笔者坚信两点：(1) 无论选题策划多么重要，它也只是整个出版策划中的一个组成部分，不能取代其他类型的策划——制作策划、宣传策划与营销策划等；(2) 选题策划必然延伸、渗透到印制与销售阶段，而且日益重要，但终归是"余绪"，延伸、渗透阶段的策划主要由其他策划——制作策划、宣传策划与营销策划等——来完成。总之，选题策划的核心内容是指出版"上游"的工作。无视选题策划与其他阶段、环节的策划之间的联系，将它们割裂开来，固然是错误的，但忽视选题策划与其他策划之间的区别，将其等同于整个的出版策划或图书策划，更是错误的。一言以蔽之，选题策划与其他阶段、环节的策划既有相互联系的一面，更有相对独立的一面。②

第二节　选题策划的特点

选题策划的特点主要有以下三个。

一、创造性

选题策划是一种创造性活动，是出版业最具知识经济特征的智力活动。创造性是选题策划的灵魂，是其最根本的特征。编辑出版家戴文葆（1922—2008）说："任何伟大的著作都贯彻着一种编辑思想，尤其是开创性思想。选题设计一旦缺乏创造性思维，就不能编撰出有分量的著作。"③ 选题策划的创造性体现在选题的新颖性与独创性上面。

在图书出版的整个过程中，每一个环节、每一个阶段的工作都具有创造性，著名编辑出版家赵家璧（1908—1997）就把他编辑的《中国新文学大系》称为"从无到有的创造性劳动"④。但是，客观地讲，最能体现编辑出版工作创造性的无疑是选题策划。

---

① 许久文：《从策划选题到选题策划》，见湖南出版工作者协会编：《出版工作者的思考》，103页。

② 有论者指出，从大家对选题策划所下的各种定义来看，选题策划至少包含三层含义：一指确立选题；二指编稿以前的前期准备工作，如确立选题、指定作者与选择稿件等；三指包括选题、制作、营销策划在内的全程策划。他说："选题策划有日益被泛化的危险。""不同层次的选题策划概念因为处于不同语境，本身并无不妥，但如不对这些不同层次概念进行区分，容易混淆读者视听，尤其是容易导致读者忽视问题的本质，即不重视选题本身，或者说仍然不知理想选题为何物。"他认为，作为出版策划中的一个组成部分，选题策划仅指"确立选题"，这是选题策划"最原初的含义"，其具体内容包括选题信息采集、选题调研和选题优化。参见宫承波、要力石：《出版策划》，26页，北京，中国广播电视出版社，2007。笔者认为，业界对"选题策划"内涵的界定确实存在泛化的倾向，但认为"选题策划"仅指"确立选题"又显得过窄，不能全面反映蓬勃发展的出版实践，有矫枉过正之嫌。

③ 转引自赵航：《选题论》，序言。

④ 赵家璧：《编辑忆旧》，162页，北京，三联书店，1984。

笔者认为，要想做好编辑出版工作，就必须充分地发挥人的各个器官的功能。比较而言，出版信息的采集工作是用眼与用耳的工作，要求编辑人员眼观六路、耳听八方；组织稿件的工作是用嘴的工作，要求编辑人员说服作者按照出版意图按时保质地撰写稿件；审稿工作是用眼的工作，要求编辑人员站在读者与社会的立场上认真阅读稿件；加工工作是用手的工作，要求编辑人员对稿件有错必改、改则必对；校对工作是用眼与用手的工作，要求校对人员有火眼金睛，发现并改正校样上的错误；发行工作是用腿与用嘴的工作，要求发行人员腿要勤，嘴要甜，书是编出来的，码洋是跑出来的。那么，选题工作是什么呢？显然是用脑的工作，要求编辑人员充分地发挥大脑的智慧。人与人之间的区别主要在于脖子以上的部分。而这脖子以上的部分，人与人之间的区别在哪里呢？在于思维能力方面。思维能力之间的区别又在哪里呢？在于创造性思维。有的人的思维缺乏创造性，而有的人的思维富有创造性。一个优秀的选题策划人，必定是创新意识浓、创造性思维水平高、创造能力强的人。这样的选题策划人策划出来的选题才会新颖、别致。

案例 1—1

2000 年以来，国内旅游书的选题策划新意迭出，令人耳目一新。《唐诗地图》（南方日报出版社）将旅游与唐诗、民俗结合起来，《跟着音乐去旅行》（中国时代经济出版社）将旅游与音乐结合起来，中国青年出版社的《我在街头等你》与《爱在路上开花》以爱情为主线串起旅游路线。特别是广西人民出版社的《在大理的星空下接吻》，讲述一位女艺术家在大理生活、织布、装饰房子、赤足行走的经历与感悟，不是一本原始意义的旅游书，而是一本代表了生活态度的旅游书，光是书名就充满了奇妙创意。该书不仅畅销，而且向我国台湾地区卖出了版权。

《在大理的星空下接吻》书影

二、效益性

效益性是选题策划活动最鲜明的特征。选题策划的最终目的就是实现最佳效益，这个效益包括经济效益与社会效益两个方面。选题策划人通过富有创意的活动，取得了某项策划成果，如策划了某种畅销书，从中获得了显著的经济利益，或者策划了某种精品书，从中赢得了广泛的社会赞誉，或者策划了某种常销书、品牌书，从中取得了经济效益与社会效益的双丰收，因而，经济上得到满足，精神上得以愉悦。选题策划活动如果不讲效益，就失去了存在的意义。

一般情况下，选题策划活动追求利润的最大化。20 世纪 90 年代后期崛起的作家出版社，从原来经济上捉襟见肘的境地，一跃成为年图书码洋 2 亿多、年创利 2 000 多万元的强社，主要是因为敢于在选题的“无人区”开拓，形成了“人无我有、人有我新、人新我特、人特我转”的选题策划思路，从而在图书市场占有了一席之地。把知识变成财富，把智慧变为财富，是知识经济的本质要求。知识与智慧的价值也可以通过物质利益来体现。出版业既然是产业，选题策划就需要以货币来衡量其价值。

效益性是评价选题策划活动成功与否的主要标准。选题策划人在进行策划创意、选择策划方法、创造策划谋略、制定策划方案时，应该把效益性作为策划活动的立足点、出发点。当然，选题策划活动的效益有长远效益与短期效益之分，也有局部效益与整体效益之别，选题策划人特别是选题战略策划人，务必综合考虑、全面权衡。

三、系统性

系统性是选题策划日益重要的特征。正如前文所述，选题策划活动将延伸、渗透到获得书稿之后的各个环节、各个阶段之中去，其中任何一个环节、任何一个阶段的工作做得如何，都会影响到选题策划目标的最终实现。出版实践多次告诉我们，有一些本来很不错的选题或选题策划设想，结果在实施选题的某一个环节、某一个阶段上，或者由于相关人员的工作做得不到位，或者由于发生了意想不到的客观情况，最后导致没有达到预期的效益，甚至造成了损失。选题策划人、编辑人员千万不能只管孕育选题，而置选题的命运于不顾。也就是说，除了对选题本身进行精心策划外，还必须对选题的实施与运作进行必要的策划，必须积极参与实施、运作选题的各个环节、各个阶段的工作。“从现代出版产业对选题策划的要求看，选题策划将不再仅仅是对选题和书稿的事前调研和规划设计，而是渗透到了稿件选择、编辑、生产、宣传、销售各环节，是一种整体策划或全程策划。”① 所以，选题策划人、编辑人员必须有全程策划的意识。

2003年，笔者在调查研究的基础上策划了《赢在大学起跑线》（“经营大学生活系列”之一）的选题。这是一个专门为大学一年级新生量身定做的选题，试图为处于困惑、迷惘与彷徨之中的大一新生提供一本针对性、趣味性与实用性均强的轻松读物，希望这本读物为他们在心理、生活、学业、社会实践、人际交往与情感方面提供切实可行的帮助。笔者对这个选题寄予很大期望，但发行结果很不理想。事后总结教训，原因是多方面的：（1）由于组稿遇到困难，书中部分文章的质量没有完全达到要求。（2）版式方面存在不足，如插图少且风格陈旧，排版拥挤。（3）宣传与促销的建议几乎都没有落实。笔者作为选题策划人和副主编，在自身条件允许的情况下，在《中国大学生》杂志上刊登了一期邮购广告，组织自己所在学院编辑出版学专业的学生举办了一次小型的书市，但影响很有限。（4）因故未能在7月份出版，迟至9

《赢在大学起跑线》书影

① 苗遂奇：《现代出版选题学引论》，10～11页，苏州，苏州大学出版社，2005。

月中旬才出书。总之，由于主观和客观方面的种种原因，在实施选题的时候只好勉强凑合，从而使事先的策划方案大打折扣。① 这次选题策划经历让笔者深刻认识到，选题策划要想最终获得成功，不光取决于选题策划人的智慧，还取决于编辑人员、装帧设计人员、印刷人员与发行销售人员的共同努力，更取决于选题策划人与这些人员的密切合作。

出版是系统工程。系统的结构决定了系统的功能。系统的功能不是系统内各个个体功能的简单相加，而是远远大于个体功能之和。在实施与运作选题的时候，必须高度重视选题策划的系统性。作家出版社将编辑部门和出版发行部门用效益、利润这一标尺捆在一起，使“两个轮子一起转”：选题策划、营销策略等工作由编辑部和出版发行部共同论证；新书上市后，图书宣传、市场营销由出版发行部和编辑部共同运作。长江文艺出版社北京图书中心（成立于2003年4月，2006年4月改制后更名为北京长江新世纪文化传媒有限公司，习惯上仍然称为长江文艺出版社北京图书中心）为了保证每个环节都不掉链子，建立了一个团队成员互相支持的制度：分管宣传的媒体编辑、活动编辑的提成是宣传预算的20%，而宣传预算取决于发行码洋；发行人员的提成来源于回款，是回款码洋的1.5个折扣，要求当月新书第一版全额回款，三个月账期80%回款；案头编辑的提成也来源于回款。这样，案头编辑精心编书，发行人员卖力催款，宣传编辑拼命宣传。② 这些都是加强图书出版工作系统性的典型事例。

可是，在我国出版业现行体制与机制下，策划选题与实施选题脱节的现象至今仍然比较普遍。通常的情况是：编辑人员提出了选题，获得了书稿，加工了书稿，但对于如何装帧设计、如何印刷、如何发行、如何销售，编辑人员往往受制于人、鞭长莫及，这样就制约了编辑人员介入实施与运作选题工作之中去的积极性与主动性。

第三节　选题策划的作用

无论是出版业的实际工作者，还是理论研究者，虽然对选题策划的含义看法不尽相同，甚至分歧很大，但都一致认为选题策划的作用非常重要。有专家十分形象地指出：“在今天的图书领域，几乎没有人不重视选题策划。选题策划被看做是图书行业的第一重要工作，是一个火车头，是一个发动机，是一个保险公司，是一根救命的稻草。”③ 概括起来，选题策划有以下五个作用。

---

① 从2005年到2014年，国内至少出版了12本大学生学习、心理励志读物，依次是《读大学，究竟读什么》《大学新生——赢在起跑线上》《给大四学生的N个提醒》《从大学第一天开始成功》《大学到底怎么读》《赢在起跑线——新生职业生涯与大学生活规划》《读大学怎么读——十位行业精英教你读大学》《大学该怎么读》《大学路线图——求职，从大一开始》《大学路线图——读大学怎么读（实践版）》《读大学——读什么怎么读》《赢在起跑线——毕业必修9堂课》，其中有的成为畅销书、常销书，4本就是直接面向大一新生的，这就证明笔者策划的《赢在大学起跑线》选题本身是具有前瞻性的，是有生命力的。

② 参见李文、鲍晓倩：《“金黎”组合向前进》，载《出版人》，2004（3）。

③ 宋连生：《图书选题策划学》，11页，北京，中国水利水电出版社，2006。

一、对文化建设与文化发展来说，选题策划具有战略性意义

表面上看，选题策划是对出书题目的选择，然而，实质上是对文化的选择。“出版选题是建立在出版价值选择基础上的文化选择。”① 任何选题都是一定文化的反映。选择某个选题，就选择了一定的文化；舍弃某个选题，就舍弃了特定的文化。例如，同样是杂志，《故事会》选择了俗文化，而《读书》选择了雅文化；知识出版社（沪）（1995 年 10 月更名为东方出版中心）的编辑王国伟决定出版《文化苦旅》，就选择了“文化散文”这种新体裁，而此前另一家出版社的编辑发现稿件中的文章并不都是轻松的游记，觉得很难成为在每个旅游点兜售的小册子，因此打算大幅度删改后付印，表明他选择的是传统的游记文学。人类文化中的典籍有些流传至今，而有些湮没无闻，重要原因之一就在于编辑出版人不同的文化选择。选题策划人、编辑出版人的终极目标就在于通过自己的选题策划活动，构筑起一座座人类精神文化的大厦、一方方人类精神世界的家园。

选题策划活动在出版传播活动中处于战略性地位，这主要是因为选题在人类文化建设中具有非常明确的导向作用。“在选题活动中，选择什么样的文化？谁来选？以何种标准和目的选？这一系列问题看似并不复杂，实乃关乎一个民族、一个国家的前途和命运。”② 在中国近现代翻译出版史上，严复（1854—1921）翻译了《天演论》《原富》《法意》等西方名著，著名学者贺麟（1902—1992）曾经评论说，严复选译原书，是认定先后缓急和时势之需要而翻译，故每译一书都含有极深远的用意。③ 1920 年，陈望道（1891—1977）翻译出版《共产党宣言》全译本，对中国社会的划时代意义不言而喻。

总之，选题策划人、编辑出版人担负着文化选择的重大使命。他们的社会责任在于，把他们感兴趣的、所关注的某个领域的思考通过作者的作品表达出来，从而影响这一领域出版物市场的潮流，进而影响社会的文化走向。“策划在本质上是一种文化引导，其最重要的功能不光是弄出一本好书，而且是通过好书影响社会文化、科学思想、学风大势，唤起民智、民心与民魂。”④ 选题策划人、编辑出版人理应从宏观上把握先进文化的导向作用，纵观古今，放眼世界，通过自己的选题策划活动推动文化的大发展、大繁荣。

二、对出版工作的整个流程来说，选题策划是首要的工作

选题策划是出版工作的龙头，在出版的整个过程中处于“牵一发而动全身”的位置。“选题是图书的种子，选题策划是选题成功的基础，起指导行动的作用”“以选题策划为核心是出版社充分发挥自主性优势的切入点”⑤。在一定时期，确定选题内容及其表现形式，实际上就

---

① 苗遂奇：《现代出版选题学引论》，59 页。

② 同上书，12 页。

③ 参见张静庐编：《中国近代出版史料二编》，107 页，上海，群联出版社，1954。

④ 王建辉：《编辑策划意识》，载《出版发行研究》，1992（6）。

⑤ 张永宏：《建立以选题策划为核心的出版运行体系》，载《中国出版》，1999（6）。

是确定出版物的文化走向，所以，选题策划活动可以说是出版流程中的一项宏观编辑业务。

三、对出版社来说，选题策划水平的高低是影响出版效益好坏的关键因素

出版产业是内容产业，出版界流行“内容为王”的说法，但是，出版社的“内容”能否在图书市场称“王”，很大程度上取决于选题策划。周蔚华先生指出：“选题策划是出版企业的研究和开发活动，它是形成企业核心竞争力的关键，是核心竞争力中的‘核心’。”①

选题代表一家出版社的形象，显示出版社的品位、声誉与效益，一家成功的出版社，首先是选题策划的成功，选题策划是出版社立社和发展的根本。一本销售成功的书可以救活一家出版社。20 世纪 50 年代，美国的潘塞恩图书公司费尽周折拿到了一本苏联小说《日瓦戈医生》，只印 4 000 册。1958 年，作者鲍里斯·帕斯捷尔纳克（1890—1960）获得诺贝尔文学奖，此书一夜成为畅销书，订单如潮水般涌向该公司。精装本卖了 100 多万册，平装本卖了 500 万册。不久之后出版的《豹》又锦上添花。这样，短短几个月，原本只能勉强维持的潘塞恩图书公司转眼间就开始大把赚钱了。②无独有偶，我国的中信出版社也是如此。

《日瓦戈医生》
（漓江社 1986 年版）书影

案例 1—2

中信出版社原本是个名不见经传的小社，业绩平平，以至在机构改革中主办单位（中国国际信托投资公司）打算撤销它。2001 年，新领导上任后，引进推出《谁动了我的奶酪?》和《杰克·韦尔奇自传》，两本书总发行量超过 300 万册，特别是《谁动了我的奶酪?》在书业以至全社会刮起了一股强劲的“奶酪”风。中信出版社由此起死回生，并成为国内著名出版社。

一本滞销的书也能拖垮一家出版社。某社本来不出计算机类图书，但看到计算机类图书是销售热点，也盲目挤进去出版了一套，谁知积压在库，欠债累累。选题策划是关系到出版社生死存亡的大事，套用孙子（约公元前 545—公元前 470）的话，完全可以说：“选题策划者，出版社之大事，死生之地，存亡之道，不可不察也。”

① 周蔚华：《选题创新论》，载《中国出版》，2006（11）。
② 参见［美］安德烈·希夫林：《出版业》，11～12 页，北京，机械工业出版社，2005。

四、对编辑人员来说，选题策划是最重要的编辑工作

市场经济条件下的编辑人员，不仅仅是等米下锅，改改字、词、句的文字编辑，更应该找米下锅、造米下锅，即擅长选题策划，并懂得经营。当今编辑人员水平的高低首先表现为策划水平的高低，诸多能力要求中最重要的是选题策划能力。一个优秀的策划者不一定是个优秀的编辑，但一个优秀的编辑一定是个优秀的策划者。策划人是当今编辑人员的基本角色。

五、周密而精心的选题策划可以降低出版的风险

在市场经济条件下，出版业的风险很大，中国加入世界贸易组织后，出版风险更是日益增加。风险主要来自市场的挑战，来自同行的竞争。最大限度地加大选题的策划含量，最大限度地优化选题，就可以最大限度地降低出版业的风险，最大限度地增加出版成功的把握。从一定意义上说，选题策划作为事前的筹谋、设计，目的就在于通过种种努力来预测、防范风险，从而达到最终降低甚至避免风险。成功的选题策划必定事半功倍。“以往的事情人们可以去学历史，现在的事情可以看新闻，将来的事情就只有靠策划专家了。”①

选题策划属于创新活动，而创新是一种探索，是一种尝试，因而必然存在风险。没有风险的创新，任何时候都不存在。所以，从事选题策划活动，就意味着要准备承担风险。但是，另一方面，同任何策划一样，选题策划的目的在于规避风险，否则，就失去了选题策划存在的理由。从事选题策划活动，本质上应该允许承担风险，功能上却要规避风险。如何趋利避害，如何降低风险甚至避免风险，是摆在选题策划人面前的难题，但这正是选题策划人所应履行的职责和选题策划活动得以存在的理由。

选题策划在当今出版业中的重大意义与作用有目共睹，但也有人认为选题策划本身有局限性。有人说：“选题策划本身有很大的局限性，并非所有的选题都适合策划。”② 有人认为，学术性图书和原创文学作品很难策划，出版这类作品更需要的是善于对话、等待、发现和把握；好书不能光靠策划，也并不是每一本书都能做一个标新立异的个案；策划仅仅是书业走向市场的表现之一、图书选题手段之一，并不是整个出版社安身立命的百年大计。③ 有人指出：“好的策划有助于推出成功之作，但策划不能代替一切，更不能代替作者的创造性的劳动。我们要重视选题策划的研究，但不能过分夸大其作用与功能。”④

这些观点对于我们全面地、深刻地认识选题策划的特征与功能确实具有振聋发聩的启示，但这并不能否定选题策划的重大意义与作用，因为任何具有普遍意义的结论都有特殊性。很显然，即使在今天，我国出版的书中仍有许多不是事先有意策划出来的（西方出版业也不例外）；

---

① 宋连生：《图书选题策划学》，10 页。

② 苗遂奇：《现代出版选题学引论》，21 页。

③ 参见叶宁：《策划局限与出版理念》，载《编辑之友》，2000 (6)。

④ 郑一奇：《试论选题策划的必要性与限制性》，见中国出版科学研究所、湖北省新闻出版局编：《第三届全国出版科学研究优秀论文获奖论文集》，396 页，武汉，华中师范大学出版社，2002。

不同类型的书，策划的特点与力度不同，如学术理论著作的策划确实不同于通俗普及读物的策划，但它并非不需要策划。如前文所述，选题策划是分层次的，既有微观的策划，也有中观和宏观的策划，对选题计划与选题战略的策划难道不是每一家出版社安身立命的百年大计？评价选题策划的意义与作用，关键在于如何理解“策划”与“选题策划”的含义。如果把“策划”理解为“炒作”，把“选题策划”仅仅理解为策划具体的选题，那么毫无疑问，就会低估选题策划的意义与作用。

【基本概念】

选题　选题策划　策划选题　狭义选题策划　广义选题策划　选题计划

【思考题】

1. 你如何理解选题策划的含义？
2. 选题策划的特点有哪些？
3. 你认为选题策划有什么作用？

第二章

选题策划要素

同其他策划活动一样，选题策划活动同样由策划人、策划目标、策划对象和策划方案四个要素构成。本章探讨当前我国图书选题策划活动的人员构成情况、图书选题策划的目标与对象和选题策划方案的写作要求。

第一节　选题策划人

策划人是策划活动的主体。当前我国从事图书选题策划活动的人员主要有三种：一是出版社编辑人员，二是民营书商，三是出版经纪人。

一、出版社编辑人员

在现行编辑出版体制与机制下，供职于585家出版社（2017年年底的数据，其中包括33家副牌社）中的编辑人员是我国从事选题策划活动的主力军。出版社每个编辑都要从事选题策划工作。按照我国的编辑出版机制与惯例，在书上署名为“责任编辑”的那位编辑往往就是该书的选题策划人，如作家出版社编辑杨葵策划了《哈佛女孩刘亦婷》，上海人民出版社编辑邵敏策划了《我为歌狂》。

20世纪90年代后期以来，越来越多的图书除了有“责任编辑”的署名外，还有“选题策划”或“策划编辑”之类的署名。例如，《心理学是什么》（北京大学出版社2002年1月）的“责任编辑”署名为“陈小红”，“策划编辑”署名为“杨书澜”。这本书的责任编辑与策划编辑是由不同的人担任的。有些书的责任编辑与选题策划人虽然分开署名，但实际上是同一个人。例如，《科学的历程》（湖南科学技术出版社1995年12月）的“责任编辑”与“选题策划”均署名为“李永平”，这样的署名方式显然是重视策划在图书编辑出版中的作用。

由于角色、职责的不同，不同类型的编辑人员从事选题策划活动的侧重点不同，在选题策划活动中所起的作用也不相同。没有担任行政职务的普通编辑人员，他们所从事的选题策划活动主要是狭义的选题策划活动（策划具体的选题）。这部分编辑人员显然占了出版社编辑人员的绝大部分。出版产业的发展要求他们应该积极介入图书出版的全过程，可是，现行体制基本上没有赋予他们这样的职责，更没有赋予他们这样的权力，这就束缚了他们参与图书全程策划的积极性。

专职的策划编辑不仅要从事狭义的选题策划活动，而且要积极介入图书出版的整个过程。也就是说，专职的策划编辑从事的策划活动实际上是包含了选题策划在内的图书的全程策划。不仅如此，他还要积极协助、配合总编辑、社长和主管业务的副社长开展选题计划的策划和选题战略的策划。

担任了行政职务的编辑人员，他所从事的选题策划活动自然有与其职权相适应的侧重点。编辑室（编辑部）主任，不但要策划具体选题，还必须积极参与选题计划的策划活动，甚至还应该介入选题战略的策划。他要积极协助、配合总编辑或社长制订选题计划与选题战略，并参与优化选题计划与选题战略的工作。总编辑、社长和主管业务的副社长，他们所从事的选题策划活动主要是选题计划的策划和选题战略的策划，尤其应该积极开展选题战略的策划活动。例如，畅销书策划大师金丽红担任华艺出版社副社长时，制定了重点出版公众名人尤其是著名播音主持人图书的选题战略，先后策划出版了《王朔文集》《足音》《痛并快乐着》《不过如此》与《行者无疆》等畅销书；后来她负责长江文艺出版社北京图书中心时，又策划出版了《鲁豫有约》和《我把青春献给你》等畅销书。“总编辑应该成为本社图书出版的总策划”“总策划首先是对图书出版规划的策划”①，出版规划的内容包括出版发展方向、发展规模、发展速度、指导思想与出版理念等，很显然，这就是笔者所说的选题战略策划。

二、民营书商

在民营书业的发展过程中，形成了一批有影响的书商。民营书商已成为选题策划活动的生力军。市场上颇有影响的图书尤其是畅销书，很多是由民营书商策划、运作的。如北京读书人文化艺术有限公司的汤小明参与策划了《富爸爸　穷爸爸》和《谁动了我的奶酪?》，北京朝花文化传播有限公司的文池策划了《在北大听讲座》书系。单就中小学教辅而言，许多畅销品牌是由民营书商一手策划的，如志鸿教育集团（目前最大的民营文化传播公司）董事长、总裁任志鸿策划的“优化设计”系列。文化教育方面的民营企业也积极参与图书的策划、运作，如新东方教育科技集团设立“新东方图书策划委员会”，策划了以“词汇红宝书”系列为代表的一大批英语考试图书。

《在北大听讲座》（第1辑）书影

民营书商以其全新的理念、敏锐的触觉、大胆的投资、新锐的发展思路，使图书市场焕发勃勃生气。在国内畅销书排行榜上，60%以上的品种出自民营文化传播公

① 吴培华：《总编辑工作的要务是策划》，载《大学出版》，2004（3）。

司、工作室。[①] 不少书商已经成为事实上的出版商，他们不仅在选题策划中，而且在整个出版业中发挥着不可替代的作用。

三、出版经纪人

虽然当前国内名义上还没有出版经纪人，但早在 20 世纪 80 年代末期就已经出现事实上的出版经纪人，其中介活动主要是“介绍书稿，推荐作者，帮助出版社组织选题”[②]。1992 年夏，国内第一家出版经纪事务所在西安成立，其宗旨是：高价收购作者富有创造性、有价值的书稿；热情向出版社荐稿，同时帮助出版社寻找选题。[③] 今天，出版经纪业已成为新兴行业。出版经纪人是版权所有者的代理人，为作者出书做代理工作，并向出版社推荐好选题，在作者与出版社之间架起一座桥梁。出版经纪人在出版业中的作用已经不可忽视。周国平、池莉与二月河（1945—2018）等著名作家已有自己的出版经纪人。请看长江文艺出版社原社长周百义回忆与二月河及其经纪人打交道的经过：

> 2000 年夏天，我到神农架召开文艺出版社发行研讨会，路上我用手机与二月河联系，问起文集一事，他说电话来得正是时候，可以谈。最后，他说：“到时你与我的经纪人谈。”哟，天天钻故纸堆的二月河还挺时髦的。其实，这是他的聪明之处，都是老熟人，讨价还价真有点不好意思。我估计，他的经纪人一定是一个老谋深算的家伙。结果飘然而至的是一位年轻的小姐，姓黄，北师大研究生毕业。我说话时，她抿着嘴唇笑——全看不出还有此等能力，但后来谈起业务时就看出了她的成熟。合同的细节很快就谈妥了。这年秋天，我与司机一起，驱车去南阳，签署二月河文集的出版合同。这次合同约定：5 年内必须印刷 10 万套，版税是 12%，稿费在一年之内支付完毕。[④]

出版经纪人是选题策划活动中日趋活跃的新生力量。他们主要是热爱图书出版业、受过高等教育的知识分子，如大学教师、作家、记者及其他自由职业者，其中不乏硕士、博士，这批人以其厚实的教育背景和富有创意的策划，给出版业注入了新鲜血液。目前，出版经纪人多以工作室的形式从事图书选题策划活动。王瑞智 2000 年成立“花生文库”工作室，策划的第一

---

① 国内的畅销书，由民营文化传播公司、工作室策划的占多大比例？笔者发现 4 个数据：一是 40%。见于马宁的《北京地区应率先建立出版策划人制度》（载《北京青年报》，2006－01－17。该文说：我国图书市场上 40%的畅销书是由民营工作室策划的）。二是 60%以上。见于魏玉山的《民营书业的历史地位与作用（代序）》（见郝振省主编：《2007中国民营书业发展研究报告：文化公司研究》，2 页，北京，中国书籍出版社，2008），也见于高马的《“大崩溃”警示了什么》（载《文汇读书周报》，2004－06－25。该文说：图书市场上的畅销书有 2/3 的选题来自书商，其中又有 2/3 的品种是由书商全程独立运作的）。三是 80%以上。见于韦英平、宋迎秋与翁昌寿的《民营工作室面临收编规范》[载《出版人》，2005（23）。该文说：各类畅销书排行榜上，80%以上由图书工作室策划]。四是 90%。见于沈浩波的《中国民营出版，春天还是噩梦？》[见英国《金融时报》中文网，http：//www.ftchinese.com/story/001030239，2009－12－11。该文说：在大众传播度最广的畅销书领域（少儿类图书除外），民营图书和带有民营色彩的出版商起码占据了 90%的市场份额]。笔者无法确定哪个数据符合事实，暂且采纳 60%以上的说法。

② 文汇读书周报社：《图书出版界的一桩新鲜事——出版经纪人悄悄崛起》，载《文汇读书周报》，1988－02－06。

③ 参见网络与信息编辑部：《出版经纪人》，载《网络与信息》，1994（9）。

④ 周百义：《二月河怎样流进“长江”》，载《编辑学刊》，2008（4）。

本书是《周星驰不完全手册》，还与北大在线网站一起策划了周星驰在北大的演讲，后又策划了《少林足球完全手册》和《大话西游漫画》；成都的“古古”工作室策划了“古古”系列大众财经图书。目前业内普遍认可的出版经纪人有北京雨霖铃文化传播有限公司总经理张兵、自由撰稿人丁东等。他们虽然不被叫做出版经纪人，但其工作的性质相当于西方的出版经纪人。

总的来说，国内的出版经纪业尚处于萌芽阶段。“解放思想，转变观念，将出版经纪活动从地下转到地上，规范管理，促进出版经纪业的健康成长，是出版从业者和出版管理义不容辞的责任。”① 有理由相信，出版经纪人将在选题策划活动中扮演着越来越重要的角色。

要指出的是，在目前的情况下，民营书商与出版经纪人的界限往往比较模糊，不少人既可视为民营书商，又可看做出版经纪人。例如王瑞智在“花生文库”工作室的基础上成立了花生文库图书有限公司。而且，在他们当中，有不少人是由国有出版社的编辑转化而来的，如安徽合肥三原图书出版服务有限公司的老总江奇勇原来是安徽文艺出版社的编辑室主任（曾编辑出版了《傅雷译文集》)。不少民营文化传播公司和工作室拥有的人才、选题策划和市场营销的能力甚至超过了国有出版社。

无论是民营书商，还是出版经纪人，至今都还没有合法的经营主体资格，因而只能采取与国有出版社合作的方式从事出版活动。

第二节　选题策划目标

策划目标是策划活动所要达到的预期结果和策划者将要完成的任务。确定目标是整个策划活动的起点。任何策划活动的目标都应该做到两点：一是明晰，即目标必须明确，绝不能含糊；二是可行，即目标在实践中可以操作，经过最大努力可以实现。

选题策划的目标与出版的目标密切相关。《出版管理条例》的第三条与第四条实际上就是我国出版的目标。第三条是：“出版活动必须坚持为人民服务、为社会主义服务的方向，坚持以马克思列宁主义、毛泽东思想、邓小平理论和“三个代表”重要思想为指导，贯彻落实科学发展观，传播和积累有益于提高民族素质、有益于经济发展和社会进步的科学技术和文化知识，弘扬民族优秀文化，促进国际文化交流，丰富和提高人民的精神生活。”这一条规定了我国出版工作的四项基本任务。第四条是：“从事出版活动，应当将社会效益放在首位，实现社会效益与经济效益相结合。”这一条讲的是我国出版工作的根本宗旨。将这两条综合起来，可将选题策划的目标表述为：在完成出版工作四项基本任务的过程中，实现社会效益与经济效益的有机结合。

选题策划的目标可以细分为以下四个层次（或者说四个具体目标)。

---

① 许欢：《中国的出版经纪业何时崛起》，载《编辑之友》，2003 (1)。

一、创造利润

虽然出版业有其特殊性，中国出版业更有其中国特色性，但既然是产业，就要讲收益，否则，何以在市场竞争中生存与发展？从我国出版业引入策划的理念，开展策划活动的时代背景来看，尽量扩大图书销售量，以最大限度地获取经济利益，是选题策划活动在我国产生的基本动因。最大限度地赚钱是选题策划的题中应有之义。问题的关键不在于要不要赚钱，而在于怎样赚钱。君子爱财，取之有道，如何“有道”地谋财，正是选题策划人必须下工夫好好策划的。

《谁动了我的奶酪?》书影

2001年9月，中信出版社引进出版《谁动了我的奶酪?》，至今发行200多万册，在为出版社创造丰厚利润的同时，还为印刷厂提供了印刷业务，为发行商提供了相当可观的利润空间，为零售书店创造了显著的经济效益。据估计，在该书上市的一年多时间里，该书在批发和零售环节的发行码洋共计3 000多万元，其中批发环节的利润至少在200万元以上，全国各地的图书零售商赚取了1 000多万元。①

二、传播文化

图书仍然是历史最悠久、作用最重要的文化传播媒介，其主要社会功能是传播思想、知识与科学技术，以促进社会生产力的发展和精神文明的进步。中外出版史上许多畅销书，如《海国图志》《盛世危言》《革命军》《天演论》《论法的精神》《常识》和《第三次浪潮》等，都极大地启迪了人们的心志，解放了人们的思想，推动了时代的前进。

《天演论》（华夏出版社版）书影

1898年，严复编译的《天演论》出版。尚未刻印时，该书就在一些著名知识分子中流传开来，正式出版后影响更大。“天演”“物竞”“天择”与“适者生存”等新名词很快充斥于报刊；“优胜劣汰”“自存”“自力”与“自主”等词迅速流行，成为人们的口头禅。有的学校以《天演论》为教材；有的教师以“物竞”与“天择”为作文题目；有些青少年干脆以“竞存”与“适之”等作为自己的名字，

① 参见朱胜龙：《出版产业链——拉动地方经济发展的强力引擎》，载《当代财经》，2004（5）。

例如，胡适（1891—1962）在上海读书时看了该书，作《生存竞争适者生存论》一文，并把名字改为胡适（原名胡洪骍）。《天演论》“使中国人不仅获得了‘物竞天择，适者生存’的新鲜知识，而且还获得了一种观察事物和指导自己如何在危机时代生存、行动的方法和态度”①。

三、积累文化

比较而言，传播文化是从横向来说的，强调对今人所起的作用，而积累文化是从纵向来说的，强调对后人所起的作用。

图书具有积累文化的重大社会功能。一个民族、一个时代文化发展的成就，最集中地反映在这个民族、这个时代出版的图书之中，各民族、各时代创造的精神财富在图书中得到最全面、最充分的体现。正是通过图书这个载体，人类的精神财富才得以一代一代地继承下来，所以，图书被誉为人类进步的阶梯。中华文化之所以绵延不断，很重要的原因是出版将中华文化中有价值的著作比较完好地选择、保存了下来。明末清初思想家王夫之（人称船山先生，1619—1692）逝世一个半世纪中，其名寂静无闻，其著散失不传。直至道光年间（1821—1850）《船山全书》（150卷，或说180卷）刊行，王夫之学问方行于世。特别是1864年由曾国藩（1811—1872）与曾国荃（1824—1890）兄弟出资刊刻的《船山遗书》（322卷）流行后，船山之学开始成为风行全国的显学。1933年，上海太平洋书店又刊行《船山遗书》。20世纪八九十年代，岳麓书社出版了新的点校本《船山全书》（共16册，1 037万字）。王夫之的著作与思想能够流传至今并熠熠生辉，应直接归功于出版。选题策划人、编辑出版人不能唯利是图，应该义不容辞地传承精神薪火，这是神圣而光荣的使命。

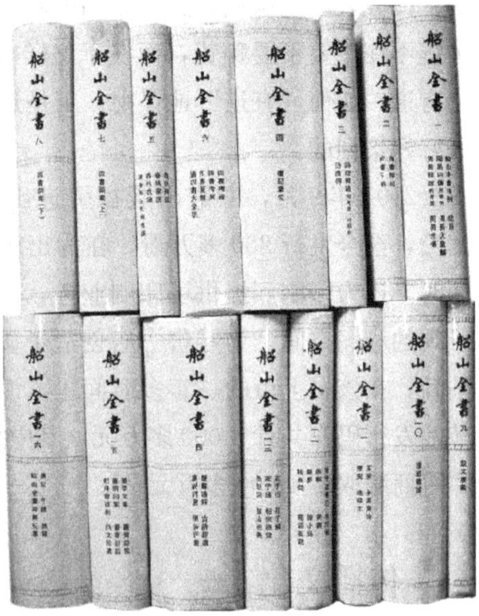

《船山全书》（岳麓书社版）书影

四、打造品牌

越来越多的人认识到，图书同样有品牌。“图书品牌是出版者（出版社）的名称（社名）、标志（如社徽）、术语（如社训）和图书书名，或其组合。其主要功能在于区别不同出版者的出版物或同一出版者的不同出版物。”② 图书品牌经过注册就成了商标，商标权是一种永久的专有权。“布老虎丛书”、“红镜头”丛书、“梦剧场”丛书和“双博士系列”等图书就注册了商

① 邹振环：《影响中国近代社会的一百种译作》，120页，北京，中国对外翻译出版公司，1996。
② 韩惠言：《论图书品牌的特性和培育》，载《出版发行研究》，2002（9）。

标。图书品牌同样是巨大的无形资产，对于出版者树立美好形象、赢得美誉、扩大知名度、增加销售量，都具有重大而深远的积极影响。品牌意识是出版社生命的源泉。在市场经济条件下，选题策划人、编辑出版人应该具有品牌意识，应该具备打造品牌的能力。

上述四个层次有相对独立性。有的选题能赚大钱，却不能积累什么文化，而有的选题恰恰相反；有的选题对今人起到了广泛传播某种文化的作用，可对后人却没有什么文化价值，而有的选题又正好相反；能赚大钱的选题、能广泛传播某种文化的选题、能积累文化的选题，均不一定成得了品牌。

第三节　选题策划对象

策划对象是策划目标指向的对象，是策划目标的具体体现或最终体现。从实践来看，图书选题策划的目标最终要落实到策划什么类型的书上面。策划什么书呢？笼统地说，就是我们常说的“双效书”——社会效益与经济效益均显著的书。如何处理社会效益与经济效益之间的关系，显然是选题策划人必须考虑的首要问题。在坚持正确出版方针、出版导向的前提下，对这一问题的回答会有四个答案：一是侧重经济效益，二是侧重社会效益，三是将社会效益与经济效益结合起来，四是真正将社会效益与经济效益有机结合（或者说实现社会效益与经济效益的最佳结合）。于是，就形成了四种类型的图书，即畅销书、精品书、常销书与品牌书，这四种类型的图书就是图书选题策划对象的四个层次。

一、图书选题策划对象的四个层次

（一）畅销书

“畅销书”在英文中叫做 best sellers，是指一定时期（一般不超过一年）在同类书中销售速度最快、销量最大的书。“畅销书”起源于 19 世纪末的美国。1895 年，美国 *The Bookman* 杂志[①]刊发“按需求数量排序”（in the order of demand）的图书目录。1897 年，这种排行改称“销量最好的书”（best selling book）。1899 年，该杂志为各城市图书销售排行榜上的图书按照排名打分，由此编制出全国图书销售月度排行榜，这种做法在 1900 年之后被各杂志普遍效仿。直到 1910 年，best seller 一词方被美国社会接受。但是，畅销书现象早已出现，有专家认为畅销书“是伴随着出版业而共生的，它无时无处不在”[②]。在当今市场经济条件下，策划畅销书

---

① 关于最早刊发畅销书排行榜的美国杂志的中文名称，有多种说法。赵航的《选题论》（辽宁教育出版社 1998 年版）说是《书商》（第 289 页）；伍旭升的《大轰动——中外畅销书解秘》（广州出版社 1993 年版）说是《书籍发行者》（第 15 页）；刘国瑛的《美国出版研究》（湖南文艺出版社 2004 年版）说是《书人》（第 186 页）。张文红的《畅销书理论与实践》（中国传媒大学出版社 2011 年版）既提到《书人》（第 5 页），又提到 *The Bookman*（第 6 页），笔者估计这二者是同一种杂志。

② 赵航：《选题论》，289 页。

成了编辑出版人梦寐以求的事情。

可从以下七个方面展开分析畅销书的特点。

1. 从销售的数量来看，“畅销”是相对而言的

我们无法也没有必要确定一个固定的数量指标来衡量一本书是否畅销。不同类型的书，能被称作“畅销”的数量指标是不同的，通俗普及读物销售两万册，中小学教辅销售5万册，都不应叫做畅销书，而学术理论著作销售0.8万册，也可算作畅销书。这是因为，畅销书是指同类型书中销量最大的。没有可供比较的参照系，怎能判断哪本书畅销？哪本书不畅销？《哈佛女孩刘亦婷》的策划者杨葵认为，销售100万册以上是“超级畅销”，30万册至100万册是“大畅销”，5万册至30万册是“小畅销”，此说把销量在5万册以下的书排除在畅销书之外，显然不符合事实。①

2. 从读者对象来看，“畅销”也是相对而言的

绝大多数畅销书只是在某一个读者群体中特别受欢迎，能同时赢得几个读者群体青睐的畅销书凤毛麟角（这样的书主要是某些语言文字工具书，如《新华字典》与《现代汉语词典》）。换言之，绝大多数畅销书具有稳定的读者对象，如小资读物主要是在大中城市的白领女性中流行，青春文学作品的读者主要是中学生和低年级大学生。

3. 从文本的形式来看，几乎所有的畅销书都具有通俗化的特点

普及读物自然需要通俗化，而学术理论著作要想畅销，就必须做到雅俗共赏，如《万历十五年》《潜规则——中国历史中的真实游戏》与《时间简史》等。但也有例外，如《尤利西斯》晦涩难懂，是有名的“天书”“奇书”和“怪书”，但译林出版社翻译出版的《尤利西斯》竟然畅销，在两年多的时间里先后印刷4次，累计15万册。

4. 从文本的质量来看，不少畅销书是平庸书甚至是劣质书

这样的畅销书是指那些内容注水掺假、质量粗劣平庸，但外观常常精美华丽的“泡沫书”。20世纪80年代末热销的《诺查丹玛斯大预言》（预言1999年7月人类会遭灭顶之灾）不应该称为精神食粮。这样的书越畅销，危害就越大。因此，“全国优秀畅销书奖”只奖励优秀的畅销书。

5. 从销售的期限来看，不同类型的畅销书，畅销的期限不一样

绝大多数畅销书在出版后的一年内，销量达到最高峰，以后就好景不再了，如1999年引起极大轰动的《学习的革命》（上海三联书店版，宣称发行近1 000万册，实际印行850万册，有效销售600万册）今天已很少被人提起。不少畅销书甚至昙花一现，

《学习的革命》书影

① 伍旭升认为：“一本书要达到畅销（在一段不间断的销售过程中），持续销量至少应当在10万册以上。”（伍旭升：《大轰动——中外畅销书解密》，18页，广州，广州出版社，1993。）光明日报出版社原社长梁建刚和北京大学的杨虎也都同意此说，分别参见梁建刚：《畅销书及其运作机制》，载《中国图书评论》，2002（3）；杨虎：《近年来（1999—2005年）国内畅销书营销策略及问题研究》，北京大学硕士学位论文，2006。但笔者坚持认为，畅销书的销量标准是相对的，应该因书而异。

销售一两个月就同市场“告别”了，如《世纪袭击——美国9·11大劫难全景回放》与《非典型肺炎不可怕》等。这样的畅销书可以称为“一次性畅销”。而有的畅销书可以在时间的长河中一次又一次地畅销，如《围城》自20世纪80年代以来畅销至今，成为了常销书、名著。

6. 从销售的地域来看，畅销也不是绝对的

有的书在一国畅销，有的畅销全世界；有的书在本土不畅销，但在异域畅销。宠物书，特别是高价位的宠物书，在沿海地区的销量好于内地，在大城市的销量好于中小城市，上海科学技术出版社分别于1995年、1996年引进出版的《爱犬养护大全》与《爱猫养护大全》定价均高达118元，但在北京、上海、广州及沿海城市仍然销得好。

7. 从畅销书形成的原因来看，畅销绝非偶然

整体而言，畅销书产生的基本条件除了文本通俗化以外，还有两个：一是题材、内容必须与当时的社会心理吻合，如《林海雪原》、琼瑶的爱情小说、《谁动了我的奶酪?》、《哈佛女孩刘亦婷》与《杜拉拉升职记》等书都是如此。二是宣传、促销以至炒作。畅销书最初的形成或许不需要宣传、促销，但要想最大限度地发挥畅销的效应，就必须宣传、促销，甚至炒作，《学习的革命》《中国少年儿童百科全书》和《生命的留言——〈死亡日记〉全选本》等书均是这样，译林出版社版《尤利西斯》之所以畅销，根本原因在于营销策划。“酒香不怕巷子深”的观念不适合当今畅销书的运作。

（二）精品书

关于什么是精品书，分歧比较大。很多人对精品书的认识存在严重误区，主要有：(1) 把精品书与获奖书等同起来。不能否认的事实是，并非所有的精品书都有机会获奖，也并非所有的获奖书都是名副其实的精品书。(2) 把精品书与豪华书等同起来，过于强调外观形式在精品书中的地位。(3) 把精品书与大部头书等同起来。在出版史上，有很多小册子照样成为精品，如《三字经》《孙子兵法》《老子》《常识》与《君主论》等。日本作家川端康成(1899—1972)的《雪国》不足8万字，但获得了诺贝尔文学奖，闻名于世的法国哲理童话《小王子》是一本只有3万字的小书，社会学经典之作《乡土中国》也只有6万多字。

《雪国》书影

精品书主要有以下两个特点。

1. 精品书是与庸品书、劣品书相对而言的

我国出版界提出“树立精品意识，实施精品战略”的口号事出有因，它是在我国出版业从1994年起实行战略转移（从规模数量型转移到优质高效型）的背景下出现的，是在低层次重复出书之风泛滥的形势下出现的，是在粗制滥造之风蔓延的情况下出现的，目的就在于提高出版物质量。1997年，原新闻出版署时任署长于友先在全国新闻出版局长会议上说：“实施精品战略，不出坏书，少出平庸书。”“精品书”的提出就是要和“庸品书”（平庸书）、“劣品书”

（坏书）区别开来，表明自己是优品书或良品书。[1] 精品代表质量，代表品格。凡精品书，均要求内容精、编校精。要想内容精，选题就要有高品位、作者就要有高水平；要想编校精，编辑出版人就必须精耕细作。

2. 精品书的制作应该高规格

一般情况下，精品书应该做到外形精，即制作要高规格。从装帧设计到纸张、印刷工艺，都应该是一流的。精品的内容应该有精品的形式作衬托，方能成为真正的精品。然而，衡量一本书是否属于精品书，首要的标准要看内容与编校的质量如何，印制的重要性不应被强调到超过前者的程度，最多只能是同等重要。选题平庸的书，劣质的书，粗制滥造、拼拼凑凑的书，就算制作得再精美豪华，也终究是“金玉其外，败絮其中”。图书外形之精美，必须建立在图书内容精深的基础之上，真正的精品书应该是内容与形式完美统一。正如美国出版学家德索尔所说：“图书的灵魂，即它的内容，必须寓于适当的形式中。”[2]

总之，精品书是思想深刻、制作精良的书，具有高品位、高质量。高品位主要是指导向正确、思想性强、审美情趣高尚，高质量是指学术质量、艺术质量和编校质量高。

（三）常销书

常销书是指经过社会的检验和读者的淘汰，留存下来的具有长久生命力的书，是“细水长流”式的书，发行界惯称为常备书。常销书是可以不断重印或再版的书。一部分常销书在经过数代读者的认可之后会成为名著、经典。

常销书往往专业性强、知识性强，在一定历史时期具有典范性，读者对象稳定。中国人民大学出版社从 1995 年开始引进出版的“工商管理经典译丛”，在市场上热销了二十年，其中的个别品种如《管理学》（美国人斯蒂芬·P·罗宾斯著）再版了 10 多次（2012 年 6 月推出原著第 11 版的中文译本），印数累计 30 多万册。

《管理学》（第 11 版）（罗宾斯著）书影

能够成为常销书的品种主要有：名著（如《史记》《三国演义》）、优秀工具书（如《辞海》《现代汉语词典》）、确有价值的学术理论著作（如李泽厚的《美的历程》）、优秀教材教辅（如《新概念英语》、萨缪尔森的《经济学》）、生活实用书（如《湘菜集锦》）、法规文献等。

（四）品牌书

品牌书也可以叫做名牌书，是指那些质量高、信誉好、知名度大、市场竞争力强的图书。笔者认为，品牌书兼有畅销书、常销书与精品书三者之长而去其短，即有三者的优点但无三者的缺点。上海辞书

---

① 参见周九常、徐美莲：《论畅销书、精品、经典与名著》，载《图书馆建设》，1999（4）。

② ［美］J.P. 德索尔：《出版学概说》，98 页，北京，中国书籍出版社，1998。

出版社的《辞海》、少年儿童出版社的《十万个为什么》、春风文艺出版社的“布老虎丛书”、中华书局的点校本“二十四史”、湖南科学技术出版社的“第一推动丛书”、商务印书馆的《现代汉语词典》和“汉译世界学术名著丛书”、海天出版社的《花季·雨季》、百花文艺出版社的“百花散文书系”、岳麓书社的“走向世界丛书”等，都是国内非常著名的品牌书。

“布老虎丛书”（不全）书影

品牌书还具有其他特点：符合出版社的战略定位，符合出版社的公众形象[①]；可以是单本书，但更多地表现为一定的规模性，多以套书、丛书、系列书的形态出现。

二、四种图书之间的联系与区别

（一）四种图书之间的联系

畅销书、精品书、常销书与品牌书相互之间的关系绝对不是并列关系，而是你中有我、我中有你。下面稍作剖析。

1. 畅销书与常销书的联系

畅销书是从横向而言的，在短期（一般不超过一年）销量大。2006 年 8 月 5 日，上海书展开幕，易中天签售其《品三国》，3 小时 15 分钟竟然签售 4 000 本。[②] 而常销书是从纵向而言的，长期累加起来的销售总量大。

在销售方式上，畅销书一次销量多，销得快；而常销书一次销量少，销得慢。

畅销书与常销书可以相互转化。一方面，畅销书可以转化为常销书。《挪威的森林》（上海译文出版社）于 2001 年 2 月出版，至 2004 年 6 月共计印刷 92 万多册，三年多一直保持着每 2～3 个月销售 5 万册的速度，从畅销书转化成了常销书。当然，有的常销书可能从来没有畅销过，如《在北大听讲座》。另一方面，常销书甚至滞销书也可能演变为畅销书。如奥地利心理学家弗洛伊德（1856—1939）的《梦的解析》出版八年，只销出 600 本，然而 10 年后热销起来；德国哲学家叔本华（1788—1860）的代表作《作为意志和表象的世界》出版一年半中只卖出 140 册，30 年后开始受到欢迎，40 年后第三版出版时，受到空前欢迎，犹如火山爆发一样畅销全欧洲。

2. 精品书与常销书的联系

精品书很有可能成为常销书，还有可能成为名著、经典（如《围城》），因为金子总会闪

① 与出版社的市场定位和发展战略吻合的书，才是这家出版社的品牌书。例如，北京的三联书店虽然出版过金庸（1924—2018）的武侠小说和蔡志忠的漫画书，而且畅销于世，但这些书不是它的品牌书。三联书店的品牌书是人文社会科学译著，如“西方思想译丛”与“前沿学术译丛”等。

② 参见张伟强：《〈品三国〉首日签 4 000 本　易中天开创上海书展新纪录》，见 http://ld.eastday.com/eastday/node37/node189/node13428/userobject1ai158933.html，2006-08-06。

光。反过来说，凡常销书、名著、经典，肯定是精品书。可见，精品书与常销书之间有某种内在联系。

3. 精品书与畅销书的联系

一个令人不愉快的事实是，虽然有一些精品书可以畅销（如《梦的解析》），但大多数精品书滞销，甚至根本不销，只供珍藏；虽然有一些畅销书属于精品书（如《围城》），但大多数畅销书够不上精品。可见，精品书与畅销书之间没有必然联系。

4. 品牌书与畅销书、常销书、精品书的联系

笔者认为，在上述四种类型的图书中，品牌书的档次最高。它既是畅销书，又是常销书，还是精品书。品牌书是畅销书、精品书、常销书发展到一定阶段的产物，是伴随着图书市场的日益成熟而形成的。

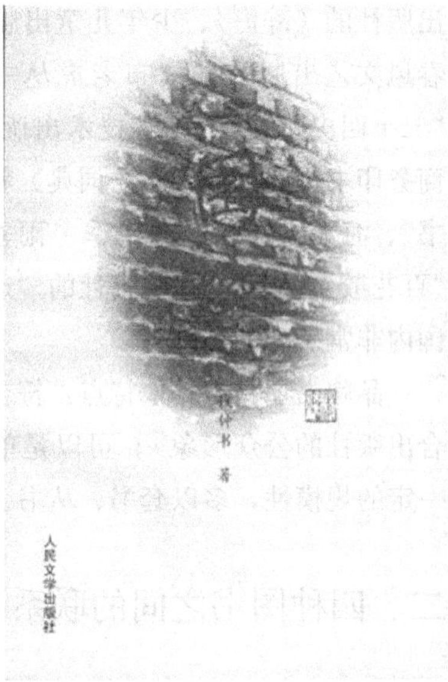

《围城》书影

（二）四种图书之间的区别

可以从实现出版效益的角度进一步揭示四种类型图书之间的区别。

1. 畅销书与经济效益有必然联系，但与社会效益没有必然联系

畅销书追求的是利润最大化。畅销书往往是“短平快”的品种，可以让编辑出版者“一口吃成胖子”。

2. 常销书与社会效益和经济效益均有必然联系，它追求的是社会效益与经济效益之间的平衡

常销书实现了两个效益的结合。常销书是“旱涝保收”的品种，可以让编辑出版者“细嚼慢咽”。

3. 精品书与社会效益有必然联系，但与经济效益没有必然联系

不赚钱甚至赔钱的书照样可以成为精品书，精品书首先追求的是社会效益。社会效益的高低不应以是否获奖、获什么级别的奖励来衡量，而应主要看它是否为积累文化作出了贡献、作出了多大贡献。

4. 品牌书与社会效益和经济效益均有显著的必然联系，追求的是社会效益与经济效益之间的最大平衡

只有品牌书，才真正实现了两个效益的有机结合（或称最佳结合）。

上述四种类型图书与前述选题策划目标的四个层次之间存在一定程度的对应关系：策划畅销书的直接目的是创造利润；策划精品书的主要目的是积累文化（通常被误认为获大奖）；策划常销书的主要目的是传播文化；策划品牌书的直接目的是创立品牌。

三、选题策划的倾向性选择

选题策划人必须全面地、准确地把握以上四种类型图书的内涵、外延及其相互关系，才能

有的放矢地、富有成效地开展选题策划活动。选题策划人应该坚守以下四个倾向性的选择。

(一) 一般情况下，不刻意策划畅销书

出版的历史与现实告诉我们，许多畅销书是在事先并未刻意策划的情况下问世的，《鲁滨孙漂流记》、“哈利·波特”系列、《文化苦旅》与《老照片》等畅销书都是如此。《鲁滨孙漂流记》的作者丹尼尔·笛福（1660—1731）在59岁之前从未写过小说，一次无意看到一则离奇的新闻，讲的是一个被船长遗弃、在荒岛独自生活了四年多的水手居然生还，这引起了他的兴趣，便据此创作了一部小说——《鲁滨孙漂流记》，哪知竟然成了畅销书，并成了世界名著。笛福一举成名后所写的大量作品却无论如何也未能成为畅销书。

《鲁滨孙漂流记》书影

英国作家、出版家伦纳德·伍尔夫（著名作家弗吉尼亚·伍尔夫的丈夫）一针见血地指出：

> 倘若真的能抓到一种畅销书，那自然是一件大快人心的事，只是没有一个出版商是靠畅销书过日子的。而有些图书起初总是销得很慢，但是它们能牢牢地占住市场，持续稳定地发行10年甚至更长的时间。正是这些图书才能保证出版业得以不断发展，也正是它们才使得出版商在晚上能够安安稳稳地睡觉。①

事实上，在国内即使是善于运作畅销书的出版社，畅销书的品种在全社图书品种中也不过占20%。把希望只寄托在能发行几十万册、几百万册甚至上千万册的某一种畅销书上的想法是不现实的。当然，凡事不能一概而论。有条件的出版社和选题策划人、编辑出版人可以有意识地策划出版畅销书，例如，有口皆碑的黄金搭档金丽红与黎波，素以策划运作名人明星畅销书而享誉业内，堪称畅销书策划大师。

(二) 从长计议，把策划常销书作为选题策划的头等大事，起码应该把它摆在与策划畅销书同等的地位

策划畅销书固然重要，但培育常销书才是根本。常销书是出版社基本的赢利之源，是真正意义上的出版生命线。1986年，上海三联书店策划出版②“当代经济学系列丛书”（包括“当代经济学文库”“当代经济学译库”“当代经济学教学参考书系”以及“当代经济学新知文丛”四个子系列），到1991年初出版50多种，至今出版200多种，其中有国外最新的经济学译著，

---

① 转引自武三胜：《新需求——论我国图书市场需求重心的转移》，见中国出版工作者协会编：《出版科研论文选粹——首届全国出版科学研究优秀论文奖获奖论文集》，853页，杭州，浙江教育出版社，1992。

② 1993年年底，“当代经济学系列丛书”的策划者、主编陈昕调任上海人民出版社社长兼总编辑，该丛书也改由上海三联书店和上海人民出版社联合出版。后来，格致出版社也加盟该丛书的出版。

又有国内经济学人的论著，初版有3 000～5 000册的印数，有的重印七八次，每次总印数可达1万册。长此以往，该丛书为出版社创造了丰厚利润，而且，该丛书中的一些著作连续多次获得“孙冶方经济科学著作奖”。以该丛书的出版为纽带，形成了中国经济学的“三联学派”。①

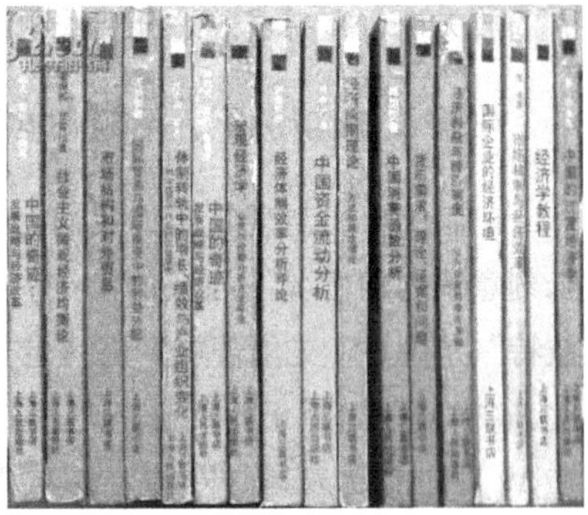

“当代经济学系列丛书”（不全）书影

（三）不忘出版职责与出版使命，增强精品意识，力所能及地策划精品书

哪怕是不赚钱甚至赔钱也应竭尽所能地策划出版一些精品书。正如英国出版家所说：“如果赚钱是你的首要目的，那就不要从事出版业。出版业的报偿远不只是金钱。”② 美国出版家深刻地指出：“长期以来，无论在欧洲，还是在亚洲，出版传统上都被看做是一项和知识及政治有关的职业。出版商对自己的本事也很自豪，因为他们不但能赚到钱，同时还能出好书。可近年来，由于出版社换了新的主人，这种平衡被打破了。现在的出版社老板的唯一兴趣就是赚钱，赚更多的钱。许多人都认为，在引进娱乐业的那套做法后，出版业很可能变成第二个娱乐业。看看那些畅销书，除了享受生活，就是名人轶事，以前的知识性和艺术性几乎荡然无存，这体现的完全就是娱乐业的标准。”③ 换句话说，当今出版业在赢利的驱使下日益沦为娱乐业。这应该引起我们的反思。

必须看到，策划出版精品书虽然主观上不以赢利为目的，但事实上真正的精品书往往最终会赢利。例如，苏州大学出版社2005年出版的国家“十五”重点图书出版规划项目《中国丝绸通史》，篇幅167万字，插图1 358幅，出版社斥资百万运作，原以为投入将大大高于产出，结果不到两年时间，出版社就收回了全部投资，开始赢利。主要原因有两个：一个是学术价值很大，即填补了我国丝绸研究领域的空白，是我国第一部完整、系统的丝绸通史，另一个原因是卓有成效的宣传、推广，如2007年4月原国家主席胡锦涛访问美国时把它作为中华精品图书之一赠送给耶鲁大学图书馆。④

（四）在当今市场经济时代，必须把策划品牌书提上议事日程

策划品牌书是图书选题策划的最高境界。品牌书策划事关出版社的整体形象与发展规划。只有形成了品牌，才能真正把出版业做大做强。选题策划人、编辑出版人应该把策划出版品牌书作为毕生奋斗的终极目标。

概言之，图书选题策划必须动态地把握社会效益与经济效益之间的平衡点。可以根据市场的需求和自己的条件，适时策划畅销书，以积累经济实力；与此同时，积极向文化深层拓展，

---

① 参见陈昕：《中国经济学曾经有过一个“三联学派”》，见观察者网，http://www.guancha.cn/chen-xin/2013_01_13_120149.shtml，2013-01-13。

② ［英］斯坦利·昂温：《出版概论》，202页，北京，中国书籍出版社，1989。

③ ［美］安德烈·希夫林：《出版业》，引言。

④ 参见吴培华：《精品图书的策划是一个系统工程——〈中国丝绸通史〉策划手记》，载《编辑之友》，2009（2）。

增加畅销书的文化含量，提高图书质量，打造精品，促使畅销变常销，最终走品牌图书的发展道路。① 至于究竟如何策划这四种类型的图书，详见本书第九章。

第四节　选题策划方案

一、选题策划方案的含义

选题策划方案也叫选题策划报告或选题策划书，是选题策划人从选题策划目标出发，创造性地作用于选题策划对象的产物，是选题策划人事先对选题策划活动进行创造性的构想之后形成的一种文书。该文书记录该项策划活动的主要经过、主要内容与主要方法等，是策划活动的前期成果，是策划活动得以进一步开展的依据。美国专家认为："如果将作品得以出版视为迈向成功之门的话，选题策划书则是珍贵的入场券。""选题策划书编制得越精彩，就越能令人过目不忘，那么，你策划的选题被出版的可能性也就越大，出版商支付给你的版税也就越高。仅此一点，你就有足够的理由和动机，尽你所能编制出最完美的选题策划书。"②

选题策划方案不仅解决图书生产的源头活水问题，为图书生产提供优秀的产品设计项目，而且是整个选题运作过程的准绳。当然，在实施的过程中，可以根据情况的变化适当地调整。

二、选题策划方案的内容与写作要求

选题策划方案的内容与写作要求应该因人而异、因书而异。广义的选题策划活动是分层次的，不同层次的选题策划活动的方案当然有区别；不同角色、不同级别的编辑出版人开展选题策划活动时各有侧重点，他们的策划方案也自然有差异。总编辑或社长的选题策划方案应体现其选题计划策划或选题战略策划的特点。一般编辑人员主要策划具体的选题，而专职的策划编辑开展的是全程策划，故二者的选题策划方案理所当然有不同之处，如专职策划编辑的选题策划方案必须包含宣传促销方面的内容。不同类型图书的选题策划方案，内容也有区别。例如，通俗普及读物的选题策划方案必须要有宣传促销设想，而学术理论著作则应突出选题的学术理论价值，图册画册之类的美术书籍则要强调制作与印刷。

总的来说，选题策划方案的内容包括九项：书名、出版宗旨（有时可交代选题缘起）、内容简介（最好让作者提供章节提纲和样稿）、主要特点（与同类书比较）、读者对象、作者人选、写作要求、宣传促销的举措与效益预测。在这些基本内容的基础上，根据选题的具体情况可多可少。美国专家认为，选题策划书的内容有九个部分：标题页（相当于书名）、概述（包含以下内容：这本书是关于什么内容的，为什么要写这本书，打算如何创作这本书等）、策划

① 参见易图强：《策划怎样的图书?》，载《出版广角》，2004（9）。

② ［美］杰夫·赫曼、德博拉·利文·赫曼：《选题策划》，5页，石家庄，河北教育出版社，2005。

人与作者介绍（重点说明某人为什么是写这本书的最佳人选）、面临的竞争对手（市场上有哪些类似图书）、市场状况（目标读者）、营销方案（如何促进图书的销售）、章节概要、样稿、附加内容（非必需的）。[①] 宋连生认为，图书选题策划方案应该载明三个方面的内容：一是本选题策划的基本背景、目标、任务和调研结论；二是建议所出图书的主题、标题、结构、篇幅、表达方式和主要特点；三是建议所出图书的装帧设计、宣传口径、营销策略及市场预期。[②] 他们的说法与笔者所说基本一致。但笔者认为，并非每个选题策划方案都必须详细介绍如何宣传、促销所出图书。注重经济效益的选题，其选题策划方案的内容理应如此；而强调社会效益的选题（如学术著作），其选题策划方案的内容则应重点说明其学术价值、理论价值。

选题策划方案在写作上的基本要求是：简明扼要，条理清楚，重点突出。选题策划方案的主旨在于传递信息，应该使用最简洁明了的文字表达方式。清晰、准确是其最基本的表达要求，不必刻意追求文学色彩。

美国著名图书出版经纪人、图书选题策划研究专家杰夫·赫曼与德博拉·利文·赫曼的著作《选题策划》收集并详尽评点了10个成功的图书选题策划方案，极具参考价值。建议读者阅读该著中的10个选题策划方案，并灵活运用。

【基本概念】

出版经纪人　选题策划目标　选题策划对象　畅销书　常销书　精品书　品牌书　选题策划方案（选题策划报告、选题策划书）

【思考题】

1. 目前中国从事图书选题活动的人员主要有哪几类？

2. 什么是畅销书？它有哪些特点？

3. 你认为什么样的书才是精品书？

4. 从实现出版效益的角度来看，畅销书、常销书、精品书与品牌书之间的区别何在？据此应该采取怎样的选题策划对策？

5. 选题策划方案应该包括哪些内容？写作的基本要求是什么？

6. 策划一个图书选题，并撰写选题策划方案。

---

① 参见［美］杰夫·赫曼、德博拉·利文·赫曼：《选题策划》，6页。

② 参见宋连生：《图书选题策划学》，176～178页。

第三章 选题策划机制

国内出版社开展选题策划活动的组织形式有哪些？策划机构具有什么功能？选题策划机构建设的基本要求怎样？如何保障选题策划机制高效运行？本章将解答这些问题。

第一节 选题策划的组织形式及其职能

一、选题策划的组织形式

迄今为止，国内出版社开展选题策划的组织形式有以下八种。

（一）编辑室（编辑部）

很多出版社仍然沿用传统的编辑室或编辑部，不再设立专门的选题策划机构。在当今市场经济背景下，编辑室（编辑部）的重要任务是策划选题。各个编辑室（编辑部）按照一定的专业方向分工，各自策划相应领域内的选题。编辑室（编辑部）的编辑人员没有策划编辑和文字编辑之分，策划选题和审读加工都是每个编辑的分内职责，但可以在编辑室（编辑部）主任的统一安排下各有侧重点。

（二）策划编辑

把出版社的编辑人员划分为文字编辑与策划编辑两大类。市场意识强、策划能力强的编辑人员定为专职的策划编辑，主要任务是采集信息、提出选题、组织稿件，以至把图书推向市场，选题策划无疑是策划编辑最重要的工作，策划编辑较少甚至不承担文字的加工工作；其他编辑则为文字编辑，主要负责审读稿件、加工稿件等工作。文字编辑靠掌握某方面的知识、技能开展工作，而策划编辑则靠信息、创意开展工作。策划编辑一般按专业方向归属相应的编辑室（编辑部），有的就是由编辑室（编辑部）主任担任策划编辑。也就是说，在出版社内部，只是从原有的编辑人员中划分出一部分作为策划编辑，并没有设置新的机构。

（三）策划部

将策划编辑组合成专门的机构，其名称各个出版社叫法不一，一般叫策划部，还有选题策划部、选题策划中心、策划室、策划组等不同的名称。如春风文艺出版社设置选题策划部，人民文学出版社与中信出版社设置策划部，辽宁出版集团与上海世纪出版集团成立图书选题策划研发中心。作家出版社的策划机构起初叫策划室，后改为策划部（策划《哈佛女孩刘亦婷》的杨葵就担任过策划部主任）。成立策划机构的宗旨是面向市场策划选题并将产品推向市场，因而有的出版社的策划机构干脆就叫市场策划部（如上海科学技术出版社），或者叫宣传策划部（如人民出版社）。

这类策划机构，就其归口来看，无非两种情况：一种是出版社领导直接管理的独立二级机构，与各个编辑室（编辑部）并列；另一种归属总编室，主要是策划组、策划室。

（四）工作室

以策划编辑为骨干，配备一定数量的文字编辑组建工作室，已成为越来越多出版社的选择。工作室是单纯的策划机构与传统的编辑室（编辑部）之间的结合，兼有二者之长，内部结构更紧密，选题方向更专一，运行方式更灵活。例如，辽宁教育出版社设置了吉尼斯工作室、万有文库工作室等。广西人民出版社设立小茜工作室，专门策划出版有学术内涵、有市场品相的图文书。

（五）项目组

有的出版社称为项目工作组或项目小组。一般是为了实施某个重大选题或重点选题而临时设立，人员的组成也像工作室一样，以策划编辑为骨干，同时配备若干文字编辑以及其他出版人员。广东教育出版社的做法是，“认准一本书，组织一个突击队”，成立一个小组，从选题论证、找作者、包装到营销、公关，编、印、发形成一条龙。该社出版的《素质教育在美国》和《洪昭光健康忠告》就因此而取得很好的销售业绩。

为了降低出版风险，可以采用社内社外相结合的方式成立项目组。出版社主要负责图书版权的获得、与作者的协商、书稿的编辑编译等上市前的工作，项目组则全程负责从策划包装到整体市场营销的过程。

案例 3—1

超级畅销书《富爸爸　穷爸爸》与《谁动了我的奶酪?》就是采用社内社外联合成立项目组的机制运作的。《富爸爸　穷爸爸》的原作者罗伯特·T·清崎授权北京世界图书出版公司出版中文版，条件是首印不低于5万册。而此前，国内引进版权的财经类读物发行超过1万册已属不错的业绩。因而，北京世界图书出版公司决定借鉴国外的经验，引进投资方，于是找到自由投资人汤小明。汤小明为此成立北京读书人文化艺术有限公司。不久，北京世界图书出版公司、北京读书人文化艺术公司与中图读者俱乐部三方签订协议，成立《富爸爸　穷爸爸》项目组，由汤小明任组长，《华西都市报》原记者朱鹰任营销总监，北京世界图书出版公司总编辑雷玉清和中图读书俱乐部总经理邹小东等人参与。后来的销售业绩证明了“出版社＋项目组”模式的可行性：项目组的启动资金是80万元，而此书在中国的销量达到200多万册，码洋近5 000万元，与此同时，以“富爸爸”为品牌的一系列财商产品源源不断地为项目组带来了财富。一年后中信出版社出版的《谁动了我的奶酪?》也是汤小明与出版社采取同样的运作机制创造出的畅销书奇迹。①

（六）社外机构

越来越多的出版社为了加强选题策划和市场竞争能力，在社外甚至异地设置分支机构，由出版社派人或就地聘请人才负责其事。

社外机构有以下三种情形。

1. 社外编辑部

早在20世纪90年代初，社外编辑部就已经出现，现在更普遍。例如，海南的南方出版社由于受地域的限制，在一些省市设置多个编辑部。

2. 社外工作室

出版社设置的工作室，有的在社内，有的在社外（如湖南教育出版社的哈利英语工作室），有的甚至在异地（如江西的二十一世纪出版社在上海设有工作室）。出版社与民营书商或出版经纪人联合设置社外工作室是一种趋势。

3. 真正具有分社性质的机构

2003年，长江文艺出版社投资100万元，聘请华艺出版社的副社长金丽红和发行部主任黎波负责组建长江文艺出版社北京图书中心，2004年安波舜也加盟。这个北京图书中心和一般的社外机构不一样，从选题策划、图书编辑，到印制、发行，乃至发行回款，全都独立，真正相当于长江文艺出版社的一个分社。该中心的经营权灵活，分配权也灵活，整个中心的可分配利润是总利润的23%。金丽红和黎波是策划出版畅销书的黄金搭档，被誉为“金黎模式”。安波舜加盟后，又组成了“金三角”。长江文艺出版社是擅长市场运作的国有出版社，给“金黎组合”和“金三角”提供了一个足够宽松的体制环境，使他们能够引进彻底市场化的机制，能

金丽红　像（蒲东峰　摄）

黎波　像（出自京华网）

安波舜　像（出自中国出版网）

① 参见张馨月：《汤小明：营销致胜》，见搜狐网财经频道，http：//business. sohu. com/69/47/article208594769. shtml，2003-04-18。

够完全从市场的角度做书。长江文艺出版社北京图书中心通过“国有的资本，市场的机制”，找到了出版社与“金黎组合”“金三角”之间的共同点。有了长江文艺出版社，“金黎组合”和“金三角”没有了书号麻烦；有了“金黎组合”和“金三角”，长江文艺出版社提升了品牌。

类似这样的分社越来越多，例如，广西师范大学出版社的直属分支机构北京贝贝特出版顾问有限公司、上海世纪出版集团的直属分支机构北京世纪文景文化传播公司等。

（七）选题沙龙

选题沙龙是一种对图书选题的形成与论证进行定期或不定期的讨论活动的松散型组织。参加者除了本社的骨干编辑外，还应该有这一领域的专家和熟悉图书市场的行家。在选题沙龙上讨论的内容主要有两方面：一是分析图书市场的态势，在轻松的交谈中往往能抓住和逐步形成某一重要选题；二是评估已成雏形的选题的社会效益与市场前景。选题沙龙是一种扩大信息源和发挥编辑人员主观能动性的操作制度，“对于策划编辑来说，从选题的提出到选题的论证乃至选题的形成，无疑是一个规范、可靠的‘测试中心’；对于社领导来说，选题沙龙又是一个‘高参会议’，它帮助社领导把握选题，正确决策”①。新华出版社副总编辑张宝瑞倡议创办的金蔷薇文化沙龙具有选题沙龙的性质。通过这一途径，该社获得了大批出版资源和创作资源，在此基础上策划了“金蔷薇丛书”。

（八）选题策划研究院

随着出版改革的推进，出现了另外一种选题策划组织形式：选题策划研究院。这是一种由出版社、新华书店与文化传播公司联合组建的选题策划机构。2000年1月，北方妇女儿童出版社、德州新华出版发行集团公司、新华书店南北联合社（桦甸）有限公司（在吉林桦甸市）与北京睿智文化交流有限公司，在北京联合成立北京远见选题策划研究院。该院有博士生30多人，专业涉及经济学、社会学、哲学、管理学、法学与计算机应用等领域，并聘请20位知名专家、学者与教授组成顾问委员会，开展策划财经、社科、少儿与教育方面的选题。② 显而易见，这种选题策划机构是智囊团性质的机构。此举旨在通过跨行业跨地域联合，以优化资源配置，推动选题策划的发展，这是十分可贵而有益的探索。

二、选题策划机构的职能

目前，我国出版社的策划机构可以划分为两类：一类是单纯的选题策划机构，称为选题策划部或选题策划中心；另一类是宽泛的策划机构，称为策划部。前者的职能是开展选题策划，后者的职能是包括选题策划在内的出版全程策划。

有人认为，出版社策划部的基本功能有五项：整体形象设计功能；信息的收集、处理和传

① 吴培华：《总编辑工作的要务是策划》，载《大学出版》，2004（3）。
② 参见叔平：《北京远见选题策划研究院成立》，载《光明日报》，2000-01-03。

递功能；选题设计、论证和决策功能；营销宣传功能；图书营销方案设计功能。[①] 很明显，信息的收集、处理和传递功能与选题设计、论证和决策功能属于选题策划的职能。就策划部在全社所起的作用来看，策划部的职能实际上有两种：一种是起“参谋部”的作用——负责选题调研以收集各方面信息，协助社领导制订全社的选题计划；另一种是起“作战部”的作用——主要负责出版社的重大选题或重点选题的组织与实施。

很多出版社至今仍把策划职能附属于有关部门（如总编室、编辑部、发行部），但实践证明，建立独立的策划机构有利于发挥策划的整体功效。

出版社编辑人员的职能也有两种基本类型：一种是全职式的，即每个编辑既承担选题策划的工作，又履行编辑加工的任务；另一种是分流式的，即把全社的编辑人员划分为策划编辑和文字编辑。分流后的策划编辑减少了文字加工的任务。身为专职的策划人员，策划编辑既要开展选题策划，还要从事图书出版的全程策划，如营销策划。策划编辑担负的角色是社长或总编辑的助手、编辑部的参谋。

第二节 选题策划机制建设的基本要求

选题策划机制建设的基本要求有两点。

一、策划机构的设置不能“换汤不换药”

迄今为止，大多数出版社既设置新的策划机构，又保留旧的编辑室，二者既分工又合作。但随着改革的深入，越来越多的出版社撤销了编辑室而改设新机构，新机构有两种情况。

（一）名称中有“策划”字眼

例如，世界图书出版公司西安分公司设置选题策划部，其职能是进行选题的开发制作，下设医学图书事业部、语言图书事业部、生活及艺术图书事业部三个部门，选题策划部设经理与副经理，各个事业部的负责人称主任。中国人民大学出版社设置过宣传策划部。

（二）名称中没有“策划”字眼

这种类型的机构又有三种名称。

1. 事业部

中国人民大学出版社、电子工业出版社和清华大学出版社等出版社是较早设置事业部的出版社。事业部按照出版物类别设立，同一类别出版物的宏观规划与微观决策的任务、责任落实到事业部负责人，社长、总编辑对事业部下达明确的选题方向、选题结构和选题总体质量、数

① 参见沈东山：《谈出版社策划部的五项基本功能》，载《出版发行研究》，2003（2）。

量等目标责任要求，日常选题审批则由事业部负责人决策。事业部同时承担出版物的营销策划、市场开拓的责任。对于事业部选题结构与规划方面的偏差及个别不符合条件的选题，社长、总编辑可以过问、纠正或撤销。清华大学出版社原总编辑蔡鸿程先生指出："事业部体制有利于推动策划机制。"①

2. 中心

或者叫编辑中心，如上海人民出版社设有青年读物编辑中心；或者叫出版中心，如接力出版社设有第一出版中心和第二出版中心，设在北京的第二出版中心下设青年读物事业部、少儿读物事业部、低幼读物事业部等；或者叫开发中心、研发中心，如江西省出版集团成立了图书选题研究开发中心；或者叫信息中心，外语教学与研究出版社从 1994 年起相继在一些重要城市建立了 16 个信息中心。

3. 分社

中国青年出版社、外语教学与研究出版社和中国人民大学出版社等出版社比较早地设置了分社。此分社设于社内，不是上文所说的设于外地的分社，一般是在事业部的基础上发展而来，如中国人民大学出版社的人文分社即由人文出版事业部发展而来，工商管理分社由工商管理出版事业部发展而来，现在的清华大学出版社也在原事业部的基础上组建了六个专业分社。

上述三种机构并非完全并列，在实际操作中，具体到某一家出版社的机构建设，很可能是相互交叉、隶属。例如，电子工业出版社现有编辑机构、策划机构的总体架构是：第一级机构是出版中心，负责相关领域图书的选题策划、组稿和编辑出版工作。主要有两个出版中心：教育出版中心、电子信息与工业技术出版中心。第二级机构是分社。教育出版中心下设高等教育出版分社、高职教育出版分社、中职教育出版分社、基础教育出版分社；电子信息与工业技术出版中心下设电子信息出版分社、工业技术出版分社。与各分社并列的二级机构有市场部。第三级机构是事业部。例如，高等教育出版分社下设高等计算机事业部、高等理工事业部、高等财经事业部、高等外版事业部；电子信息出版分社下设电子电工技术事业部、电子系统设计事业部、通信技术事业部。学术出版分社与大众出版分社则属于该社的第一级机构。编加中心也属于第一级机构，承担该社图书责任编辑的职责，配合各编辑部门和社属图书公司对书稿进行编辑加工、校对等工作。②

不管有没有"策划"字眼，它们都是取消编辑室的建制后新设的机构。尽管名称不一，但其设置的初衷都是为了加强策划尤其是选题策划的作用，而且，它们大都将选题策划的职能与编辑加工的职能合二为一，以克服新的策划机构与旧的编辑室之间存在的难以协调的矛盾。这是出版业发展的必然结果，但要注意的是，在传统的出版体制仍未彻底改革之前，新机构的设置不能"换汤不换药"。

---

① 蔡鸿程：《新形势下总编辑优化选题四论》，载《中国出版》，2002 (6)。

② 这里关于电子工业出版社机构建制的情况出自该社官网，网址是 www.phei.com.cn/gywm/jgsz/2010-11-19/50.shtml。

二、选题策划机制的建设必须因社制宜，逐步推进

任何一种选题策划机制都不可能适合所有的出版社。建立选题策划机制必须因社制宜，而且要逐步推进。要做到以下三点。

（一）要考虑出版社的历史条件

要考虑出版社现有的规模、实力、编辑人数等。大社编辑上百人，年销售码洋起码几个亿，而小社编辑十来人，码洋一两千万。比较而言，大社适宜于保留编辑室，以编辑室为单位开展选题策划，以发挥各方面优势。而小社适合组建全社统一的选题策划机构，以便集中精锐力量，突击重点选题，使出版社获得快速发展。

（二）要考虑出版社出书的种类与结构

不同类别的图书，其选题来源、作者队伍、销售渠道、营销策略等都不相同，策划运作的方式也因此有别。例如教材教辅与一般品种图书，就应采取不同的组织形式和制定不同的营销政策。

（三）特别要考虑出版社编辑人员的能力与素质结构

编辑人员的能力与素质结构是决定选题策划机制最关键的因素。出版社编辑力量很强，素质与能力结构又均衡的话，就不必把编辑人员划分为策划编辑与文字编辑两个部分；如果编辑个体之间的素质与能力结构差距较大，就应该把编辑人员划分为策划编辑和文字编辑两个部分，以便扬长避短。

必须看到，出版社的条件、环境与人员等因素是变化的，选题策划机制也应该随着这些因素的变化而加以调整。

案例 3—2

以武汉理工大学出版社为例，最初，由于编辑人员的组稿能力较差，市场意识不强，出版社处于计划经济的惯性环境中，因而沿用编辑室制，结果是编辑人员对下达的选题任务只能勉强完成。经过几年的锻炼，有一些编辑的选题策划能力增强，从编辑队伍中脱颖而出。于是，出版社适时推行策划编辑制，选拔了几位策划编辑，分别负责不同方向的选题策划工作。建立策划编辑制两年以后，出版社经济实力进一步增强，为加速发展，策划、实施重大选题项目，又选拔了三位策划编辑集中组建选题策划部。该社针对不同阶段不同的组织形式，制定了不同的分配和奖励政策。几年来，改革取得了预期成效，出版社主动策划的选题的比例达到了80%以上，销售码洋由1995年的400万元增长到2001年的2 500万元。随着出版社的进一步发展，该社又组建了以策划编辑为核心的工作室制。[①] 从编辑

---

① 参见孙成林：《选题策划机制的不同形式及其政策》，载《出版发行研究》，2002（6）。

室到策划编辑，再到选题策划部，又到工作室，逐步推进，这种做法值得大多数出版社借鉴。

第三节　保障选题策划机制高效运行的制度

20世纪90年代以来，我国出版社纷纷建立选题策划机构，划分编辑人员的职能，目的是多出选题、快出选题、出好选题，使出版社在市场竞争中求得生存与发展。同其他任何机制一样，选题策划机制的基本要求是灵活而高效，核心是对人的管理。对人的管理关键靠制度。要特别建立与完善以下三种制度。

一、考核与奖励制度

有的出版社将全社的利润指标分解后下达到各编辑室（编辑部），然后对编辑室（编辑部）实行目标管理；有的出版社干脆把利润指标分解到每个编辑的头上。对编辑人员实行分流的出版社，对策划编辑和文字编辑制定不同的利润目标和考核制度，文字编辑主要以文字加工的数量和书稿的编校质量来考核，策划编辑主要以策划和实施选题的数量及其经济效益来考核。

在选题策划愈显重要的今天，对策划编辑的考核应明显区别于一般编辑，要根据贡献大小、风险高低和投入智力劳动的多少来制定奖惩标准，要对有特殊贡献的策划编辑实行重奖。对于获奖图书，不能笼统地奖励责任编辑，对于策划含量高的选题，奖励时应向策划编辑倾斜。图书评奖时可以设立选题策划奖，原新闻出版总署直属出版社优秀图书奖设立“选题奖”的做法值得推广（1992年，当时的新闻出版署直属出版社第一届优秀图书奖开始设立“选题奖”）。出版社也可以根据两个效益的实现情况，评选“优秀选题策划人”，给予精神鼓励和物质奖励。

二、分配制度

现代企业应有健全的激励机制。激励机制主要体现在分配办法和奖励办法上。分配办法的总原则是多劳多得、优劳优酬、兼顾公平。应该让各种生产要素按贡献大小参与分配。如果为出版社赢得了奖励，出版社一般也主要以奖励的办法来予以激励；如果为出版社赚了重大利润，出版社予以激励的最普遍做法是按一定比例提成。

在实行分流制的出版社，全社编辑人员被划分为策划编辑和文字编辑两部分。在一本书的编辑出版过程中，既有策划编辑的智慧，也有文字编辑的汗水。那么，如何界定这两者之间贡献的大小，又如何在经济报酬上体现出来，就成了无法回避的问题。广东省属出版社早在20世纪90年代初就试行策划编辑制，一些出版社对获奖图书的奖金分配办法是：策划者、文字编辑、复审者和终审者的比例为 1∶6∶2∶1[①]，换句话说，策划编辑只占十分之一，而文字编辑占了十分之六。这样，实际上否定了策划编辑的重要性，无疑与改革的初衷相违背。最后，一些试行新机制的出版社又不得不走回头路。

改革的实践表明，在传统的编辑出版体制不变的情况下，策划编辑制这项新的出版经营管理模式很难全面、彻底、顺利地推行。现有的分配制度无法使它有效运作。在现有体制下，文字编辑与策划编辑的责、权、利很难明确。在市场经济条件下，发挥策划编辑的重要性必须落实到分配制度上。适应新形势，尽快建立科学的出版经营管理机制是出版业发展的当务之急，分流式策划编辑制仍然不是科学的出版经营管理机制，它只是从传统机制到现代机制的过渡形态。

张胜友　像（吴江　摄）

图书具有双重属性和双重价值，出版业是文化产业，所以，出版社的人事与管理的机制必须激励与制约并举。本着这一原则，作家出版社在原社长、总编辑张胜友的主持下，从 1995 年年底开始改革，制定了《编辑部目标管理岗位责任制条例》《出版发行部目标管理责任书》与《选题管理暂行规定》等。在分配制度上实行量化管理，责任到人，效益与个人收入挂钩。编辑人员的年终奖金在确保出好书的前提下，按个人为出版社所创税前利润分段提成，实行多超多奖。社委会对于主旋律图书、获奖图书、精品文学图书，从运作机制上给予政策倾斜，加大扶持力度；对获全国性图书奖或省部级图书奖的责任编辑，给予重奖；对于带来负面影响或造成不良社会影响的图书，一、二、三审都要承担责任，接受处罚。对于给出版社造成重大损失者，除经济处罚外，还要视情况给予党纪、行政处分，做转岗、免职处理。由于激励与制约并举，该社形成了人人抓好书，个个争创收，社会效益和经济效益迅速上台阶的新局面。从 1996 年起，90％以上的编辑人员实现了年年超产。2000 年，有十几位编辑创利超过 50 万元，个人年创毛利最高者达 500 多万元；员工人均年收入也从改革前的 8 000 元提高到 6 万元。[②]

三、项目责任制

为了避免或减少在现行编辑出版机制下策划编辑与文字编辑之间职责不明和利益冲突现象的发生，越来越多的出版社引进了项目责任制。项目责任制是把图书选题当作工程项目来经营的一种制度。选题正式确立后，有关人员自愿组合成项目组。项目组负责人（由策划编辑担任，在现行出版机制下，大多署名为责任编辑）与社长签订项目责任书，明确双方的职责权益。项目组对立项选题进行全方位策划和深度开发。选题任务完成后，项目组也随之解散。实

---

① 参见辛朝毅：《策划编辑制的回顾与前瞻》，见中国出版科学研究所、湖北省新闻出版局编：《第三届全国出版科学研究优秀论文获奖论文集》，335 页。

② 参见张胜友：《图书出版业改革中的制衡战略》，载《文学报》，2001－06－07。

行项目责任制，方向明确，责、权、利清晰，人员优化组合，既能发挥策划编辑的主观能动性，又能发挥团队的优势，更重要的是，还能便于协调编、印、发各部门之间的关系，减少了扯皮，加强了合作，提高了效率。

可将项目责任制的宗旨概括为：优化组合、风险共担、动态经营。保障项目责任制成功的前提条件是：项目责任人有相当大的自主权。如选题的自主权，只要有创利可能又不违背出版方针，出版社管理层一般要开绿灯；再如自主选择印刷厂的权利，并能自主决定图书定价和谈判印刷工价，等等。相当大的自主权，再加上项目是否赢利与项目责任人的经济利益直接挂钩，因而大大激发了项目责任人的干劲与才智。

事实表明，项目责任制是一种加强选题策划、提高市场竞争能力的行之有效的制度。作家出版社实行项目责任制后，编辑人员以项目责任人的身份参与从选题策划到图书发行的整个过程，主动性与积极性得到有效发挥，综合业务能力有了明显提高，策划出版了一批发行几十万册以至200万册的畅销书，如《马语者》《英国病人》《日子》《十面埋伏》和《哈佛女孩刘亦婷》等。接力出版社实行项目主管制度，编辑人员是图书项目生产的决策者和协调者。一本书就是一个项目，一个编辑就是一个项目负责人，他对生产的全过程进行全程策划。从接触选题开始，确定经营目标，整体决策生产环节中的编校、印刷、发行、营销方案，促进各部门的沟通，加速生产节奏，确保成品质量，编辑职责一直到实现终极销售后才终止。中国人民大学出版社1997年开始推出的“经济科学译丛”也是采用项目责任制取得的一大成果。

但是，项目责任制是否无任何弊端呢？从目前的情况来看，通过项目责任制运作的选题大多是追求赢利的短平快选题，结果是虽然经济上出现增长，但有创新意识、有文化积累作用的精品选题明显减少，不少出版社弥漫着一种只要能赚钱便是好汉的急功近利之风。一两个编辑只追求赢利或许是可行的，但一家出版社光讲短期经济效益就不可取甚至是危险的。“在饱和市场条件下的项目责任制有其能明显地提升企业赢利能力的利，也有如控制不当，造成出版社核心竞争力下降的弊。关键是出版社管理层对此要有很清醒的认识，扬利去弊，在激发项目责任人开拓市场的积极性的同时，注意整合力量，打造具有核心竞争力的品种，使出版社具备可持续发展的能力，这样才是我们实行项目责任制的初衷。”①

【基本概念】

策划编辑　策划部　工作室　项目组　选题沙龙　项目责任制

【思考题】

1. 我国出版社开展选题策划工作的组织形式有哪些？
2. 简述出版社策划机构的职能。
3. 越来越多的出版社实行项目责任制，请举例论证这一制度的作用。

---

① 曹武亦：《饱和市场条件下项目责任制利弊》，载《出版参考》，2004（1）。

第四章

选题策划程序

我国出版社开展选题策划的程序可以划分为七个步骤：确定选题目标→采集与加工选题信息→产生选题创意，策划初拟选题→选题论证→选题决策，形成选题计划→上报审批选题→实施选题。概括起来，可以进一步划分为前期、中期与后期三个阶段。本章从出版社的角度探讨选题策划的程序。当然，出版社的选题策划建立在各个编辑室（编辑部）的选题策划的基础之上，因此，它自然包含了编辑个人的选题策划。

第一节　选题策划的前期工作

一、确定选题目标

确定目标是整个选题策划过程的起点。确定目标本身也是一种策划。在确定目标之前，首先必须知道自己在当前或将来一定时期究竟存在什么问题，基于这个问题的存在，自己最需要获得什么东西。

第二章提到，选题策划的目标有四个层次：创造利润、传播文化、积累文化、打造品牌；选题策划的对象也有四个层次：畅销书、常销书、精品书、品牌书。选题策划对象是选题策划目标的具体体现，因此，我们可以把策划畅销书、常销书、精品书与品牌书视为选题策划的具体目标。

不难理解，所谓确定选题目标，实际上就是从上述四个具体目标中选择一个。按照编辑出版实践工作者的话说就是：你搞选题策划，是想挣钱还是想争奖？是想挣小钱还是想挣大钱？是想争小奖还是想争大奖？不同的选题策划人（无论是编辑个人，还是出版社领导），自然会根据自己的条件、需要和所处的客观环境，做出明智的选择。没有获得过重大图书奖励[①]的，

① 中国图书出版方面的国家级奖励，原来有“国家图书奖”（由原新闻出版总署主办）、“中国图书奖”（由中国出版协会主办）和“五个一工程·图书奖”（由中共中央宣传部主办）。2005 年 3 月，中宣部对全国性文艺新闻出版评奖制定了新的管理方法，大大减少了奖项。由原新闻出版总署主办的 22 个出版评奖压缩为 1 个——中国出版政府奖，现由国家新闻出版署主办，2008 年 2 月颁发首届奖励，分为 6 个奖项（包括图书奖、优秀出版人物奖、先进出版单位奖、装帧设计奖、印刷复制奖、音像电子网络出版物奖）。由中国出版协会主办的 9 个奖项压缩为 2 个——中华优秀出版物奖、韬奋出版奖。由中共中央宣传部主办的“五个一工程·图书奖”调整为“五个一工程·文艺类图书奖”。图书出版方面的重大奖励还有“三个一百”原创出版工程入选图书奖，分为人文社科、科学技术、文艺少儿三个类别，每类选出 100 种国内作者编著、国内出版社出版、具有原创价值、确属精品力作的图书予以奖励。

自然会选择策划精品书；想赚小钱的，应该会选择策划常销书；想赚大钱的，肯定会选择策划畅销书；想放长线钓大鱼的——既想赚更多的钱，又想获更大的奖，当然会选择策划品牌书。

二、采集与加工选题信息

确定了选题目标之后，接下来要做的事情是采集和加工选题信息。

选题信息是选题策划的基础。选题信息无处不在，无时不有，关键就看选题策划人能否注意到，能否捕捉到，能否提炼，能否加以利用。关于这个问题，待第十三章专门论述。

三、产生选题创意，策划初拟选题

所谓创意，就是创造性的意念，是思维成果的最初萌芽。日本“经营之神”松下幸之助（1894—1989）的事业起始于逛商场时听人抱怨家里插座（当时是单插孔的）太多的麻烦所产生的研制多插孔插座的创意；美国“汽车大王”亨利·福特（1863—1947）创建汽车王国起始于13岁时看到一台“会移动”的蒸汽机所产生的创意……无数事实表明了创意的伟大意义。创意尽管只是一个小小的意念，也许用一句话就可以表述，但它如同一颗种子，为整个的策划打下根基。说创意是策划的核心一点不为过。

选题创意来源于对选题信息的掌握，来源于对图书市场和读者的调查，来源于对时代脉搏和文化流行趋势的把握。此外，选题策划人要培养自己的专长，如果对某类事情极其热衷并且了解深刻，那么，可以将其发展成为一个创意，开展选题策划。荣获第四届国家图书奖的《中国军事史图集》的选题策划者、责任编辑回忆说：“1997年9月，我去中国军事博物馆找选题，因为那里有两个同学。就在即将迈入博物馆大门时，我蓦地念头一闪：可以利用军事博物馆的优势搞一本《中国军事史图集》啊。这个想法当即得到同行的编辑室主任李声笑的认可。在随后与军事博物馆方面的交涉中，对方也予以积极的呼应。《中国军事史图集》，书名从策划到出版一字不易就这样孕育成功了。在后来的年度选题论证会上，与会代表都给予了它极高的评价。”①

《中国军事史图集》书影

在提炼选题信息的基础上，选题策划人产生选题创意，然后对构成选题的基本要素进行构思，最后草拟出选题策划方案。要指出的是，从选题创意到选题策划方案的形成，是进一步调查的过程，是进一步思考的过程。著名编辑出版家赵家璧在编辑《中国新文学大系》时，最初的念头是汇集“五四以来文学名著百种”，但当他

① 许久文：《奇迹是这样产生的——〈中国军事史图集〉出版追记》，见陈满之主编：《我与湖南出版》，138页，长沙，湖南科学技术出版社，2007。

对这一选题创意做深入调查和冷静思索时，发现100种名著的版权问题很难解决，于是转而想到以单篇文章结集为主的“大系”。

不言而喻，这一程序的工作由各个编辑分散进行。它基本上是编辑个人的行为，他们各自策划的选题（笔者称之为初拟选题）可纳入也可不纳入出版社的出书计划之中。

第二节　选题策划的中期工作

编辑人员各自策划的初拟选题，只有通过选题论证与选题决策，才能纳入出版社的选题计划之中。

一、选题论证

（一）选题论证的内涵

所谓选题论证，就是通过集思广益，对所有[①]的初拟选题进行选择和优化。选题论证的内容有两项：一是选择，即弄清楚哪些初拟选题适合出版，从而保留；二是优化，即对保留下来的选题做进一步的完善。那么，如何选择和优化呢？

1. 取舍选题的标准

(1) 选题自身的价值。这是指选题本身所具有的价值，体现在两个方面：一是社会效益方面的价值，可从思想价值、学术价值或艺术价值、文化积累价值等方面做出衡量；二是经济效益方面的价值，可根据出版投入（计划成本）和产出（计划定价、预计印数）推算选题出版后的赢利情况。

(2) 选题的比较价值。这是指该选题与已经出版的同类型图书进行比较之后所具有的价值。原创型的选题当然最理想，然而绝大部分选题是在已经出版的同类型图书基础之上提出来的。不难理解，衡量选题的价值，不仅要看它本身具有多少价值，更要看它与已经出版的同类型图书进行比较之后具有多少价值。出版经验反复告诉我们，人有我特、人有我优的选题具有较大价值，值得出版。

(3) 选题的可行性价值。这是指选题在实施的过程中表现出来的价值。出版实践表明，有些选题，本身的价值大，比较价值也大，但在实际运作的过程中出现了问题，遇到了困难，以致最终没有取得预期效果。这说明选题还有一个能否操作的问题。选题论证时，千万不能忽视选题的可行性价值。

2. 优化选题

选题论证的另一项内容是对保留下来的选题进行优化。优化什么呢？优化选题的基本要

---

① 这里之所以说“所有”，是因为有待于论证的选题除了编辑人员策划的选题外，还有作者主动提出的选题（自发来稿或自投稿）和有关部门交来的指令性选题（任务稿）等。

素。也就是，使书名更简洁更响亮、内容更系统、主题更集中、特点更鲜明、体裁或体例更科学、读者对象更明确、作者人选更合适、篇幅更合理、效益预测更切实际。经过优化，使选题达到优秀或比较优秀的水平。

（二）选题论证的方式

与前一程序编辑个人的策划选题不同，这一程序的选题论证是集体行为，必须有组织、有秩序地开展。选题论证的基本方式有以下四种。

1. 召开选题论证会议

召开选题论证会议是选题论证最主要的方式。一般又有以下两个层次的选题论证会议。

（1）编辑室（编辑部）的选题论证会议。由编辑室（编辑部）主任主持。先由策划选题的编辑人员提交其草拟的选题策划方案（或者是已填好的选题申报表），向与会者做书面报告，报告选题的基本情况，着重说明编辑出版意图、与同类图书相比具有什么特色、对可能获得的社会效益和经济效益的估计、完成该选题的有利条件和可能遇到的困难等。待所有编辑人员报告完毕后，全体与会人员逐一对各个选题进行讨论，或质疑，或诘难。然后，民主表决应该保留哪些选题。接着，对保留下来的选题进行优化，或补充，或完善。最后，由编辑室（编辑部）主任整理成编辑室（编辑部）的选题计划初稿。

（2）全社的选题论证会议。总编室把各个编辑室（编辑部）的选题计划初稿汇总后，提交社领导，由社领导（社长或总编辑）主持召开全社的选题论证会议。先由各个编辑室（编辑部）主任对其选题计划初稿做书面报告。后由全体与会人员讨论。最后经由民主表决，形成全社的选题计划初稿。

不言而喻，选题论证要充分发扬民主。然而，民主的是否就是科学的呢？有来自出版一线的编辑认为："民主的选题论证，不等于科学的选题论证。"他以充分的事实论述了这一观点，并一针见血地指出："这种选题论证方法①导致了编辑不是更多地、更投入地、更集中精力地进行市场调查、分析，从而更有创造性地策划出高质量的选题，而是更多地关注选题会上大家会说什么，怎样才适合大家的口味，怎么'取悦'同事而不是'取悦'读者。因此我个人认为这种不科学、粗放性的选题论证方法把编辑策划选题的关注点转移了，从而影响了选题策划水平的提高。"②

这位编辑的论述确实值得我们深思。历史告诉我们，真理有时恰恰掌握在少数人手中，甚至只掌握在一个人手里。在中外出版史上，有不少畅销书、名著乃至经典在选题论证时被多数人否定，或者被多家甚至十几家出版社拒之门外。《中华读书报》曾以《好书曾经无人喝彩》为题梳理了新中国图书出版史上一批开始不被编辑出版人认可但最终出版后却风靡全国的好书，如《烈火金钢》《走过西藏》与《尘埃落定》等。③

---

① 指流行于我国出版界的那种从下到上召开论证会议、层层把关、年终集中制定选题计划的选题论证的程序与方式。

② 封延阳：《完善编辑体制和选题论证制度 做好选题策划工作》，载《科技与出版》，1999（2）。

③ 参见严平、黄伊、舒晋瑜：《好书曾经无人喝彩》，载《中华读书报》，2002-02-27。

案例 4—1

长江出版传媒集团总编辑周百义回忆当初在长江文艺出版社做编辑时说："二月河的稿子《雍正皇帝》第一卷《九王夺嫡》寄到后，我就在社里申报当年的选题。第一次社里编辑部主任一级论证没通过。原因是当时中央电视台已经播了一部叫《雍正皇帝》的电视剧，小说也已经出版了①。大家认为再出就有些重复。我当时还是一个普通的助理编辑，选题论证会之类的事儿没有我的份儿。我一听部主任传达的意见，就慌了，急忙找到总编辑田中全，他说看了稿子再定。我在忐忑不安中等待，过了很长时间，结果大出所料。总编辑田中全看了书稿后在审读意见中写道：难得的历史小说佳作。"② 假设没有这位总编辑的个人眼力与决断力，不知是否还会有如今的周百义与如今的长江文艺出版社？这样的事例显然不是个别的。

《雍正皇帝》

（长江文艺出版社版）书影

请记住：如果所有的人都反对你，那就说明你百分之百错误，或者百分之百正确。德国专家也认为："一般来说，一个专业化的、有很高业务水平的委员会通过深入的讨论，最后都能达成共识，但实践中也有很多例外情况发生。在这种情况下我们既不能简单地以多数的原则来确定一部书稿的质量，也不能以抽象的数据来反驳出版商人的灵感。"③

接力出版社从 2001 年起实行三级两次选题论证制。第一级是指编辑个人。编辑在了解市场的基础上，掌握读者需求，调动相关数据进行分析，对书的预计销量、利润、价位、包装、宣传、风险等进行评估。第二级是指部门。即编辑部或国际合作部对选题的上述内容进行论证。第三级是指社里的选题论证小组。该小组由市场总监主持，由发行部门、推广调研部门、出版部门、财务部门、项目主管联合对选题进行最后论证。两次论证中的第一次，是指在与作者或版权代理人签约之前进行的论证，对选题的可行性进行论证，第二次论证是指在首次开印之前进行的论证，是对市场实际操作进行论证。三级两次选题论证制卡死了平庸化、一般化的选题，使其不能进入生产流程和销售流程，进入论证的选题的成活率只有 6%。④ 与通行的选题论证方式相比，三级两次选题论证制的特点有二：一是选题权下放，编辑部或国际合作部拥有更大的选题自主权；二是选题论证与印数（市场效益）、市场营销直接挂钩。比较而言，第二级的部门论证决定是否出版，第三级的社里选题小组论证决定印刷多少以及怎样发行推广。

---

① 1988 年 3 月，农村读物出版社出版计红绪与王云高的《雍正皇帝》。1990 年 10 月，由时代文艺出版社出新版。

② 周百义：《二月河怎样流进"长江"》，载《编辑学刊》，2008 (4)。

③ ［德］汉斯·赫尔穆特·勒林：《现代图书出版导论》，200 页，北京，商务印书馆，1998。

④ 参见白冰：《选题创新的三个原则》，见中国出版集团公司出版业务部编：《图书选题创新讲演录》，14～16 页，北京，中国大百科全书出版社，2007。

2. 提请专家学者鉴定

《富爸爸　穷爸爸》书影

聘请专家学者审阅稿件是选题论证的另一种常用方式。遗憾的是，这种方式也常有失效之时。比较而言，对学术性、政策性强的稿件，专家学者的审阅意见一般是正确的。但是，对通俗性、普及性的稿件，专家学者的审读意见经常不具有权威性，甚至是错误的。例如，北京世界图书出版公司想引进《富爸爸　穷爸爸》，但拿不定主意，就先用三四个月时间做市场调查，先请中国人民大学、清华大学的教授审读原书，得到的反应平平；又请政府机关官员、公司管理人员阅读该书，他们一致评价该书非常好，积极建议出版，认为这必将在中国掀起理财“革命”。幸运的是，北京世界图书出版公司没有只听取专家学者的意见。就算是对学术性、专业性的稿件，专家学者的意见有时也不可取，如阿尔伯特·爱因斯坦（1879—1955）的狭义相对论起初被众多科学家否定。

3. 采用量化评估方法

可以借鉴模糊数学的方法来论证选题，使选题论证建立在量化、科学的基础上。其步骤是：第一步，将选题的价值、可行性和预期效益等逐一分解成量化的指标，用这些指标来评价选题的优劣。对不能量化的指标，可按优、良、中、差、劣来评定等级。第二步，把各种指标合成，将每一种指标乘以不同的权重（可根据出版社的性质、任务和实施选题的目标来确定），从而对选题作出总的评价。① 笔者运用量化分析的方法，从图书选题本身的价值、书中精神文化内涵的价值、图书内在形式的价值三个方面，构建了一种可以操作的图书出版内容创新的量化评估方法。这种方法也可以应用在图书选题论证、书稿审读、图书质量评价之中。②

4. 运用专业软件辅助论证

在大数据时代，可以利用有关的出版专业软件和出版大数据来辅助进行选题论证，以进一步增强其客观性。码字工坊软件即是一款获取与分析出版行业大数据的智能化的选题策划工具。中国妇女出版社在利用大数据开展选题论证和宣传推广等方面作出了卓有成效的探索③。

二、选题决策，形成选题计划

（一）选题决策的含义与直接目的

选题决策，就是出版社的社长或总编辑在选题论证的基础上对选题的把关、定夺和进一步

① 参见姜朋：《图书选题的模糊综合评判》，载《东北财经大学学报》，2003（1）。

② 参见易图强：《图书出版内容创新的量化评估方法》，载《出版发行研究》，2014（9）。

③ 郭燕芝：《这家出版社用大数据为图书定制营销方案》，见 http：//www.jinciwei.cn/l800335.html，2019－03－04。

优化。选题决策是一种宏观、全局的行为，而选题论证基本上是一种微观、局部的行为。鉴于此，与其把选题论证视为选题决策的范畴，还不如把它看做是选题决策之前的一道必经程序。

选题决策的直接目的是制订科学的选题计划。在我国出版界，“选题计划”已成为具有特定含义的习惯用语，是指经过论证、决策及审批后可以付诸实施的各种选题的集合体，是出版社在一定时期（一般为一年）图书出版的总体规划。制订选题计划是出版法人的权利行为，是出版社共同意志的体现。

选题决策是出版社最重要的决策。选题决策出错，出版工作将一错再错。选题决策的水平直接决定了选题计划的水平。诚如美国出版家贝利所说：“如果这个决策在编辑和商业意义上都是最佳的，其他一些决策将无关紧要；如果这个决策很糟糕，最佳的设计、高效率的生产和强有力的推销工作可能还是不足以挽救计划的失败。”①

（二）选题决策的内容

选题决策的内容有以下三项。

1. 把关

把什么关？主要是把选题的政治关。这是由我国出版工作的意识形态性决定的。“选题决策中的政治把关绝不是只对照几项原则式的条条，喊喊空洞的口号，而在实际上有着相当大的把握难度。其艰难在于：一是涉及面广，二是有一定的弹性……选题决策在政治把关上的具体化，是一个很大很难的课题。必须以强烈的社会责任心和高度的政治责任感，严肃、细致、认真地作出决策。同时，还要严格区分政治问题和学术问题、立场问题和认识问题。”②

身为决策者，社长与总编辑必须把这项工作做精做细。某社曾经引进出版的儿童科普读物“恐龙”系列很受国内读者欢迎，但其第六册误把原版中分裂中国领土的地图也引进过来，造成不良影响，这是工作做得不细之故。

2. 定夺

定夺什么？对选题的取与舍作出定夺。社长与总编辑对选题的取与舍显然应该站在全社以至全省、全国的高度来进行，经其取舍之后，出版社的选题计划应该具有三个优点：选题结构合理、“双效并举”、特色鲜明。

选题结构，是指选题计划中所列各个选题之间的内在联系，包含五种类型：（1）板块结构。教育出版、专业出版、大众出版三类选题各自所占的比重。（2）读者结构。面向青少年、专业研究人员、普通民众等不同目标读者的选题各自所占的比重。（3）层次结构。重点选题与一般选题各自所占的比重。（4）版本结构。新书选题与重印再版选题各自所占的比重。（5）效益结构。赚钱书选题（畅销书选题）、保本书选题、亏损书选题各自所占的比重。

科学、合理的选题结构自然是比例协调、有机统一的。复旦大学出版社的选题结构号称“721”工程（教材占70%，学术著作占20%，社会文化读物占10%）。

“双效并举”，是指同时兼顾社会效益和经济效益。要使每个选题都“双效并举”，是不可

① ［美］小赫尔伯特·S·贝利：《图书出版的艺术与科学》，63页，武汉，武汉大学出版社，1987。
② 赵航：《选题论》，203～204页。

能的。“可以从总量均衡上找到每一个选题决策的‘平衡点’，这就是决策的原理与艺术。”①找平衡点的一般做法是：以书养书（详见第五章的有关论述）。

好的选题计划肯定是特色鲜明。选题计划的特色主要通过重点选题反映出来。重点选题，代表着出版社的出书方向和出书水平，是形成自己的风格，扩大自己的影响，树立自己的形象的“名牌产品”“拳头产品”。图书市场屡次证明，特色鲜明是出版社在竞争中立于不败之地的不二法宝。取什么选题，舍什么选题，必须紧紧围绕特色做文章。

3. 优化

这里的优化，是指对各个编辑室（编辑部）提交的选题做进一步的完善。此时的优化不同于选题论证阶段的优化，那时的优化是对选题的个体优化，而此时的优化是对选题的整体优化。整体优化的目的是使选题计划能够产生系统效应。有的选题孤立地看是可取的，但置于整体之中就显得不协调了，这样的选题不宜列入选题计划。反过来，有的选题孤立地看很平常，但放入整体之中就显出耀眼光彩，这样的选题可以列入选题计划。

案例 4—2

上海文艺出版社于 1979 年 5 月出版了《重放的鲜花》一书，它汇集了王蒙、刘宾雁（1925—2005）、刘绍棠（1936—1997）与陆文夫（1928—2005）等作家 20 多年前的一些作品。也就是说，它是一本早已发表的文章的结集，表面上看没什么价值。然而，如果了解到这些作品在 20 多年前被定为“反党反社会主义”的“罪证”，再考虑到改革开放之初需要出版一批冲破思想禁区、深化真理标准问题讨论的读物，那么，这个选题的价值就显示出来了。该书初版印刷 10 万册，至当年 11 月第 2 次印刷时即达到 20 万册。

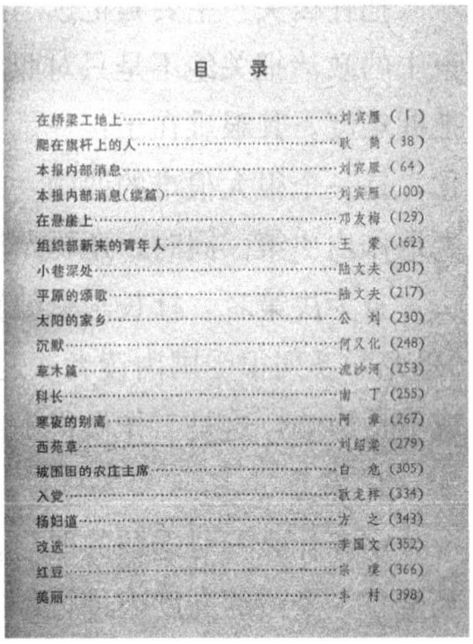
目 录

《重放的鲜花》目录页

选题决策的程序是先民主，后集中。较之选题论证的自下而上的行为，选题决策是一种由上而下的行为，表现为具有最高职权者的“拍板”。但“拍板”不是“独裁”。“拍板”之前，应该集思广益。集思广益的方式是召开选题决策会议。如上文所述，经过全社的选题论证会议之后，已经形成了全社的选题计划初稿。在此基础上，由社长或总编辑主持召开选题决策会议，进一步讨论全社的选题计划初稿。社长或总编辑充分听取与会人员的意见，作出最后决定，形成全社的选题计划定稿。最高决策者不能凭一时的冲动、个人的好恶来“拍板”，但行使个人的裁定权又是很有必要的，必须把握好“度”。

① 赵航：《选题论》，201 页。

（三）选题决策者既要谨慎又要敢于冒险

鉴于出版产业的高风险，选题决策者自然应该谨慎从事，但有时需要敢于冒险，需要勇于承担风险。冒什么险？主要是经济风险。具有重大创新价值的选题、具有不可替代性的选题、具有重要文献价值与文化积累价值的选题，值得高投入。如果操作得当，高投入的选题也会得到回报。

除了冒经济风险，有时还值得冒其他风险。理由有两个：（1）有的政策法规本身不完善，出版也应该用够用足政策。例如，《出版管理条例》第二十六条规定：“以未成年人为对象的出版物不得含有诱发未成年人模仿违反社会公德的行为和违法犯罪的行为的内容，不得含有恐怖、残酷等妨害未成年人身心健康的内容。”对于这条规定，有人可能这样理解：以成年人为对象的出版物可以含有恐怖、残酷等内容。不管怎样理解，一个不容置疑的事实是，恐怖题材读物在我国热起来了，最著名的有“鸡皮疙瘩系列”、“鬼吹灯”系列和“盗墓笔记”系列。（2）政策法规本身也需要与时俱进，这在历史转折关头更为突出。

案例 4—3

中国青年出版社于1979年7月出版《第二次握手》。该书曾以手抄本的形式秘密传阅。手抄本被“四人帮”定性为“反动小说”，理由是“这本书的中心思想是宣扬资产阶级恋爱观——爱情至上，鼓吹资本主义国家科学先进，散布崇洋媚外的洋奴思想，鼓吹个人奋斗、成名成家的资产阶级白专道路。它欺骗性很大，流毒甚广”。因而作者张扬被打成“反革命分子”。改革开放之初，“左”倾阴魂未散，编辑出版人冒着坐牢的极大危险，为作者的平反奔走呼号，终于使作者出狱并走向文坛，终于使一本好书公开出版发行。①

《第二次握手》书影

在历史转折关头，选题策划人、编辑出版人应该站在时代潮流的浪尖上，为进步势力助威，为新生事物鸣锣开道，为真理而呐喊。身处浪尖，自然有风险。可是，这样的风险难道不值得冒一下吗？作为选题决策者，社长或总编辑必须具有敏锐的政治洞察力，能识时务、识大局，必须具有承担政治风险的心理承受力，还要有化解政治风险的智慧。

---

① 参见顾志诚：《我与长篇小说〈第二次握手〉的故事》，见 http：//www.aidisheng.net/mrhs/ms478_5.html，2009-11-30。

第三节　选题策划的后期工作

一、上报审批选题

经过选题论证与选题决策后，全社的选题计划形成了。但是，这个选题计划还须上报本省、直辖市、自治区上级出版行政主管机关，待其审批通过之后，方能付诸实施。这是中国特色出版业的重大体现。

某些“重大选题”，不但要上报本省、直辖市、自治区上级出版行政主管机关审核，还要上报国家出版行政管理部门“备案”。“重大选题”，是指涉及国家安全、社会安定等方面的内容，对国家的政治、经济、文化、军事等会产生较大影响的选题。根据原新闻出版署 1997 年 10 月 10 日颁布的《图书、期刊、音像制品、电子出版物重大选题备案办法》的规定，“重大选题”有 15 种：

（一）有关党和国家的重要文件、文献选题；

（二）有关党和国家曾任和现任主要领导人的著作、文章以及有关其生活和工作情况的选题；

（三）涉及党和国家秘密的选题；

（四）集中介绍政府机构设置和党政领导干部情况的选题；

（五）涉及民族问题和宗教问题的选题；

（六）涉及我国国防建设及我军各个历史时期的战役、战斗、工作、生活和重要人物的选题；

（七）涉及“文化大革命”的选题；

（八）涉及中共党史上的重大历史事件和重要历史人物的选题；

（九）涉及国民党上层人物和其他上层统战对象的选题；

（十）涉及前苏联、东欧以及其他兄弟党和国家重大事件和主要领导人的选题；

（十一）涉及中国国界的各类地图选题；

（十二）涉及香港特别行政区和澳门、台湾地区图书的选题；

（十三）大型古籍白话今译的选题（指 500 万字以及 500 万字以上的项目）；

（十四）引进版动画读物的选题；

（十五）以单位名称、通讯地址等为内容的各类“名录”的选题。

需要注意的是，《图书、期刊、音像制品、电子出版物重大选题备案办法》中的“备案”原来叫“专项报批”，后来改为“备案”，但实质未变，还是要审批，还是要等国家出版行政管理部门批准了，出版社才能实施选题。此“备案”并非意味着让国家出版行政管理部门知道、存档就行了。

二、实施选题

出版社上报的选题计划和“重大选题”得到审批通过之后，就可以正式付诸实施了。

在实施选题的时候，应特别注意图书策划是全程策划，图书出版是系统工程。选题的策划者、决策者应积极介入选题的具体运作之中，不断检查，不断总结，不断督促，将选题策划方案、选题计划落到实处。否则，最周全的方案、计划也会在实施过程中变形、走样，因而使其最终效果打折扣。

在实施选题策划方案和选题计划的时候，可以根据具体情况的变化，适当地做出调整与修订。尤其是一些大型的丛书与系列书选题，在实施过程中对具体选题做些调整是完全必要的。好比良医治病，病变则药也变。图书市场是动态的，决策可不能是静态的。对选题的调整与修订，无非三种情况：(1) 撤销计划中原有的选题；(2) 增补新的选题列入计划；(3) 修改计划中原有的选题，如修改内容，推迟出版时间。20 世纪 80 年代初，上海文艺出版社为适应戏剧研究者的需要，策划出版一套名为《中国古典戏剧选》的图书，后来吸取文学界、戏剧界和美学界的意见，将其修改为《中国十大古典悲剧集》《中国十大古典喜剧集》和《中国十大古典悲喜剧集》，出版后广受好评。这套书通过调整选题思路，既实现了原来的出版宗旨，又增强了学术性和经典性。

要强调的是，对方案、计划的调整与修订应该是局部的，否则，还要方案、计划做什么呢？另外，调整方案、修订计划时，也要按制订方案、计划的程序来进行，不能轻率行事。对选题计划的调整，出版社大多一个季度进行一次。

【基本概念】

选题论证　选题决策　选题计划　选题结构　“重大选题”

【思考题】

1. 选题论证与选题决策有何区别？

2. 有编辑认为：“民主的选题论证，不等于科学的选题论证。”你同意这种说法吗？为什么？请举例说明。

3. 什么样的选题计划才是科学的选题计划？

4. “重大选题”有哪些？

第五章

选题战略策划

何谓选题战略策划？为什么要开展选题战略策划？出版社选题战略策划的内容有哪些？出版社如何开展选题战略策划？本章试图解决这些问题。

第一节　选题战略策划的含义与重要性

一、选题战略策划的含义

第一章提到，广义的选题策划有三个依次递进的层次：策划具体选题、优化选题计划和选题战略策划。选题战略策划是指有关人员（如社长、总编辑、出版集团总裁董事长与总经理、地方和国家出版行政管理部门的领导）从宏观的角度，对未来相当长时期（五年以上）一社、一省市（区）、一国在选题工作方面的总体构想，包括市场定位、业务结构、商业模式、发展思路和经营理念等方面的方向性、全局性、长远性的规划与设想。1998 年 5 月，原广东省新闻出版局颁发了《关于实施精品战略的若干意见》，提出了广东省出版业实施精品战略的“三大战役”：深入挖掘广东作为中国近代史策源地的丰厚的历史和人文资源；认真总结和宣传改革开放先行一步的广东人民坚持实践邓小平理论而取得的新成就、新经验以及在实践中产生的新事物、新观念；充分利用毗邻港澳地区的优势，大力推介当今世界科学潮流和高新技术，积极引进人类文明新成果。这是一省开展选题战略策划的表现。下面，我们将针对出版社探讨选题战略策划。

隶属于解放军总后勤部的金盾出版社成立于 1983 年，成立的初衷是出版军事后勤图书。在改革开放的大潮中，该社认真分析了读者和市场情况，及时将出版战略方向调整为：以部队基层和广大乡村为主要市场，以实用科技包括种植园艺、畜牧养殖、食品烹饪等图书为主要出书范围，以中等文化水平读者为主要对象，以服务经济建设、美化人民生活为主要目标。实践证明，这样的选题战略策划十分正确。到 1993 年成立 10 周年时，共出书 666 种，总印数达 10 353 万册，平均每种发行约 15.5 万册，其中 14 种均累计发行超过 100 万册。[①] 到 2003 年成立 20 周年时，先后出版新书 3 870 多种，仍在市场销售的2 600余种；平均每种重印 3.6 次，

---

① 参见张秀平：《金盾出版社以信为本》，载《新闻出版交流》，1994 (4)。

最多的印刷了40多次，重印率在90%以上；平均每种印发10.1万册，其中，发行20万册以上的有362种，50万册以上的有121种，100万册以上的有70多种，最高的发行1 200多万册。① 例如，《快速养猪法》于1985年6月出版，至2003年重印45次，累计发行425万册；《中国南北名菜谱》于1986年6月出版，至2002年1月第31次印刷时累计120.1万册；《家庭养花300问》于1988年1月出版，到2001年年底累计销售100多万册；《宝宝看图识字》于1989年10月出版，至2003年累计发行466万册。金盾出版社的经验是：想农民之所想，急农民之所急，尽快出版农业生产急需的图书；精选精编，精打细算，努力出版农民"买得起、看得懂、用得上"的图书；不辞辛苦，强化发行，尽快把图书送到农民读者手中；积极参加中央、地方组织的送书下乡活动。②

金盾出版社办公楼

二、开展选题战略策划的重要性

开展选题战略策划的重要性主要表现在三个方面。

(一) 选题战略策划具有统领全局的作用

选题战略策划是最高层次的策划，具有统领全局的作用。只有选题战略策划工作做好了，出版社的发展方向才会明确，发展步骤才会稳健。这样，编辑人员策划具体选题才会心中有数，社领导制订选题计划才会有章可循。遗憾的是，出版社普遍忽视了选题战略策划，有些出版社根本没有开展选题战略策划，有些出版社甚至对选题计划策划也未真正重视，这是造成出

① 参见张延扬：《立足基层读者走特色发展之路——金盾出版社建社20周年回顾与展望》，载《出版发行研究》，2003 (11)。

② 参见刘新明：《"金盾"模式 实话实说》，载《中国出版》，1999 (1)。

版无序的重要原因。中国人民大学出版社设置“战略发展部”，重视选题战略策划，难能可贵。

俗语说：“善弈者谋势，不善弈者谋子。”这是讲下棋的道理。如果说对具体选题和选题计划的策划是谋“子”，那么，对选题战略的策划就是谋“势”。有没有一个科学的选题战略，在很大程度上决定着一家出版社、一个地区、一个国家的出版业的发展方向与总体质量。

（二）选题战略策划具有建立出版品牌和树立良好形象的作用

策划出版一两本好书不难，但策划出版一大批好书很难。图书产品的集中度提高了，才能形成规模，形成特色，形成市场冲击力，形成品牌。要想推出一大批好书，肯定不能像打游击战一样东放一枪西打一炮，必须像打攻坚战、阵地战一样看准目标，集中火力；也不能单兵作战，必须联合作战；还不能速战速决，必须持久“抗战”。选题战略策划的目的就在于催生一大批好书，就是为了打出版攻坚战、阵地战和持久战服务的。

具体的选题策划再高超，作用的范围总是有限，因为一个好选题只能出一本好书。而高超的选题战略策划，就有可能产生一大批好书。一大批好书的涌现，对出版品牌和良好形象的确立起着关键作用。春风文艺出版社从 1993 年出版第一部都市言情长篇小说起，十几年坚持下来，终成中国文学图书第一品牌“布老虎丛书”；湖南科学技术出版社出版《时间简史》后长期坚持引进推出高端科普读物，终有科普图书第一品牌“第一推动丛书”。商务印书馆的“汉译世界学术名著丛书”、海天出版社的《花季・雨季》系列、中华书局的点校本“二十四史”等品牌图书也莫不得益于出版社重视选题战略策划。

（三）重视选题战略策划是出版社保持可持续发展的需要

出版社出书，应该做到有序化、系列化，不能没有章法地东一本、西一本，零打碎敲成不了大气候。选题战略策划绝对不是有什么就吃什么，而是想吃什么就有什么。

案例 5—1

20 世纪 60 年代初，徐柏容在主持百花文艺出版社编辑工作时，创造性地把散文出版与长篇小说出版一同作为选题重点。散文出版这个选题方向数十年坚持至今，终于发展成为“百花散文书系”，包括古代部分、现代部分、当代部分三个子系列。2000 年，该社又进一步推出“世界经典散文新编”（12 卷）、“世界散文名著丛书”（8 册）。百花版散文气势恢弘，影响巨大，有口皆碑，以至出现“读散文，找百花”的谚语。正是徐柏容及其继任者正确的选题战略策划推动了百花文艺出版社数十年的稳步发展。

“百花散文书系”（当代部分）书影

从事选题策划，不仅要满足市场，而且要创造市场。对选题战略策划而言，后者更为重要。美国营销学权威菲利普・科特勒说：“市场营销中最成功的公司是能够超过满足现有顾客需要的公司。……优秀的公司是满足需要，而伟大的公司是创造市场……一种公司是提供模仿产品的公司，另一种公司是创造市场上尚未想象到的新产品和服务价值的公司，这二者之间是有巨大差异的。”① 出版社开展选题战略策划的目的就是为了做一个伟大的出版社而不仅仅是做一个优秀的出版社。一个伟大的出版社，必定是一个保持可持续发展的出版社。要想保持可持续发展，就不得不高度重视选题战略策划。

第二节 出版社选题战略策划的内容

出版社选题战略策划的内容主要有三点。

一、出版社的整体定位

整体定位是选题战略策划要解决的核心内容。各个出版单位策划的选题最终要推向市场与读者见面，都要接受市场竞争的考验。任何出版社都无力吞吃整个市场，必须解决好市场定位的问题。市场定位的过程实际上是差别化的过程，就是寻找差别、识别差别和显示差别。就出版业来说，市场定位包括出版社的整体定位和每本书的市场定位两个层次，前者对选题战略策划具有特别重要的意义，因为每本书的市场定位必然受出版社整体定位的制约。

出版社的整体定位实质上就是如何形成自己鲜明的特色，如何让读者明确知道你与别的出版社的不同之处。整体定位的内容包括实力定位、业务定位和目标定位。实力定位是指客观、准确地认识和评价自己的整体实力、在出版界的地位。为此，要清醒地分析自己的历史与现状、取得的成绩与存在的问题、各种资源的状况、本社图书的影响力等因素。业务定位包括本社的专业发展方向、出版规模和业务重点等。在这方面，必须有所不为，以形成本社在某些学科、某些领域的优势地位、领先地位。目标定位包括短期目标定位和长远目标定位、纵向发展目标定位和横向竞争目标定位。对选题战略策划来说，要特别重视长远目标定位和横向竞争目标定位。

1958年，百花文艺出版社成立。按照主管部门的规定，出书范围与其他文艺出版社并无不同，也是小说、散文、诗歌、文艺理论无所不出，古今中外文艺方面的选题无所不包。一句话，按照政策的规定，百花文艺出版社也是一家综合性的文艺出版社。如何形成自己的特色、风格？当时负责该社编辑工作的徐柏容先生提出，把散文作为编辑出版的重点。他后来回忆说，当年提出以散文为重点，理由有四个：(1) 一家出版社有自己的个性、特色，才会有蓬勃的生命力。(2) 当时各文艺出版社和出文艺书的出版社对散文都不重视，新成立的百花文艺出版社何不避实就虚，出奇兵以散文为重点来创立自己的个性、特色？(3) 散文本来就是中国几千年来的一种主要文体，历史悠久、基础雄厚。当时对散文和散文出版的忽视，是不正常的，是暂时的。百花文艺出版社以散文出版为重点，会受到读者欢迎的，还会对我国散文复兴起推

---

① [美] 菲利普·科特勒：《营销管理》，原著第8版序言，上海，上海人民出版社，1997。

动作用。（4）从主观条件说，百花文艺出版社有散文编辑的力量，而且已经掌握了郭沫若（1892—1978）、叶圣陶（1894—1988）与冰心（1900—1999）等人的散文书稿，也具备了出版散文书的装帧、印制力量。[①]

然而，习惯势力根深蒂固，小说尤其是长篇小说是重武器，而散文不过是轻武器的成见破除不易，何况受当时意识形态的影响，散文被认为是与小资产阶级情绪相关联的一种文体，所以，徐柏容的意见一时并未获得共识。几年之后，才总算争取到散文与小说（特别是长篇小说）一同作为选题重点。到 1966 年"文化大革命"爆发前，百花文艺出版社编辑出版散文的个性、特色已经深入人心了。20 世纪 70 年代末，不少读者纷纷去信，要求恢复在"文化大革命"中被中断的百花文艺出版社。有的说，就算为了繁荣散文，也应该赶快恢复百花文艺出版社；有的说，仅仅为了小开本的散文[②]的继续出版，也应该快点复建百花文艺出版社。[③] 而在小说尤其是长篇小说的编辑出版上虽下工夫不少，但远没有达到这样的效果。

徐柏容先生当年为百花文艺出版社的整体定位而付出的努力[④]，对今天出版社的选题战略策划起码有四点启示：（1）市场定位实际上就是确立个性、特色；（2）市场定位必须要有前瞻性；（3）长远选题目标贵在坚持不懈；（4）选题战略策划者也就是出版社老总，必须知己知彼，必须博古通今，必须有深厚的历史素养和正确的预见能力。

二、确立科学的选题结构、业务结构

选题结构是指各种类型的选题之间的比例关系。制订年度选题计划应该考虑五种选题结构（见第四章第二节中的有关内容）。而对选题战略策划来说，社长或总编辑所应考虑的选题结构主要是指特色选题与一般选题、主业选题与辅助选题之间的比例关系。符合出版社整体定位、能形成个性和培育品牌的选题，是特色选题、主业选题。与出版社整体定位关系不很密切，但能够起到配合、扶持作用的选题，就是一般选题、辅助选题。特色选题、主业选题要凸显、强化，一般选题、辅助选题也绝对不能轻视。特色选题、主业选题是红花，一般选题、辅助选题是绿叶，红花还要绿叶配。

案例 5—2

1999 年初，聂震宁调任人民文学出版社社长。当时人民文学出版社的发行码洋是 6 280 万元，到 2002 年年底，就达到 3 亿元。短时间内为何取得如此大的发展？一个重要

---

① 参见徐柏容：《编辑创意论》，151～153 页。

② 指该社出版的 690mm×960mm 1/32 开本的"散文丛书"。这种开本是徐柏容专门为这套丛书设计的一种新开本。

③ 这些读者来信刊载于 1980 年的《百花简报》。

④ 20 世纪 80 年代中期，徐柏容提出"总体编辑构思"，90 年代又提出"宏观编辑创意"，但这方面的实践早在 20 世纪 50 年代末就已经开始了，当时称之为"编辑计划纲要"。他当年制定的"编辑计划纲要"不是我们今天通常所说的为期一年的"选题计划"，而是相当于选题战略策划报告。

聂震宁　像
（出自新华网新闻会客厅）

原因是战略发展思路正确，选题结构科学合理。聂震宁主持制定的发展思路是："挺拔主业，优化结构，强化品牌，丰富品种，加大市场的覆盖面。"人民文学出版社的主业自然是文学选题，文学选题就是它的专业定位，即使是在市场经济条件下仍然要突出它。聂震宁为此拟定了两条口号：一条是"新中国的文学出版事业从这里开始"，强调该社在文学出版方面要有历史责任感和文化责任感；另一条是"筑成我们的文学家园"，强调文学爱好者在人民文学出版社都能找到宾至如归的感受。① 人民文学出版社当然应该在文学的积累与创新方面推出品牌。挺拔文学出版，强化文学品牌，是形成特色、个性，履行编辑出版人文化责任的必然选择。另一方面，扩大品种数量，提高市场占有率，是应对图书市场竞争，求生存求发展的必由之路。总之，人民文学出版社在主业选题与辅助选题、特色选题与一般选题、畅销选题与保本亏损选题之间达到了综合平衡，选题的结构是科学合理的。

确立科学的选题结构是社长或总编辑义不容辞的职责。经过他们的精心策划，出版社的长远选题规划应该产生系统效应，达到 1＋1＞2 的效果。"总编辑的策划是一种结构性的策划，调整结构的策划是总编辑选题策划的基本思路。"② 总编辑或社长必须统筹兼顾，不能"挂万漏一"，更不能"挂一漏万"，而要对全局了然于胸。

在各种媒体日益互动、不断融合的今天，出版单位的经营管理者还要考虑不同媒体之间的业务结构，也就是选题在纸质出版、音像出版、电子出版、网络出版之间如何分配比重。出版社在巩固纸质出版的同时，应该逐步加大其他媒体出版形态的比重，以应对新媒体的挑战，以开辟新的经济增长点。有条件的出版企业把新媒体出版作为重点业务之一也未尝不可。辽宁出版集团从 2000 年开始就花大本钱投资电子书的出版，高等教育出版社、北京大学出版社、电子工业出版社、清华大学出版社、复旦大学出版社、人民邮电出版社、人民教育出版社、北京航空航天大学出版社与山东科学技术出版社等出版社已与北大方正集团结成战略合作伙伴，共同推动网络出版。

三、倾力打造标志性出版工程和标志性出版物

打造标志性出版工程和标志性出版物，是一家出版社发展到一定阶段必须考虑的问题，它是出版社的实力和水准的体现，也是形成本社品牌和形象的必经之路。上海科学技术出版社已故副总编辑俞克忠（1918—1990）说："我社策划的大型精品图书或标志性工程的总体质量要

---

① 参见聂震宁、谢迪南：《文化：出版的本质，出版企业的终极目标》，载《中国图书商报》，2007－04－17。
② 王建辉、李凤英：《选题总策划：总编辑的一个主要职责》，载《中国出版》，1996（12）。

达到这个水平：使得别的出版社在若干年内觉得没有必要和羞于出同一层次、同一选题的书。”①

历时20年编辑出版的《中国通史》是上海人民出版社的标志性出版工程和标志性出版物，“走向世界丛书”既是岳麓书社也是湖南出版界的标志性出版物，“汉译世界学术名著丛书”是商务印书馆的标志性出版物，等等。

“走向世界丛书”（1986年合订本）书影

标志性出版工程和标志性出版物的打造是煞费苦心的事，起码取决于两点：（1）出版人员的文化追求。出版决策者应当有着眼于全局、长远的“咬定青山不放松”“任尔东南西北风”的韧性追求，编辑人员应当耐得住“板凳要坐十年冷”的清苦；（2）出版人员的平常心态。“做标志性出版物一定要秉持大处着眼小处着手的平常心态，一开始就惊天动地、好大喜功，往往会事与愿违，而精耕细作、小心培育、逐渐扩大，一以贯之，坚持数年下来则不失为名山事业。”②

第三节　出版社开展选题战略策划的法则

出版社开展选题战略策划的法则有四条。

一、切实将选题策划工作作为系统工程来做

系统论要求我们在分析问题和解决问题的时候，应该综合考察事物的整体和各个部分的属性、功能，在变动中调节整体与部分之间的关系，选择各个部分的最佳结合方式，从而达到整体上的最佳目标，如最佳的经济效果与最佳的工作效率等。系统论在图书选题策划中起着协调的作用，协调图书出版的各个环节之间、各种类型选题之间、出版社与市场之间、本社与其他出版社之间以至本社与国际出版业之间的关系。

制约图书选题策划的因素很多。既有主观的因素（选题策划人自身的因素），又有客观的因素（外部环境的因素）；既有微观的因素（出版社自身的因素），又有宏观的因素（本地区以至全国出版社的因素）；既有国内因素，又有国际因素；既有自然因素（如读者所处的地域，读者的年龄、性别、职业等），又有社会的因素（如经济发展程度、文化发展水平、政治与意识形态的特点、法律尤其是知识产权与著作权法的规定等）。这么多的制约因素相互联系，不可分割。从事选题策划特别是选题战略策划，必须综合考察诸多因素，统筹兼顾，追求整体效

① 转引自宋连生：《图书选题策划学》，46页。

② 景琳：《对几种出版理念的重新厘定》，载《出版发行研究》，2000（11）。

果，实现系统效应。选题战略策划本来就是一种宏观性、全局性的策划活动，更应该遵循系统论。出版社领导在规划本社未来发展战略的时候，不仅要考虑本社的情况，更要考虑其他出版社的情况，还要考虑国家出版业发展的长远规划，甚至要考虑国际出版业的发展趋势。

赵爔先生认为，一个地区、一家出版社在制定选题策划战略的时候，应该做到以下四点。①

1. 着眼长远与大局

要特别注意两个方面的问题：(1) 要充分体现中国特色社会主义事业的整体要求；(2) 要充分体现中国特色社会主义文化建设的基本要求和基本目标。

2. 把握“主体”与“两翼”

所谓“主体”，是指必须毫无例外地“以我们正在做的事情为中心”，也就是以改革开放和现代化建设为中心。具体来说，就是要“着力组织出版研究改革开放和现代化建设的重大理论和实际问题的图书，并以此为主攻方向，尤其要敢于在事关全局发展的重点问题、久攻不下的难点问题、群众关心的热点问题以及尚未被人们重视而又能引发多种事变的冷点问题上下工夫”。所谓“两翼”，是指“紧跟时代发展的脚步”和“立足于传统文化的土壤”。“主体”与“两翼”都是中国特色社会主义文化的本质特征，没有了“主体”，“两翼”就失去了依托；没有了“两翼”，“主体”就丧失了活力。

3. 多在“结合”上下工夫

所谓“结合”，也就是已经确定的战略思想、战略原则与各地区出版业、各出版社的具体实践的结合。如何结合？应该注意四点：(1) 明确目标，找准位置。这个目标应该是外在的需求与内在的潜质的科学的统一，是人民利益、国家利益与本地、本社的理想和追求的高度凝聚。(2) 发展优势，增强基础。要充分利用自身的有利条件，扬长避短，在已有的基础上进一步强化与扩大实力，从“点”发展为“线”，从“线”扩展成“面”，不断地推出自己的主流产品，逐步形成主流效应。(3) 突出重点，抢占高地。也就是要围绕中心，选好主攻方向，集中力量打歼灭战，抢占文化发展的制高点。(4) 最主要的是培育特色，走自己的路。也就是要善于从普遍性中发现特殊性，能够出奇制胜；在共性中突出个性，学习别人而不重复别人。有没有自己的特色，是选题策划战略目标、战略优势、战略重点是否正确的集中表现，也是一家出版社是否成熟、一个地区出版业实力水平高低的综合标志。

4. 勇于创新

上述言论符合系统论精神，是选题战略策划必须遵循的原则。

二、必须处理好精神产品生产中的诸多重大关系

贯彻系统论，必须处理好精神产品生产中的各种重大关系，例如，多元化经营与专业化经营的关系、引进与输出的关系、继承优秀传统与创新发展的关系等，这里只介绍以下两个方面

① 参见赵爔：《树立强烈的跨世纪意识——关于选题策划战略的一些思考》，载《编辑之友》，1999 (2)。他所讲的“选题策划战略”与笔者所说的“选题战略策划”，视角有别，内涵一致。

的关系。

(一) 朱建纲先生对六个基本关系的论述

朱建纲先生撰文论述了选题策划中的六个基本关系：取与舍、大与小、点与面、冷与热、快与慢、新与旧。

1. 关于取与舍

一家出版企业的出版战略在教育出版、大众出版和专业出版之间如何取舍？朱建纲先生认为："教育出版和大众出版应该成为一个区域性出版企业出版的战略方向。"他还一针见血地指出，编辑个人总是把自己的选题视同子女，即便这个孩子在别人看来丑了点，但自己还是越看越喜爱，丑儿也是心头肉。对此，出版企业管理者怎么办？他说："在市场环境下，只有冷静而客观地评价选题，克服编辑的'护犊'心理，下决心砍掉弱势板块和'两不靠'选题，才能集中人力和财力，打造出真正的品牌来。"

2. 关于大与小

朱建纲先生提出："出版规模的大与小，不仅仅考验胆识与智慧，也是图书成败的关键。关键是度的把握，既不能一味贪大，也不能过于谨小慎微。"

3. 关于点与面

朱建纲先生掷地有声地指出："在点与面结合的问题上，强带弱才能形成品牌效应，弱弱联合是无法撼动市场的。""一个板块或者一个品牌有龙头产品支撑的时候，可以带动其他品种的动销；如果没有龙头产品的拉动，一般性产品根本不能产生社会影响和市场效应，多做一个就多赔一个。"

4. 关于冷与热

朱建纲先生既肯定"逐热"，又精辟地指出："站在更高的起点上，追赶市场不如领跑市场。就好像一个优秀的长跑运动员，在一定的距离内跟跑是可以理解的，但他积蓄力量、保存实力的目标还是要做领跑人。""在某一冷门主题将热而未热之时，捕捉它，推动它，并策划优秀的作品来反映这一主题，市场由冷而热，领跑市场的态势便形成了。"

5. 关于快与慢

朱建纲先生形象地说："看似简单的'当快则快，当慢则慢'的道理，要真正做到位、做出效果绝非易事。这就颇有几分打太极拳的味道。动作还是那么几个动作，但高手走拳静如处子，动如脱兔，如行云流水，舒缓有致。"

6. 关于新与旧

朱建纲先生提出，社会热点话题有周期，"编辑们也应该关注一些周期性话题，从而更准确地判断一些选题的将热或将冷，选择进入或者退出"①。

这些观点站得高，看得远，可谓字字珠玑，不仅对微观的、中观的选题策划有切实的指导作用，而且对宏观的选题战略策划也有重大启迪意义。这六个基本关系是选题策划一般规律的题中应有之义，每个选题策划人、编辑出版人特别是出版企业的管理者（选题战略策划者）必

① 朱建纲：《论选题策划的六个基本关系》，载《中国出版》，2007（1）。

须掌握它们、遵循它们。

（二）正确处理出版的社会效益与经济效益的关系

有一个老生常谈但不能不谈的关系：社会效益与经济效益的关系。每个编辑出版人都必须正确处理这个关系，身为出版单位领航人的社长或总编辑更是理所当然地要正确处理这个关系。

1. 出版的社会效益与经济效益的内涵

（1）出版社会效益的内涵。出版的社会效益，是指出版工作（通过出版物）对社会所起的积极的影响与作用，最关键的是有利于社会稳定和有利于社会发展。具体包括以下四种效益：

第一，政治效益。在我国，这是出版最实在的一种社会效益，是指通过出版物宣传中国共产党、国家和政府的方针、路线、政策、法规。我国新闻出版业所追求的社会效益主要体现在意识形态领域，要求在政治上、思想上始终与中共中央保持一致，严格遵循中国共产党和国家的大政方针、治国方略，坚持正确的政治方向和舆论导向。

第二，文化效益。出版必须对文化传播与文化积累起到应有的作用，这是出版最重要也是最崇高的一种社会效益。

第三，宏观经济效益。这是指“通过出版发行活动，促进社会生产力的发展，使出版发行者以外的其他国民经济部门、单位及其成员获得经济上的利益”①。浙江余姚县马渚区农民不懂养兔的技术，幼兔死亡率达到40%以上，严重影响了养兔业的发展。后来，书店人员在该区大力宣传发行《长毛兔》（浙江科学技术出版社1980年出版）一书，结果幼兔死亡率下降到2%，兔毛收购量增加了8倍。② 袁隆平主编的《杂交水稻育种栽培学》（湖南科学技术出版社1988年出版）是学术著作，出版发行单位销售此书的利润十分有限，但它对湖南、中国、世界农业的发展贡献巨大。20世纪80年代末90年代初，我国应用此项技术种植杂交水稻1.64亿亩，比常规品种累计增产粮食1 000亿公斤。③ 这两本书产生了显著的社会效益，这种社会效益显然是通过宏观经济效益体现出来的。

第四，娱乐效益。娱乐需求也是读者的一种本能需求，娱乐化时代读者的娱乐需求更突出。在今天，出版物对消除人们的疲劳、调节情绪、愉悦心理起着越来越大的作用。

（2）出版经济效益的内涵。出版经济效益，是指出版物以商品的形式销售出去后直接为出版发行单位和国家所创造的利润、税收。在理解出版经济效益的时候，必须明确两点：第一，不能把经济效益狭隘地理解为具体的经济数字，它实际上是指投入与产出的比例关系，要求以最小的成本消耗，获取最大的经济报酬。所以说经济效益的内涵是管理。第二，不能把出版经济效益仅仅理解为微观效益，它主要是指宏观效益。“就出版业规划而言，讲经济效益并不是绝对要求每一件产品的微观经济效益，而是追求一种相对的宏观效益，是一种丰歉互补的经济效益。”④

---

① 罗紫初：《出版学原理》，260～261页，武汉，武汉大学出版社，1999。

② 参见上书，261页。

③ 参见周谊：《春风激荡 秀木成林——改革开放30年感受科技出版》，载《科技与出版》，2009（1）。

④ 王建辉：《新出版观的探索》，66页，武汉，华中师范大学出版社，2002。

出版经济效益最集中地体现在畅销书上。销售200多万册的《富爸爸　穷爸爸》一书使北京世界图书出版公司当年的销售码洋从5 000万元上升到1.2亿元。在全球卖出3亿册的“哈利·波特”系列让作者J.K.罗琳由靠政府救济的单身母亲摇身一变为英国最富有者之一。当年17岁的韩寒因出版《三重门》赚了200多万元稿费，印行450万册的《于丹〈论语〉心得》更是使作者和出版发行单位收益不菲。

出版业不光为出版社、作者、出版物销售人员和国家直接创造经济效益，读者还可以通过阅读出版物获得经济信息、科学技术和生产经验，以此指导经济活动，从而间接地为读者、为社会创造经济效益，这种经济效益就是上文所说的宏观经济效益。出版的宏观经济效益往往很难用数字来估量。

2. 正确处理出版的社会效益与经济效益的矛盾

从理论上看，出版物的社会效益与经济效益之间的关系只有以下四种典型的情形：(1) 既具有社会效益，又具有经济效益；(2) 具有社会效益，但没有经济效益；(3) 没有社会效益，但具有经济效益；(4) 既没有社会效益，也没有经济效益。

从实践来看，第一种情形是理想的状态，因为两个效益的关系是统一的、协调的，二者水乳交融、交相辉映，这主要是指优秀畅销书。在这种情形中，出版物的经济效益是实现社会效益的重要条件。也就是说，当出版物的社会效益与经济效益能够统一的时候，卖得越多，赢利越多，对读者对社会产生的积极影响也越大，即社会效益也越显著。选题策划人、编辑出版人苦苦追求的就是社会效益与经济效益都非常显著的出版物，但经常可遇而不可求。第二种情形主要是指学术理论著作（从现实来看，大多数学术理论著作是亏本或保本的）。第三种情形主要是指反动出版物、淫秽出版物、色情出版物。这两种情形常常迷惑、困惑选题策划人、编辑出版人，因为这个时候两个效益的关系是对立的。第四种情形在实践中应该没有，就算有，根本不要去考虑，这样的出版物还有存在的必要吗？这样的稿件还有出版的必要吗？

至此，不难理解，所谓正确处理社会效益与经济效益之间的关系问题，落到实处，落到实践工作中，就是要求选题策划人、编辑出版人正确对待上述第二种情形与第三种情形，换句话说，当社会效益与经济效益产生矛盾的时候，怎么办？无法否认，出版的社会效益与经济效益发生矛盾，是经常出现的客观事实，有道是：“出版工作的矛盾永远都是社会效益与经济效益的矛盾。”① 如此看来，所谓处理社会效益与经济效益的关系实质上就是处理社会效益与经济效益之间的矛盾。

如何处理社会效益与经济效益之间的矛盾？必须遵守《出版管理条例》第四条的规定：“从事出版活动，应当将社会效益放在首位，实现社会效益与经济效益相结合。”② 如果说社会效益与经济效益是一对矛盾，那么矛盾的主要方面是社会效益。在保证了社会效益的前提下，经济效益越大越好（卖得越多，对社会的贡献就越大，如优秀畅销书）；如果没有社会效益，那么经济效益越大就越糟（卖得越多，对社会的危害就越大，如色情书、淫秽书与反动书）。这方面的教训不少。

---

① 王建辉：《新出版观的探索》，49页。

② 社会效益与经济效益“相结合”也经常被表述为“最佳结合”。

在当今市场经济条件下，出版的社会效益与经济效益的关系实际上就是文化与产业的关系。在出版实践中，则体现为文化追求、文化贡献与商业追求、经济利润之间的关系。原新闻出版署副署长刘杲指出："无论从理论上还是从实践上考虑，以文化建设为基本目标，实现文化与经济协调发展，是出版社的理想发展模式。"① 这可以说是出版社选题战略策划的出发点与归宿点。

三、坚持以书养书的战略性策略

从选题战略策划的角度看，出版社要处理好社会效益与经济效益的关系，就必须实行以书养书的策略。

（一）以书养书的含义与必要性

以书养书的意思是：以经济效益好的书所赚的钱来贴补经济效益差但社会效益显著的书的出版，主要是指以优秀畅销书来养活学术理论著作。以书养书的思路是：以丰补歉，综合平衡，从整体上实现社会效益与经济效益的有机结合。这是世界出版业经营的通则。兰登书屋出版的许多高品位的书也是赔钱的，该社所出版的图书被《纽约时报》列入"1993 年最重要的图书"有 29 种，赔了 79 万美元；被列入"美国图书馆协会名著"的图书有 8 种，赔了 37 万美元。这两部分书共赔了 116 万美元。但是，有两本畅销书赚了 140 万美元，把亏损都补回来了。② 20％的畅销书品种创造全社 80％的利润，是出版业的普遍现象。

有人认为，不宜提"以书养书"，理由是，这个口号容易让人以为出版社会效益与出版经济效益是对立的，这样就不利于出版工作的开展。这种看法用心良苦，可以理解，但并不能反映出版工作的实际情形。正如上文所述，出版社会效益与出版经济效益的关系很复杂，二者在一定的条件下可以协调一致。然而，协调一致只是二者关系的一种情形，事实上，它们在出版实践中经常产生矛盾以至冲突。出版社会效益与出版经济效益的关系经常表现为矛盾，这是不以人的意志而转移的客观事实。这是因为，在可以预见的时间里，有些出版物天生不会有人喝彩，但绝对不能否定它们的重大价值。美国海洋生物学家蕾切尔·卡逊（1907—1964）的《寂静的春天》促发了现代环境保护运动，被评为影响世界历史进程的 10 部重要著作之一。然而此书 1962 年问世的时候，引发强烈争议。农药危害人类环境的惊世骇俗的预言，不仅遭到化学药品制造商的

《寂静的春天》书影

① 刘杲：《出版：文化是目的，经济是手段——两位出版人的一次对话》，载《中国编辑》，2003（6）。
② 参见赵航：《选题论》，224 页。

打压，而且震撼了广大民众。《草叶集》《呼啸山庄》等名著也在作者死后才得到广泛承认并行销全世界。我国作家王小波（1952—1997）的“时代三部曲”也是到其死后才受到高度肯定。此种事例不胜枚举。超前的思想家、作家是孤独的，伟大的著作是寂寞的，但它们是人类文明需要的。出版理所当然地要传承精神薪火、启迪心智，但在市场经济条件下又必须讲求赢利，如何解决这种矛盾？只有一种策略可取，这就是以书养书。以书养书，正是为了解决出版的社会效益与经济效益的矛盾，正是为了履行出版的神圣使命，没有理由不坚持之。以书养书是一种具有战略性意义的出版策略。不光是出版社的社长、总编辑在制订选题计划和进行选题战略策划时必须考虑以书养书，就算是编辑个人也必须考虑以书养书，以使出版工作获得健康而持续的发展。

（二）以书养书的基本途径

以书养书的基本途径是：想方设法使选题的效益结构科学、合理。换言之，畅销书选题、保本书选题、亏损书选题在一定时期的选题计划中必须比例协调、有机统一。科学、合理的选题效益结构要达到的最终目的是：单个选题可以有盈有亏，但整体上必须做到盈亏相抵之后有盈余，而且盈余越多越好。为此，必须从整体上找到社会效益与经济效益的平衡点。

从实践来看，找社会效益与经济效益平衡点的一般做法是：既出版经济效益显著的畅销书，也出版有重大学术理论价值、文化积累价值的亏损书或保本书。套用邓小平（1904—1997）的话说，选题策划人、编辑出版人必须“两手抓”——一手抓畅销书，一手抓精品书；借用日本出版学家清水英夫的话说，选题策划人、编辑出版人必须具有“双重性格”——既有理想色彩，又讲资本法则；既追求利润，又追求利润之外的理想；在金钱与文化艺术之间维持着平衡。[①] 选题策划人、编辑出版人必须学会用两眼看待出版，一只是“生意眼”，另一只是“文化眼”。

案例 5—3

作家出版社的经验是：在图书出版的文本系统的建立、宏观选题结构的调控中，注意主旋律图书、纯文学精品图书、优秀畅销书并举，以优秀畅销书带动主旋律图书、纯文学精品图书的销售，以打造品牌，形成图书出版发行中的良性循环。其中，主旋律图书、严肃文学图书（纯文学作品）占全年选题的90%，优秀畅销书占10%。在选题的宏观调控上，该社既强调图书的文化含金量，又强调图书的市场含金量。对于主旋律作品、纯文学作品，充分利用市场机制，扩大市场覆盖面，满足需求，引导消费，培育读者，在追求社会效益的同时，追求经济效益；对适销对路、适合大众阅读的优秀畅销书，严格把关，保证高品位、高格调、高档次，两个效益一起抓，创出名牌效应，凸显作家出版社特色。[②] 合理的选题结构、科学的营销运作，使作家出版社在获得丰厚经济回报的同时，也极大地促进了严肃文学作品与主旋律作品的发行。

① 参见［日］清水英夫：《现代出版学》，149～150页，北京，中国书籍出版社，1991。
② 参见张胜友：《图书出版业改革中的制衡战略》，载《中国改革报》，2001-06-07。

四、努力从体制机制上保障选题战略策划的稳定性，避免“人退政息”和“人亡政息”

从出版的历史与现实来看，但凡经营成功的出版社，都在选题的品种方面保持了相当的稳定性，十几年、几十年，甚至上百年，都以同一种选题的开发为重点。商务印书馆、中华书局、三联书店、上海辞书出版社、百花文艺出版社、人民文学出版社与电子工业出版社等出版社莫不如此。

由于社长或总编辑的岗位不稳定，更由于人治的传统，我国出版社领导往往“人退政息”或“人亡政息”。因此，要前任社长或总编辑考虑他退位后的发展规划，要后任社长或总编辑坚持前任制定的发展方针，似乎强人所难。然而，从可持续发展考虑，长远目标的制定与坚持至关重要。事实上，每位社领导都不可避免地要站在前任社领导的肩膀上开展工作，前任社领导工作的成效也往往要在后几任领导任职期间体现出来。

案例 5—4

1978 年 1 月，上海辞书出版社成立，巢峰被任命为副总编辑，后任该社社长兼总编辑、党委书记。他主持制订了该社历时 22 年的滚动式的选题计划。1999 年 7 月后，巢峰不再担任该社任何领导职务，但他开辟的选题战略方向仍然被其继任者遵循。最典型的例子是，他开辟的“文学鉴赏辞典”选题战略得到了继承与发展。

“中国文学鉴赏辞典大系”书影

1983 年 12 月，上海辞书出版社推出《唐诗鉴赏辞典》，这部既是文学鉴赏读物又是工具书的杂交书出版后，虽然受到出版业界和辞书研究人士的非议，但受到读者和市场的充分肯定，成为当时上海新婚夫妇最喜爱的高档礼品，至今印数累计 200 多万册。受到鼓舞之后，上海辞书出版社又推出《唐宋词鉴赏辞典》《元曲鉴赏辞典》《古代小说鉴赏辞典》等，并专门成立了“文学鉴赏辞典编纂中心”，以利这一品牌的经营和推广。1996 年调任上海辞书出版社社长的李伟国继续推进这一选题。2005 年上海书展期间，该社将已出鉴赏辞典集体打包，隆重推出全套 18 册的“中国文学鉴赏辞典大系”。以该系列为代表的文学鉴赏类工具书迄今累计销售 500 多万册。上海辞书出版社的“文学鉴赏辞典”选题并未止步于中国文学。2004 年 9 月，张晓敏调任上海辞书出版社社长兼总编辑后，将此选题又扩展到外国文学。2010 年上海书展期间，该社推出全套 15 种的“外国文学鉴赏辞典大系”。

首创不易，坚持尤难。继任者坚守前任开辟的正确道路，是形成特色、树立形象、打造品牌的必要举措。

出版社领导必须正确对待变与不变。选题战略策划的目的是使出版社的整体定位在一个相当长的时期保持不变，如果像川剧变脸一样频繁改变选题方向，就根本没有必要搞什么选题战略策划。可是，出版业又是真正需要与时俱进的行业。选题策划的实践性非常突出，总是处在不断的发展变化中，“虽然从理论上讲，每一门学问都在不断发展，文学之树常青，历史之河长流，但它们的变化与选题策划的变化不可相提并论。文学无论怎样变化，小说总是可以虚构情节，而历史必须是真实的事情，而图书选题策划却完全不是这样。一种选题去年可以大受欢迎，今年可能就无人问津。其实，这也是选题策划的魅力所在”①。什么不变、什么改变，何时不变、何时改变，正是出版社领导（选题战略策划人）的能耐所在。

【基本概念】

选题战略策划　出版市场定位　标志性出版物　出版社会效益　出版经济效益　以书养书

【思考题】

1. 论述出版社选题战略策划的重要性与基本途径。
2. 出版社选题战略策划的内容有哪些?
3. 简述出版的社会效益与经济效益的内涵。
4. 你如何看待“以书养书”?

① 宋连生：《图书选题策划学》，22 页。

第六章 选题策划人的素质与能力

策划人是出版社的灵魂。白冰担任接力出版社总编辑（此前为作家出版社副社长）后，只用一年多的时间就使接力出版社有了极大的飞跃，发货码洋、回款率大幅提升，更重要的是强化了该社的经营能力，扩大了品牌影响。正是因为有了杰出的策划人，接力出版社的“鸡皮疙瘩系列”“淘气包马小跳系列”和“麦兜麦唛系列”等图书一炮打响。那么，优秀的选题策划人必备的素质与能力有哪些呢？

第一节 选题策划人的观念与创造性思维

一、观念与时俱进是选题策划人的首要素质

因循守旧，思想僵化的人，从事选题策划是不可思议的。观念与时俱进既是创新的突出表现，又是创新的先决条件。要想创新，就得先洗洗脑筋，换换脑筋。观念不同，思维方式就不同；思维方式不同，解决问题的方法就不同；解决问题的方法不同，产生的效果就不同。故曰观念决定命运，思路决定出路。

出版业是真正需要与时俱进的行业。出版史上有很多事例证明了这一点。五四运动后，篇幅短小但蕴涵丰富的“小诗”盛行一时，最引人注目的是冰心的诗集《繁星》及其姊妹篇《春水》（均出版于1923年）。它们是冰心在受印度诗人泰戈尔（1861—1941）的《飞鸟集》的影响下写作而成的。用冰心自己的话说，它们是将一些“零碎的思想”收集在一个集子里。内容主要有三个方面：对母爱与童真的歌颂、对大自然的崇拜和对人生的感悟。例如：

万千的天使，
要起来歌颂小孩子；
小孩子！
他那细小的身躯里，
含着伟大的灵魂。

对《繁星》与《春水》，当年褒扬的很多，但也有人不以为然，后来成为大作家的梁实秋（1903—1987）说：

> 《繁星》与《春水》这种体裁，在诗国里面，终归不能登大雅之堂的……冰心女士是一个散文作家、小说作家，不适宜于诗；《繁星》与《春水》的体裁不值得仿效而流为时尚。①

《繁星·春水》书影

然而，这两本诗集不仅被当时的新青年追捧，而且最终成为中国文学的名著、经典。假设当时的编辑出版人也像梁实秋一样不能与时俱进，那么，中国文学史上就少了一颗璀璨的明珠。清朝学者赵翼（1727—1814）的《论诗》云：“李杜诗篇万口传，至今已觉不新鲜。江山代有才人出，各领风骚数百年。”诗歌是发展的，其他精神产品也是发展的。观念陈旧、思想僵化的人，或许可以成为优秀的作家、学者，但绝对成不了杰出的编辑家、出版家。在当今日趋开放的社会，在日新月异的时代，不能与时俱进者，更是无法胜任选题策划工作、编辑出版工作。

选题策划人、编辑出版人必须拥有开放的心态和宽广的胸怀，必须能够接纳新事物，必须能够容忍“异端邪说”，必须要有海纳百川的气度。徐柏容先生认为，编辑人员应该具有“包容的心理素质”，也就是“能容人、容物、容事、容识”②。对选题策划人来说，包容的心理素质尤为必要。对新理论、新观点、新题材、新文体、新体例、新风格、新版式、新开本、新工艺与新作者等一切新的选题内容与新的选题形式，都应该持欢迎、接纳的态度，都应该允许“百花齐放，百家争鸣”，不唯我独尊，不拘泥于习惯，不囿于传统。只有这样，才有可能策划出人无我有、人有我特的选题。选题策划人要像孔子（公元前551—前479）说的那样：“毋意，毋必，毋固，毋我”③，即不主观臆测，不绝对肯定，不固执己见，不自以为是。

案例 6—1

1992年7月，华艺出版社原副社长金丽红策划出版了具有开创性意义的畅销书《王朔文集》（4卷本）。她这样形容当时想做《王朔文集》的冲动：“我第一眼看到王朔的一本书《我是你爸爸》就立刻被吸引了，这个标题多么吸引人啊！于是我就有了做王朔的书的念头，而且是做他的全套文集。”可是，在此以前，个人文集几乎都是盖棺论定的，几乎都是泰斗级的，如给老舍（1899—1966）、郭沫若、曹禺（1910—1996）等大文学家出文集，但王朔当时只有33岁，而且很有争议。虽然年轻人爱看他的小说，但传统派和学院派的人认为他不入流，贬其为“痞子文学”。金丽红去征求王蒙的意见，王蒙的回答是，王朔当然是

《我是你爸爸》书影

---

① 《语文》，七年级（上册），199页，北京，人民教育出版社，2001。

② 阙道隆、徐柏容、林穗芳：《书籍编辑学概论》，107页。

③ 《论语·子罕》，见乌恩溥注译：《〈四书〉译注》，113页，长春，吉林文史出版社，1990。

作家，而且是好作家。于是，金丽红策划出版了《王朔文集》。她还做了很多在当时看来很超前的事情，比如在书中夹一张文集的光盘，请王朔在书店签名售书等。此书的出版引起了中央电视台的注意，中央电视台做了一期专题节目，让学院派的作家、出版社的代表与王朔讨论孰是孰非，结果吸引了不少眼球。《王朔文集》正版销出了10万套（盗版据说达到100多万套），荣获第七届（1994）全国图书金钥匙奖三等奖。

业内人士评价金丽红："她的眼光很'毒'。"① 这种"毒"的本领源自哪里？源自观念与时俱进！20世纪80年代末"王朔热"的兴起，表明人们在社会转型时期观念发生了改变，表明正统文学观受到了冲击。观念是潮流，潮流就是市场。金丽红顺应潮流，冲破传统观念的束缚，做众人不愿做不敢做的事情，终成畅销书策划大师。

信息时代是变化的时代，唯一不变的是变化；图书市场是变化的市场，唯一不变的也是变化。选题策划人只有适应变化，才能策划出适应变化的新颖选题。处于改革开放和市场经济背景下的选题策划人、编辑出版人，职业素质不能没有鲜明的时代特质，这就是：开放的心理，博大的胸襟，高昂的热情，积极的参与意识，勇敢地站在时代潮流的前列，及时捕捉和反映一切新生事物。与选题策划直接相关的新观念至少包括：出版市场观，图书商品观，出版产业观，大出版观，图书品牌观，出版儒商观，少年儿童与工、农、兵、商（非儒商）也能写书出书的观念，等等。

二、创造性思维是选题策划人最重要的思维

创造性思维是相对于常规性思维而言的，思维的方式、过程与结果与众不同，是人类思维活动的最高级形态。在创造性思维活动的过程中，需要运用各种不同的思维形式，如逻辑思维（抽象思维）、形象思维、灵感思维和联想思维等。创造性思维的本质是新、特、奇、异。创造性思维过程往往表现出四个品质：(1) 发现问题的敏锐性。能在大家习以为常、司空见惯处觉察到事物的差异性，能发现处于萌芽状态的矛盾；(2) 探索过程的发散性。善于从多角度、多层次、多侧面去认识事物，无拘无束；(3) 思考问题的批判性与深刻性。批判性是指"吹毛求疵"，追求"没有最好，只有更好"；深刻性是指能够透过现象抓住本质，能够见微知著；(4) 解决问题的新颖性。用前人未尝试过的独特思路和方法去解决问题，别出心裁。创造性思维能力强的人，必定拥有突出的洞察力、联想力和想象力。

不论什么人，不论干什么事，要想成功，就需要创造性思维。笔者总结诸多成功人士的经验，得出一个公式：奋斗的精神＋创新的思维＋机遇的垂青＝成功。请看以下故事：

从前，西部有一个缺水的边远小镇，居民要到五里外的地方去挑水吃。在这里，吃水是人们生活中的一大难事，缺乏劳动力的人家就更困难了。

困难就是商机。头脑灵活的村民甲做起了水生意。他挑起水桶，以卖水为业，每担水

① 程蕾、民任：《华艺：策划赢家》，载《中国市场》，2003 (4)。

卖得二角钱。虽然辛苦一点，但也是一条不错的路子。

村民乙觉得不能让他一家独占市场，也走上挑水、卖水之路，并且将两个儿子动员起来，很快占据了市场的大头。

甲想，你家劳动力强，但不如我的脑瓜子好。他略加思索，买来20个水桶，请了20个闲散劳动力，由他们挑水，自己坐镇卖水，每担水抽成五分钱。这样，既省了力气，又多赚了钱。可时间一长，这些闲散劳动力熟悉了门道，不再愿意被抽成，纷纷单干去了。

甲一下子成了光杆司令，但聪明人是难不住的。甲请人做了两个大水车，租来两头牛，用牛拉车运水，每次40担，效率提高了，成本降低了，赚头更大了。

人们很快看到了规模经营的优势，于是纷纷联合起来，或用牛拉车，或用马拉车，参与到竞争中。

正当竞争日趋激烈时，人们突然发现，自己的水竟然卖不出去了。原来，甲买来水管，安装了管道，让水直接流到村子里，自己只要坐在家里卖水就行了，而且价格大幅下降，因而一下子垄断了全部市场。

不用说，村民甲的思维是创造性思维。他的思维总是快人一步，服务手段总是高人一筹。创造性思维是一种永不停息的思维，就像登高楼一样，登了一层又登一层。竞争对手可以偷走你的成果与经验，但永远偷不走你的创造性思维，永远偷不走你的智慧。

上述故事中村民纷纷跟随村民甲卖水的现象不也广泛存在于出版业吗？这就是跟风出版。对跟风出版不可一棍子打死，但盲目跟风出版绝对是选题策划能力低下的表现。富有创造性思维、拥有创新能力的选题策划人、编辑出版人总能首先做到“人无我有”，然后做到“人有我特”或“人有我新”，接下来又能做到“人优我转”和“人无我有”。如此，不管竞争者如何挤占他的市场，如何分割他的蛋糕，他总能全身而出，抢先他人一步，占领市场制高点，永远成为竞争的赢家。

总而言之，选题策划的关键是思维，思维的关键是创造性思维。有无创造性思维能力，创造性思维能力有多强，是衡量选题策划人水平高低的最主要标准。创造性思维能力是选题策划人最重要的职业素质。

第二节　选题策划人的知识结构

科学的知识结构是创造性思维的原料、燃料。选题策划人、编辑人员必须具有杂中有专的知识结构。杂中有专的知识结构也可以说是“T”形的知识结构，“T”中的一横代表横通，即博学，一竖代表纵深，即精通。两者相比，博学在先，精通在后。

一、选题策划人首先必须是杂家

选题策划人、编辑人员首先必须是一名“杂家”。博览群书，学识广博，才能站得高望得远，懂得越多机会越多。打个比方，选题策划人、编辑人员的学识，好比农民的粮食和商人的资金。粮食储备得多，农民遇到灾荒时心里就踏实；资金丰厚，商人遇到危机时就能绝处逢生；学识渊博，选题策划人、编辑人员就可以源源不断地开发出新选题。

编辑出版工作的性质决定了选题策划人、编辑人员的学识要广博。每家出版社虽有出书范围的分工，每个编辑虽有编书的侧重点，但这种分工、侧重点不可能很细、很窄，选题策划人、编辑人员不可能像大学教师、科研人员、科学家那样只教一科或一两门课或只研究一个领域。在图书市场已成买方市场、出版竞争十分激烈的今天，选题策划人、编辑人员更是很难将出书的范围局限在一门学科、一个领域。南北朝著名学者颜之推（531—约 595）说："观天下书未遍，不得妄下雌黄。"[①] 编辑人员的重要职责之一就是对稿件"下雌黄"，但绝不能"妄下雌黄"。知识面不广的话，就很可能"妄下雌黄"。王安石（1021—1086）写诗说："明月空中叫，黄犬卧花心。"学富五车的苏东坡（1037—1101）想当然地以为，月亮能空中叫吗？狗能躺在花心中吗？遂改为"明月空中照，黄犬卧花荫"。后来他终于明白：有种鸟叫"明月"，有种昆虫叫"黄犬"。再如，有部书稿中说，有人在宁都起义后送给朱德（1886—1976）一条毛毯，朱德把它带上了井冈山。一审、二审编辑都没有觉得这里有问题，但是叶至善（1918—2006）终审时发现这里有知识性错误：宁都起义发生在 1931 年 12 月，朱德上井冈山是在 1928 年 4 月，那么三年后得到的毛毯能在三年前带上井冈山吗？

现代科学的发展趋于横通、综合、交叉。早在 20 世纪 80 年代中期，各种边缘学科的总数就达到 2 050 门，其中，由自然科学中各门学科互相交叉而成的有1 883门，由自然科学与技术科学结合而成的有 117 门，由社会科学与自然科学结合而成的有 50 门。边缘学科、交叉学科恰恰是最容易从中策划出优秀选题的学科。

因此，选题策划人、编辑人员的学识必须广博。博于什么呢？应该了解或熟悉编辑出版学的相关学科。编辑出版学的相关学科可以分为三类：(1) 基础学科，包括传播学、文化学、经济学（含市场营销学）、管理学、社会学、历史学与心理学。这些成熟学科的理论与研究方法可以为年轻的编辑出版学提供理论借鉴和方法论支持。(2) 交叉学科，包括新闻学、图书馆学、文献学（含版本学、目录学、校勘学）与法学。这些学科与编辑出版学内容上有重叠之处。(3) 工具和方法学科，包括语言文字学、逻辑学、计算机科学、信息学、数学、统计学、美学与策划学。这些学科可以为编辑出版学提供技术和具体方法的支持。上述相关学科就是选题策划人、编辑人员应该博览的对象。[②] 当然，博只能是相对的博。根据编辑出版工作的需要，可以某一学科为中心，向相关、相近的学科延伸，如文学编辑应懂得艺术，历史编辑应通晓中文、政治，教育编辑应熟悉心理学等。

在市场经济背景下从事出版产业，选题策划人、编辑人员必须学习市场经济知识、市场营销知识与经营管理知识等；在科学技术日益发展并广泛运用于出版产业的条件下，还必须学习新的科学技术知识，掌握新技能，改进工作方式。选题策划人、编辑人员必须努力使自己成为复合型人才。

---

① 颜之推：《颜氏家训》，19 页，长沙，岳麓书社，1999。

② 参见易图强编著：《出版学概论》，16～17 页，长沙，湖南师范大学出版社，2008。

二、选题策划人必须力争成为学者型专家

有论者认为："编辑应自觉入流于学者。"① 又说："应该说编辑本身就是学者。"② 从编辑出版史来看，杰出的编辑出版家大多是著名学者或作家，如叶圣陶、巴金（1904—2005）、鲁迅（1881—1936）、茅盾（1896—1981）、郑振铎（1898—1958）等。下文提到的著名编辑家周振甫（1911—2000）也是一位著述等身的学者，出版了近50部著作，如《诗词例话》《小说例话》《中国修辞学史》《〈文心雕龙〉注释》《〈周易〉译注》《毛主席诗词浅释》与《文论散记》等，共计600多万字。

选题策划人、编辑人员必须力争成为学者型专家的必要性与意义有以下三个方面。

1. 有利于他们策划、鉴别、选择、加工专业性强、学术性强的选题或稿件

案例6—2

周振甫　像

中华书局的著名编辑周振甫编辑钱钟书（1910—1998）的书稿是出版史上的佳话。早在1947年，周先生在开明书店做校对工作时就参与校对钱先生的名著《谈艺录》（约45万字）。周先生不仅仔细校阅，而且见原书稿无目录，不便读者检索，就编了一个目录，请钱先生审定。钱先生未改就采用了。1975年，钱先生完成了《管锥编》（约130万字）的初稿，主动请周先生审阅。此时已调入中华书局的周先生认真研读初稿，复查了一些引文，还就初稿中存在的问题在初稿上批了一些意见，又另纸写了一份"补充意见"。这份"补充意见"竟厚厚成册。钱先生对这些意见十分重视，将不少意见增入自己的著作中，并加以注明，还在序言中对周先生的编辑工作致以衷心的感谢与敬重。③

2. 有利于他们与作者特别是学者、研究人员、科学家平等对话，赢得他们的信任

周振甫与钱钟书的交往证明了这一点。"一生都在作者背后打圈圈者是庸编；能与一般水平的作者会话者为中编；能与优秀的、高水平的作者侃侃交谈，帮助他成就其学术者为良编；能会集一大群作者，成一家之言，从而推动一股学术运动者为鸿编。"④ 选题策划人、编辑人员无疑要争取成为良编乃至鸿编。

① 蒋广学：《编学原论》，30页，南京，南京大学出版社，2000。

② 同上书，35～36页。

③ 参见张世林：《谦虚谨慎　编著等身——小记编辑大家周振甫先生》，见宋应离、袁喜生、刘小敏主编：《20世纪中国著名编辑出版家研究资料汇辑》，8辑，27～32页，开封，河南大学出版社，2005。

④ 蒋广学：《编学原论》，27页。

3. 有利于他们对图书市场的细分

20世纪90年代以来，我国图书市场的细分越来越明显，读者需求越来越多元化，出版业呈现出多品种、低印数的发展趋势，这就要求选题策划人、编辑人员必须对图书市场和读者群体进行细分。毫无疑问，分得越细，专业性就越强。专业性越强，选题策划人、编辑人员就越应该成为某一方面、某一领域的专家。

选题策划人、编辑人员的“专”有两种情况：一是专于编辑出版学；二是专于编辑出版学以外的某一门学科或某一领域。后一种“专”因从事选题策划工作、编辑出版工作所属学科、领域之不同而不同，因人而异。如文学类图书的编辑要精通文学，历史学类图书的编辑要精通历史，教育学类图书的编辑要精通教育学，等等。还应该具有另外一个“专”：专于名著经典的编辑出版史，并力争成为旧书新做的专家。[①]

三、选题策划人不必攀比专家学者

张元济　像

20世纪80年代以来，越来越多的人主张编辑人员应该成为专家学者。邵益文先生曾说：“随着编辑学的建立，编辑的‘杂家’称号将被‘编辑家’‘编辑专家’这样一类称号所代替。”[②] 编辑人员应该成为“编辑家”或“编辑专家”，对此笔者完全同意，但是不能接受编辑人员的“杂家”称号将被这样一类称号取代的观点。因为，成为“杂家”恰恰是编辑人员、选题策划人必须具备的基本条件，否则，他就不是一个合格的编辑或合格的选题策划人。成为专家，是对编辑人员、选题策划人的更高要求，是成为优秀编辑、优秀选题策划人必须具备的条件。先做一个合格的编辑或合格的选题策划人，然后再争取成为优秀的编辑或优秀的选题策划人。“出版人与学者是不可盲目比较的，他们身份交叉、行为互渗，但作为不同的角色，追求的结果不同。出版家表现为自身学识的宽泛和厚实，他们不专攻什么学科，但在出版的意义上却攻无不克，战无不胜。”[③] 中国近现代杰出的编辑出版家张元济（1867—1959）一生都没有专著问世，但没有人否认他的学识，因为他主持辑印了百衲本“二十四史”，首编首印了新式教科书，还组织出版了《辞源》《天演论》《原富》《巴黎茶花女遗事》与《黑奴吁天录》等一批影响极大的名著、经典。他的工作还包括开办图书馆、中外访书、整理古籍、资助新学等，这些都表明他“治学”的内涵非常丰富，也是他作为“一代通才”的资本。编辑人员、选题策划人不必攀比学者，更没有必要因被称为“杂家”而不悦。

---

① 参见易图强：《“名著经典编辑出版史”教学的意义与路径探析》，载《现代出版》，2018 (4)。
② 邵益文：《编辑学研究在中国》，57页，武汉，湖北教育出版社，1992。
③ 俞晓群：《出版人素质三论》，载《中华读书报》，2003-07-25。

概言之，选题策划人、编辑人员首先必须做杂家，这样才是合格的。在此基础上，还必须力争成为学者型专家，这样才是优秀的。选题策划人、编辑人员成不了专家，情有可原；但做不了杂家，不可宽恕。

第三节　选题策划人的信息能力与社会活动能力

一、选题策划人的信息能力

广泛获取和科学处理信息的能力可以说是选题策划人、编辑人员的看家本领。第十三章将详细论述选题策划信息工作，这里从选题策划人、编辑人员的素质与能力的角度强调以下四点。

（一）信息无处不在、无时不有，关键是要感知到、捕捉到

只有被感知到、捕捉到，信息才能成为选题策划的有效信息。新闻记者非常重视新闻敏感性的培养，选题策划人、编辑人员也要自觉培养选题的敏感性。例如，对于政治政策信息，很多人特别是年轻人往往不重视，其实，执政党、国家和政府的一些重大新法规、新政策、新精神有时可以直接从中策划出好选题。2002年11月，中国共产党十六大召开时，时任总书记的江泽民在报告中指出：

> 民族精神是一个民族赖以生存和发展的精神支撑……面对世界范围各种思想文化的相互激荡，必须把弘扬和培育民族精神作为文化建设极为重要的任务，纳入国民教育全过程，纳入精神文明建设全过程，使全体人民始终保持昂扬向上的精神状态。

“弘扬和培育民族精神”，一听到这，笔者就有个想法：可以出一本关于中华民族精神的书，如果运作得好，有可能获得“五个一工程·图书奖”。2003年10月，笔者看中央电视台《新闻联播》时得知，中共中央宣传部组织编写的《毛泽东、邓小平、江泽民论弘扬和培育民族精神》一书由学习出版社出版发行了。此后不久又获悉，二十一世纪出版社出版了《民族精神教育读本》（中学版），发行120万册；中共中央党校出版社也出版了《民族精神教育读本》。

（二）搜集信息时一定要踏踏实实，不走过场，不搞形式主义

调查研究是获取选题信息最基本最有效的途径。但是，调查研究一定要深入！一定要细致！著名策划编辑杨葵说：

> 选题的确立往往一瞬间完成，好似偶然性很大，背后却有很多必然性。这种必然至少包含两个部分：一是关注，二是调研。关注是直观性的，比如跑书店，甚至观察买书人的表情（我就曾经站在某家书店的收银台前，看了两个小时读者交款那一瞬间的表情，里边

内容之丰富，比电影好看多了)。光有这种表面的关注是不够的，还应该静下心来，做一些理性的研究工作，尽量多看一些统计数字，比如各地各主要书店的畅销书排行榜，市场主要流行门类动销情况，甚至包括你的一些主要竞争对手产品的市场动销状况，看看那些曲线图，认真琢磨琢磨，你会发现，某些选题当时虽然很热门，但它已进入下降曲线；反过来，有些书可能当时走势一般，但它迈进上升通道。套用股民们的话，当然买涨不买落嘛。[①]

杨葵　像（出自《新京报》）

选题策划人要培养超乎常人的眼光，对未来图书市场的发展态势和未来读者的需求走向要有预见性。“预见性是以对客观变动的冷静分析为基础的，策划主体的预见能力与缜密思考、小心求证分不开。”[②] 这与杨葵所说的“光有这种表面的关注是不够的，还应该静下心来，做一些理性的研究工作”其实是一个意思，也就是笔者特别强调的一点：调查研究一定要深入、细致！

（三）采集信息与加工信息的工作重在平时日积月累，一定要持之以恒

建立信息库的工作就需要坚持不懈。有了互联网和计算机以后，建立信息库的工作很方便。但通过传统的手段也可以进行。笔者一旦发现有价值的文献资料，就分门别类地做成剪报，如“畅销书出版信息剪报”“畅销书作家剪报”“畅销书策划案例剪报”“精品书与品牌书信息剪报”“图书市场动态剪报”“版权引进剪报”“图书发行促销剪报”与“少年儿童作者及其作品剪报”等。笔者还有一本“选题灵感备忘录”，一旦有什么选题的想法、创意，就及时记在这本专门的笔记本里，以免遗忘。

“编辑这种职业，是一种复杂的、困难的、需要具有多方面才能的职业。它需要经常学习，需要紧张的、充满灵感的劳动。”[③] 选题策划人、编辑人员必须在平时的实践与学习中，多积累经验、知识与素材，多锻炼创造性思维。总之，要长期地、不断地修炼。

（四）对时效性强的信息一定要及时利用和开发

大多数信息具有时效性，在出版竞争十分激烈的今天，对这一点务必高度重视。打开笔者的“选题灵感备忘录”笔记本，翻到 2001 年 11 月 19 日晚上记下的这一页，可以发现下面的记录：

今天下午到师大帮学生、同学办事，晚上要在师大参加多媒体（中级）培训，所以到丁笃本家讨饭吃。在沙发上发现一份复印材料：《生活方式与健康、老龄化和心血管病——国家心血管病科研领导小组副组长洪昭光教授在南昌市讲话》（约 2.3 万字）。姚老

---

① 杨葵：《我理解的图书策划与营销》，载《中国图书商报》，2003-12-19。

② 蔡雯：《新闻传播的策划与组织》，77 页。

③ [苏] 塔·波·伏尤科娃：《八十五次喜与忧——一个编辑的思考》，231 页，北京，中国书籍出版社，1990。

师（丁笃本妻子）的母亲（73 岁）正在看。我翻了翻，起初没在意，后来仔细看了看前面两页，结果被吸引住了，感觉文中观点和介绍的预防疾病、保健知识给人很大启发，表达口语化，流畅、生动、有亲和力，显得大气、洒脱。问姚老师从哪里得来，她说："从熟人那里借来，据说是从师大老年大学传出来的，已有四五人从我这里借去复印。"我当即决定：借去复印，给我父母看看。我看后感觉对年轻人也很有用。出于职业敏感，想到这是策划图书选题的好素材，初定书名为《与老年朋友谈预防疾病》。可请主讲人一个人或再请三个人写稿，范围不局限于防病，可扩大到老年家庭生活等。

遗憾的是，笔者当时虽然感觉到那份材料是策划图书选题的好素材，也确实为此兴奋了一阵子，但并没有真正去做（客观原因是自己的职业并不是编辑），也没有进一步调查，比如，没有去调查作者（笔者当时对洪昭光的情况一无所知），没有去调查报告的具体反响情况（笔者当时虽然感觉报告对年轻人也会很有用，但并不清楚报告的影响实际上远远超出了老年人的范围，所以，仍然初定书名为《与老年朋友谈预防疾病》）。将近一年之后，笔者在书店意外发现了《登上健康快车——讲课经典·健康行动》（北京出版社）和《洪昭光健康忠告——洪昭光在中直机关所作健康报告的最新版本》（广东教育出版社），出版时间均为 2002 年 8 月。北京版的主要内容正是笔者看到的那份材料。广东教育版的内容与笔者看见的那份材料竟然完全一样，看到书中"代序"谈到出版缘起时，笔者更是后悔不已（这篇"代序"是该书总策划人写的，他之所以策划了这个选题，就是因为意外得到了洪昭光报告的复印材料。他发现这份材料的时间比笔者晚了两个多月，可是，他毫不犹豫地行动了）。后来得知这两本书都发行了 100 多万册，笔者追悔莫及。这就告诉我们：对信息的利用和开发一定要迅速，决策一定要果断，行动一定要快速。对信息的利用与开发能力，是选题策划人信息素质的核心，是选题策划人创造力的重要表现。

《洪昭光健康忠告》书影

二、选题策划人的社会活动能力

选题策划人、编辑出版人必须具有较强的社会活动能力。社会活动能力主要表现在作者组织工作、读者组织工作以及与社内社外各种相关人士的交往中。对内，编辑人员、校对人员、版式设计人员、装帧设计人员、印刷人员、发行人员、管理人员相互之间必须密切合作；对外，必须获得媒体记者、批发商、代理商、零售商、广告商、有关部门的支持。对内对外都需要选题策划人、编辑人员有较强的社会活动能力。社会活动能力具体体现在组稿、召开作者座谈会、组织读者座谈会、组织新书发布会、组织作者签名售书、组织读书报告会、参加学术会议、进行社会调查等各项工作中。

社会活动能力的强弱决定一部书稿的命运，决定一个出版项目的成败。20 世纪 50 年代，中国青年出版社做好编辑工作的法宝之一就是“组织社会力量”①。当今出版普遍实行项目责任制，一本书的选题策划人或责任编辑往往就是这个选题的全程负责人，是该书整个生产过程中的指挥者，因而，社会活动能力更加重要。

不难理解，选题策划人、编辑人员与作者的沟通能力具有特别突出的意义。从实践来看，选题策划人、编辑人员与作者沟通的能力主要体现在以下四个时候。

(一) 与品性高洁、恃才傲物的作者打交道时

这个时候尤其要掌握与人沟通的技巧、艺术。笔者曾给编辑出版学专业的学生出了这样一道期末考试试题：

先阅读材料，然后回答问题：

2000 年 12 月，江西教育出版社于 1999 年 9 月出版的《梵竺庐集》荣获中国图书奖。该书作者金克木（1912—2000），历任武汉大学哲学系教授、北京大学东方语言文化系教授，是梵学、印度文化研究大家，学贯东西，通晓多种语言，对东西方文化很多领域有深入研究。在向金先生组稿的过程中，责任编辑文恒益、晏筱梅经历了一番甜酸苦辣。请看他们的回忆：

> 1996 年 7 月，在一次会议中，我们结识了后来成为《梵竺庐集》编者之一的中国社会科学院现代文学研究所研究员张大明先生和黑龙江社会科学院的刘以焕教授。我们谈到了学贯中外的大儒金克木先生，张大明先生还提到他的一位朋友刘福春先生与金老有私交。也就在那时我们忽然萌发了为金先生出文集的念头……

金克木　像

> 1996 年 12 月选题刚通过，我们便动身去北京，一是与编委会协商文集的收集、分类整理及其他出版事项，二是专程拜访金克木先生，听取他本人对文集出版的意见。与金先生的第一次见面给我们留下的印象非常深刻。那是一个寒冷的冬日，我们一行四人顶着凛冽的寒风，在编者之一的刘福春先生的引导下，来到了位于北京大学朗润园金先生的家。在去金先生家的路上，我们都有些紧张，因为要探访先生，与当年人们硬要去寻找自讽为“下蛋的鸡”的钱钟书先生一样困难。而且我们也听说了一些关于先生性情的传闻，先生不爱开会，哪怕是十分重要的会，他也只去半天，第二天、第三天便决意不再去了；先生不喜欢与传媒打交道，所以报纸和电视上很难见到“金克木访谈”这样的内容。对于把他当名人看的记者，他一概

① 黄伊：《编辑的故事》，44 页，北京，金城出版社，2003。

拒绝，时间一长，恐怕就让人对先生敬而远之了。我们也不免有些担心金先生会拒绝让我们出文集。走进金先生家，一位慈眉善目的老者正在摆棋谱，这便是品性高洁、从不与人对弈的金先生，一如邻家普普通通的老爷爷。金先生微笑着同我们一一握手，我们紧张的心情缓和了许多。一阵寒暄过后，先生一再追问起我们的来意，我们只得直奔主题，把我们此行的目的告诉了他，谁知先生连想也没想便断然拒绝道："不可能！不可能！我生前不可能出文集！"语气如此坚定，没有一点回旋的余地。这既出乎我们的意料之外，又在我们的意料之中。接着金先生又告诉我们：在此之前，已有安徽、辽宁、山东、河北等地的多家出版社来谈过出版文集之事，都被他一口回绝了。原因很简单，老先生不愿意在生前出文集。我们左磨右缠，金先生的老友刘福春也帮我们做工作，可先生就是不松口，我们这才真正领会到了金先生的个性。看来"强攻"是不会有结果的，只能日后"智取"了。于是我们改变了"战术"，不再谈出文集的事，而是同金先生闲聊。金先生虽已是84岁高龄，但仍精神饱满，风趣健谈。他才思敏捷，天马行空，我们年轻人注意力若不高度集中便跟不上他的思维。金先生同我们谈梵文、文学、哲学、翻译、中印历史文化关系等，也谈他的个人生活和社会活动，从童年谈到读书，从留学谈到教书，还谈他同陈寅恪（1890—1969）、吴宓（1894—1978）等知名学者的交往……谈到高兴之处，老先生发出阵阵爽朗的笑声，我们也深受感染。时间不知不觉地已到下午一点半，为了不影响老先生的正常生活，我们只得起身告别谈兴正浓的金先生。这样，第一次拜访金先生虽未达到出版文集的目的，但我们感到与老先生的距离拉近了。

回社后，我们把情况向社领导作了汇报，以争取社领导的继续支持，同时安排编者做前期准备工作。与此同时，我们还不断地同金先生保持联系，以期进一步建立感情。我们经常写信和打电话给金先生，只字不提文集出版，只探讨学术问题，谈论工作和生活，渐渐地我们成了"忘年交"。每逢节日我们都给他寄精美的贺卡，并在他过生日之时寄上礼仪电报和鲜花。先生十分感动，致信我们："花谢了，我也该谢你们了！"精诚所至，金石为开。经过半年多的交往，金先生终于被我们的真诚打动了，终于放心地把书稿交给我们了。于是，在1997年6月，我们二上北京，同金先生面谈文集出版事宜。第二次踏进金先生家，金先生见到我们就像见到了久别的朋友。此时金先生已经85岁，他不仅亲自拟好了文集的编排目录和分卷方案，提供了一些已经散佚的珍贵文稿，还对一些早年创作的文稿作了修改、补充，并亲自为文集确定书名和题词。捧着先生的书稿，看着先生颤抖的字迹，我们深感肩负重担，暗下决心：一定要尽全力编好这套书，一定不能辜负先生。就这样，在我们锲而不舍的努力下，金先生的《梵竺庐集》开始正式运作，我们也有幸在先生的有生之年为金先生出版了他生前唯一的一套文集。①

回答问题：联系材料，结合所学知识，谈谈编辑人员应该如何处理与作者的关系。

---

① 文恒益、晏筱梅：《梅花香自苦寒来——〈梵竺庐集〉出版始末》，载《中国出版》，2001（4）。

请看一份笔者判了满分的考生答案：

很多时候，不得不佩服“情”这个字的分量与魔力。在此文中，又是它一个展现的舞台。金先生从拒绝到答应再到热情地备稿、搜稿，很大一方面是基于对编辑的信任，但其基础是交往，是“情”。

1. 作为编辑，首先要了解作者的有关情况，包括生平、兴趣爱好、著作及思想等，并与之经常保持联系。文中编辑始终未忘记这一点，这是成功的第一步。

2. 试着与作者建立互助合作的朋友关系。当金先生矢口不提出书之事时，编辑以他的智慧转变策略——用“人情弹”来摧毁坚韧的“隔离墙”。从后来编辑与金先生的交往中以及他们点滴的关怀与付出中，我们看到的是那种除了单纯的利益关系之外的更令人感动的东西。

3. 用谦虚、热情、诚恳的态度与作者交往。要想编辑出版名人的书，这是法宝之一，何况像金先生这样的大儒，更要让他倍感真诚，才能拉近彼此之间的距离。

4. 努力提高自身文化修养，提高与作者对话的能力。文中编辑在与金先生的交往过程中，不断寻找共同点、碰撞点，终于成为忘年交。

总之，作者既然写书，那么，不想发表、出版而只想自娱自乐的只是极少数。不肯发表、出版的很大原因是因为还没有找到可以托付的人。作为编辑，我们应从各方面完善自己，不仅仅是技能专业技术方面，很多时候，人际感情能助我们一臂之力。所以，我们应不断完善自己，成为让作者可以放心托付的人，此文便是此观点的一个很好例证。①

上述考题与答案充分说明了选题策划人、编辑人员与品性高洁、恃才傲物的作者打交道时社会活动能力的重要性以及如何运用这种能力。

（二）与没有意识到自己创作潜能的作者打交道时

《新青年》的编辑钱玄同（1887—1939）约鲁迅写小说，鲁迅当时正在研习古碑，也从未想过写小说。但在钱玄同的催化、激励下，鲁迅终于动了心，遂写出了中国现代文学史上第一篇白话小说《狂人日记》，从此一发而不可收。

（三）向名人特别是公众人物约稿时

畅销书策划大师金丽红向崔永元约稿，整整约了三年他才答应。可想而知，向名人约稿有多艰难，缺乏人际沟通能力不可能做到。

（四）策划出版畅销书而作者缺乏为大众写书的意识时

详见第九章第一节中的有关内容。

最后，笔者想以王建辉先生的话与读者共勉：

---

① 这份答案是湖南师范大学新闻与传播学院编辑出版学专业2004级本科生易玲英在大学一年级第一学期解答期末考试试题的答案，这里只改动了个别文字。

书斋里可以产生学者，坐冷板凳十年面壁可以成为学者，但不能产生好的编辑，尤其产生不了编辑巨匠；没有广泛的交游，有了好的策划也得不到落实，因此要把广结交和策划联系起来给予高度的重视；记者的交游是蜻蜓点水式的，编辑的交游则是潜水式的，或者说是蹲点式的。①

上面，我们探讨了选题策划人必须具备的几种素质与能力。其实，选题策划人还要具备其他一些素质与能力，例如，要具有五种动物的能耐（详见第八章之“向动物学习”），还要有“打死我也不说”的保密意识等。

【基本概念】

创造性思维　知识结构　“杂家”　专家　社会活动能力

【思考题】

1. 选题策划人的观念为什么要与时俱进？
2. 选题策划人应该具备什么样的知识结构？为什么？
3. 联系实例，谈谈选题策划人的信息能力。
4. 选题策划人的社会活动能力体现在哪些地方？

① 王建辉：《关于“编辑是什么”的演讲》，载《编辑学刊》，1996（4）。

中　篇

第七章

选题策划原则

选题策划原则是指选题策划人必须掌握的指导思想与基本要求，是选题策划得以顺利开展并获得成功的前提条件。选题策划的基本原则有七个：导向原则、可行性原则、市场原则、读者原则、创新原则、超前原则与时机原则。本章将逐一论述。

第一节 导向原则（原则 1）

一、导向原则的内涵与重要性

（一）导向原则的内涵

选题策划的导向原则有两层意思：一是出版不以赚钱为唯一目的，精神产品的生产必须为传播文化、积累文化作出应有的贡献，必须对社会、读者起到积极的影响与作用；二是表现为不同程度的意识形态性，即图书的创作者、出版者往往会站在一定阶级的立场上，为特定的政权、政党或组织服务。

我国选题策划的导向原则体现在以下四个方面。

1. 政治方面

应从政治的高度认识选题策划工作，坚持正确的舆论导向，不与现行的法律、路线、方针与政策相抵触。选题策划人、编辑出版人必须遵守法规，尤其是出版法规；必须遵守纪律，特别是出版纪律。

2. 思想方面

必须宣传有利于社会发展的积极、健康的思想。选题策划人、编辑出版人应在坚持马列主义、毛泽东思想、邓小平理论、“三个代表”重要思想、科学发展观与习近平新时代中国特色社会主义思想的前提下，贯彻“双百”方针，积极开展学术讨论和思想争鸣。

3. 情趣方面

必须提倡有利于社会进步的文明、健康的生活方式，批判愚昧的、落后的、腐朽的生活方式；必须弘扬高尚的、昂扬向上的情操，绝不能宣扬颓废的、低级庸俗的情趣。

4. 知识方面

必须传播符合事物发展规律的客观、真实的知识与信息，坚决反对伪科学，反对一切歪曲社会发展规律的虚假的知识与信息。

从选题策划、编辑出版的实践来看，坚持导向原则实际上就是要贯彻我国编辑出版工作的根本方针，完成我国编辑出版工作的基本任务。根本方针是：坚持为人民服务，为社会主义服务的方向，简称“两为”方针。基本任务有四项：一是传播和积累有益于提高民族素质、有益于经济发展和社会进步的科学技术和文化知识；二是弘扬民族优秀文化；三是促进国际文化交流；四是丰富和提高人民的精神生活。选题策划人、编辑人员应该“以科学的理论武装人，以正确的舆论引导人，以高尚的精神塑造人，以优秀的作品鼓舞人”①。

笔者认为，在中国特色社会主义新闻出版业语境中，“导向”一词有其特定内涵，主要是指政治思想方面的导向。当今市场经济条件下的选题策划工作、编辑出版工作无疑要面向市场、面向读者，但不宜提“以市场为导向”“以读者为导向”，可以说以市场为取向、以读者为取向。

（二）坚持导向原则的重要性

图书、期刊与报纸等出版物是特殊产品，精神性是其根本属性，主要使用价值是为读者提供思想、观点、知识和信息。这决定了出版物的生产必然有不同于一般物质产品生产的要求。这种不同的要求首先在于它的导向性。

客观地说，无论在中国，还是在西方国家，编辑出版工作的导向性都是存在的。资本主义国家的出版机构也有非营利性的，也并不把赢利作为出版的唯一目的，也有一部分作者和出版者不是为了赚钱而进行创作和出版，如英国诗人、思想家约翰·弥尔顿（1608—1674）用近10年的时间潜心创作史诗《失乐园》，所得报酬仅5英镑。而且，出版历来被视为一个国家（包括资本主义国家）政治政策的窗口。由于众所周知的原因，我国编辑出版工作的导向性比西方国家更为突出。从事选题策划工作，必须坚持导向原则，而且要把它作为首要原则。

导向原则是选题策划的航标和照明灯。有道是：一粒子弹只能打死一个人，一本坏书却可以毒害一批人。这句话道出了坚持导向原则的重要性。原新闻出版总署署长柳斌杰指出：“出版什么作品，不出版什么作品，是否有利于社会进步，是否有利于繁荣文化，决定权在我们出版行业，这是我们的责任，我们要把关。”②

二、坚持导向原则的要求

（一）最基本的要求与底线

从出版实践来看，从事新闻出版工作，导向问题是最重大的问题，政治错误是最严重的错误。选题策划人、编辑出版人必须对什么书允许出、什么书不允许出，什么书可以出、什么书不可以出了然于胸。允许出的选题就策划，不允许出的选题就不策划，态度一定要鲜明。坚持

---

① 引自1994年1月时任中共中央总书记江泽民在全国宣传思想工作会议上的讲话。

② 柳斌杰：《在改革开放中加强出版行政管理》，载《中国出版》，2002（12）。

导向原则的底线是：不违反《出版管理条例》（2016 年修订版）第二十五条与第二十六条的规定。

第二十五条　任何出版物不得含有下列内容：

（一）反对宪法确定的基本原则的；

（二）危害国家统一、主权和领土完整的；

（三）泄露国家秘密、危害国家安全或者损害国家荣誉和利益的；

（四）煽动民族仇恨、民族歧视，破坏民族团结，或者侵害民族风俗、习惯的；

（五）宣扬邪教、迷信的；

（六）扰乱社会秩序，破坏社会稳定的；

（七）宣扬淫秽、赌博、暴力或者教唆犯罪的；

（八）侮辱或者诽谤他人，侵害他人合法权益的；

（九）危害社会公德或者民族优秀文化传统的；

（十）有法律、行政法规和国家规定禁止的其他内容的。

第二十六条　以未成年人为对象的出版物不得含有诱发未成年人模仿违反社会公德的行为和违法犯罪的行为的内容，不得含有恐怖、残酷等妨害未成年人身心健康的内容。

毫无疑问，以上提到的选题坚决不能出，这就是选题策划的底线。

（二）正确处理出版的社会效益与经济效益的关系

《出版管理条例》第四条规定："从事出版活动，应当将社会效益放在首位，实现社会效益与经济效益相结合。"这是在选题策划活动中正确处理社会效益与经济效益之关系的唯一准则。

选题策划人、编辑出版人必须做到：策划出版好书、优质书，不策划出版坏书、劣质书，决不策划出版反动书、淫秽书与色情书。反动书是指对国家、政府、中国共产党和各族人民产生极大危害的书。例如，重庆某社 1993 年出版的《中国军队能否打赢下一场战争》和《中国军队制胜兵器与现代战争》，泄露国家军事机密；上海某社 1989 年出版的《性风俗》与北京某社 1994 年出版的《憨态可掬的猪》都有侮辱穆斯林的内容，引起了他们的强烈不满；四川某社 1988 年出版的《杜月笙全传》多处攻击、谩骂中国共产党及其领导的人民革命斗争；北京某社 1994 年出版的《转法轮》宣扬邪教、迷信、伪科学。色情书尤其是淫秽书是读者特别是青少年读者身心健康的腐蚀剂。原新闻出版署于 1988 年 12 月颁布的《关于认定淫秽及色情出版物的暂行规定》对什么是淫秽出版物、色情出版物做了界定，选题策划人、编辑出版人必须严格遵守①。诚如中国现代史上著名私营出版社亚东图书馆的创办人汪孟邹（1878—1953）所说："与其出版一些烂污书，宁可投资开妓院。"

---

① 要注意两点：一是淫秽出版物与色情出版物有区别。相比而言，色情出版物有时尚能为社会道德所容忍。二是在不同的时代，同一种出版物是否属于色情淫秽出版物往往会有变化。如《尤利西斯》《查泰莱夫人的情人》与《废都》等都经历了被禁到开禁的过程。

在当今市场经济条件下，出版的社会效益与经济效益的关系经常表现为正确导向与市场运作的关系。脱离正确导向，无视市场规律，都是同社会主义市场经济背道而驰的。选题策划人、编辑出版人的艺术就在于找到两个效益的最佳平衡点。作家出版社强化社领导班子、编辑室主任的阵地意识和守土有责的思想，在图书的三审过程中，做到了每一审都是“过滤器”，都是“筛选机”。曾经有人拿着书稿找到该社，社领导一看这是一本经济上可能发行上百万册，但导向上可能出现偏差的书稿，就谢绝出版；后来另一本导向上有问题的书稿也找过该社，也被他们在审稿时挡了回去。同时，该社又以广大读者和自身利益为出发点制定营销策略，力争满足多层次读者的阅读需要，主动出击市场，策划出版了一批优秀畅销书，使全社保持合理的选题结构，从而实现了社会效益和经济效益的双丰收。

第二节　可行性原则（原则2）

可行性原则也可以叫做可操作性原则。

一、可行性原则的含义

策划选题时，必须考虑选题能否付诸实施，是否具备完成该选题所必需的各种主观条件与客观条件。做任何事情，都离不开既定的条件。有人可能会说，没有条件，可以创造条件嘛。但是，条件并不是可以随意创造的，有时候无论怎样努力还是创造不出来。谁都希望策划最好的选题，然而，由于条件的限制，最好的选题无法实施。不能实施的选题，价值等于零。最好的选题并非一定最优，最优的选题只能是最适合自己的、最切实可行的选题。否则，无论创意多么奇妙，也终究是“水中花”“镜中月”。

例如，某科学技术出版社的编辑策划了《中国远古时期科学技术史》（套书）选题。这个选题是原创型选题，能填补空白，但组稿的难度极大。因为，对远古时期科学技术情况的文字记载和考古实证材料非常少，对这方面问题的研究争议也很大，所以，很难找到作者。即使找到了作者，也无法按编辑要求撰写稿件。因此，选题虽好，也只能将其淘汰。

二、可行性原则的具体体现

可行性原则主要体现在以下四个方面。

（一）选题必须在现行政策允许出版的范围之内

有时候，明知道某个选题出版后会引起轰动，会有可观的经济效益，但很可能因此犯导向错误，这个时候怎么办？最好不要碰这样的选题。学林出版社原总编辑雷群明回忆说：

曾经有一位老同志拿了一部《××文集》[①] 到学林出版社来要求出版。我们看了，认为作者的遭遇很值得同情，但其中有的观点与中央的提法不一致，希望删去。这位老同志不同意，收回书稿给南方一家大出版社出版了，反响很大，但是后来受到了批评。曾经为我们失去这部书稿而感到可惜的同志又为我们感到庆幸。但我们认为，我们坚持把好政治关就够了，无所谓可惜与庆幸。在这方面，还需要谨慎和细心。[②]

笔者发现以下 15 种选题最容易出导向问题、违反国家出版政策：

(1) 涉及中国政治体制改革的选题；

(2) 涉及党和国家曾任或现任主要领导人的选题；

(3) 涉及中共党史上的重大事件和重要人物的选题；

(4) 涉及民族问题的选题；

(5) 涉及宗教问题的选题；

(6) 涉及中国共产党和国家重大机密的选题；

(7) 涉及“文化大革命”的选题；

(8) 涉及中国国界的选题；

(9) 涉及我国香港、澳门特别行政区和台湾地区的选题；

(10) 涉及国民党上层人物和其他上层统战对象的选题；

(11) 涉及苏联、东欧以及其他曾经或现在的社会主义国家重大事件和主要领导人的选题；

(12) 涉嫌渲染色情的选题；

(13) 涉嫌全盘否定中国历史和中国传统文化的选题；

(14) 涉嫌主张全盘西化的选题；

(15) 涉嫌宣扬伪科学与封建迷信的选题。

对于上述 15 种选题，选题策划人要特别慎重。要想介入，就老老实实遵守上报审批手续和《图书、期刊、音像制品、电子出版物重大选题备案办法》。“在这些问题上，一是不要怕麻烦，凡是涉及这类问题，该报哪一级审批就报哪一级；二是批定而后动，坚决按批示的意见办，不要想不通，更不要阳奉阴违……还要随时注意听从上级的有关招呼。”[③]

(二) 选题应该在本社或自己的出版优势范围之内

在现行体制下，我国每家出版社都有规定的出版范围。有出版社领导认为：

尽管社会主义市场经济体系已经确立多时，但我国出版社分工依然存在。我们鼓励用足政策，充分挖掘潜力。不过由于历史的原因，超过本出版社出书范围的图书一时尚难被市场接受。因此，我们在策划选题时一定要尽可能围绕本社的出书范围，创造出为出版界

① 该文集应该是贵州人民出版社于 1994 年 9 月出版的《顾准文集》。

② 雷群明等：《编辑修养十日谈》，97 页，上海，上海科技教育出版社，2002。

③ 同上书，96 页。

和读者所接受的品牌，那些费力不讨好、事倍功半的事还是少做为妙。[①]

这确是经验之谈。不过，我们应该看到，随着市场经济的进一步成熟和出版改革的进一步深入，由出版行政管理机关规定的专业分工被不断打破，如古籍出版社也被允许出版教材教辅。可以相信，在市场竞争中自发形成的出版优势分工将取代行政规定的专业分工。所以，更准确的说法是，选题应该在本社或自己的出版优势范围之内。

（三）组稿必须可行

策划选题时，必须考虑组稿是否可行。如果组不到稿，或很难组到稿，或组到了稿却很难得到专家、读者的认同，这样的选题显然是空头支票。在实践中，有不少好选题由于没有找到合适的作者而使其效果大打折扣。合适的作者应该具备三个条件：一是有完成该选题的写作能力；二是愿意按编辑要求撰写稿件；三是能在规定的时间内完成稿件。有的专家学者型作者不擅长也不愿意写通俗读物；有的名作者，由于年岁过高，身体欠佳，或者由于兼职过多，工作繁重，不能如期完成写稿等，选题策划人必须事先考虑到这些问题。总之，必须把选题与组稿紧紧绑在一起，如果组稿是渺茫的，最好的选题也应该在论证阶段就将其淘汰掉。

（四）出版社必须具备实施该选题的各种资源

要想使选题得到顺利实施，就必须具备与选题相适应的人力、物力与财力等资源。目前，国内出版社都有一定的分工，所引进的人才大体上与本社的实际需要相符。因此，作为个体的人才存在知识面的明显不足，作为整体的出版社的人才也存在某些领域的能力局限，所以，策划选题时必须考虑本社人才对该选题的驾驭能力。例如，某些大型的、涉及面很广的选题，就不适合专业性强的中小型出版社；流动资金不足、实力较小的出版社就不适合上大型的套书、丛书，因为几百万字、上千万字甚至上亿字的篇幅所需的巨额稿费和印制费对于一些中小型出版社会成为重负。印制条件，如印刷机器、纸张与油墨等也必须事先考虑。

第三节　市场原则（原则3）

一、市场原则的含义与必要性

选题策划人要在深入、细致地调查研究图书市场的基础上，按照图书市场的供求状况，面向市场策划相应选题。也就是说，选题策划要以市场为取向。

在坚持导向原则的前提下，选题策划为什么还要坚持市场原则呢？这是因为：

（1）在市场经济条件下，出版业属于文化产业。既然是产业，就要按照产业的规律来运作。面向市场是选题策划的必然选择。一般而言，市场是图书选题的试金石。

---

① 许久文：《图书选题操作可行性刍议》，载《新闻出版报》，2001-02-26。

(2) 在市场经济条件下，出版竞争十分激烈，面向市场是选题策划人应对竞争的唯一出路。竞争是市场经济的本性。应对市场竞争只能从市场中找出路，从市场中找突破口。

二、选题策划面向市场的基本途径

选题策划面向市场有以下三种基本途径。

(一) 深入调查研究图书市场的供求状况，针对不同的情况采取相应的选题对策

图书市场的供求状况无非三种：供不应求、供过于求、供求一致。供求一致是我们追求的目标，但实践告诉我们，供与求的“一致”是相对而言的。就算是现阶段完全一致，等过了一段时间，可能不一致了；从全国范围来看供求一致的图书，也有可能在甲地供过于求，但在乙地又供不应求；现阶段供不应求或供过于求的图书，可能将来变得供求一致了。总之，图书市场的供求状况很复杂。

选题策划人必须深入调查研究图书市场的供求状况，针对不同的情况采取相应的选题对策：

(1) 对于目前供过于求的图书，一般情况下，不再策划新选题。例如，中小学教辅特别是习题、模拟题之类的图书总体上供过于求，如无创新之处，就不要策划新选题。

(2) 对于目前供不应求的图书，则可趁热打铁。例如，写书出书的低龄化是不可阻挡的潮流，在这方面，选题策划大有作为。再如，原创网络作品的纸质出版（实体出版）也处于供不应求的态势。原创网络作品出版的商业空间巨大。网上有金，网上有宝，关键是要从“网海”中淘出来。

(3) 对于目前供求基本一致的图书，策划新选题要十分谨慎。例如，总的来看，养生保健读物的供求目前基本平衡，主管部门已对此类读物的作者与出版社实行准入制度，再策划新选题就要特别慎重。

(4) 对于将来很可能供过于求（目前可能供求基本一致或供不应求）的图书，策划新选题应该慎重。后宫争斗题材文学作品这些年火得有些让人心跳，必有一个平缓期。

(5) 对于将来很可能供不应求（目前可能供求基本一致或供过于求）的图书，就要未雨绸缪。手机被誉为“第五媒体”，笔者觉得它的黄金时代还没有完全到来。手机技术的不断改进、手机产业的蓬勃发展和手机消费的日益普及，必将拉动手机类图书市场的繁荣。

(6) 对于在甲地供过于求或供求基本一致，而在乙地又供不应求的图书，可以针对乙地读者的需求策划选题。图书消费的地域差异是客观存在的，有时甚至很大。例如，《爱因斯坦文集》与《顾准文集》等学术类图书占据了北京读者购书排行榜的58.8%，是上海、广州一类城市的7倍多。① 选题策划人不仅要考虑“读者是谁”，还要考虑“读者是哪里的”。

总之，选题策划人要动态把握图书市场的发展趋势，要尽可能地摸准图书市场发展的脉搏。

---

① 参见赵航：《选题论》，139页。

（二）在讲求特色与质量的前提下，积极开发新品种

不妨先看看改革开放以来我国图书市场的发展态势，请看表7—1①：

表7—1　　1978—2017年我国图书出版品种与印数统计表

项目 年份	品种 （种）	总印数 （万册、张）	每种平均印数 （万册、张）	出版社数 （家）	每社平均出版品种 （种）	每社平均印数 （万册、张）
1978	14 987	377 424	25.18	105	143	3 594.51
1979	17 212	407 178	23.66	129	133	3 156.42
1980	21 621	459 298	21.24	169	128	2 717.74
1981	25 601	557 830	21.79	191	134	2 920.58
1982	31 784	587 903	18.50	214	149	2 747.21
1983	35 700	580 382	16.26	260	137	2 232.24
1984	40 072	624 816	15.59	295	136	2 118.02
1985	45 603	667 328	14.63	371	123	1 798.73
1986	51 789	520 299	10.05	395	131	1 317.21
1987	60 213	625 210	10.38	415	145	1 506.53
1988	65 962	622 458	9.44	448	147	1 389.42
1989	74 973	586 442	7.82	462	162	1 269.35
1990	80 224	563 626	7.03	462	174	1 219.97
1991	89 615	613 940	6.85	465	193	1 320.30
1992	92 148	633 750	6.88	480	192	1 320.31
1993	96 761	593 372	6.13	505	192	1 174.99
1994	103 836	600 775	5.79	514	202	1 168.82
1995	101 381	632 179	6.24	527	192	1 199.58
1996	112 813	715 776	6.34	528	214	1 355.64
1997	120 106	730 528	6.08	528	227	1 383.58
1998	130 613	723 859	5.54	530	246	1 365.77
1999	141 831	731 629	5.16	529	268	1 383.04
2000	143 376	627 400	4.38	528	272	1 186.36
2001	154 526	631 019	4.08	526	294	1 199.66
2002	170 962	687 000	4.02	532	321	1 291.35
2003	190 391	667 000	3.50	535	356	1 246.73
2004	208 294	641 300	3.07	538	387	1 192.01
2005	222 473	646 600	2.91	539	413	1 199.63
2006	233 971	640 800	2.74	539	434	1 188.87
2007	248 283	629 300	2.53	544	456	1 156.80
2008	275 668	693 600	2.52	545	506	1 272.66

① 1978至1999年的出版品种数、总印数与出版社机构数出自《1949—1999年全国图书出版统计》，见《中国出版年鉴（2000）》，36页，北京，中国出版年鉴社，2000。其他数据由笔者算出。2000—2017年的相应数据出自相应年度的《中国出版年鉴》，或者出自国家新闻出版主管部门官网。

续前表

项目 / 年份	品种（种）	总印数（万册、张）	每种平均印数（万册、张）	出版社数（家）	每社平均出版品种（种）	每社平均印数（万册、张）
2009	301 719	703 700	2.33	545	554	1 291.19
2010	328 387	717 100	2.18	548	599	1 308.58
2011	369 523	770 500	2.09	547	676	1 408.59
2012	414 005	792 500	1.91	547	757	1 448.81
2013	444 427	831 000	1.87	549	810	1 513.66
2014	448 431	818 500	1.83	550	815	1 488.18
2015	475 768	866 200	1.82	551	863	1 572.05
2016	499 884	903 700	1.81	551	907	1 640.11
2017	512 487	924 400	1.80	552	928	1 674.64

注：本表中的图书包括书籍、课本与图片，出版品种包括新书与重印书，出版社机构数不包括副牌社。每种书平均印数与每社平均印数按四舍五入法取小数点后二位数，每社平均出版品种数按四舍五入法取整数。

据上表可知，从1978—2017年的39年中，我国图书出版品种从不到1.5万种增长到51万多种，增长了约33.2倍。总印数从约37.7亿册（张）增长到约92.4亿册（张），增长了约1.4倍。出版社的数量从105家增长到552家（不含副牌社），增长了约4.3倍。绝对数量的增加，反映了我国出版业的发展成就。同时，还必须看到另一面，这39年中，图书出版的品种虽然日益增多，1980年突破2万种，1986年突破5万种，1994年突破10万种，2004年突破20万种，2009年突破30万种，2012年突破40万种，2017年突破了50万种。但是，每个品种的平均印数日益减少，1982年首次减为不到20万册（张），1988年首次减为不到10万册（张），1994年首次减为不足6万册（张），2005年降至不足3万册（张），2012年降至不到2万册（张）。2017年每个品种的平均印数，竟然只有1978年的7.1%，只有1987年的17.3%，只有1994年的31.1%。也就是说，改革开放以来我国出版业发生了品种不断增加但平均印数不断减少的变化，这种变化的背后反映的是出版竞争日益激烈的事实。换句话说，我国出版业和图书市场的重心发生了由印数向品种的战略性转移，这种转移尤以20世纪90年代以来最为明显。在此背景下，我国政府及时推行从数量规模型到优质高效型的战略转移。

改革开放后的前10年，读者购书仍然集中在某一类图书上面，先后出现了萨特热、尼采热、琼瑶热、三毛热与金庸热等。然而，1990年秋天，在上海举行的第三届全国书市上出现了“无热点”现象，“蔡志忠漫画”系列、《毛泽东的感情世界》、《毛泽东传》、《乱世佳人》与《实用中国养生全书》等书都销得好。“无热点”实为“多热点”，“热点书呈分散趋势，预示着我国图书市场进入了多热点的新纪元”①。

在热点不断分散的情况下，选题策划人、编辑出版人的明智之举只能是：在讲求特色与质量的前提下，积极开发适应读者需求的新品种。与此同时，努力兼顾品种与印数，设法增加重印与再版的品种，实现出版业的高质量发展。

---

① 潘益大：《“无热点”的胜利》，见陈致远、臧今仪主编：《书的魅力——第三届全国书市综观》，28页，上海，学林出版社，1991。

（三）关注国际图书市场动态，积极引进优秀选题和输出选题

详见第十九章之“引进选题法”和“输出选题法”。

第四节 读者原则（原则4）

一、读者原则的含义与必要性

选题策划人要在深入、细致地调查研究读者的基础上，针对读者的需求，面向读者策划相应选题。也就是，要以读者为取向。“在出版理念上，出版社不是为了销售已经生产的图书，而是要去生产能够销售的图书；在营销理念上，为自己的图书去找读者还只是停留在一个肤浅的层面上，我们要树立的应该是为读者去找他所需要的图书。”①

选题策划为何要坚持读者原则？这是因为：

（1）读者是选题策划人、编辑出版人的服务对象，满足读者的需要是其义不容辞的职责。按照传统的观念，编辑出版工作既为读者服务，也为作者服务，但笔者认为，严格说起来，编辑出版工作尤其是市场经济条件下的编辑出版工作的服务对象只有一个，这就是读者。② 在一定意义上说，市场经济是服务经济——为消费者服务的经济。我们也可以说，出版产业是为读者服务的产业。

（2）从传播学的角度来看，读者是受众，是知识、信息与思想的接受者。图书只有被读者接受了、认可了，才能达到传播的效果。

（3）从经济学的角度来看，读者是图书的消费者，而编辑出版人和作者都是图书的生产者。消费是生产的目的与动力。满足读者的需要是当今编辑出版工作、选题策划工作的目的和动力。

（4）市场经济条件下的编辑出版工作、选题策划工作在很大程度上受读者主宰。这是因为，图书市场是由读者的需要支撑的，有读者才有图书市场。出版的最后命运掌握在读者手中。

二、选题策划面向读者的基本准则

选题策划面向读者要遵循以下六个基本准则。

（一）要处理好读者的传统需求与新需求之间的关系：在继续满足传统需求的同时，高度重视读者的新需求

在计划经济时代和政治运动频繁的时代，我国读者阅读与购书的目的主要是学习政治思想

---

① 吴培华：《总编辑工作的要务是策划》，载《大学出版》，2004（3）。

② 作者是编辑出版人的合作对象，而不应视为服务对象。如果一定要把作者也视为服务对象，那么读者是直接服务对象，而作者是间接服务对象。这方面的论述可参见易图强编著：《出版学概论》，第八章，第三节、第四节。

理论与了解现行方针政策（可称为政治思想教育性需求），获取科学文化知识（可称为求知性需求），解决工作、学习与生活中遇到的实际问题（可称为实用性需求）。这些需求，可统称为传统需求。然而，改革开放以来尤其是20世纪90年代以来，读者的需求形成了鲜明的多元化局面。在传统需求继续存在并得以发展的基础上，出现了新需求。新需求包括以下四种。

1. 功利性需求

功利性需求是指读者阅读、购买图书的目的非常明确：希望从书中直接获得有助于自己发展的有用的知识，以达到某种功利目的。功利性与实用性有较大区别。书的实用性有两层意思：(1) 能为读者提供实用的知识，能帮助读者解决学习、工作与生活中遇到的实际问题；(2) 使用便利、携带方便，好处大、用途多。如各种等级考试与职业资格考试用书、“微型书”、“口袋书”、多功能字帖与多功能成语词典等，都是实用性很强的书。功利性无疑包含了第一种实用性，但更强调读者对其所读之书的功利性价值取向，如发财、升官与出人头地等。在今天，心理自助、人生励志与谋略智慧等成功学方面的书，如《人性的优点》《人性的弱点》《方与圆》与《致加西亚的信》等十分火爆。大众商业财经书、实用经济读物，如《短线是银》类股票书、《富爸爸 穷爸爸》类理财书也非常红火。20世纪90年代中期，读书界流行的顺口溜“当官要读《曾国藩》，经商要看《胡雪岩》”就是当今读者功利性需求的集中反映。

《曾国藩·血祭》书影

《胡雪岩全传》书影

2. 个性化需求

市场经济时代是崇尚个性的时代，反映在图书消费上，就是读者的个性化需求十分突出。这主要表现在两个方面：(1) 不同的读者群体之间，对图书需求的差异泾渭分明。年老的宠物爱好者偏爱养鱼、养鸟书，年轻的宠物爱好者偏爱养狗、养猫书，“萝卜青菜，各有所爱”“打鼓吹号，各有所好”。(2) 对图书选题的新颖性、独特性要求很高，以至于挑剔。那些盲目跟风出版的书、低层次重复出版的书，很难激发起当今读者的阅读与购买欲望。人无个性不立，书无特色不畅！当今女性生活类图书集中反映了读者的个性化需求。现在，女性生活类图书已远不止于原来的服饰、化妆的层面，已深入到深层次、个性化需要的层面。南方出版社 1999

年从英国引进出版的《乳房健美保健全书》，虽然价格贵至99元，但仍然受到女性读者的欢迎；上海三联书店从英国引进出版的《个性色彩搭配》，选题很专业，却获得白领女士的喜爱。

3. 时尚性需求

时尚性需求是指当今读者尤其是年轻白领读者把阅读与购买图书视为一种时尚，当作一种高雅的、惬意的休闲方式。在竞争压力越来越大的情况下，不少读者阅读的目的与其说是学知识，还不如说是放松自己。蔡志忠、朱德庸与幾米的漫画书的流行足以证明这一点。杂志式、"快餐式"图书的兴起也是适应这一需求的结果。购书已成为当今文化消费的一种时尚。

从1999年起，图书市场流行时尚文化休闲书。上海文艺出版社出版的《与毕加索喝咖啡》和《与梵·高共品葡萄酒》成为白领读者的抢手书。中国社会科学出版社引进出版的"另类丛书"（包括《格调：社会等级与生活品味》与《器具的进化》等），都热销一时。这种时尚文化休闲书注重提高读者的文化情趣和生活质量。现代都市人读一读这种书，或许笑意更浓，忧郁更少。

《与毕加索喝咖啡》书影

4. 非阅读性需求

所谓非阅读性需求，是指购书的目的或主要目的不是阅读，而是收藏，或者是附庸风雅，或者是从众，或者是"追星"，或者是送礼等。"书籍的消费不能跟阅读混为一谈。常常有这样的情况：一个消费者买（或者更少见的是借）一本书，但并不是专门想读它。"① 在许多时候，读者即使是根据阅读需要而买书，也往往含有非阅读的动机在内，如很可能会考虑书的封面、插图、版式是否美观，作者是否有名气。

非阅读性购书的动机在任何时候都存在，但在当今市场经济时代无疑更普遍、更突出。这是因为，人们的生活水平大大提高了，有收藏图书的经济条件，图书收藏鉴赏热的出现就是证明；我国已经形成中产阶层，其中不乏一批文化程度不高者以购书、藏书来附庸风雅，国外就有专门用于家庭装饰的假书和假书制造业；馈赠礼品书已成为当今中国图书消费的一种时尚；当今娱乐化时代是生产明星与名人的时代，催生了一批又一批的"追星族"，基于爱屋及乌的心理，他们自然会对明星、名人写的书或者写明星、名人的书感兴趣。

不难理解，选题策划人、编辑出版人要继续满足读者的传统需求，更要高度重视读者的新需求。②

（二）既要进一步满足传统读者群体的需求，又要及时挖掘、充分满足新兴读者群体的需求

传统读者群体是指长期以来形成的比较稳定、一贯受到编辑出版人高度重视的读者群体，

---

① ［法］罗贝尔·埃斯卡皮：《文学社会学》，89页，杭州，浙江人民出版社，1987。

② 参见易图强：《当代读者的新需求》，载《出版广角》，2002（9）。

如教师、研究人员、公务员与学生（按职业、身份划分），城市读者（按户籍所在地域划分），青少年儿童读者（按年龄划分），男性读者（按性别划分）等就属于传统读者群体。

新兴读者群体，是指改革开放以来尤其是20世纪90年代推行社会主义市场经济以来产生的读者群体，可以划分为以下两个部分。

1. 在新时期产生的读者群体

这又有两种密切联系的类型：(1) 从传统读者群体中分化出来的读者群体；(2) 由新兴的社会阶层转化而来的读者群体。读者群体的分化是指原来某一个稳定的读者群体（可称为母群体）不断分解为两个或两个以上相对独立的读者群体（可称为子群体）。读者群体的分化与社会阶层的分化息息相关。例如，“工人”原来是一个非常稳定的阶层，是指国有企业和集体企业的职工，而改革开放以来特别是20世纪90年代中期以来，这个阶层发生了急剧的分化。现在的国有企业职工、民营企业职工、三资企业职工（外企员工）、下岗职工与打工仔、打工妹构成了当今中国的工人阶层，其中的不同组成部分，文化程度、经济状况与价值观念显然不一样，阅读与购买图书的条件、兴趣与动机自然也不一样。“知识分子”这个阶层同样发生了重大分化。有人把现在的“知识分子”阶层划分为功利知识分子、学问知识分子、激进知识分子和传统知识分子四个部分。[①] 不同类型知识分子的阅读状况与购书倾向显然有别。尤其值得关注的是，新的社会阶层正在产生、形成、壮大之中，如中产阶层、个体户、民营企业家、策划人、经纪人、股民、彩民、基民、网民、“粉丝”、球迷等，不胜枚举。旧的社会阶层的不断分化，新的社会阶层的不断产生，是随着经济体制改革不断深入，社会经济不断发展，新的职业、新的行业不断涌现而形成的不可阻挡的趋势。不管是从传统的大型社会阶层中分化而来的小阶层，还是新出现的新阶层，都已经或正在形成为相应的新读者群体。股市的迅速发展，造就了股民群体，他们转化为股票书的读者群体；乡镇企业的异军突起和民营企业的蓬勃发展，造就了打工仔、打工妹队伍，他们转化为打工文学作品的读者群体；计算机技术和计算机产业的迅猛发展，造就了庞大的计算机从业人员和电脑爱好者群体，他们转化为计算机图书的读者群体，诸如此类。

由新兴社会阶层转化而来的新兴读者群体往往是潜在的读者群体，谁能及时发现他们的需求，并及时策划出相应的选题满足之，谁就能抢先一步开辟出新市场。君不见，最早或较早出版打工文学书、股票书、经商致富实务书、上网手册与网址精选书、彩票书、网络文学书的出版社大多取得了丰厚的回报吗？例如，中国大百科全书出版社1994年就从我国台湾购买了《股票操作学》的版权（上海证券交易所成立于1990年11月，深圳证券交易所成立于同年12月），至1997年引进第二版时，已发行24万册，并获得“全国优秀图书金钥匙奖”。2000年3月，电脑型彩票在我国兴起，四川文艺出版社于同年4月出版《破译电脑彩票》，至当年10月就印刷了6次。

2. 原已存在但在新时期才获得迅速发展的读者群体

这一部分读者群体有女性读者群体、农民读者群体、老年读者群体等，他们在计划经济时代就已经存在，但其特点、规模显然今非昔比。

---

① 参见刘可非：《当代中国社会阶层格局及其价值取向》，见何斐博客，http://blog.sina.com.cn/s/blog_629d633001014gq3.html，2007-07-18。

女性作家堪称当今文坛生力军，女性文学红红火火，女性书刊也已成为出版物市场的亮丽风景。随着男女平等政策的深入贯彻，女性的地位迅速提高；受教育机会的不断增多，使女性的文化水平日益提高。美国未来学家奈斯比特曾预言21世纪的亚洲社会将从男权统治走向女性崛起。[①] 我们深信，女性文学类、女性实用生活类、婴幼儿子女教育类、女性时尚休闲类、女性修养类等各类女性图书的前景会颇为光明。九州出版社出版的女性修养书《女人的资本》不仅畅销，而且成为品牌。女性读者群体的需求需要精心呵护。遗憾的是，从整体上看，我国女性图书的出版尚处于散兵游勇式的状态，未形成出版女性图书的品牌出版社。

《女人的资本》书影

农民读者是一个非常庞大的读者群体，他们对书刊的需求日益迫切。选题策划人、编辑出版人应该破除农民文化水平低、不会看书买书的成见。广阔农村大有人才，喜欢看书的农民大有人在，渴望知识、渴望科技致富的农民大有人在。许多农民不是不想买书，他们考虑的是能否比较方便地买到书，是否买得起，是否看得懂，提供给他们的图书是否真正对他们的生产、生活有用。谁能解决好这些问题，谁就能从农民读者那里获得优厚的回报，金盾出版社就是这方面的典范（详见第五章之第一节）。

随着我国老龄化进程的不断加快，老年读者群体的规模也在不断扩大。不论是从关怀老年人的角度，还是从开辟新的经济增长点的角度，都不应该忽视老年读者群体的需求。现有的老年读物的选题基本上是养生保健方面的，难道老年读者就没有别的需求了吗？根据老年读者中爱好、文化程度、经济条件的不同情况，针对老有所好、老有所学、老有所为的不同需求，完全可以策划出多种选题。美国出版的女性老年人诗集《青春不再　光彩依旧》竟然销售150万册（详见第十六章之“有的放矢法”）！蓝天白云属于所有的人，属于所有热爱生命的人。老年读者群体的需求同样丰富多彩，选题策划人、编辑出版人没有理由漠视他们的需求。

总之，选题策划人、编辑出版人必须处理好传统读者群体与新兴读者群体之间的关系：既要进一步满足传统读者群体的需求，更要及时挖掘、充分满足新兴读者群体的需求。[②]

（三）要花心思挖掘读者的潜在需求

潜在需求是相对于现实需求而言的。现实需求是指读者已经得到满足的需求，潜在需求是指读者没有得到满足或尚未被选题策划人、编辑出版人发现的需求。例如，人们都忌讳死亡，死亡话题让人不愉快。然而，20世纪90年代，就连一向乐观、崇拜青春的美国人也日益关心死亡话题，死亡话题图书居然成为出版社争着出版的热门书。美国一位身患绝症的心理学教授

① 参见［美］约翰·奈斯比特：《亚洲大趋势》，209页，北京，外文出版社，1996。
② 参见易图强：《当代新兴读者群及其需求》，载《出版广角》，2002（11）。

将自己的讲课稿以日记的形式写成《相约星期二》，销量超过100万册。喜好色情、暴力、恐怖的好莱坞电影业也跟着推出死亡题材电影《美梦成真》与《第六感生死缘》。在中国，2000年8月，濒临死亡的癌症患者陆幼青（1963—2000）的临终日记在榕树下网站发表，引起广大网民倾情关注，并引发了一场席卷全国乃至海外的新闻大战。原华艺出版社的金丽红与黎波火眼金睛，及时推出纸介质图书《生命的留言——〈死亡日记〉全选本》，3个月印刷7次，累计22.5万册。该书的畅销带动死亡话题书纷纷问世，如《死亡的遐想》《穿透死亡》《濒死体验访谈录》和《与名家一起体验死》等。对死亡的关注，对生命与生活的珍惜，转而对死亡话题图书的阅读与购买，就是读者的一种潜在需求。就连人们最忌讳的死亡话题书也能畅销，那么，还有什么书没有自己的市场呢？关键是选题策划人、编辑出版人要把这种潜在需求挖掘出来。

《生命的留言——〈死亡日记〉全选本》书影

（四）要适当满足特殊读者群体的特殊需求

特殊读者群体是由特殊社会群体转化而来的读者群体，从事与特殊社会群体有关的工作的人和对特殊社会群体予以关怀、关注的人也可以视为特殊读者群体。绝症患者、性病患者、吸毒者、交通肇事者、同性恋者、心理变态者、赌博人员、劳教人员、囚犯、离异家庭子女、网络成瘾者、孤儿、私生子、乞丐、“三陪”女等，都属于特殊社会群体。对这些群体的关心是人文关怀的体现。艾滋病蔓延、吸毒贩毒、青少年犯罪等问题是全球性重大社会问题，政府以至整个社会都对此高度重视。对这些社会问题和社会群体的了解、认识和研究，既是特殊群体本身所需要的，又是政府有关部门、有关人员所需要的，还是社会上所有对此关怀、关注的人所需要的。一句话，特殊读者群体的图书消费需求是客观存在的，没有理由成为被选题策划人、编辑出版人遗忘的角落。天津人民出版社的《毒品预防教育》在1998年春季北京图书订货会上竟以393.5万册而名列订货排行榜榜首！南方日报出版社的《独闯毒穴》（揭示贩毒吸毒问题的纪实文学）与《世纪之痛》（首次透视国内艾滋病人的心路历程）、中国青年出版社的《我的28岁和白色恶魔》（戒毒成功者坦言戒毒经历）和华艺出版社的《生命的留言——〈死亡日记〉全选本》（癌症病人在生命的最后100天写的日记）也都成了热销书。

（五）要有意识地关注中年读者群体的需求

理论界与实践界都忽略了中年读者群体。在拙文《当代新兴读者群及其需求》明确提出“中年读者”之前，所有论著、教材在按年龄对读者进行分类时都没有提到“中年读者”，也很少有人策划出版专门面向中年读者的书。中国青年出版社的《中年危机》、新世界出版社的《中年心境》、春风文艺出版社的《中年底线》、国防科技大学出版社的《珍重中年——中年人健康必读》等书从中年读者的心理、情感与身体健康的角度策划选题，是非常有意义的探索。然而，中年读者的需求与其他年龄段的读者究竟有何不同，怎样开发专门面向他们的选题，有待于进一步探讨。①

（六）既要适应读者、满足读者，又要引导读者、提高读者和创造读者

读者是编辑出版工作的服务对象，选题策划人、编辑出版人应该适应读者、满足读者，然而，这绝不等于迁就读者、迎合读者。对于背离政治思想导向的需求、不健康的需求，绝不能迁就、迎合。选题策划人、编辑出版人有责任以优质的精神产品去引导读者向积极的方面追求，选题策划工作必须有所为有所不为。

读者是文化创造与文化传播的积极参与者。一部作品能否被社会接受，既取决于作品本身的质量，又取决于读者的需要、素质和审美能力。法国著名思想家伏尔泰（1694—1778）说，无论怎样有益的书，其价值的一半是由读者创造的。读者从自己的角度理解作品和感受作品，“一千个读者就有一千个哈姆雷特”。鲁迅指出，对于同一部《红楼梦》，“经学家看见《易》，道学家看见淫，才子看见缠绵，革命家看见排满，流言家看见宫闱秘事……”② 人们借鉴《三国演义》中的谋略建功立业，但也有非法之徒运用书中的计谋抢劫杀人，例如，“湖南祁东惊天枪案”的主犯邓文斌（1968—2003）随身携带两件“宝物”：枪和《三国演义》。他把《三国演义》放在枕边，经常看，把书翻卷了翻烂了。据说他20岁时就能把全书背下来，特别崇拜诸葛亮的计、周瑜（175—210）的谋、曹操（155—220）的诈、关羽（约160—220）的勇，并“学以致用”，故其犯罪行为具有智能化特点。③ 可见，选题策划人、编辑出版人引导读者、提高读者的责任重大。

选题策划人、编辑出版人应该满足出版物市场的需要，可是，出版物市场的需要并不完全等于读者的需要。出版物市场的需要往往只反映读者当前的、现实的需要，不能反映读者长远的、潜在的需要。因此，选题策划人、编辑出版人有责任创造读者。

总之，选题策划人、编辑出版人不能一味迎合读者，应该从更高的层次着眼，以高于读者需要的品位给读者以启发、引导和陶冶。如果唯读者脸色是瞻、唯读者趣味是从，编辑出版工作怎能真正起到塑造人的灵魂的作用呢？引导读者、提高读者素质和创造读者是选题策划人、编辑出版人为读者服务的更高要求。

第五节　创新原则（原则5）

一、创新原则的含义与意义

（一）创新原则的含义

在导向正确的前提下，是否具有创新性是衡量选题优劣的首要标准。选题策划的创新性最

---

① 湖南师范大学新闻与传播学院编辑出版学专业2001级本科生周瑛丽在笔者建议下，撰写了毕业论文《关于中年读者群体的分析》，初步研究了中年读者群体阅读与购买图书的特点，在图书消费方面与青年读者、老年读者的差异，并提出了策划中年读者图书选题的一些建议。

② 《鲁迅全集》，8卷，145页，北京，人民文学出版社，1981。

③ 参见陈乘、彭友元：《湖南又灭一“张君”》，载《湖南广播电视报》，2003-08-13。

终体现在选题上，选题的创新性又表现在内容与形式两个方面。内容方面的创新，是指选题能动地反映了某项新事物，或者是提出了认识问题和解决问题的新视角、新思维、新观点、新方法，或者是揭示了科技发展与社会发展中的新问题、新素料、新信息，或者是创立了一门新学科，或者是填补了科学研究中的空白等；形式方面的创新，是指创立了全新的编纂体例、结构，或者是采用了独特的书面表达方式，或者是发明了新的出版形式或制作方式（如新版式、新装帧设计、新开本、新材料、新印刷技术）等。优秀的选题必定“标新立异”，这种标新立异不是哗众取宠，不是猎奇志怪，而是时代精神和选题策划人创造能力的完美结合和高度统一。

选题策划的创新性还体现在选题策划人运用何种理念、使用何种途径、采用何种方法上面。从一定意义上说，选题策划的过程就是拥有创造性头脑的选题策划人，在一种创造性理念的引导下，运用创造性的手段、方式、方法，创造性地设计选题和实施选题，并获得创造性成果的过程。

（二）坚持创新原则的意义

海尔集团首席执行官张瑞敏说，要比对手跑得更快就必须创新。企业犹如斜坡上的球体，不断向上推进的必要条件是要有上升力，在海尔，上升力即来自于创新。海尔文化的核心内容就是创新，沿着战略创新的方向，以观念创新为先导，利用组织创新作保障，靠技术创新达到市场创新的目的。[①] 海尔长盛不衰的法宝就在于永不停止的创新。创新对精神产品的意义更重大。选题策划坚持创新原则，有以下三个意义。

1. 创新是形成特色和竞争优势的必由之路

特色是出版物的立足之本。特色从哪里来？只能从创新中来。创新的选题必定是人无我有、人有我特的选题，有无特色是选题创新与否的标志。

案例 7—1

2004年是邓小平100周年诞辰纪念年，原新闻出版总署组织出版了纪念邓小平的100种重点图书，但大多是围绕邓小平的生平事迹转来转去，大同小异。然而，四川文艺出版社的编辑出版人员另辟蹊径，从四川广安县协兴乡牌坊村邓小平故居对公众开放20年来积累的99册留言簿上数万条参观者的亲笔留言中，挑选了200条左右的留言，并精选其他有关内容编辑成《邓小平故居留言簿》。本书策划者说：“这是一部视角独特的纪念性图书。它以走下神坛的质朴无华和万众拥戴的民间情怀，将人民和领袖的息息相通、民心和国情的休戚与共，用直率坦诚、秉笔抒怀的中外参观者的各式留言展现出来——打动您，感染您，震撼您！”[②]

《邓小平故居留言簿》书影

① 参见孙卫卫：《出版人向海尔学什么》，载《中国新闻出版报》，2001-12-31。
② 转引自章夫等：《邓小平故居留言簿》，“亲爱的读者”（相当于“出版说明”），成都，四川文艺出版社，2004。

有专家评论说："《邓小平故居留言簿》的策划者可谓别出机杼。他没有让一位或数位手握如椽之笔的作家铺叙邓小平的一生，而是采撷了四川广安邓小平故居的99册留言簿中诸多参观者的留言，让这些留言诉说国民对邓小平的景仰与怀念，从而使该书得以仪态万方地展现世纪伟人邓小平的动人风采。"①

这本书的选题创意的确独特，令人耳目一新！因而在邓小平百年诞辰的纪念性图书中独树一帜，读者好评如潮，被媒体誉为"最平民化的领袖图书"，并荣获四川出版集团第一届出版奖。

2. 创新是避免低层次重复出版的必然选择

我国出版业盲目跟风、低层次重复出版的现象相当严重。许多编辑满足于"嚼别人嚼剩的馍"，满足于"躺在祖宗身上吃祖宗饭，却不给祖宗添光彩"，致使选题重复、雷同，甚至内容与书名都完全相同。低层次重复出版的危害很大，造成了物力、人力和财力的极大浪费，还浪费了读者的时间、精力和钱财。

低层次重复出版显然是创新能力低下的表现。要避免这种现象，从出版的源头来看，选题策划必须创新。中国现代杰出出版家邹韬奋（1895—1944）说："历史既不是重复，供应各时代的特殊需要的精神食粮当然不该重复。……尾巴主义是成功的仇敌。刊物内容如果只是人云亦云，格式如果只是亦步亦趋，那是刊物的尾巴主义。这种尾巴主义的刊物便无所谓个性或特色。没有个性或特色的刊物，生存已成问题，发展更没有希望了。要造成刊物的个性或特色，非有创造的精神不可。"② 这段话对今天的图书选题策划工作同样有重大指导意义。

邹韬奋　像

其实，"就是同一选题，并非注定出书就会趋于重复，如果换一个不同的角度或不同的层次，就可能使这本书与众不同，别开生面"③。20世纪80年代前期，美国出版了很多离婚方面的书，由于内容老套，不能引起读者的兴趣。可是，有一本《儿童谈离婚》的书，读者争相购阅，还被拍成了电影、电视剧，轰动一时。这是为什么？主要是由于该书采用了他人没有想到的一个新角度——让离婚的直接受害者儿童谈父母离婚给他们造成的种种痛苦。这种充满稚气的、带泪的诉说更能打动读者的心，更能引起读者的震撼与共鸣。

---

① 赵健：《优秀图书来自优秀策划——参加第一届四川出版集团出版奖评选感言》，见贺圣遂主编：《新形势　新思考——中国编辑学会第十届年会论文集》，223页，上海，复旦大学出版社，2006。

② 邹韬奋：《经历》，77页，北京，三联书店，1978。

③ 王劲松：《试论编辑的创造性思维》，载《出版与发行》，1986（6）。

3. 创新是塑造出版物品牌的基础

商务印书馆是我国公认的具有品牌影响力的百年老社，其成功来自于源源不断的创新性选题，从新式英语教科书、《东方杂志》、《小说月报》到“汉译世界学术名著丛书”“万有文库”等，莫不引领出版的时代潮流。

二、选题策划人实现创新的前提条件

作为创新的主体，选题策划人、编辑出版人必须具备以下五个前提条件。

（一）要有强烈的创新欲望

欲望实际上是人类社会发展的基本动力。选题策划人只有在一种永不满足的心理状态下，才有可能策划出新颖的选题。对出版业的热爱、对选题策划的迷恋，促使选题策划人积极思考问题，勇于提出创见。但凡在事业上有所建树的人，都是对事业充满激情、专心致志从事创造性劳动的人。热爱是最好的老师，兴趣是成功的前奏，不把自己置于非干不可的境地，就不可能产生强烈的创新欲望。有这样一个故事：

> 建筑工地上，工人们忙碌着。有人问正在砌墙的三位年轻工人：“你们好，这些天忙些什么呀？”甲回答：“你不是看到了，我忙着砌砖呢。”乙回答：“我忙着赚钱。”丙回答：“我忙着盖一座世界上最有特色的建筑。”若干年后，甲与乙依然是工地上的泥瓦工，而丙是有名的建筑师了。

命运掌握在自己手里。甲的目光只在手上，脑子只想着眼前的工作。可以预测，随着时间的流逝，他只能成为技术熟练的泥瓦工。乙的目光只在金钱上，脑子只想到养家糊口。可想而知，他也不会有更好的前途。而丙就不一样了，他胸怀未来，手持瓦刀砖头，却想着发展前程。有了这样的思想意识和心理状态，他的思维细胞自然闲不着，自然会自己给自己出题目，自己给自己加压力。于是，新的知识被不断地吸纳进来，新的创意被不断地激发出来。选题策划人应该像丙泥瓦工一样，不满现状，自加压力，自己给自己提高要求、定高标准。

（二）要克服害怕创新的心理

很多人在选题策划方面有畏难情绪。之所以害怕创新，是因为他们高估了创新，以为创新总是人无我有、前无古人、能填补空白，非常人所能及。这样认识创新，不能说是错误的，但肯定是有偏差的。事实上，创新有两个层次：第一个层次是原创，第二个层次是“模仿”。原创是无中生有，“模仿”是有中生变（推陈出新）。发明感冒药是原创，而江苏一家制药厂开发出白加黑感冒药是“模仿”；中国人发明茶杯（平口的）是原创，而日本人针对欧美人鼻子高的特点设计出斜口的茶杯是“模仿”。

关于“模仿”，需要明确以下四点。

（1）“模仿”不是照搬。“模仿”不是“克隆”，不是复制，而是借鉴，既有继承，又有扬弃，既有吸收，又有变化。

（2）“模仿”也是创新。你能说“白加黑感冒药＝感冒药”吗？斜口茶杯与平口茶杯是一个东西吗？不能！因为，白加黑感冒药白天吃了不打瞌睡，斜口茶杯欧美人使用时不碰鼻子，既然有新功能，就是新东西。

（3）“模仿”是最常见的创新。世上的原创不多见，尤其对于普通人来说，发生在其身上的创新大多是“模仿”。有人言，创造是旧东西的新组合；又有人云，创新就是有见地的模仿；还有人曰，创新就是能瞒过普通人的抄袭。

（4）“模仿”不难，起码比原创容易得多。只要肯动脑筋，做有心人，谁都可以通过模仿来创新。创新者要以批判的眼光审视万事万物，发现他人未曾发现的问题，挑剔他人未曾挑剔的缺陷。用一句成语说，叫“吹毛求疵”；用一句广告语说，叫“没有最好，只有更好”。然而，人往往有惰性，对司空见惯的东西往往不肯或不愿意挑剔它的缺陷，因而无形中就丧失了原本就有的创造力。

同世间的万事万物一样，原创的选题当然有，中国青年出版社出版的“三红一创”（《红岩》《红日》《红旗谱》和《创业史》）、上海辞书出版社出版的《唐诗鉴赏辞典》、中信出版社出版的《水煮三国》、长江文艺出版社出版的《狼图腾》等就是原创选题，但许多选题是模仿的结果。通过与同类书的比较，扬长避短，形成自己的特色，就策划出了新选题。例如，《唐诗三百首》你出他出大家出，版本很多，我还能出吗？当然能出！如何出新？内容方面出新不易，形式方面总还可以出新。

案例 7—2

1997 年，上海辞书出版社请当代画家为唐诗配图，出版《诗与画——唐诗三百首》，定价 160 元，首印5 000册居然一售而空。上海古籍出版社受此触动，于 1999 年推出《唐诗三百首》（图文本），同样配了图，但不是当代画家的作品，而是选用明朝人《唐诗画谱》中的作品，以显其古雅风味。在注释的方式上，《唐诗三百首》（图文本）也有与众不同之处。以往的版本有两种注释方式：第一种是篇末注，即将注释放在诗后；第二种是诗中夹注，即把注释随诗放在难懂的词语后面，用括号与诗的原文区别开来。这两种注释方式都有缺点，第一种找起来费事，因为读者要从诗后密密麻麻的注释中去寻找，第二种影响阅读的流畅。而此书把注释放在难解词语的下面，即将每一行诗中的注释用小号字体置于该行诗下，这样，读者既避免了寻找注释的麻烦，又不影响阅读的流畅。该书初版 1 万册半个月内一销而光，重印 2 万册一个月内又销完，出版一年半中印刷 9 次，累计 25 万册。

（三）要破除思维定式

思维定式包括习惯性思维定式和盲从性思维定式。习惯性思维定式是指以过去的经验教训来对待当前的事物，盲从性思维定式是一种服从于权威、名人、众人的思维态势。不管哪种，都是创新的最大障碍。对于创新来说，过去的经验、权威的看法、名人的意见、众人的做法，往往不是好东西。在正常情况下，它们管用，但在非正常条件下，它们就失灵。威尔伯·莱特

(1867—1912) 和奥维尔·莱特 (1871—1948) 两兄弟要是相信当时的科学大师与学术名流的结论——将沉重的机械送上天根本不可能，那么，还会有飞机上天吗？毛泽东 (1893—1976) 要是屈服于众多马列主义理论家的说法，还能走出一条从农村包围城市，最后夺取全国胜利的道路吗？选题策划人要想创新，也必须砸碎思维定式。《续红楼梦》、《第一次的亲密接触》、"第一推动丛书"等，选题最初提出之时，莫不遭遇一片反对声，庆幸的是，当事人没有屈服于众人之见或权威之见。习惯性思维的本质是墨守成规，创造性思维的实质是与时俱进。选题策划需要与时俱进，不需要墨守成规。盲从性思维的本质是人云亦云，创造性思维的实质是与众不同。选题策划需要与众不同，不需要人云亦云。

总之，选题策划人要放飞思想，要超越常规，打破传统，不被任何条条框框束缚，不被任何经验与习惯制约，不被任何权威与名人左右，不盲从于众人。只要不违背正确的导向，万事万物皆可成选题。在选题策划方面，不存在这样的情况：这件事这个问题能出书，而那件事那个问题不能出书；书只能这么出，而不能那么出；这种作者能写书，而那种作者不能写书。

(四) 要掌握创造性思维的方法

创造性的选题是策划者进行创造性思维的结果。掌握创造性思维的方法、培养创造性思维的能力，对选题策划人极为重要。创造性思维不同于常规思维，它要求从多角度、多层次、多方位去认识事物，提出独特的见解和新颖的方法、设想与方案。

最基本、最常见的创造性思维有两种：一是发散思维（求异思维、辐射思维），二是反向思维（逆向思维）。发散思维是一种充分发挥人的想象力、寻求解决问题的多种方法的思维形式。它要求思考者独立思考，敢于怀疑定论、质疑权威、打破常规；反向思维相对于正面思维而言，从反面来思考问题，从反面来认识事物，相当于科学研究方法中的反证法。

某高校曾出了这样一道作文题：

先阅读下述材料，然后围绕材料写一篇议论文。

苏东坡游莫干山

有一天，苏东坡得空到莫干山游玩。游累了，就顺道到山中道观歇脚。老道见来者衣冠寻常，举止朴素，就淡淡地说："坐。"并对身边的小道说："茶。"饮茶时，双方交谈。老道见来人知识渊博，谈吐不凡，随即请苏东坡上大厅，客气地说："请坐。"并对小道说："敬茶。"后来，老道得知来客就是大名鼎鼎的苏东坡，赶忙将苏东坡引进会客室，恭敬地说："请上坐。"并对小道说："敬香茶。"临别时，老道请苏大学士留下墨宝。苏东坡大笔一挥，写下两行大字："坐请坐请上坐，茶敬茶敬香茶。"老道见了羞愧满面。

这篇议论文怎么写？想必多数人都会议论老道，批评他以貌取人。你这样写，他也这样写，太俗套了。如果综合运用发散思维和反向思维，变换着眼点，可选择的议论点就很多，得出的结论更为新颖。请看以下分析：

着眼于老道：

其一，可以就老道以貌取人的待客态度提出批评，联系现实生活中嫌贫爱富、趋炎附势的现象，应有不少话可说。

其二，不妨来个反向思维，可以赞美老道尊重人才、爱惜人才的美德——给像苏东坡这样的优秀人才以优厚的待遇，不正是今天我们所倡导的吗？

着眼于苏东坡：

其一，就其寻常的衣冠、朴实的举止，赞美他的平民意识与朴实品格。联系今天某些领导干部出行时的前呼后拥、气势逼人，就更有话说了。

其二，来个逆向思维，批评苏东坡苛责于人、等级观念重的缺点——对素不相识的人，老道能给椅子坐，给茶喝，就很不错了，为什么要讽刺他？如果要老道对来客个个都给予最好的接待，老道哪来的财力？联系今天一些政府机关冷眼待人的现象，老道算不错了。

着眼于小道：

其一，可以赞美他服从命令听指挥、不折不扣遵从领导指示的职业精神——我们今天仍需要这种精神。

其二，逆向而思，可以批评他没有眼力、缺乏独立思考的不足——年轻人眼力好，应该为老年人把把关，可他未能提醒老道，未能帮助老道避免犯错误——今天领导人身边的助手有这份责任。①

可见，发散思维不是点式思维，也不是线式思维，而是立体式思维。它以一个思维对象为中心向四面八方想开去，寻求尽可能多的答案，然后从中选择一个最佳的。它要求思考者变换着眼点，变换方向，对事物的各个要素、各个方面进行解剖，从中找到最佳切入点。选题策划不也如此吗？

《临床误诊一百例》书影

一般情况下，人们大都会采用正向思维，把逆向思维冷落了，而恰恰是逆向思维最能出创意。选题策划也是如此。湖南科学技术出版社于1982年1月出版的《临床误诊一百例》是逆向思维的结晶。它从误诊的病例入手，说明医生对病情错误的分析判断导致错误的诊治，旨在唤起医务人员吸取教训，提高医疗质量。这种“正面文章反面做”的图书一经出版，便在社会上引起强烈反响，新华社和《人民日报》还为此专门发了消息盛赞作者让“家丑”外扬的勇气和编辑人员的创新精神。②

（五）要坚持创新的自我训练

创新意识与创新能力的形成与提高，主要靠自我训练。聪明的脑袋应该自己造，也只能自己造。时时捕捉思维对象，处处开动脑筋，自我磨砺，坚持不懈。长此以往，必能练出成效，

① 王国安：《把创新当成习惯》，245～246页，北京，中央编译出版社，2003。

② 参见佳望：《“请记住我的教训”》，载《人民日报》，1982-07-26；施欣：《赞家丑外扬》，载《人民日报》，1982-08-02。

练出聪明脑袋。在实践中训练创造性思维，效果最好，停留在纸面上，虽不无好处，但终究含金量不高。

选题策划人要想培养创新意识，提高创新能力，也只能靠自己。应自觉养成时时、处处、事事都深入思考的习惯，主动到实践中，到市场中去摸爬滚打，时刻关注社会发展的动态和出版业的发展趋势，不断搜集选题信息，不断丰富选题知识，不断积累选题策划的经验。一句话，无论是学习，还是实践，都要自觉地、有意识地坚持创新。按照一本畅销书书名的说法，选题策划人必须“把创新当成习惯”。

第六节　超前原则（原则 6）

一、超前原则的含义与重要性

在探讨超前原则前，请先看以下材料：

今天干活　明天赚钱

20 世纪 80 年代中期，摄像机刚刚在我国市场登陆，李先生觉得有利可图，立即买下一台，开了一家摄像馆。谁知，生意清淡，仅够维持而已。大惑不解的李先生请教于人。答案是，摄像机价格昂贵，一时难以普及，因而市场难如人意；不过，若干年后，生活水平提高了，情况就会大有改观。因此，建议李先生动用一点本钱，到幼儿园去拍摄幼儿日常学习与游戏活动，为幼儿编辑“童趣”专辑，留待日后专售。李先生接受建议后，就天天忙于各幼儿园之间。果然，当这些幼儿长成小伙子、大姑娘时，李先生为他们留下的、永不再来的“童趣”热门了，涨价了，或本人，或家长，争相购买。有些旅外华侨还专程前来索取，所付“劳务费”就更可观了。正所谓，生意冷时快快做，生意热时好好卖。李先生悟出了道理。

好一个“生意冷时快快做，生意热时好好卖”！

经商做生意如此，选题策划又如何？

案例 7—3

辛亥革命前后，商务印书馆看不到当时的图书市场，因而乱了阵脚。而从中脱离出来的陆费逵（1886—1941）成了大气候，创办了中华书局。陆费逵在辛亥革命的前夕就秘密编辑了适应未来共和体制需要的《新学制教科书》和《新编国民教育教科书》，在 1912 年（民国元年）的春季开学时推出。新教科书适应了革命后的新形势，加上体例新颖，印刷精美，并用五色国旗作封面，十分吸引人，

陆费逵　像

从而一举占领了教科书的主要市场。而商务印书馆印制的课本内容陈旧，照旧是“皇帝万万岁，龙旗向日飘”之类，结果只能积压成一堆废纸，商务印书馆为此损失惨重。

由此可见，编辑出版工作特别是选题策划工作同样需要“生意冷时快快做，生意热时好好卖”。选题策划应该遵循超前原则：对未来图书市场的特点和未来读者的需求进行科学的预测，据此提前策划相应的选题。也就是说，选题策划的着眼点，不只是当前，更应是未来。

同任何策划活动一样，选题策划也是一种预谋行为。预谋是主体对某种活动的过程及其结果进行事先的谋划。任何行业都存在预谋。出版业中的预谋主要表现在选题策划阶段。选题策划阶段的预谋包括两种情况：(1) 对拟定好的选题出版发行后可能达到的效果（有着怎样的社会效益和经济效益）进行预测，这种预谋是实施选题的参照；(2) 对未来的图书市场与读者需求的特点进行预测。后一种预谋是选题策划人、编辑出版人开展选题策划极其重要的依据。没有这种先知先觉式的预见能力，是无法胜任选题策划工作的；是否具有这种能力，是衡量选题策划人是否称职的最基本的条件之一。选题策划人、编辑出版人应当是事前的“诸葛亮”，而不应该是事后的“马后炮”。

同任何市场一样，图书市场也有现实的市场和潜在的市场两种；同任何商品的消费者一样，图书的消费者（读者）也有现实的消费者和潜在的消费者两种。现实的图书市场是指目前已经出现的图书市场，潜在的图书市场是指目前尚未开发的图书市场；现实的读者是指目前已经形成的读者群体，潜在的读者是指目前尚未挖掘的读者群体。不言而喻，对于现实的图书市场和读者，你我他都明白。于是，围绕这个看得见、摸得着的图书市场与读者，这家出版社上选题，那家出版社列计划，结果，选题撞车、资源浪费。大家的目的本来是想抢占市场，最终的结果却是谁也没有在市场上争得理想的份额。

选题策划人、编辑出版人为什么不多花些心思研究潜在的图书市场和潜在的读者呢？应该在适应现实的图书市场和满足现实的读者需求的基础上，把眼光紧紧盯住潜在的图书市场，紧紧瞄准潜在的读者。抢占现实的图书市场固然必要，开拓潜在的图书市场更为重要。只有做到“春江水暖鸭先知”，才能捷足先登，比他人先行一步领略无限美景，才能独占鳌头，抢在他人之前占领最佳阵地，才能另辟蹊径，在残酷的市场竞争中闯出一条生路。

二、选题策划人培养超前意识的途径

选题策划人、编辑出版人可在以下四个方面下工夫培养自己的超前意识。

（一）摸准时代发展的脉搏，把握社会发展的动态

图书市场和读者需求的变化与社会的变迁息息相关，政治的变革、经济的改变、科学技术的发展，都会使人民的价值观、人生观、生活方式发生重大变化，从而使读者对图书的需求也发生相应的变化。前述中华书局的创始人陆费逵策划、编辑的新教材适应了共和制时代读者的需要，所以畅销；而商务印书馆印制的课本依然停留在封建专制时代，所以滞销。改革开放前与改革开放后，我国图书市场的重大区别也是众所周知的事实。

一个有远见的选题策划人，必须把握社会发展的规律，必须顺应时代的潮流，要与时俱进，不能做时代的落伍者，更不能逆潮流而行。20 世纪 70 年代末 80 年代初，岳麓书社的钟叔河先生策划、主编了著名的“走向世界丛书”，就是顺应了对外开放的潮流的结果。选题策划人要把握社会发展的动态，要了解执政党和政府将出台和实施什么重大方针政策（例如执政理念、经济结构、文化教育政策将做哪些重大调整），进而预测社会对图书有些什么新的需求，从而及时策划相应的选题。选题策划人要了解人们关心的最新话题或事物的最新发展，以避免明天出版的书里还盛满昔日的尘埃。

（二）调查研究出版业尤其是同类型图书出版的历史与现状，总结其规律，从中预见图书市场与读者需求的发展趋势

要预测未来，就必须了解历史与现实。出版业的发展有一定的规律性，读者对图书的需求也有一定的规律性，从昨天到今天，从今天到明天，往往存在某种连贯性、稳定性。只有把握了这种连贯性、稳定性，策划选题时才能联想不断、灵感不断。例如，在中外出版史上，廉价图书的出版一脉相承（详见第十五章之“价廉物美法”）。选题策划人要追寻昨日的出版史，盯住今日的图书市场，预测明日读者的需求走向。

（三）培养职业敏感性，保持对新生事物的敏锐嗅觉

谁都知道，记者必须要有新闻嗅觉，必须要有捕捉新闻的敏感性。事实上，编辑人员特别是策划编辑同样要有记者那样的职业敏感性，必须要有捕捉选题的灵敏性。“一个优秀的策划编辑，其感觉器官随时处于接收状态，善于从司空见惯中发现不同寻常之处，善于化平淡为神奇。”①

案例 7—4

东方出版中心曾出版了“文化大散文系列”，其中包括《文化苦旅》和《湮没的辉煌》。这里不说《文化苦旅》，单说《湮没的辉煌》。它首印 4 万册，后又多次重印，还获得了茅盾文学奖。这本书的责任编辑是如何获得这个选题的呢？他从先前出版的《文化苦旅》的畅销中，预感到哲理思辨类文化散文会有较大市场，就开始有意识地注意这方面的信息。有一次，他在阅读《雨花》杂志上夏坚勇写的一篇散文时，发现这篇散文内涵丰富，具有历史穿透力。以后他又看到该作者的第二篇散文，认定该作者具有潜在的创作能力。通过对信息资源的整合，他策划了《湮没的辉煌》这个选题，并列出十几个篇名，与作者商榷。经过编辑的精心策划，《湮没的辉煌》成了优秀畅销书。

《湮没的辉煌》书影

① 朱胜龙：《出版策划的八大效应》，载《出版发行研究》，1999（10）。

选题策划人要时时、处处保持敏锐触角，对社会经济、思想文化、科技教育等各个方面以及出版界、图书市场、读者之中产生的新情况、新问题、新现象、新动向、新趋势要保持高度的敏感，要像明代顾宪成（1550—1612）为东林书院所写的对联那样："风声，雨声，读书声，声声入耳；家事，国事，天下事，事事关心。"不但要多看多听，更要多思，不要随意对待任何反映新生事物的征兆、迹象与苗头，不要轻易放过任何预感、灵感和思想火花。以开放的观念、开阔的心胸和灵敏的嗅觉去对待接触到的各种信息资源，不愁策划不出具有前瞻性的好选题。触角敏锐的选题策划人、编辑出版人感到自己置身于出版信息资源的富矿，不断形成新的选题思路，而触角迟钝者把富矿当作贫矿，策划的选题总是跳不出原来的圈子。

（四）学习未来学知识，掌握预测未来的方法

占领未来的图书市场、赢得未来的读者，是出版社在图书市场竞争中永远不败的关键。选题策划人应该多学习一些未来学知识，多看一些展望未来、预测未来的著作与文章。未来学建立在科学分析与综合的基础上，对未来的预测往往有着惊人的准确性。例如，美国著名未来学家托夫勒在30多年前撰写的《第三次浪潮》对未来社会的预测大多成为现实。

2004年以来，我国出版的国内外未来学著作主要有：《预言大未来——21世纪世界八大领域发展趋势预测》（德国马蒂亚斯·霍尔茨著）、《大事件——决定人类未来的50件事》（英国杰西卡·威廉姆斯著）、《小趋势——决定未来大变革的潜藏力量》（美国马克·佩恩著）、《未来是湿的：无组织的组织力量》（美国克莱·舍基著）、《科技革命与中国的现代化》（"创新2050科学技术与中国的未来"战略研究组织编著）、《第三个三十年》（周牧之、杨伟民主编）、《未来世界的100种变化》（德国布凌格主编）、《未来十年中国经济发展趋势展望》（陈文玲著）、《未来二十年，经济大趋势（未来篇）》（时寒冰著）等。要特别推荐一下《出版预测学》①。该专著第一次比较系统地探讨了出版预测的基础理论与基本原则，阐释了出版预测的具体方法（包括趋势外推法、合力预测法、生命周期预测法、情景描述法、专家预测法），剖析了出版预测的主要领域（包括选题预测、出版人才预测、出版市场的调查与预测）。

第七节　时机原则（原则7）

一、时机原则的含义

时机原则，是指选题策划人必须要有严格的时间观念，一旦发现有利于某种图书销售的机遇，就要牢牢抓住，及时策划相应选题，并尽快实施选题，确保将图书在最适宜的时机推上市场，及时满足读者的需求。德国出版界有句名言："出版社的艺术，就在于将合适作者的合适书稿在合适的时间带到合适的市场。"什么样的时间是合适的时间，如何使图书在这个合适的

① 蒋新平：《出版预测学》，北京，中国物资出版社，2005。

时间推上市场，是选题策划人务必精心策划的问题。1998年春，引进的好莱坞大片《泰坦尼克号》热遍整个中国（3月28日于深圳首映）。图书策划人张健鹏看准这一时机，果断出手，策划了自己的处女作《好莱坞的魅力》（同年4月出版）。书中收录48位当红的好莱坞明星，并全方位地介绍200部好莱坞卖座大片。他说："由于时机得当，这本书的销量非常好，也坚定了我做一名图书策划人的决心。"①

《好莱坞的魅力》书影

对于那些时效性强的图书，一定要讲究编辑、出版与发行的时机。只有这样，才能最大限度地发挥图书的经济效益与社会效益。

二、时效性强的图书

时效性强的图书，是指那些在某个时间段读者最迫切需要的图书。对于这些图书，必须讲究出版与发行的时机，要以最恰当的方式在最适宜的时候将其及时推出，绝不能等到读者的需求正在消退或消失之时才上市。概括起来，有以下七种。

（一）新闻时政书

新闻时政书反映最近国际国内发生的政治、军事、经济与文化等方面的重大事件与重要现象。2000年，当小布什与戈尔竞选美国总统白热化之时，西蒙·舒斯特公司正忙于准备新总统传记，请人撰写了两种传记电子书。一旦公布获胜者，就立即发行获胜者的传记。2011年10月5日，美国苹果公司联合创始人和前首席执行官史蒂夫·乔布斯（1955—2011）病逝。24日，他生前唯一授权的传记《史蒂夫·乔布斯传》在全球发售。

（二）教材教辅

教材教辅包括中小学生、大学生春季或秋季开学用书，各种考试（普通高考、成人高考、自考、职业资格考试及各种考级考证）用书。2002年9月，我国首次实行了出版专业技术人员职业资格证书考试，人民文学出版社于当年7月出版了《全国出版专业职业资格考试辅导练习和参考答案》一书。

（三）重大活动用书

对于各种重大活动（包括读书活动、思想教育活动、宣传活动、纪念活动等），如政府或社会团体主办的爱国主义教育活动、先进事迹报告活动、历史文物展览活动、读书活动、知识

① 转引自李涛、庞丽：《图书策划人：灵感与灵魂的工程师》，载《北京青年报》，2003-03-10。

竞赛活动、重大历史事件（如中国共产党诞生、中华人民共和国成立、抗日战争胜利等）周年纪念活动、重要历史人物（如毛泽东、邓小平等）诞辰或逝世周年纪念活动等，中国共产党和我国政府无疑高度重视，新闻媒体肯定普遍关注。因此，在举行此类活动期间，适时推出与之相关的图书（特别是读书活动的主题书），既可以节省宣传广告费，又可以借新闻媒体扩大自己的知名度，还能够获得显著的经济效益。

案例 7—5

1993 年，江西人民出版社出版发行《中国有个毛泽东》（青年版、少年版）的做法很有典型意义。该社把出版发行图书与纪念毛泽东 100 周年诞辰读书活动紧密结合起来（《中国有个毛泽东》是读书活动的主题书之一）。在省委宣传部、省教委、团省委和省新闻出版局的支持下，借助各级、各种形式新闻媒体的宣传，全省上下掀起了一场声势浩大的纪念毛泽东 100 周年诞辰的读书活动。在读书活动的推动下，该书发行量直线上升，出版一年内，累计发行近 274 万册，创该社建社以来单本（单套）图书发行量最高纪录。新加坡、马来西亚与泰国等国家还购买了版权。

《中国有个毛泽东》书影

（四）媒体互动书

媒体互动书，是指与某部产生重大影响的电视剧、电影，或与新闻媒体上产生强烈反响的节目、栏目相配套、相呼应的书。中央电视台一套 2000 年 2 月底开始播放由中国人自己拍摄的电视连续剧《钢铁是怎样炼成的》，随着电视剧的热播，仅在北京市畅销的同名小说就有七个不同出版社的版本。电视剧《围城》与《雍正王朝》的热播、影片《生死抉择》与“哈利·波特”系列的热映，也都带动了原著的畅销。中央电视台《百家讲坛》栏目的火爆直接催生了“百家讲坛”系列历史传统文化读物的风行（详见第二十章之“草船借箭法”的具体介绍）。

（五）特殊生产生活用书

这种书是指在特定时期人民群众迫切需要了解的有关生产技术、生活常识方面的图书。发生重大自然灾害时，人们急需抗灾救灾方面的书。流行某种传染病时，人们急需治病、防病与防疫知识方面的书。例如，2003 年 4 月至 5 月，“非典”肆虐，“非典”成为中国公众最大的热点话题。出版界纷纷推出“非典”书。截至 2003 年 6 月 25 日，中国至少有 80 家出版社出版了 110 种“非典”图书。

(六) 最新资讯书

这种书是指人民群众迫切需要知道的最新信息、最新资料方面的实用生活类图书和最新政策、最新法规类图书。如铁路与民航的最新时刻表、最新城市交通地图、最新地址与最新电话号码等名录类图书。

(七) 其他图书

除了上述六种，还有一些时效性强的书，如为了赶上评奖、书市书展的书。湖南人民出版社策划出版的《中国军事史图集》是国内外第一部以图片方式系统展现中国 7 000 年军事历史的著作，收录图片4 040幅，这样一部鸿篇巨制从收稿到出版前后不到 4 个月，就是为了赶上国家图书奖的评选。①

三、选题策划人把握时机的法则

选题策划人、编辑出版人要遵守以下三个把握时机的法则。

(一) 出版时机一旦出现，就要毫不犹豫地大胆决策、果断行动

选题策划人要时时盯住图书市场，要像猎人一样保持高度警觉，随时准备捕捉“猎物”——好的选题。机会一旦出现，就要立即作出判断，马上决策，毫不犹豫地干起来。

案例 7—6

2005 年年底，湖南人民出版社政治理论读物编辑部获悉一个信息：大学生洪战辉携妹求学 12 年的感人事迹被各家媒体报道，社会反响巨大，并引起了中共中央与湖南省委的高度重视，中央及湖南省委发出了《关于开展向洪战辉同学学习的通知》。编辑敏锐地意识到，策划出版一本关于洪战辉的书会有畅销的潜质与运作的契机。出版社决定抓住这个契机，并决心抢在其他出版社之前推出此书。他们面对时间紧、任务重的客观实际，迎难而上，在很短的时间内完成了资料的收集工作，并整理成书稿，从内容到形式都进行总体策划和设计，并高质量地完成了编辑加工、校对等工作。本书终于在七天内出版问世，创造了湖南出版史上的新纪录。该书发行了 250 多万册。当媒

《中国男孩洪战辉》书影

① 参见许久文：《奇迹是这样产生的——〈中国军事史图集〉出版追记》，见陈满之主编：《我与湖南出版》，138～141 页。

体和社会一次次为缺乏生存和生活能力的大学生所担忧时，当人们一次次为现代青少年的情商、人格教育绞尽脑汁时，该书的热销自在情理之中。

请记住：出版时机不像候鸟飞去又飞回，它只为当机立断者而存在。

（二）要尽可能地缩短出版周期

从事时效性很强的图书的策划出版工作，必须突出一个“快”字，必须牢记20世纪80年代流行于深圳特区的口号：“时间就是金钱，效率就是生命。”为确保速度，作者写作、编辑加工、装帧设计、印刷、发行等各环节、各部门的所有人员，必须密切协调、通力合作。2008年5月12日四川汶川特大地震发生后，出版界迅速行动起来，策划出版了一批灾区人民和灾区救灾工作者用得上、看得懂的图书、张贴画和挂图等出版物。据不完全统计，截至5月22日，有40多家出版社出版了90多种抗震救灾书。浙江工商大学出版社是5月6日挂牌成立的新社。面对“5·12”汶川特大地震灾难，该社全速运转，实行24小时不间断工作方式，在84小时内编辑出版了《让悲不再痛，让哀不再伤——灾后心理自我调适手册》一书，首印的5万册通过慈善机构火速运往灾区，免费向受灾民众及部分医护人员、志愿者发放。[①]

（三）快的前提是保证质量

想得早、做得快还不够，还要做得好。电影《英雄》红透大江南北，猛赚了一把，而小说《英雄》销量平平。为什么？南京市中山东路新华书店的工作人员介绍说，小说《英雄》装订很差，一翻图片就掉下了，让读者扫兴，影响了购书的积极性。《英雄》在该书店每天能卖出20本左右，但是，由于装订质量问题，读者要求退换的特别多，退换率高达10%以上。[②] 可见，不能为了赶上市时间而忽视了图书质量，基本的编校质量、印制质量必须得到保障。

【基本概念】

导向原则　可行性原则　市场原则　读者原则　传统需求　新需求　新兴读者群体　特殊读者群体　创新原则　超前原则　潜在需求　时机原则　新闻时政书

【思考题】

1. 选题策划工作的导向原则是什么意思？如何坚持导向原则？
2. 你是怎样理解图书选题策划的可行性原则的？
3. 改革开放以来，我国图书市场发生了什么样的转变？

---

① 参见中国图书商报社：《新闻出版总署抗震救灾图书出版情况一览》，载《中国图书商报》，2008-05-23。

② 参见冉苹：《〈英雄〉小说质量差　退换率高达10%》，见http://ent.163.com/edit/021227/021227_146938.html，2002-12-27。

4. 20世纪90年代以来，我国读者群体和读者的需求发生了哪些变化？

5. 你认为选题策划人应该怎样培养创新的意识与能力？

6. 选题策划人怎样培养超前意识？

7. 举例说明时效性强的图书有哪几种类型。

第八章

选题策划理念

如今，“理念”是个时髦的词语，在出版界也流行甚广，不过存在滥用、乱用的现象，以至于通常意义上的主张、见解也被封为“理念”。那么，理念究竟是什么？出版理念是什么？选题策划理念又是什么？本章在概述理念、出版理念的基础上，创造性地提出了10个选题策划理念。

第一节 出版理念与选题策划理念概说

一、出版理念概说

研究出版理念或论及出版理念的文章不时见诸媒体，但毋庸讳言，正像“理念”被滥用一样，“出版理念”也被滥用了。笔者坚信，“出版理念”一定有它固有的内涵，可从以下四个方面来把握。

（一）出版理念的形式

从形式上来看，出版理念可以是一个概念，也可以是一个命题；可以是一个词，也可以是一句话，还可以是一段话；可以是一个口号，也可以是一段广告词。例如，“助学读物”是一个词，是一个概念；“中国图书零售市场进入畅销书时代”是一句话，是一个命题。2003年，商务印书馆向社会公布了自己的出版理念：“我们是文化建设者，而不仅仅是商人；我们提倡实事求是，而不是夸张和误导；我们提倡社会责任，而不是攫取社会财富；我们提倡首创精神，而不是盗取他人成果；我们培育名牌，而不是捕捉猎物。我们提倡做有良知的出版人。”这是一段广告词。人民文学出版社的出版理念“新中国的文学出版事业从这里开始”，中国人民大学出版社的出版理念“出教材学术精品，育人文社科英才”，社会科学文献出版社的出版理念“创社科经典，出传世文献”，都是一个口号。辽宁教育出版社的出版理念“为建立一个书香社会而奠基”，是一个口号，又是刊登在《光明日报》上的一则广告语。

（二）出版理念的功能

从功能上说，一个出版理念具有以下三种作用。

（1）是一种理性认识。理念是通过对事物的抽象而形成的。一个出版理念，一定是反映某种出版工作或某种出版现象的共性与本质的。从思维的性质说，出版理念属于理性认识，而不是感性认识。

（2）是一种理想追求、信念。“出版理念是出版工作者对事业目标的一种价值判断和精神追求。”①

（3）是一种行动指南。诚如论者所说：“出版理念是很抽象的精神性的东西，但在实际操作中常以具体的感性的面目出现。”② 出版理念是出版工作的行为准则，可以直接指导出版实践。

比较而言，笔者认同这样的观点：出版理念是“贯穿出版机构和出版人的行为准则、处世信念和哲学纲领，是最能代表一个出版机构外在形象的内在精髓，是出版机构活的灵魂”③。

不得不看到，在今天商业化时代，人们热衷于使用“理念”这个词，很多时候有炒作的成分。出版界对“美女写作”“神童写作”的追捧无疑有炒作的成分。然而，能长久发挥作用并能成为共识的理念，绝非靠炒作就能支撑起来的。

（三）出版理念的类型

从层次上说，出版理念可以分为多种类型。依管理级别的不同，一个国家有发展出版业的理念，每个出版集团有发展出版业的理念，每家出版社也有自己的出版理念。依编辑出版工作主体的不同，社长、总编辑有自己的出版理念，编辑部主任有自己的出版理念，每个编辑也都有自己的出版理念。编辑出版不同学科的图书，出版理念各有不同。畅销书、精品书、常销书与品牌书，大众出版、教育出版与专业出版，出版理念各有不同。甚至编辑出版每一种书，也都会有各自的理念，如上海辞书出版社出版发行《辞海》的理念是：“不是唯一的，却是常用的。”北京大学出版社编辑出版“人文社会科学是什么丛书”的理念是：“小众学术，大众阅读。”

（四）出版理念的内在特征

从内在特征来说，一个成熟或真正的出版理念，应该具有以下五个特征。

1. 首创性

出版理念最早提出来的时候前无古人、今无他人。1998 年，花城出版社的编辑钟洁玲为推广其策划出版的“红风车经典漫画丛书”，第一个提出了“读图时代”的概念。如今“读图时代”成了广泛使用的“强势语词”。④ 2000 年以来，教育部开始提倡“素质教育”并提出减轻学生负担的要求，当时教辅书在市场上已有不好的名声，在许多人眼里成了需要被减掉的“负担”，因而通过学校教务部门统一征订的教辅书的出版发行受到了很大影响。在此背景下，时为浙江教育出版社社长的骆丹首先提出了“助学读物”的概念。

---

① 侯晋公：《论出版理念》，载《出版发行研究》，2002（4）。

②③ 张涵、苗遂奇：《建立一门较为成熟的现代出版学》，载《中国出版》，2002（12）。

④ 参见孙晓燕：《解读“读图时代”》，载《编辑学刊》，2004（3）。

2. 前瞻性

出版理念把握出版业变化的动态，反映出版业发展的趋势。2002 年 2 月 21 日，孙庆国在《中国图书商报》发表《中国图书零售市场进入畅销书时代》，指出：根据北京开卷图书市场研究所（后更名为北京开卷信息技术有限公司）的监测数据统计，可以认定中国书业零售市场已进入畅销书时代。话音未落，争议之声四起，市场上明明是大多数图书品种销售不畅，何来的畅销书时代！孙先生于 2002 年 11 月 8 日、2003 年 9 月 5 日在《中国图书商报》又先后发表《进入畅销书时代》《影响和制约畅销书扩张市场规模的重要因素》，进一步阐述“畅销书时代”，并对中国书业市场的走向做出四个预测：畅销书将左右市场格局；书店更加看重畅销书；品牌战略将是竞争的主要体现；出书品种将相对减少。前三个预言早已得到市场验证。

3. 普适性

出版理念提出之初往往引起争议，但是后来成为共识或基本达成共识，从而对出版实践产生普遍指导作用。“助学读物”这一概念提出后，在业界引起了巨大反响，也引发了不少争论。但争论之后，越来越多的人接受并喜爱上了它，因为它极大地拓宽了编辑出版人的视野，也给读者带来了一种新鲜感和亲切感。一些出版社因此设立了助学读物编辑室，很多书店开设了助学读物专柜。再如，2000 年北京国际图书博览会期间，原中国图书商报社主办“现代图书分销研修会”，为中国书业推出“分销”概念。发行界老前辈王益（1917—2009）认为，这里所讲的“分销”实际上就是中国出版界一贯公认的“发行”，用大家不熟悉的“分销”代替约定俗成的“发行”有标新立异的嫌疑。然而，2001 年 12 月中国加入世界贸易组织后，“开放分销领域”成为业界普遍的说法，“分销”这一概念不再引起争议。

4. 主观性

出版理念是编辑出版人对出版业、出版工作的一种主观看法。起初，先知先觉的少数人甚至个别人在正确把握出版业的动态与发展趋势的基础上提出了某种出版理念，不被他人认可。但随着时间的推移，越来越多的后知后觉者也逐步认识到这种理念的正确性或可行性，于是群起效仿。因此可以说，出版理念是一种正确的主观看法。然而，总有一些理念不会得到所有人的认同。例如，对于“中国图书业已进入畅销书时代”的理念，肯定有人不会认可。因为，理念是一种价值判断与精神追求，而人与人之间的价值观经常有很大差异，有人愿意做“下里巴人”，而有人坚持做“阳春白雪”，于是，有的编辑热衷于策划畅销书，而有的编辑坚持做常销书，有的偏爱娱乐休闲书，而有的喜爱专业学术书。在这一意义上可以说，不少出版理念并非放之四海而皆准，而是只代表某一类编辑出版人的看法。

5. 简明性

出版理念高度概括规律与本质，高度浓缩编辑出版人的复杂感受。一般来说，出版理念言语简练，特别是与公众形象有关的理念更是朗朗上口。“新中国的文学出版事业从这里开始”“为建立一个书香社会而奠基”“不是唯一的，却是常用的”等莫不如此。尤其是出版社的营销理念，更要简洁响亮，因为，营销理念直接与市场定位相联系，反映产品的特色。

二、选题策划理念概说

选题策划工作是出版工作的一个组成部分，所以，上文所谈出版理念的内容自然也适合选题策划理念，然而，受选题策划工作自身特点的制约，选题策划理念必然有其自身的侧重点。

选题策划理念更强调实践性、操作性。也就是说，选题策划理念是选题策划行动指南的作用尤为突出。选题策划理念是编辑出版人的一种生存智慧和经营谋略。此外，选题策划理念的主观性更加突出。对于同一种选题策划理念，有的编辑出版人可能奉为圭臬，而有的可能不屑一顾。例如，对于“狐假虎威”这个理念就很可能存在两种截然不同的态度，因为，有人认为这只借助虎威的狐狸是聪明的，而有人会认为这只狐狸是狡诈的。价值观不同，有人褒有人贬，不足为奇。

本书第七章论述了选题策划的七个原则，第十四章至第二十章将详细探讨选题策划的20种方法，这里又专门讨论选题策划的理念，这三者之间有何区别呢？比较而言，选题策划原则属于宏观层次，选题策划方法属于微观层次，选题策划理念则处于两者之间，属于中观层次。换言之，选题策划理念既不像选题策划原则那样总揽全局，又不像选题策划方法那样细致入微，它把二者紧密联结起来。三者的基本关系是：选题策划原则统领选题策划理念，选题策划理念又统领选题策划方法。例如，“不求最好，但求最早”这个理念，上连超前原则，下连捷足先登法；“与市场的开拓者争抢地盘，与最先发现蛋糕者分食蛋糕”这个理念，上连市场原则，下连趁热打铁法；“创新是旧东西的新组合”这个理念，上连创新原则，下连新瓶旧酒法与旧瓶新酒法，等等。

第二节　选题策划的10个理念

专门研究选题策划理念、图书策划理念、出版策划理念的成果极少。① 这里，笔者提炼出10个选题策划的理念，它们是从经营谋略、市场营销、媒体互动与融合、做大做强文化产业、市场热点、与同类书比较、读者、作者、提高编辑含量等不同角度概括出来的。需要说明三点：(1) 不少内容特别是有关案例，在本书下篇有详细论述，这里不予展开。(2) 选题策划理念的主观性相当明显，由于价值观的不同，对有些理念很可能仁者见仁，智者见智。可是，选题策划理念不仅是价值判断，而且是是非判断。任何一种选题策划理念，只要经过实践检验是有效的，而且不违法，就不应该否定它。(3) 不少理念中标了引号，是想强调：这些理念的应用是有条件的，千万不能片面理解、机械照搬，就像三十六计一样，计计要用得其所、用得其时。

一、向动物学习（理念1）

笔者认为，选题策划人、编辑出版人要向五种动物学习，要有五种动物的本领。

---

① 这方面的论文只有朱胜龙的《新经济时代的图书选题策划理念》[载《出版广场》，2000 (6)] 与黄玲、胡亦武的《选题策划中的投资理念》[载《出版发行研究》，2002 (8)] 等。要力石的《实用图书策划学》的第一章名义上叫“图书策划理念”，但实际上并没有探讨图书策划的理念。

（一）狗鼻——嗅觉像狗一样灵敏

本书一再谈到选题策划人、编辑出版人嗅觉灵敏的重要性。嗅觉灵敏也可以说是善于联想，能够见微知著。请看以下材料：

> 1994年秋天，四川长虹公司的老总在旅途中听广播，得知东北大豆、玉米大丰收。他迅速与自己所在的企业联系起来，从中预见到东北彩电市场的潜力。为此，他放弃出国考察的机会，花半个多月的时间考察东北地区20多个县市，做出加大18英寸彩电生产的决定。别人只知为粮食丰收而高兴，长虹却在高兴中发了财。

新闻天天有，就怕没感觉。长虹公司老总将粮食丰收与彩电生产联系在一起，结果产生了很好的经济效益。这便是嗅觉灵敏的表现。

1995年春，江苏科学技术出版社的编辑从一份报纸上看到一则小消息：国务委员兼国家科学技术委员会主任宋健为徐州矿务局中学生环境小记者团题词，表扬他们为宣传环境保护所做的努力。这则最平常不过的消息触动了编辑的神经——环境保护。受此启发，这位编辑策划了一套科普读物——“蓝天绿地丛书”，后来获得了国家图书奖提名奖。再如，1996年秋天，在中国革命博物馆举行的“红岩魂”展览盛况空前。兵器工业出版社的编辑感到这是非常难得的出版机遇，遂马上行动，仅用15天时间就推出了《红岩魂——白公馆、渣滓洞革命烈士事迹》，首印的5万册以平均每分钟22册的速度售出，累计印刷45万册，并且继续出版了《红岩魂》丛书的其余4种。[①] 机遇的出现是偶然的，但能否抓住机遇绝对是必然的。策划选题往往看似眉头一皱、计上心来，但实际上是对时代演变长年跟踪的结果，是对市场发展长期观察的结果，是对社会实践准确把握的结果。

选题策划人、编辑出版人要瞪大眼睛翻报刊，竖起耳朵听信息，打起精神上网络，随时随地捕捉一切有价值的资讯，并尝试与选题对接起来。

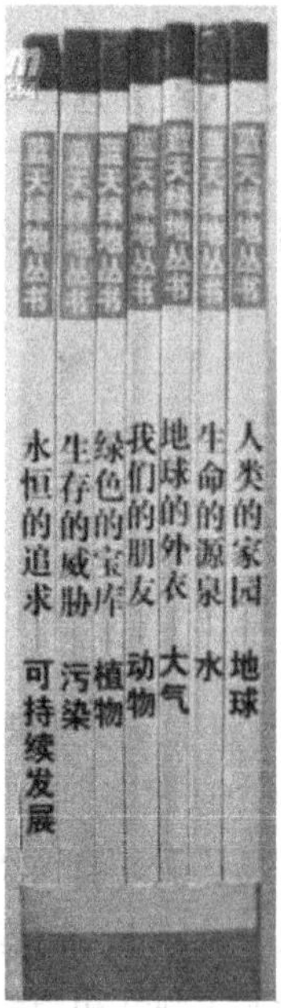

“蓝天绿地丛书”书影

（二）狐脑——脑子像狐狸一样聪明

“狐假虎威”的实质是借人自重、借鸡孵蛋或借船出海。

在选题策划中，在出版工作中，难道不需要“狐假虎威”吗？第二十章探讨的“草船借箭法”的策划理念实际上就是“狐假虎威”。跟风出版的思路也是“狐假虎威”。

---

① 参见赵航：《选题论》，87页。

案例 8—1

书海出版社于 2003 年出版了《石破天惊逗秋雨——余秋雨散文文史差错百例考辨》。该书作者金文明（《咬文嚼字》杂志的资深编辑）认为余秋雨的三本散文集（《文化苦旅》《山居笔记》与《霜冷长河》）中存在 130 多处文史差错，因而引发了一场金、余之间互“咬”的笔墨战。此后，书海出版社又出版了记录这场论争经过的书——《咬嚼余秋雨论争文萃》。花山文艺出版社于 2004 年推出《石破天惊逗秋雨》的增补修订本《月暗吴天秋雨冷》。

人民日报出版社于 2004 年 5 月出版《大师也有错——余秋雨散文知识性疏误点击》，指出余秋雨五部影响极大的作品（《山居笔记》《文化苦旅》《千年一叹》《行者无疆》与《霜冷长河》）中的 200 多处知识性错误。

《石破天惊逗秋雨》书影

与余秋雨有关的书还有不少：《余秋雨的“敌人”》（海峡文艺出版社）、《审判余秋雨》（四川文艺出版社）、《余秋雨现象批判》（湖南人民出版社）、《七情六欲余秋雨》（作家出版社）等。

以上种种有关余秋雨的图书，内容不一，品位不一，然而，如果从选题策划的角度看，它们都有相同之处——“狐假虎威”。《审判余秋雨》的策划人说，策划出版此书的目的是想更深入地打量“余秋雨现象”，当然也不排除将文学批评书做成畅销书的商业动机。20 世纪 90 年代初以来，余秋雨和他的“文化散文”影响之大有目共睹，“余秋雨”成了金字招牌。趁热打铁，及时策划与余秋雨有关的选题，自然是不错的选择。

2005 年，厦门大学教授易中天在中央电视台《百家讲坛》开讲“三国”，成为电视明星；2006 年，出版《品三国》，又成为畅销书作家。就在“易气”热浪滚滚之际，湖南人民出版社推出《说不尽的易中天》。2007 年，趁《百家讲坛》另一明星于丹红彤彤之时，该社又推出《于丹为什么这样红》。这也是“狐假虎威”。

借人自重，策划相关图书选题，本无可非议，但如果自己不自重，构成了侵权，就得不偿失了。辽宁某社出版的《围城之后——〈围城〉续集》接着《围城》续下去，讲述方鸿渐、唐晓芙、苏文纨之间的感情纠葛，钱钟书和人民文学出版社认为该书损害了原著形象，遂提起诉讼，结果法院判决该社向钱钟书道歉并支付赔偿。北京某社出版的《围城大结局》又接着《围城之后》而续，就更不可取了。

（三）虎风——行动像老虎一样雷厉风行，果敢出击

出版时机一旦出现，就要果断决策；一旦决策，就要快速行动，要像老虎一样迅猛出击。

接力出版社的总编辑白冰说，一个真正的出版人见了好选题应该像“饿虎扑食”一样，绝

不放走一个。请看该社是如何策划运作畅销书“麦兜麦唛系列”的。

案例 8—2

“麦兜麦唛系列”书影

最初发现麦兜很偶然。接力出版社第二出版中心（笔者注：设在北京）副总监黄集伟和同事在搜狐网站手机铃声下载页面发现有很多麦兜电影音乐，这些音乐被下载的次数非常多，下载的人群以时尚的年轻人为主。麦兜的形象塑造，人性化的切入角度，诙谐中让人酸楚的“平民意识”的表述方式，以及跨地域、跨民族、跨国界的人类共通的情感，让对图书有着敏锐感知力的黄集伟和同事们都觉得这是一个非常有潜力的选题。接力出版社立即拍板：就是它了！

“麦兜是抢来的，抢夺这个选题的过程就像一场突击战。”黄集伟这样告诉记者。确定了要引进版权后，接力出版社顺藤摸瓜，了解到台湾版的麦兜、麦唛是由台湾的大块公司出版的，即郝明义在做着。听说很多出版社也对这个选题很感兴趣，接力出版社立刻紧张起来。

当时，黄集伟得到确切的消息：郝明义要返回台北，正在去往首都机场的路上。总编辑白冰当即带领一班人马去“劫机场”。通过郝明义的介绍，该社终于找到了麦兜简体字版权的拥有者——香港博识公司。

随后，白冰总编辑立刻行动，赶往博识……白冰去博洛尼亚，途经香港，又赴博识。随后，副总编辑黄俭三赴博识，拿回版权授权意向书……麦兜、麦唛图书简体字版的出版权被全部授予接力出版社。首印 7 万套一销而光。

麦兜系列图书从开始版权谈判到最后出书，历时 8 个月。白冰总编辑说，这算是非常顺利的了。①

（四）狼性——意志像狼一样，看准目标之后就坚韧不拔、富有耐心

读过《狼图腾》这本书的人都对狼的韧劲、耐心印象深刻。选题策划人、编辑出版人应该学习狼的这种品性。

策划出版畅销书，速度要快，要雷厉风行，要打速决战。然而，策划出版常销书、精品书和品牌书，就应该打持久战。对出版来说，打持久战的时候显然多于打速决战的时候。打持久战就得有耐心，就得持之以恒，就得追求“十年磨一剑”——厚积薄发。牛津大学出版社的宗旨是：静心编书，绝不做“编”之外的事情，因而有了长销不衰的牛津版工具书和经典的学术

---

① 参见丁春丽：《儿童图书营销：“麦兜猪”闯世界七大营销方略》，载《财富时报》，2003-10-07。

著作。作为一名编辑，唐浩明先生积10年之功整理出版30卷本《曾国藩全集》，又创作出长篇历史小说《曾国藩》，没有10年坐冷板凳的苦功，哪有如今之盛名？

唐浩明 像（出自红网）

1989年7月，漓江出版社最早引进日本作家村上春树的《挪威的森林》，但效果不是很理想，读者似乎不太喜欢。漓江出版社编辑分析后认为，村上春树的作品文学性强，又有时尚因素，应该会有市场。于是从改版入手，在包装和内容上都做了完善，并增加了出版年表，于1996年7月推出新版，后又在1999年11月、2003年2月继续更新版本。经不断努力，终成畅销书，十几年来发行了70多万册。

从2002年起，台湾画家幾米的绘本漫画书在祖国大陆非常畅销，引进其书的三联书店和辽宁教育出版社赚了个盆满钵满。可是，率先在大陆推出幾米图书的是昆仑出版社，当时是1999年。由于市场反响平平，该社没有坚持下去。谁知不到三年，幾米的书在大陆全线飘红。昆仑出版社为什么不坚持下来呢？这值得选题策划人、编辑出版人深思。

（五）豹胆——胆子像豹一样大，敢于冒风险

选题策划人、编辑出版人必须要有一定冒险精神。第十八章之“敢为人先法”详细论述了选题策划人应该敢冒风险的五种情况。第四章也谈到选题决策者既要谨慎又要敢于冒险。

案例 8—3

1998年，今日中国出版社为纪念中国改革开放20周年出版了一本政治思想读物《交锋——当代中国三次思想解放实录》（以下简称《交锋》）。该书叙述了1978—1998年中国思想解放的潮流与保守主义的羁绊此消彼长的过程，鲜明地表达了作者自己的爱憎，大胆地披露了不少鲜为人知的政治思想斗争的内幕。作者拿着书稿去找出版社出版，编辑说很有意思，但不敢出。又找第二家、第三家，直到第八家，遇到了今日中国出版社的副总编辑黄隽青和年轻编辑刘洪，他们终于愿意出版。该书出版后，成了1998年销量最大的政治类书籍，正版和盗版总共超过200万册。不过，它的畅销是在巨大风浪中挺过来的。该书出版后，很多人把它誉为“鲜花”，但是，也有很多人把它贬为“大毒草”，甚至说这本书的出版是“有组织的蓄谋”，

《交锋》书影

并大肆批评，某宣传部门规定“停止对《交锋》一书的宣传”，结果弄得出版者坐立不安。① 然而，《交锋》最终还是没出什么事。中国的改革开放毕竟20年了。

选题策划人、编辑出版人的敢于冒险首先是指政治、道德导向方面勇于在正确判断下进行冒险，但决不能策划出版反动书、淫秽色情书（第七章之“导向原则”对此做了专门论述）。一般而言，出版工作中的敢于冒险更多地体现在经济方面和大力培养新作者方面。前者表现为敢于投资运作重点选题和敢于支付高额版税，如1994年三联书店引进出版《金庸作品集》时支付的版税高达12%；后者集中表现为敢于出版普通作者、年轻作者的优秀自投稿，如1997年布鲁姆斯伯里出版社（Bloomsbury Publishing House）敢于出版被多家出版社拒绝的J. K. 罗琳的书稿《哈利·波特与魔法石》（系列第一部）。选题策划人尤其是选题决策者要有冒险的勇气，当然，还要有驾驭风险的高超的本领。

二、“概念先行”（理念2）

（一）概念营销的含义

有道是，一流的企业卖概念，二流的企业卖科技，三流的企业卖体力。这说的是概念营销的重要性。

作为一种营销策略，概念营销源于广告学大师美国人罗瑟·瑞夫斯（Rosser Reeves，1901—1984）提出的USP（Unique Selling Proposition），意思是独特的销售主张，通俗的说法叫卖点。这一理论要求在对市场需求进行科学预测的基础上，将产品或服务的特点与消费者现实或潜在的需求紧密融合，然后推出一个特定的概念，引起消费者的关注、认同和共鸣，使之萌发对产品或服务的需求。在同质化的市场中，唯有传播能创造出差异化的品牌竞争优势。而有效的传播必需一个以消费者欲求为出发点的“轴心”概念。

在宣传营销过程中，产品如果没有概念作支撑，影响力必定有限。概念可以增强产品进入市场的认知度，是产品畅销的先导，也是产品长销的动力。哈佛大学有一个营销教育案例，说美国人对第一个驾驶飞机飞越大西洋的人记得很清楚，但第二个是谁，一般人都回答不出来。但对第三个飞越的人又记得很清楚，因为是第一个女性。在营销中，一定要把自己产品或服务的“第一”找出来，这实际上说的就是概念营销。

（二）出版概念营销的必然性

进入21世纪，国内出版界也开始借用概念营销理论，一些先知先觉者据此提出“概念先行”。据悉，浙江少年儿童出版社副社长郑重是最早自觉运用这一营销策略并进行系统理论研究的出版人。他说：“‘冒险小虎队’的超级畅销始于概念先行，在‘带工具互动式阅读’和

---

① 参见凌志军：《变化：1990年—2002年中国实录》，304～306页、313～316页，北京，中国社会科学出版社，2003。

‘冒险主题阅读’概念提出之前，这套书销售不错但并未十分火爆，而概念一经推广，‘冒险小虎队’一跃位居少儿图书排行榜榜首，数月不下。”① 很多图书的畅销凭借的就是概念，《富爸爸 穷爸爸》凭借的是“财商”，《赏识你的孩子》凭借的是“赏识教育”，《学习的革命》凭借的是“革命”，《谁动了我的奶酪?》凭借的是“奶酪”，《哈佛女孩刘亦婷》凭借的是“素质教育”……打响的是“概念”，畅销的是图书。

今天的图书出版人喜欢“玩”概念有其必然性。20世纪90年代以来，国内出版业呈现两大趋势：一方面，图书市场日益多元化，越来越多的出版社在战略定位上选择了细分市场；另一方面，盲目跟风的现象愈演愈烈，图书产品严重同质化。于是，如何凸显产品的独特性和差异性就被提上了议事日程，而概念营销就是通过“轴心”概念来揭示产品独特性和差异性的。所以说，概念营销是图书市场细分的产物，也是应对图书同质化的利器。实践证明，在图书产品供过于求的买方市场中，通过有效的灌输，在读者心目中“植入”图书产品的概念，成了图书畅销的先导。

另外，概念营销可以降低图书营销的成本。这是因为，概念本身往往就是一个有新闻价值的话题，概念背后往往蕴涵丰富的文化内涵，因而易于引起大众媒体的兴趣与关注。大众媒体之间的竞争也很激烈，自然不愿放过这种有新闻价值的话题，甚至主动报道以至炒作。例如，《富爸爸 穷爸爸》的策划出版人打出“财商”概念，喊出“智商、情商、财商，一个都不能少”的响亮口号，倡导全新的个人投资和理财观念，媒体对此积极配合。《谁动了我的奶酪?》的营销人员推出“奶酪”概念，媒体也是踊跃报道。

（三）挖掘卖点，提炼核心概念的途径与要求

作为选题策划的一种理念，“概念先行”实际上就是挖掘卖点，提炼核心概念。如何做到这一点呢?

1. 挖掘卖点，提炼概念的途径

挖掘卖点，提炼概念有以下三种途径。

(1) 从图书的形式方面去归纳。

“冒险小虎队”系列的“带工具互动式阅读”、幾米作品的“绘本阅读”，还有“视觉环保阅读”“口袋本”等概念，是从形式方面归纳出来的。

(2) 从图书的内容方面去概括。

“财商”“冒险主题阅读”“自助游”“亚健康”“小资读物”“成人童书”等概念，是从内容方面归纳出来的。能提炼出令人耳目一新概念的图书，本身往往就是选题新颖的图书。

(3) 从国外和我国港澳台地区引进。

最典型的有《富爸爸 穷爸爸》的“财商”、《谁动了我的奶酪?》的“奶酪”和《学习的革命》的“革命”等。引进概念时要注意本土化。业内人士把“奶酪”与中国加入世界贸易组织后的心态变化联系起来，是其成功之处。浙江少年儿童出版社引进“冒险小虎队”系列后，根据我国图书市场的实际情况和我国少年儿童的阅读状况创造了“冒险主题阅读”和“带工具

---

① 转引自范占英：《未成曲调先有情——出版界初显“概念先行”现象》，载《中国新闻出版报》，2003-10-15。

互动式阅读”两个概念。

2. 挖掘卖点，提炼概念的要求

挖掘卖点，提炼概念有以下四个要求。

（1）一定要挖掘出概念背后的文化。

这是最重要的一点。只有赋予概念以文化内涵，概念才有生命力，才能既吸引大众又引起精英的关注。“概念的表征是一个卖点，而概念的内核是一种文化。在出版概念的提炼中，仅仅表达一种卖点是不够的，你还必须挖掘图书背后的文化，赋予概念某种文化的象征。因此我们必须提炼出既是‘卖点’又能传达一种‘文化’的产品概念。”①

案例 8—4

“冒险小虎队”系列图书的“冒险”概念起初只是刺激，后来出版社赋予其“冒险主题阅读”文化，指出：“冒险”并不只是寻求刺激，“冒险”是儿童与生俱来的一种“心理特质”。儿童一出生就面临一个未知世界，恐惧和好奇是天生的，“冒险”是儿童面对未知世界寻求探索的一种勇气和智慧，阅读冒险题材的书籍有益于心智的健康成长。这样，“冒险”概念就有了文化内涵，冒险题材的书籍就有了生命力。《谁动了我的奶酪?》的“奶酪”概念，被业内人士赋予了丰富的文化内涵：“应付动荡与变化的良方”“快速跳槽的直觉训练”“人生励志的另类思维”“工商管理的人性化视角”“中国加入 WTO 的心理准备指南”“安慰全世界普遍存在的软心理现象的一部快餐式配方”等。

“冒险小虎队”系列挺进版书影

（2）一定要符合社会发展的潮流。

提炼出来的概念必须最大限度地引起读者的关注、认同和共鸣，使之萌发对图书产品的需求。否则，就达不到概念营销的目的。而读者的阅读心理显然与时代发展、社会变迁紧密相连。“以阶级斗争为纲”的时代盛行革命小说，市场经济时代流行财经读物；改革开放之初畅销伤痕文学作品，改革开放 20 年后热销情爱文学作品。提炼概念时必须考虑时代的大背景。“财商”概念产生于商业文化的大背景中，“奶酪”概念兴起于中国加入世界贸易组织前后的背景中，“新课标”概念出现在倡导素质教育的背景中，“水煮”经典名著的概念也只能存在于大众文化当道的时代中。概念营销成功的事例所提炼的概念无一不是把握了时代的脉搏，抓住了大众当下最敏感的神经。幾米作品的“绘本”概念，早在 1999 年昆仑出版社就推广过，但那时时机不成熟，所以没有流行。

① 郑重：《以文化穿越市场——论出版概念营销十大原则》，载《中国新闻出版报》，2004-02-25。

(3) 语言一定要简明、响亮，又富有联想和张力。

作为营销概念的广告语一定要避免烦琐、模糊。例如，金龙调和油（将花生油、菜籽油与色拉油混合的产品），最初的广告语是“温暖亲情 金龙鱼大家庭”，后提升为“健康生活金龙鱼”。然而，这些“模糊”的概念除了让消费者记住了“金龙鱼”这个名称外，并没有引发更多联想，而且，大家似乎还没有清楚地认识到“调和”究竟是什么，又有什么好处。直到2002年，终于找到了一个新颖的营销传播概念：“1∶1∶1”。看似简单的“1∶1∶1”概念，配合“1∶1∶1最佳营养配方”的理性诉求，既形象地传达出金龙鱼由三种油调和而成的特点，又让消费者坚信只有“1∶1∶1”的金龙鱼才是最好的食用油。10年过去，金龙鱼终于让中国的消费者真正认识了调和油，其关键在于找到了一个简单而有力的营销概念。

(4) 不能无中生有，不能机械跟风，不能低级粗俗。

在物质产品的概念营销中，提炼出来的概念有两种情况：一种是名副其实，另一种是名不副实。前者是指产品本身具有某种功能，通过概念表达出来，并利用广告予以强化，如白加黑感冒药打出的概念是“治疗感冒，黑白分明”。而后者则是纯粹地“玩”概念，产品本身并不具有这种功能。例如，乐百氏纯净水打出“27层净化”的传播概念，对自己的纯净提出了一个有力的支持点，给消费者一种“很纯净可以信赖”的印象。但是否真的经过“27层净化”，恐怕很多人都怀疑，然而，谁会去较这个真呢?

物质产品的营销概念可以名不副实，图书的营销概念则不该名不副实，因为图书本质上是精神产品。图书的营销概念应该是图书内容本身所具有的，而非噱头，更非弄虚作假。出于商业竞争的需要，图书的营销概念或许也可以夸大一点，但绝对不能无中生有。图书的营销概念一定要有文化内涵，不能机械跟风，更不能低级粗俗。一些策划人、出版人曾经爆炒“美女作家”“美女文学”以及“胸口写作”“下半身写作”之类低级粗俗的概念，有悖于概念营销的本质，有悖于出版的正确导向。概念营销应该是“绿色营销”，选题策划人、编辑出版人有责任进行“文化环保”。

另外，从运作的先后程序来看，图书概念营销有两种情况：一种是在图书出版后再找卖点挖概念，如“冒险小虎队”系列图书是在出版之后，才逐步提炼出“冒险主题阅读”和“带工具互动式阅读”的概念；另一种是在图书出版之前，就开发卖点、赋予概念。不言而喻，对于选题策划来说，要特别重视第二种情况。图书策划是一种全程系列，在选题策划和编辑加工阶段就应该强化宣传、营销。

三、借船出海（借鸡孵蛋）（理念3）

（一）“借船出海”（“借鸡孵蛋”）的含义与途径

该理念是指，依托、利用引起强烈反响的影视片、大众媒体的热点节目或栏目策划出版相关图书。这样做往往可以一箭双雕，既利用大众媒体的优势出版资源，又利用大众媒体免费宣传、促销图书，省时省力省钱，风险小，见效快，达到借势用势、借力发力之效果。

在一定时期内，大众的文化选择与大众媒体的传播活动之间形成一种互动的关系。一方面，大众媒体的传播活动是公众文化视野、审美情趣的反映；另一方面，大众媒体的传播活动又极大地影响着大众的文化视野、审美情趣。所以，选题策划人、编辑出版人可以依托大众媒体策划出版图书。

概括起来，有以下五种依托、利用的途径。

1. 依托热映的电影或热播的电视剧策划图书

以下是依托电影策划图书的一个典型事例。

案例 8—5

周星驰主演的电影《大话西游》[包括《月光宝盒》与《仙履奇缘》(又名《大圣娶亲》)，1994 年由香港彩星公司出品] 从 1998 年起在全国范围内受到 20 世纪 70 年代末 80 年代初出生的青少年的极力追捧。电影通过个性化和娱乐化的商业制作，以“无厘头”的形式对原著进行了天马行空的大胆改编。电影里充满后现代气息的“大话体”语言风靡一时，极大地影响了当今中国网络语言的风格。尤其是那段“如果非要在这份爱加上一个期限，我希望是——一万年”的经典台词更让青少年如痴如醉。

《大话西游宝典》书影

2000 年 6 月，现代出版社出版《大话西游宝典》，首印 2 万册，上市 20 多天就销售殆尽，当年售出 16 万册。“花生文库”工作室于 2002 年策划出版的《大话西游漫画》也很畅销。就连名不见经传的德宏民族出版社于 2002 年推出的网络小说《大话西游》竟然也热销于世！真可谓书以片贵！

春风文艺出版社出版《比如女人》后，圈内口碑不错，也有不少媒体连载过，但销售难以红火。可是，当王志文、江珊、徐静蕾主演的根据这部小说改编的电视剧《让爱做主》在电视台播放后，小说很快引起人们的关注，销量迅速超过 10 万册大关。

2. 依托广播电视上的名牌节目策划图书

1981 年 6 月，中国广播出版社与中国社会科学出版社联合出版了《成才之路》，这本书源自中央人民广播电台于当年 1 月下旬至 4 月中旬播放的《人才问题广播》讲座。本讲座由著名播音员夏青 (1927—2004)、林田播讲，赢得全国各界听众的热烈欢迎，电台收到来信 2 700 多封，不少听众要求出书。在广播讲座稿的基础上，两家出版社联合出版了《成才之路》。这本书的征订和书稿的编辑工作都在讲座尚未结束的情况下就开始了。出书预告和订购方法在电台一经宣传，全国城乡各行业读者立即踊跃订购。该书在北京初版印刷 40 万册，随后在华东、中南、西南地区租型印刷，又发行约 30 万册，成为 1981 年公认的全国性畅销书。

中央电视台科学教育频道的品牌栏目《百家讲坛》直接催生了“百家讲坛系列”图书，阎崇年的《正说清朝十二帝》（中华书局）、易中天的《品三国》（上海文艺出版社）、刘心武的《揭秘红楼》（东方出版社）、于丹的《于丹〈论语〉心得》（中华书局）等，本本畅销。畅销书策划大师金丽红依托电视媒体策划了一系列著名播音主持人的书，如崔永元的《不过如此》、吴小莉的《足音》、白岩松的《痛并快乐着》、陈鲁豫的《鲁豫有约》等。

《于丹〈论语〉心得》书影

3. 依托大众报刊上的著名栏目策划图书

超级畅销书《登上健康快车》（北京出版社）的选题源自《北京晚报》的知名栏目"健康快车"；畅销书《绝对隐私——当代中国人情感口述实录》（新世界出版社）的选题来自《北京青年报·青年周末》的著名栏目"口述实录"。南方日报出版社也利用自身拥有的优势资源推出"《南方周末》精华本"丛书。

接力出版社推出的"神脑聪仔"系列图书是由其主办的杂志《中外少年》上的一个栏目《神脑聪仔》发展而来，二十一世纪出版社出版的"大灰狼"系列图书是由其主办的《大灰狼》杂志延伸而来。期刊上的一些影响力很大的文章也可以扩展成图书，如畅销书《幻城》源于《萌芽》杂志上郭敬明的一篇小说。"联系向期刊供稿的作者"（经常浏览本学科领域的主要期刊，了解哪些人经常给期刊写稿，从而与其联系）是美国出版社编辑人员联络后备作者的重要途径之一。①

4. 利用互联网上的热点资源策划图书

在互联网时代，图书出版在利用互联网资源方面大有作为。通过互联网，图书选题策划人不仅可以发现读者的阅读焦点，而且可以直接获得图书出版的选题。《第一次的亲密接触》《杜拉拉升职记》《后宫·甄嬛传》《明朝那些事儿》与《诛仙》等畅销书，都是把受到网友追捧的网上原创作品变成纸质图书的。知名人士的热点博客也可以用来策划出版图书，如潘石屹的博客文集《潘石屹的博客》与郑渊洁的博客文集《勃客郑渊洁》也都出版了。

5. 利用手机上的内容资源策划出版图书

手机已经是名副其实的大众传播媒介，又是广大人民须臾难以离身的日常生活用品，手机阅读已成为数字阅读的主流。手机出版物丰富多彩（详见第十二章的有关介绍），其中不少（如手机短信、手机小说等）可以趁热打铁出版成图书。中国移动广东公司曾经连续五年举办"红段子"创作大赛，引起全社会创作、发布、传送红段子的浪潮，中国移动通信联合会组织有关知名专家学者组成课题组，根据"红段子"活动的实践与经验，编写了《"红段子"现象》一书，于 2009 年 12 月由人民出版社出版发行，产生了很好的效益。手机小说也是颇受欢迎的手机读物，也可以出版纸质图书。

---

① 参见魏龙泉：《美国出版社的组织和营销》，126 页，北京，中国经济出版社，2000。

案例 8—6

《恋空》中文版书影

手机小说兴起于日本，以手机短信的方式每天传送1 000字至2 000字左右的小说文字给读者（手机用户）。2000年春，日本首部手机小说《深爱》在日本高中生中广为流传，一年内“购阅”这部手机小说的用户高达2 000万人次。后来作者自费出版了它的印刷版，主要通过手机网上书店销卖，到2007年5月发行了270万册。这部手机小说还被拍成了电影，并相继推出录像带、CD、漫画连载。日本现有数万个手机小说营运网站，其中既有大出版社（如新潮社）经营的收费网站，也有免费公开的个人网站。位列2007年日本文艺类畅销书排行榜榜首的手机小说《恋空》在手机小说热门网站“魔法之岛”连载时，点击量累计2 672万人次，其纸质版销量突破207万册，该书的中文简体字版由上海译文出版社出版。在我国，2004年，广东文学院作家千夫长创作了中国首部手机连载小说《城外》，篇幅4 200字，版权被华友世纪通讯公司以18万元人民币独家买断。不久，另一个作者戴鹏飞也推出手机小说《谁让你爱上洋葱的》。

总之，电影的高上座率、电视剧或电视节目的高收视率、广播节目的高收听率、报纸或杂志的高阅读率、互联网上的高点击率、手机上的高发送率，都可以用来策划出版图书。

（二）借船出海（借鸡孵蛋）的前提条件、必要条件

毫无疑问，此理念的出发点是：借势，用势。电影的热映、电视剧的热播、大众媒体有关节目或栏目的高人气，就是图书的销售之势，它们为相关的影视剧本、影视小说或其他有关图书的热卖作了无形的广告。真正有势可借、有势可用是这一理念获得成功的前提条件。道理很简单，一只瘦弱之鸡，能指望它孵出健壮的小鸡吗？一条破烂之船，能指望它渡你出海吗？

案例 8—7

2000年7月，中央电视台一套开始播放电视连续剧《太平天国》，但它并未出现预期的轰动效应，从而使“搭车”的出版社损失不少。在许多书店，有关太平天国的图书大批积压。杭州市解放路新华书店所进千余册此类图书一天只售出一两本，与此前不久《突出重围》（根据这部小说改编拍摄的同名电视连续剧反响很好）的热销形成鲜明对照。电视剧《太平天国》耗资1.5亿元，拍摄期间，好评如潮。尚未播出，相关图书纷纷出笼，仅漓江出版社就推出了《太平天国》故事本、小说精装本、小说平装本、电视文学本，较抢眼的还有文汇出版社的《太平天国——一个惊世王朝的兴衰与启示》、中国华侨出版社的《光荣

与陷阱——纵横太平天国》、长江文艺出版社的《太平天国天王洪秀全》，南京大学出版社也把大部头的《太平天国通史》缩编成一册《太平天国悲歌——太平天国兴亡实录》。一时间，太平天国图书多达数十种。谁知，电视剧《太平天国》遭到冷遇，太平天国图书搭错了车。[①]

电视剧《太平天国》播放后并未出现预期的轰动效应，因而使“搭车”出书的出版社损失惨重。这是借船出不了海、借鸡孵不了蛋的典型事例。

影视的低人气，会使赖以依托的图书销售失败。那么，影视的高人气，就一定会使赖以依托的图书畅销吗？也未必！2006 年 4 月，著名导演冯小刚执导的电影《夜宴》一路凯歌，票房收入过亿元，但同名图书遭遇了滑铁卢。据上海书城工作人员透露，此书上架一个月只卖出四本，出版社仰天长叹：“连发行费用都收不回来。”[②] 电视剧《大明宫词》观众反响并不太好，但人民文学出版社出版的《大明宫词》（电视连续剧剧本）卖得挺好。

这些事实表明了以下两点规律。

（1）电影的热映、电视剧的热播，只是影视互动书热销的必要条件而非充分条件。

影视互动书要想畅销，除了影视的热映、热播之外，还必须具备另外三个条件：（1）上市时机要选择在最能引起轰动效应的时间点；（2）图书的编校质量要有基本保证；（3）必要的促销手段（详见第二十章之“草船借箭法”中相关内容）。

（2）印刷媒体与电子媒体各有优劣，可以取长补短，但不能相互替代。

文学艺术与影视艺术之间存在天然的差别。一方面，影视片里的许多艺术效果，如画面、音乐、“蒙太奇”艺术手法等在书中很难充分表达出来；另一方面，纸质书所能具有的深刻思想、深厚的文化内涵、中国语言文字的无穷魅力，在影视片中也难以体现。

四、不做一锤子买卖（理念 4）

（一）“不做一锤子买卖”的含义

选题策划人、编辑出版人要有把一种出版物做成永久性产业的追求。一本（种）书（杂志）畅销或成为品牌后，不能小富即安、坐享其成，而要想方设法将这种优势选题资源充分发掘，不断培育新的经济增长点，形成产业链；必须千方百计实现出版资源在多种媒体之间的有效利用，使图书选题最大限度地增值，达到图书与影视、大众媒体齐飞，平面共立体一色的效果。一句话，充分利用优势出版资源，真正做大做强出版产业、文化产业。形象地说，编辑可以种“白菜”，但更要种“韭菜”。

下述两家单位是把一种杂志做成大产业的典范：甘肃人民出版社对《读者》的开发和接力出版社对《中外少年》杂志品牌栏目“神脑聪仔”的经营。《读者》杂志从最初的一种发展到

---

① 参见舒晋瑜：《文学搭车：成也影视败也影视》，载《中华读书报》，2008-08-23。

② 郝铭鉴：《好啊，无人赴宴》，载《编辑学刊》，2006（5）。

今天包括《读者》(半月刊)、《读者》(乡村版)、《读者》(盲文版)、《读者》(维吾尔文版)、《读者欣赏》等杂志群，平均每月共发行800万册，年赚利润4 000万元。接力出版社基于“神脑聪仔”栏目，出版了“神脑聪仔”系列丛书，创办了《小聪仔》杂志，开发了52集动画片《神脑聪仔》，甚至开发了“聪仔”牌系列服饰。通过数十年的长期耕耘，把一套图书做成大产业的典型至少也有两个：百花文艺出版社的“百花散文书系”与少年儿童出版社的《十万个为什么》(有关内容分别见第五章第一节与第二节、第九章第一节)。海天出版社对畅销书、品牌书《花季·雨季》的持久经营，是通过跨媒体运作和滚动开发，把一本书真正做成大产业的范例。

案例 8—8

1996年，海天出版社出版了中学生郁秀创作的长篇小说《花季·雨季》。该书连续五年位居全国畅销书排行榜前列，并先后荣获中宣部“五个一工程奖·图书奖”、国家图书奖提名奖、全国优秀儿童文学奖等七项大奖。该社协同有关单位根据小说改编拍摄成了同名电影、电视剧、广播剧、音乐剧、MTV等一系列作品。1999年，该社创办《花季·雨季》杂志，后来还成立了花季雨季实业公司，将“花季·雨季”涉及青少年生活、学习、文艺、体育、游乐等近300种产品进行了商标注册。杂志社和实业公司创建了花季雨季中学生用品连锁店总部，组建了花季雨季艺术团，建立了花季雨季在线网站，举办了“花季雨季中学生服饰大赛”“花季雨季形象大使”选拔赛等一系列活动。光是“花季·雨季”系列图书，就出版了“花季·雨季校园系列”(如杨哲的《放飞》)、“花季·雨季幻想系列”(如何素云的《活出真我》)、“花季·雨季侠少系列”(如奇奇格的《飞坠浮沉》)、“花季·雨季卡通系列”、“花季·雨季国外少年系列”、“花季·雨季科幻系列”等子系列。据估算，“花季·雨季”品牌的价值达数亿元。业内人士惊叹，由一本书催生出如此多的产业，恐怕全国也绝无仅有。经过多年的精心打造，“花季·雨季”已经成为著名的文化品牌，成为深圳市文化产业八大精品之一。①

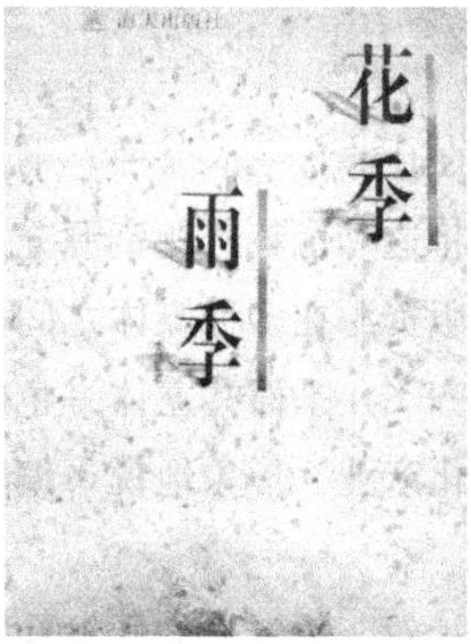

《花季·雨季》书影

《花季·雨季》杂志

《花季·雨季》电影剧照

① 参见杨媚：《一本小说催生一大文化品牌 “花季雨季”六大项目文博会上找“婆家”》，见深圳新闻网，http://paper.sznews.com/n1/ca1268912.htm，2004-11-13。

（二）把一种出版物运作成永久性产业的模式

一本书或一本杂志畅销或成为品牌后，可以通过滚动开发和多元转化的途径把它做成一个永久性的文化产业。下面以图书为视角予以探讨。

把一本畅销书或品牌书运作成永久性文化产业的模式有以下四种。

1. 书—书模式

这种模式是在传统的图书出版领域内转圈圈，但仍然有较大发展空间。具体又有以下四种方式。

（1）修订再版。

《新华字典》从1953年初版至2004年修订了10次，共印行4亿册。《辞海》每10年升级一次。既然是修订再版，就必须对老版本加以充实和完善，使之永远处于领先地位。少年儿童出版社的《十万个为什么》从1961年诞生至1999年推出了6个版本，每次修订既有立又有破。一方面，保持问答式百科知识普及读物的编纂体例不变；另一方面，又根据科学技术和时代的发展变化更新内容。如1999年新世纪版有超过三分之二的篇幅是新写或改写的，增加了航天、海洋、遗传、环境科学、信息科学等方面的内容。

（2）推出面向不同读者、不同形式的版本。

《辞海》（1999年版）共出版彩图珍藏本、彩图本、普及本和缩印本四种版本。《老照片》既出各个分辑，又出合订珍藏本。“新语文读本”丛书（广西教育出版社）出版发行后深受读者欢迎，但由于中、小学部分累计24卷，定价240多元，这对部分学生特别是农村学生来说价格偏高。于是，出版社又推出《新语文读本》（农村版），只有4册，定价27元，让农村孩子能够买得起，而且农村版选了很多与农村生活（例如动物、植物、山、海）有关的文章，又增加了单元导读和背景知识介绍，使指导更加具体。

（3）跟踪出版呼应、配套的后续选题。

一本书畅销之后，万人瞩目。于是，发生在这本书背后的创作、编辑出版和发行后的专家评论与读者反馈等一切幕后故事、花絮、插曲，都是人们感兴趣的话题，由此也可以策划出一个新选题。青春文学偶像郭敬明的《幻城》出版发行后，青少年学子竞相阅读，洛阳纸贵，出版社及时推出《〈幻城〉之恋》，这是一本以“走近郭敬明，解读《幻城》流行奥妙”为宗旨，体现作者、出版社与读者三方互动的书。首印4万册，出版社因此又增加了一笔收入。

《〈幻城〉之恋》书影

（4）通过滚雪球的方式策划相关、相近的选题，形成系列书（书系）。

朝华出版社利用网络上走红的资源推出侠义小说《诛仙》系列，前五册销量超过100万册，第六册出版四个多月就销售60多万册。六个分册的出版前后历时一年多，“前者铺垫后者、后者拉动前者”的“成系列、做品牌”的市场策略对培养读者影响力、打造畅销品牌产生了强劲的推动力。上海辞书出版社的“文学鉴赏辞典”系列、春风文艺出版社的“布老虎”系列、山东人民出版社的“茶座”系列、复旦大学出版社的“复旦博学”系列、百花文艺出版社的“百花散文书系”等，莫不如此（详见第二十章之“滚雪球法”）。

2. 书—刊模式

图书成为品牌后，可利用品牌效应，将其扩张为同名杂志。《花季·雨季》杂志、《同龄鸟》杂志与《布老虎·青春文学》杂志，都是由品牌图书延伸而来。书刊之间的互动出版，日益受到业界重视。

3. 书—影视电子网络出版物模式

一本书畅销并成为品牌后，可以把它改编成电影、电视剧、电视节目和广播剧，制作成音像电子出版物、网络出版物和手机出版物（详见第二十章之“多元转化法”）。2002 年初，江苏文艺出版社同步推出 23 集电视连续剧与同名小说《月色撩人》，这在我国出版业中具有开创性的意义。与以往把文学作品改编为影视剧相比，它的不同之处在于：电视连续剧《月色撩人》由出版社独家投资拍摄。而以往则由影视制作单位向出版社或作者购买影视剧改编版权后自行运作，出版社并不参与拍摄，只是获得一部分影视版权收益。江苏文艺出版社除保留在北京、江苏的播映版权外，其他地区的播映版权则由一家广告公司买断。同名小说的销售也取得了不错的效益。[①] 出版社投资拍摄电视剧或电影，是对出版资源的深度开发，是开辟新的经济增长点的有效途径。与上面两种模式相比，这种模式已经从印刷的平面媒体跨越到了非印刷的立体媒体。

《月色撩人》书影

《月色撩人》电视剧海报

① 参见王蕾：《影视与图书互动的典型个案——记江苏文艺出版社〈月色撩人〉的策划》，载《出版广角》，2002(2)。

4. 图书—衍生产品模式

这种模式是指，围绕一本畅销书、品牌书或一个品牌栏目，开发相关的文化产品或非文化产品。接力出版社基于《中外少年》的品牌栏目“神脑聪仔”开发了“神脑聪仔”系列图书，还开发了“聪仔”牌系列服饰，包括T恤、衬衣、马甲、背带裙、裤装与手袋等，平均每年销售几万套。

上述四种模式，一般单一运作，条件成熟的话，可以混合运作，效益当然更大。

不仅图书可以向其他媒体拓展，期刊也可以向其他媒体延伸。期刊社与出版社的合作由来已久，一直以出版社为主导，但世纪之交以来，品牌期刊社开始从“联姻”的模式中解脱出来，以“单飞”的姿态介入图书业。① 例如，家庭期刊集团已打造“家庭书架·情感”丛书，书中内容不仅来自对期刊资源的再次编辑，而且利用“家庭”这个品牌自主组稿。萌芽杂志社成立萌芽图书报刊发行有限公司，自主联系作者，自主加工书稿，打造“萌芽书系”，树立青春读物形象。期刊社以“单飞”的姿态介入图书业，不仅可以延伸期刊品牌，而且所得利润也大于与出版社的“联姻”。

“萌芽书系”之
《少年查必良伤人事件》书影

(三) 把一种出版物运作成永久性产业的关键

可从内部经营与外部环境两方面入手。

1. 内部经营的关键——品牌意识与品牌经营

把一种出版物运作成永久性产业的过程，实际上就是打造品牌的过程。有了品牌作支撑，产业才能真正做大做强。编辑出版人、选题策划人一定要有强烈的品牌意识，一定要学会经营品牌。

第九章第一节介绍了图书品牌经营的基本途径，这里从做大做强产业的角度强调一点：既要开发品牌，更要保护品牌。申请商标注册，是保护出版品牌的法律利器。

对出版商标的注册，至少要做到以下三点。

(1) 要及时将出版商标申请注册。

商标不等于商标权，只有注册之后才能享有商标专有权，获得法律的保护。商标注册实行先申请的原则，先申请者先注册。然而，到2004年，我国573家图书出版社（包括副牌社35家）中，没有一件注册商标的有392家，比例高达68%；482家音像电子出版社中，没有商标注册的有373家，比例高达77%。出版社不仅要及时将名牌图书、富有创意的选题策划进行注册，而且应该及时对社名、社徽等进行全方位注册。

① 要指出的是，所谓“单飞”是指期刊社自己对期刊资源进行策划、整合、加工以至自己发行，并非完全的单飞。在目前出版体制下，期刊社仍然没有图书出版权，还需要从出版社获得书号，所以还是要与出版社合作（尽管这种合作只是名义上的）。(参见董彦：《品牌期刊杀入图书界》，载《信息时报》，2004-07-12。)

（2）要尽可能地跨类注册。

我国出版商标注册集中度高：一是大类集中，二是核定使用的商品范围集中。图书出版社的商标注册集中在第 16 大类（纸张、图册、文化用品）和第 41 大类（图书出版、教育与影视），音像电子出版社的商标注册集中在第 9 大类（电脑及相关产品）；我国图书出版社商标注册核定使用的商品范围集中在印刷出版物。这样就给他人抢注留下了空间。

案例 8—9

1996 年，海天出版社出版《花季·雨季》，成为青春文学的力作，红遍大江南北。该社以敏锐的无形资产经营理念对"花季·雨季"申请商标注册，1998 年 11 月获准注册。遗憾的是，当时只在第 16 类的明信片、日历、文具等 9 种商品上进行了商标注册。谁知，深圳市倚天道企业形象设计有限公司瞄准这一品牌的市场潜力，也于当年在第 3 类和第 18 类的香水、牙膏、洗面奶等 20 种商品上申请了"花季·雨季"的商标注册，于 1999 年获准。获准之后，在海天出版社的抗议声中于 2000 年以 82 万元人民币的价格成功拍卖。有了这一教训，海天出版社赶紧于 2000 年、2001 年在第 16 类的其他产品如书籍、图画、杂志、纸巾等 32 种商品上进行了同一商标的注册，同时通过旗下的深圳市花季雨季实业有限公司，从 2001 年起陆续进行了涵盖第 5、第 9、第 12、第 14、第 15 等共 17 大类的商标注册，涉及商品与服务近 300 种。

（3）应该考虑申请国际商标注册。

不进行国际商标注册，易给海外留下抢注的空间，并且不利于中国出版走出去。1982 年 10 月，美国读者文摘协会在我国成功注册"读者文摘·READER'S DIGEST"商标，这一注册直接决定了 10 年后中美两国"读者文摘"商标之战中方的败局。中国的《读者文摘》不得不放弃使用 12 年多的"读者文摘"刊名而改为《读者》，甚至改名之后中方也不能注册英文"READER"商标，只好使用汉语拼音的"DUZHE"注册，这显然不利于《读者》杂志走向世界。目前我国单个图书出版社的实力有限，在国外尚无被抢注的危险。但中国的出版社终有强大的时候，所以也应该未雨绸缪，进行国际注册。"等到我们的出版实力强大了，再去当地国注册商标，只怕又要重蹈目前我国制造业近乎四面楚歌的商标抢注覆辙。"①

总之，编辑出版人、选题策划人应该以无形资产经营管理的理念经营出版商标，倾力打造品牌，精心维护品牌，这是做大做强出版产业、文化产业的内部关键条件。

2. 外部环境的关键——深化改革，实现媒体融合

从外部条件来说，将一种出版物做成永久性产业的关键是：国家、政府必须进一步深化改革，以推动各种媒体融为一体。具体有以下两点。

（1）必须进一步深化新闻出版与文化体制改革，建立起与大出版、大传媒、大产业相适应的体制。

不言而喻，各种媒体之间的贯通、融合，既是做大做强出版产业、文化产业的重要标志，

① 张书勤：《我国出版社商标注册现状、问题及对策分析》，载《出版发行研究》，2006（7）。

也是必要条件。例如，报社、杂志社既拥有优厚的出版资源，又具有得天独厚的宣传优势，既办报又出书，或者既办杂志又出书，本是顺理成章之事。新中国成立前，书、报、刊不分家是通则。可是今天，报社、杂志社没有图书出版资格，要想往图书出版方面扩张就遭遇了尴尬。条块分割的新闻出版体制、文化体制必须改革。2013 年 3 月，新闻出版总署和国家广播电影电视总局合并为国家新闻出版广电总局。传媒行政管理机构的合并，为整合各种媒体的资源实现媒体的互动、融合创造了有利条件。

出于经营集约化的考虑，我国传媒业、出版业组建了报业集团、广播影视集团、出版集团与发行集团等。这是我国发展大传媒、大出版，应对国际传媒集团、出版集团对我国传媒业、出版业严峻挑战的重要举措。关键在于：这些集团不能是行政管理体制的翻版，而要真正按照自愿互利、优化组合的原则来组建，要能跨媒体、跨地区、跨行业，以至跨国经营。否则，并不能对发展大传媒、大出版起到实质性作用。2003 年 6 月开始的文化体制改革试点工作在这方面迈出了比较坚实的步伐。2004 年，北京青年报社与上海文广新闻传媒集团（现名上海东方传媒集团）、广州日报报业集团联合主办的《第一财经日报》创刊，首次实现了报业与广播、电视的联盟。成立于 2005 年的四川新华文轩连锁股份有限公司是一家跨地域、跨行业联合组建的大型出版发行企业。2012 年 2 月，原新闻出版总署颁布《关于加快出版传媒集团改革发展的指导意见》，其中第 11 条指出：支持出版传媒集团兼并重组。具体措施是：鼓励出版传媒集团通过整合报纸、期刊、图书、音像制品、电子出版物、数字出版业务和出版、印刷复制、发行等资源，实现多媒体、全产业链发展；鼓励出版传媒集团对业务相近、资源相通的中央和地方出版企业进行兼并重组，实现跨地区发展；鼓励出版传媒集团兼并重组新闻出版领域以外的其他国有企业，实现跨行业发展；鼓励和支持转企改制到位的新闻出版单位自愿加入各类出版传媒集团。

（2）加大出版产业投资融资机制改革，积极鼓励社会资本向出版产业流动。

图书出版业向其他媒体延伸、扩张，当然需要雄厚资本。虽然社会资本（包括国有资本、私人资本及境外资本）一直以各种方式（如协作出版、自费出版、项目合作、注册合资公司等），通过各种渠道向出版产业流动、渗透，然而，受意识形态、出版体制等因素的制约，这种资本流动、渗透仍然没有获得应有的地位。这是制约出版社发展大出版、大产业的“瓶颈”之一。

令人鼓舞的是，2005 年 4 月，国务院颁布了《关于非公有资本进入文化产业的若干决定》，鼓励和支持非公有资本进入书报刊分销、音像制品分销，允许非公有资本进入出版物印刷、刻录类光盘生产、只读类光盘复制行业，允许非公有资本投资参股出版物印刷、发行和新闻出版单位的广告、发行领域的国有文化企业（国有资本必须控股 51%以上）。2006 年 7 月，原新闻出版总署出台《关于深化出版发行体制改革工作实施方案》，提出推动有条件的出版、发行集团上市融资。这年 10 月，上海新华传媒有限公司通过借壳华联超市，成为国内出版发行企业第一家 A 股上市公司。2007 年 5 月，四川新华文轩连锁股份有限公司在香港联合交易所主板挂牌上市。2007 年 12 月，辽宁出版传媒股份有限公司［现名北方联合出版传媒（集团）股份有限公司］通过首次公开募股形式以“国内出版传媒第一股”实现上市。上述《关于加快出版传媒集团改革发展的指导意见》的第 29 条指出：推动出版传媒集团拓展融资渠道。具体措施是：支持出版传媒集团实现主营业务整体上市；推荐研发高新技术的出版传媒企业到创业板上市；加强各级新闻出版行政主管部门与金融机构的战略合作，为出版传媒集团信贷融资提供便利条件；推动制定支持出版传媒集团以专利权、商标权、著作权、自主品牌等无形资产出资、质押贷款等有关政策。

五、“不求最好，但求最早”（理念5）

（一）“不求最好，但求最早”的含义

“不求最好，但求最早”是现代营销学中的一个理念，在一定条件下，也适合图书选题策划。

图书市场热点如走马灯似的更换，热点图书中，谁主沉浮？《水煮三国》销售100多万册，《谁动了我的奶酪?》卖出160万册，《哈佛女孩刘亦婷》发行200万册，《老照片》《在北大听讲座》《细节决定成败》《绝对隐私》与《狼图腾》等书均因在同类热点图书中第一个面世而稳坐龙椅。2004年4月，长江文艺出版社北京图书中心策划出版《狼图腾》，这是一部关于动物的、没有爱情、没有性的严肃的长篇小说，然而出版一个半月销量就突破了15万册，至2013年8月正版累计销售400多万册。更难能可贵的是，它的全球英文版权以25万美元卖给英国企鹅出版集团，使中国图书首次按照市场规则成功进入了欧美主流市场。《狼图腾》的成功，在图书市场引发了“狼烟”滚滚，催生出一批“狼书”：《狼性：个人发展和团队生存的动物图腾》《从狼群争斗中学经营管理》《狼图腾启示录》《狼祸》《狼性》《狼的故事》《狼的引诱》《狼道》和《狼群》等，但谁能撼动《狼图腾》的霸主地位？

《狼图腾》书影

（二）不能片面理解“不求最好，但求最早”

出版时间最早，只是畅销的必要条件之一，并非充分条件。《狼图腾》畅销的原因既在于面世时间早，更在于内容的独特和艺术的精湛。严格说起来，狼题材的小说，《狼图腾》不是最早的，2000年6月著名作家贾平凹就出版过长篇小说《怀念狼》，但《狼图腾》是世界上迄今为止唯一一部描绘、研究蒙古草原狼的小说，而且是以狼为叙事主体的长篇生态文化小说，文体既属于小说，又具有学术著作的性质。这部关于狼的史诗性著作，从游牧文明与农耕文明不同的图腾崇拜来解构历史，解读游牧民族与农耕民族的差异以及两种文明对人的性格的塑造，内容翔实厚重，极具个性。内容的独特与艺术的精湛恰恰是那些跟风出版的“狼书”无法企及的。所以，“既要最早，又要最好”，应该成为选题策划人、编辑出版人的自觉追求。

有时，出版时间早的反而不如出版时间晚的更受读者欢迎。例如，台湾画家幾米的漫画书，昆仑出版社1999年就引进过，但市场反应平淡。然而2002年，辽宁教育出版社和三联书店引进后，畅销得令人眼红（原因见第十四章之“捷足先登法”的分析）。出版早的失败，出

版晚的成功，真是应了一句俗话：来得早不如来得巧。有道是：正确的图书出现在正确的时候。合适的出版时间比最早的出版时间往往更重要。把握时机，是选题策划的一个重要原则。在这一意义上，我们又可以说："不求最早，但求最巧。"

六、"与市场开拓者争抢地盘，与最先发现蛋糕者分食蛋糕"（理念 6）

（一）"与市场开拓者争抢地盘，与最先发现蛋糕者分食蛋糕"的含义

市场热点出现后，可以及时跟进。风不是不可以跟，潮不是不可以赶，后来者未必比先行者差，甚至可以后来居上。《素质教育在美国》热销 30 多万册，《哈佛女孩刘亦婷——素质培养纪实》跟着出版，结果畅销 200 万册！（详见第十四章之"趁热打铁法"）虽然跟风失败的事例俯拾即是，但是，跟风成功的事例也是不胜枚举。

跟风出版并非今天才有。20 世纪 30 年代，作家阿英（1900—1977）批评说，中国出版界有一种很坏的风气，就是不肯分途发展，常常共同咬住同一种选题，死啃硬拼，直到弄得数败俱伤。出版家邹韬奋在《肉麻的模仿》一文中，也对《胡适文存》出版后出版界出现的"××文存"跟风现象提出了批评。可以说，跟风是所有产业共有的现象，只要有竞争，就会有跟风，哪怕是精神产品也不例外。当今中国出版产业同样无法避免跟风。

（二）跟风成功的法宝

在跟风出版的问题上，关键显然不是可不可以跟，而是如何跟。如何跟呢？要念好"三字经"：一是"跟"字，即跟进、模仿；二是"快"字，即果断决策，快速行动；三是"好"字，即"跟"要跟出特色——要在跟进中翻新，"快"要快出质量——不能粗制滥造，基本的编校、印制质量必须得到保障，尤其不能侵权。盲目跟风的结果往往是"随风潜入店，本本细无声"。

上述"三字经"中，最根本的是"好"字。

案例 8—10

中信出版社引进出版的《谁动了我的奶酪?》大获成功后，在出版界引发了"奶酪"风。一时间，书店到处卖"奶酪"：《谁敢动我的奶酪?》《我不想动你的奶酪》《谁也动不了我的奶酪》等。大多数跟风"奶酪"书是不成功的，相比之下，《我能动谁的奶酪?》（二十一世纪出版社和中国青年出版社联合出版）卖得不错。《我能动谁的奶酪?》对《谁动了我的奶酪?》提出了针锋相对的颠覆性意见，认为寻找奶酪只是在为失败找借口（《谁动了我的奶酪?》中有两句名言："越早放弃旧的奶酪，你就会越早享用到新的奶酪""在迷宫中搜寻比停留在没有奶酪的地方更安全"），真正的成功者应该不断

《我能动谁的奶酪?》书影

地去拿走别人的奶酪，而失败者总是不断地被别人拿走奶酪。因此，应该不断地考虑：我能动谁的奶酪。这一新的奶酪观念在出版界引起了一场奶酪大战，争论的结果是，《我能动谁的奶酪?》吸引了读者的眼球，发行了20万册。

按照营销学的理论，跟风出版运用了概念营销。“在概念流行中，模仿与同类产品的跟进是必经的阶段，大量跟进产品有助于概念迅速在全社会推广，并形成社会时尚，这是一种良性作用。”① 跟风有两种：一种是良性跟风，另一种是恶性跟风。良性跟风，可以使跟进者获利，甚至可以让被跟者受益。例如，众多跟风“奶酪”书的出现，“更加激起了人们对作为源头的《谁动了我的奶酪?》的好奇，对其发行量起到推波助澜的作用。据称，尤其是在‘颠覆版’出来以后，《谁动了我的奶酪?》的销量又有一个较明显的上扬”②。

然而，跟风不可过了头。千万不能侵权，这是跟风出版的底线。2004年6月，著名作家王跃文（湖南籍）将《国风》的作者王跃文（河北籍）、北京中元瑞太国际文化传播有限公司、华龄出版社和书店经营业主叶国军告上法庭。原来，他们写作、策划、出版、发行、销售的号称“王跃文最新长篇小说《国风》”“《国画》之后看《国风》”的《国风》不是湖南王跃文的作品，其作者王跃文是由河北的王立山改名而来。这是一种蓄意的侵权行为，违反了《反不正当竞争法》，构成了对湖南作家王跃文的不正当竞争，湖南王跃文因而赢得了官司。③ 跟风跟出了侵权官司，得不偿失。

跟风出版只可偶尔为之，长远之计应该是根据自己的优势，策划有个性有生命力的选题。老是被市场热点牵着鼻子走，肯定做不了品牌，成不了大气候。“与市场开拓者争抢地盘，与最先发现蛋糕者分食蛋糕”只是切蛋糕，真有本事就该做蛋糕。切蛋糕者，只能做畅销书的跟跑者或助跑者；做蛋糕者，才能做畅销书的领跑者。

七、“创新是旧东西的新组合”（理念7）

（一）“创新是旧东西的新组合”的含义

笔者曾经阅读过超级畅销书《学习的革命》，没什么深刻印象，但对书中的一句话记忆犹新，这就是“创造是旧东西的新组合”。第七章之“创新原则”指出，创新有两个层次：一个是原创，另一个是“模仿”，而“模仿”是世上最常见的创新。

如何模仿？将已有的元素重新组合而已。在遭受“非典”、“凉夏”、原材料涨价等多重“压迫”的2003年，海尔空调仍有不俗表现，最主要的原因在于新产品氧吧空调的创新。氧吧空调的创新其实很简单：在空调上加个富氧装置——一种特殊的富氧膜，使通过这层膜的氧气的浓度提高到30%，然后用气泵将含有30%氧气的空气导入室内，从而保证室内氧气充足。

---

① 郑重：《以文化穿越市场——论出版概念营销十大原则》，载《中国新闻出版报》，2004-02-25。

② 赵晨钰：《书原来可以这么做》，见要力石：《谋划出书》，275页。

③ 湖南省长沙市中级人民法院：《民事判决书（2004）长中民三初字第221号》，见 http://www.legaldaily.com.cn/misc/2008-11/17/content_983058.htm，2008-11-17。

普通空调加上富氧膜就成了氧吧空调，这就是组合创新。很多物质产品，就是这样组合出来的，普通手机加上电子眼就成了照相手机，普通铅笔加上橡皮就成了带橡皮的铅笔，普通感冒药片分解成白天白药片与黑夜黑药片，就成了白加黑感冒药……

放眼图书出版，不也这样？大多数选题是旧选题重新组合的结果——已有的内容与已有的形式的不同组合。图书组合的方式无非以下两种。

1. 内容不变，而形式改变——“旧酒新瓶”

南宋史学家袁枢（1131—1205）利用《资治通鉴》中现成的材料，用一种新的体例编写了《通鉴纪事本末》，结果创立了一种前所未有的历史著作编撰体例——纪事本末体。这是“抄书”抄出名著的范例。1987 年，浙江人民美术出版社尝试用 32 开本（而不是传统的 64 开本）出版“世界文学名著连环画”丛书，结果开创了大开本连环画出版的风潮。三联书店从台湾引进的“蔡志忠漫画”系列，用漫画的形式解读古籍经典，别出心裁。《我的父亲邓小平》是中央文献出版社 1993 年出版的一本畅销书，后由浙江人民美术出版社出版《我的父亲邓小平》（连环画本），同样取得了叫座又叫好的成绩。用来“装酒”的“瓶子”很多，例如，烹饪书设计成活页本形式，法律书设计成台历形式，幼儿书用撕不烂的塑料制作，工具书设计得比火柴盒还小，等等。

2. 形式不变，而内容改变——“旧瓶新酒”

1988 年，山东友谊出版社运用上述“世界文学名著连环画丛书”的形式，出版“世界童话画库”，既叫座又叫好。古有《三字经》，传诵至今，1995 年，广东教育出版社隆重推出《新三字经》，发行近 4 000 万册。“十万个为什么”图书出了不少，但浙江科学技术出版社 1997 年仍然推出《新科学十万个为什么》，首印 5 万册；南京大学出版社 2002 年又出版《人文社会科学十万个为什么》。美国人出版《英语 900 句》，湖南人民出版社推出《新英语 900 句》。这些图书都获得不同程度的成功。继承古人、前人或今人已出著名图书的形式，换上新的内容，也可以策划出受欢迎的新选题。

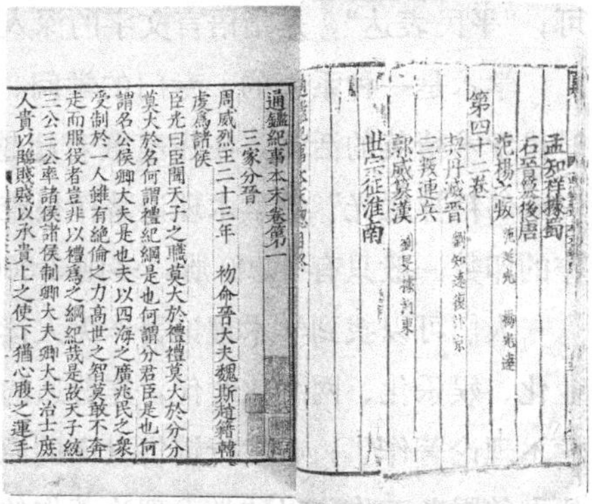

清华大学图书馆藏宋版《通鉴纪事本末》内页照片

（二）组合创新的前提与局限性

上述两种组合方式，都要有现成的优秀图书、著名图书作为参照系，然后推陈出新。很明显，运用这两种组合方式策划选题取得成功的前提条件是：必须熟悉古人、前人或今人已经出版的同类型图书的优点与缺点。为此，必须学习编辑出版史、图书史知识，必须了解竞争对手，必须调查图书市场。

运用这两种组合方式策划选题虽然行之有效，但是，它们都有局限性，即都是只从一个方面去创新：或者只从形式方面去创新，或者只从内容方面去创新。而真正的创新是以内容创新为主，同时兼顾形式创新的综合创新，这才是原创。有专家认为：

> 选题策划工作的创新，包括对图书的内容、形式和风格的创新。编辑应该树立内容、形式和风格①全方位创新的观念，但是应该根据每个选题的具体情况确定创新的目标及重点。意义重大的图书应该力求有全方位的创新，一般图书起码应该有某个方面的创新。主要应该是内容的创新，而能够以内容创新带动其他创新就最好。②

这段话应该成为选题创新的圭臬。内容与形式两个方面都创新，可称之为“新酒新瓶”。“新酒新瓶”的选题才是最理想的选题。

八、专家眼光，平民表达（理念8）

（一）“专家眼光，平民表达”的含义与意义

1. “专家眼光，平民表达”的含义

该理念说的是学术理论著作应该雅俗共赏和如何雅俗共赏的问题。文化普及化、学术平民化，是笔者一贯的主张与信念。除了极个别思想真正超前的、纯粹的学术理论著作之外，一般的学术理论著作应该追求雅俗共赏。学术理论著作之雅，体现在“专家眼光”；学术理论著作之俗，表现在“平民表达”。“专家眼光”，是指作者的洞察力和深邃的思想，为精英读者所认可；“平民表达”，是指语言文字的深入浅出、活泼有趣，为普通读者所喜闻乐见。

学术是一种系统的、专门的学问。“一个民族的学术思想，是一个民族的精神之光。特定时代学术精英的活动，往往蕴藏着超越特定时代的最大信息量。”③ 遗憾的是，闪耀着“一个民族的精神之光”的学术理论著作很难走出书斋，并没有让尽可能多的读者接受。学术理论著作的印数一般只有1 000册，多则3 000册，少则200册。

人们可以找到学术理论著作无人读、印量少的许多原因。有社会大环境的原因，在今天商业化、娱乐化、网络化时代，连普通的纸质读物都日益萎靡不振，更别指望有多少人来“啃”学术理论著作了；有发行销售方面的原因，即出版发行人员没有真正做好为书找读者和为读者找书的服务工作，以致学术理论著作的流通渠道阻塞，需要者无从知晓，无从购买；有国家、政府方面的原因，国家、政府对学术理论著作出版的扶持不够，对公共图书馆、大学图书馆购书经费的拨款不够，等等。有没有图书本身的原因？有！学术理论著作几乎都有一个通病（往往反而被视为学术特色、学术水平）：晦涩难懂，枯燥乏味。学术理论著作过于注重专业规范，使用太多的专业语言，呈现过浓的专业风格，就是这些浓郁的专业特色，把许许多多非专业的读者挡在了书外，使他们望书兴叹。就算是专业读者，如果不是出于科学研究的职业需要不得不去“啃”这些专业著作，实际上也是不愿意也不会去读这些劳其心志、费其体力的著作的。

如果说纯粹的学术理论著作（作者的思想往往超前）命中注定无人喝彩，那么，普及性学术理论著作完全可以达到雅俗共赏。法国科学家法布尔（1823—1915）的《昆虫记》、美国历

---

① 他所讲的“风格”实际上属于图书的内在形式。内在形式是图书形式之一，见第十五章之第一节。

② 黄治正：《图书编辑学》，276页，长沙，湖南出版社，1997。

③ 刘梦溪：《中国现代学术要略——〈中国现代学术经典〉总序（上）》，载《中华读书报》，1996-12-18。

史学家房龙（1882—1944）的《人类的故事》、美籍华人历史学家黄仁宇（1918—2000）的《万历十五年》、清史研究专家阎崇年的《正说清朝十二帝》、华东师范大学历史学教授陈旭麓（1918—1988）的《近代中国社会的新陈代谢》、香港传统文化大师南怀瑾的《论语别裁》、著名马克思主义哲学家艾思奇（1910—1966）的《通俗哲学》、经济学家茅于轼的《生活中的经济学》，等等，都是有口皆碑、流传甚广的普及性学术著作。它们在文本上都有一个共同特点：雅俗共赏。

成名时的房龙 像

2. 学术理论著作雅俗共赏的意义

学术理论著作的雅俗共赏，具有两个方面的重大意义。

(1) 人文意义——有利于培养国民爱好阅读的习惯，广泛地传播文化和普及文化。

如何让普通民众也能沐浴到学术理论著作的光辉？雅俗共赏是必由之路。雅俗共赏，让普通百姓也能拿起书来，也能拿起就不想放下，感觉阅读学术理论性书籍并非遥不可及，这正是全民阅读的前提。美国历史学家、哲学家威尔·杜兰特（1885—1981）这样评价房龙及其《人类的故事》："房龙一手执钢笔，一手握铅笔，两只眼睛炯炯有神，轻松自如地活跃在同一领域内。他才不管什么尊严不尊严，逗乐是他的拿手好戏。他谈笑风生，一路走过了多少个世纪，时不时地用绘画和微笑向人们点明故事的教益。成年人为自己的孩子买下《人类的故事》，自己背地里也悄悄地翻阅。一下子，世人都令人讨厌地变成历史通了。"① 成年人和孩子都爱看《人类的故事》，于是世人都变成历史通，这不是很好吗？

从 2003 年起，中央电视台的《百家讲坛》栏目十分红火，"百家讲坛"系列图书非常畅销，易中天、于丹、阎崇年、纪连海等主讲人成为学术明星，很多人对此现象不屑一顾，甚至颇有微词。在当今商业化时代、娱乐化时代和互联网时代，大众媒体和学术明星们通过自己的努力，提高了民众的阅读兴趣，唤醒了人们的读书欲望，难道不是一件大好事吗？笔者遇见过一位的士司机，他听说我原来是学历史教历史的，就主动聊起他看《百家讲坛》听那些教授讲历史的感受，兴奋不已。一打听，他只有初中学历。初中文化的的士司机爱上中国历史中国传统文化，难道不是一件好事？

(2) 功利意义——有利于扩大读者面，提高经济效益。

目前，学术理论著作大多赔钱，少数保本，只有极少数获得微利。出现这种状况，固然有客观原因——学术理论著作专业性强，目标读者面窄，同时也有主观原因——作者与编辑忽视了文本的通俗化、趣味化。历史研究著作一般只能印刷 2 000 册左右，可是，《万历十五年》畅销海内外，中文简体字版 1982 年由中华书局首版，至 1996 年总印数达 20 万册；《正说清朝十二帝》出版四个月印发 23 万册；《品三国》上册自 2006 年 7 月出版，至 2007 年 8

① 转引自吴源、姜渭渔：《面向大众的高品位学术文化——〈野骆驼译丛〉编辑札记》，载《书与人》，1998 (2)。

月印发 220 万册，下册自 2007 年 3 月出版，4 月份就印发 170 万册。它们都有一个共同特点：雅俗共赏。

出版因阅读而存在。原新闻出版总署副署长于永湛指出："对于新闻出版业来说，阅读是产业链条上的关键环节。阅读是一个带根本性的问题，没有阅读就没有新闻出版业，没有阅读的增长就没有新闻出版业的发展。"[①] 学术理论著作的出版困境，需要从阅读的源头寻找有效的解决方案。拓宽学术理论著作的阅读空间，雅俗共赏难道不是很有效的解决方案吗？

选题策划人、编辑出版人有责任把学术文化资源转化为大众的知识财富，让平民也能滋润到精英思想的阳光雨露，更有义务培育普通读者中蕴藏的对学术理论著作的阅读兴趣。

（二）"专家眼光，平民表达"的关键及其突破口

1. 关键是"平民表达"

从学术理论著作出版的实际情况来看，"雅"与"俗"，或曰"专家眼光"与"平民表达"，是相互联系的两个方面。但相比之下，"俗"或曰"平民表达"是这一问题的关键。道理很明显，学术理论著作是教授、研究人员、科学家经过长期甚至一辈子研究的结果，这些专家学者哪个不满腹经纶、思想深刻呢？所以，做到"专家眼光"自然而然。可是，要做到"平民表达"则很难，事实上，也很少有人做到了这一点。有的专家学者在长期的学术研究中形成了"专家眼光，专家表达"的思维定式与写作习惯，根本没有将学术理论著作通俗化、趣味化的意识；有的缺乏甚至没有写作通俗普及读物的经验；有的认为通俗普及读物是上不了台面的雕虫小技，不屑于写作这种东西；有的觉得将学术理论著作通俗化、趣味化对自己评职称评课题评奖没有好处，因而不想尝试；有的确实缺乏通俗化、趣味化的写作能力。总之，由于种种原因，几乎所有的专家学者在撰写学术理论著作的时候，都没有做到"平民表达"。

2. "平民表达"的突破口

"平民表达"的突破口有以下三个。

（1）更新观念，正确看待通俗普及读物和学术理论著作的通俗化、趣味化。

学术理论著作的通俗化、趣味化为何那么艰难？深层次的原因在于观念：学术界普遍瞧不起通俗普及读物。其实，通俗普及读物对提高全民素质具有重大意义，而且不容易写好。学术理论著作要做到雅俗共赏则更难，内容既要准确有思想，表达又要深入浅出，形式体例又要新颖活泼，多方面兼顾完美结合，谈何容易！做人做事，最难把握的是度——"狂"与"狷"的度，"左"与"右"的度，故中庸之道被誉为中国文化的伟大智慧；为文为艺，最难掌握的也是度——"雅"与"俗"的度，"阳春白雪"与"下里巴人"的度。"曲高和寡易而雅俗共赏最难"[②]，此言一点不假！

学术界弥漫着学术评价的误区，以为越通俗越有趣的书越没有学术价值，而越晦涩难懂的著作反而越有学术水平。因此，在大学评职称、评科研奖励、评课题时，通俗普及读物、教材

---

① 于永湛：《全面落实科学发展观　大力推动我国新闻出版业繁荣发展》，载新闻出版总署办公室编印：《全国新闻出版局长会议文件汇编》，29 页，2006。

② 弘征：《书缘》，244 页，北京，中国书籍出版社，1993。

与文学作品登不了大雅之堂，理由是它们不属于学术理论著作。湖南作家阎真出了本既叫好又叫座的长篇小说《沧浪之水》，拿去申报教授，哪知被拒之门外，阎真反问，研究我作品的人评上了教授，为何我却不能评教授？于是，许多专家学者不愿意写通俗普及读物，甚至故意把书写得深奥些，以显其学术味道。结果，学术味道有了，但读者不买账了，印数没有了，出版社要亏本了。试问，这究竟是学术理论著作的荣幸还是悲哀？

观念决定行动。观念不更新，思想不解放，行动就不会到位。通俗普及读物和学术理论著作通俗化、趣味化方面存在的诸多偏颇甚至根本错误的观念，到了该破除的时候了。

《品三国》书影

（2）在“趣说”方面下足工夫，花够心思。

易中天教授说，对历史有多种说法，最常规的是“正说”，最流行的是“戏说”，前者“真实不好看”，后者“好看不真实”，这就产生了矛盾。解决这一矛盾的方法就是“趣说”，既有历史真相，又有文学趣味。[①] 他说的是历史，但适合所有人文社会科学著作。人文社会科学学术理论著作要想达到雅俗共赏，就必须在“趣说”方面下足工夫、花够心思。

如何“趣说”呢？有三种途径：

其一，语言力求生动活泼。

热销的学术理论著作，语言文字几乎都是生动活泼的。《昆虫记》堪称科学与文学完美结合的典范，将昆虫世界化作供读者获得知识、趣味、美感和思想的优美散文。《万历十五年》一反传统史学著作深奥的写法，以散文式笔法写史，既不像断代史，也不像专题论文，更没有令读者最为头痛的大段的文言文引文。新颖的体例、流畅的表达、行云流水的风格，拉近了读者与作者的距离，缩短了今人与古人的时空。《正说清朝十二帝》“把学问当评书讲、把历史当故事说”[②]。《品三国》充满了现代汉语流行词语和俏皮话，大胆使用插科打诨和一些无厘头的搞笑语言，结果别开生面。

其二，贴近百姓的现实生活。

学术理论著作要想让百姓也能亲近，就必须尽可能地与他们的日常生活与工作贴近，让他们感受到学术理论并非高不可攀。

案例 8—11

著名经济学家茅于轼的《生活中的经济学——对美国市场的考察》（上海人民出版社 1993 年首版）是广受赞誉的市场经济学普及读物。茅于轼说：“我从事研究有一个信条，即不论多深奥的理论，如果透彻地理解了它，必定可以还原为日常生活中的现象。”在此

---

① 参见易中天、于丹：《从星空到心灵——易中天于丹演讲对谈录》，203 页，南京，江苏文艺出版社，2007。

② 阎崇年：《正说清朝十二帝》，序言，北京，中华书局，2004。

"信条"支持下，他把自己"对美国市场的考察"写成了"家常式"的经济随笔，将日常生活中的点滴经验与市场经济的运作规范联系起来，透出个人的见识，给人以启示。人们原以为，经济学著作是枯燥的数字和数学模型，高深难懂，但读了这本书，发现经济学与人的吃穿住行息息相关，经济学著作也可以如此通俗易懂。

《生活中的经济学》书影

"百家讲坛"系列历史传统文化图书畅销的重要原因之一也在于贴近百姓。易中天叙述历史人物和历史事件时，在语言表达、意思转译方面尽量跟现代语境结合，并有意迎合年轻一代。《于丹〈论语〉心得》用《论语》解读现代社会生活中的诸多现象，从现代人的需求出发，以自己独特的视角，为传统文化和现代生活架起了一座相互来往、相互理解的桥梁，让今天的人们感觉到 2 500 年前孔子的谆谆教诲仍然是自己为人处世可以汲取的精神营养，正像易中天在该书"序"中所说："这是我们的孔子，大众的孔子，人民的孔子，也是永远的孔子。"

其三，创新体例或体裁。

学术理论著作不能老是一副死气沉沉的面孔，应该亮起来、活起来，作者、选题策划人、编辑出版人都必须创新体例与版式，尤其是体例创新必须下足工夫，因为体例与表达方式、行文风格直接相关，传统的老学究式的体例本身就难以胜任通俗化、趣味化的要求。

国内出版实践表明，至少有以下四种体例或体裁有助于学术理论著作的通俗化、趣味化。

第一，随笔体。随笔体是使学术理论著作雅俗共赏的一种很有效的体例。历史学、文化学、经济学和法律学等学科的著作，广泛采用了这种体例。易中天的"品读中国书系"（包括《品三国》《品人录》《读城记》《闲话中国人》与《中国的男人与女人》等）、吴思的《潜规则——中国历史中的真实游戏》、茅于轼的《生活中的经济学》、三联书店的"经济学家手札"丛书、法律出版社的"法苑随笔丛书"等，都采用了这种体例，获得了成功。易中天提倡"品读"这一体例。所谓"品读"，不光是要把理论变得通俗易懂，更要对历史人物和历史事件背后的人性进行解读，从中找出能给现代人启迪的东西。他说："我讲历史的方式可以总结成四句话：以故事说人物，以人物说历史，以历史说文化，以文化说人性，最后落脚在人性上。"[①] "品读"仍然属于随笔体。

第二，大话体。大话体最初源于香港的"戏说"古装电视剧，直接源于周星驰主演的电影《大话西游》。[②] 大话体的特点有：强调个性化和娱乐化，使用无厘头风格的搞笑语言，叙事行

① 易中天、于丹：《从星空到心灵——易中天于丹演讲对谈录》，203 页。

② 易中天的《戏说是历史情结的"变种"》认为："《西游记》大话了《大唐西域记》，《西游记》才是大话的祖宗。"（见上书，171 页。）

文天马行空，轻松而辛辣。不管学术界究竟怎样评论大话体的优劣，一个不可争议的事实是，大话体已成为当今年轻一代喜爱的视听与阅读的时尚，一种可以尽情体验的审美情趣。这种体例或曰体裁，已从影视蔓延到网络，又从网络延伸到纸质媒体。它先从网络文学作品开始，发展到休闲读物，又扩展到学术理论著作，焕发出勃勃生机。学术理论著作最早尝试大话体的应该是《水煮三国》(中信出版社，2003年7月)。

案例 8—12

《水煮三国》书影

《水煮三国》是一部另类的、无厘头式的企业经营管理学著作。作者成君忆拿古典文学名著《三国演义》“开刀”，将三国看做是市场竞争中的三类公司：一类是大量占用国家资源、实力雄厚、产品占据市场半壁江山的大公司，如魏国；一类是依据特色、固守一方市场、伺机扩张的中小型公司，如吴国；一类是白手起家、迅速崛起的新兴企业，如蜀国。如此说来，三国鼎立就是三种不同类型企业的管理者，运用适合自身发展的管理策略，搏击商海的故事。作者将人力资源管理和市场营销管理中遇到的各种问题与对策，用大话三国的写作方式娓娓道来，借古讽今，妙论迭出，通俗幽默，叙述风格如文学语言一样，亦庄亦谐。读者不但可以学管理学知识，还可以缓解工作压力。《水煮三国》是2003—2004年度十大畅销经管书之一，曾经连续六个月蝉联“非文学类畅销书排行榜”第一名，销量达100多万册，创造了本土原创财经管理类图书的奇迹，还被翻译成日文和韩文出版。

《水煮三国》是成功的大话体学术理论著作，具有文本示范意义。它让我们惊喜地发现，原本正儿八经的管理学著作，竟然也可以用大话体来演绎。那么其他学科呢？在《品三国》这样的历史传统文化著作中又一次见到了大话体的身影。是否可以将大话体运用到所有学科的学术理论著作，这种体例或体裁究竟应该具有哪些成熟的特点，这些都有待于继续讨论，但选题策划人、编辑出版人没有理由不去积极尝试，不去努力探索。

第三，故事体。著名经济学家厉以宁写书喜欢讲故事，因而生动活泼。上海文艺出版社的历史读物《话说中国》系列是运用故事体的范例。策划者认为，现代人对历史的感悟，最能产生共鸣、最能让读者感动的文学样式是故事，于是用1 500余则“生动故事”来表现5 000年的“浩繁历史”，并力求体现以故事体文本为主体的感性与理性的统一。这种故事体文本均来源于经典记载，而且经过一流的历史文化学者的再

《话说中国》系列书影

创造，是一种“经典化”的故事体文本。[①]

第四，杂交体。笔者发现，还有一种体例可以将学术理论著作通俗化、趣味化。例如，经济学家梁小民的《寓言中的经济学》（北京大学出版社），通过讲述那些家喻户晓的寓言故事，把生活中的经济学原理展示给大家，使读者在阅读风趣生动的寓言的同时，了解当代经济学的许多深奥道理。上述《水煮三国》将古典文学名著《三国演义》与企业的人力资源管理、市场营销管理嫁接起来，巧妙地以三国人物为载体，将企业经营管理的原理、方法渗透于一个个故事之中，融三国智慧与管理精义于一体。在写作的体例方面，这两本书有一个共同的特点，都是把需要深入讨论的主题、话题与读者喜闻乐见的、司空见惯的某种文化形态有机结合起来。《寓言中的经济学》是把经济学与大家从小就熟悉的寓言结合起来，《水煮三国》是把企业经营管理学与老少皆知的《三国演义》结合起来，达到激发普通读者学习和接近高深学术理论知识的目的。笔者不知道应该怎样称呼这种体例，姑且把它叫做“杂交体”（第十五章论述的“培育杂交法”与这里所说的“杂交体”是有一定区别的）。

除了创新体例体裁，编辑出版人还可以通过新颖的版式设计、装帧设计和图文并茂的文本结构，来增强学术理论著作的可读性和对普通读者的吸引力。“读图时代”的出现不是偶然的，学术理论著作也可以图文并茂。早在20世纪三四十年代，就有专家学者出版了不少内容形式皆美的插图本图书，其中郑振铎的《插图本中国文学史》堪称典范，出版后颇受出版界青睐，被不断重印。

（3）选题策划人、编辑出版人应该站在普通读者立场积极引导专家学者写作。

专家学者的写作无疑有非常强烈的个人化倾向，然而，从推动全民阅读和拉动出版产业的角度来说，专家学者应该有比较明确的为读者写作尤其是为普通读者写作的意识。大思想家、大学者梁启超（1873—1929）就明确主张著述前要看读者对象是谁，他在《中国历史研究法》中说：“凡作一书，必先问吾书将以供何人之读，然后其书乃如隰之有畔，不致泛滥失归，且能针对读者以发生相当之效果。例如《资治通鉴》，其著书本意，专以供帝王之读，故凡帝王应有之史的知识无不备，非彼所需，则从摈阙。此诚绝好之‘皇帝教科书’，而亦士大夫之怀才竭忠以事其上者所宜必读也。”[②] 大科学家牛顿（1643—1727）在写《自然哲学的数学原理》一书时，为了便于普及，就不用自己新创立的微积分，而坚持用初等数学来阐述。

如上文所说，从整体来看，专家学者对于通俗普及读物和学术理论著作通俗化、趣味化的态度很复杂，但有一点必须看到，有不少专家学者并非不能够将学术理论著作通俗化、趣味化，舞文弄墨原本就是他们的看家本领嘛，他们多半是为观念所困，为经验所缚，为功利所累，因而不屑于写、不知道写、不愿意写。所以，选题策划人、编辑出版人应该站在普通读者的立场上，积极引导专家学者将学术理论著作通俗化、趣味化，应该向他们介绍图书市场信息，介绍普通读者的阅读需求与审美心理，以促使专家学者的写作风格、表达方式符合社会大众的需要。

---

① 参见刘拥军：《〈话说中国〉如何撕开“饱和市场”的口子》，见刘拥军编：《图书营销案例点评》，5页，苏州，苏州大学出版社，2005。

② 《梁启超全集》，778页，上海，上海人民出版社，1984。

案例 8—13

北京某医院的一位权威牙医写了一部牙医专著，卖不出去，出版社要他包销，致使他的办公室堆满了积压的书。金盾出版社的编辑再次向他组稿，告诉他，书滞销不是因为读者不需要防治牙病的书，而是因为写法不对路，过多地写了牙病产生的原因，而具体防治牙病的方法过于简单，所以实用性不强。这位编辑承诺，如果按照他的选题策划思路去写，书肯定畅销，届时不但不要包销，而且照付稿酬。于是，这位牙医按照金盾出版社“少讲为什么，多讲怎么做”的要求，以通俗易懂、直白浅显的体例与表述方式撰写了《牙病防治》，结果首印 20 多万册，以后年年重印。

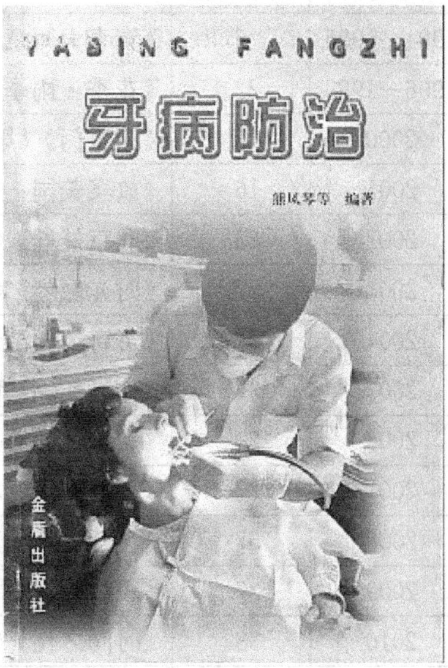

《牙病防治》书影

九、“作家出少年，小材堪大用”（理念 9）

（一）“作家出少年，小材堪大用”的含义

应该明确以下两点。

1. 少年儿童作者写书出书蔚然成风，已成不可阻挡之势

过去，少年儿童（6 岁至 18 岁的小学生、初中生和高中生）① 能在报纸、杂志上发表文章，哪怕是豆腐块大小，也不多见，写书出书更是罕见。然而，从 20 世纪 90 年代后期尤其是 2000 年以来，少年儿童写书出书蔚然成风。2001 年，中国青年出版社、中国少年儿童出版社以及中华青少年新世纪读书俱乐部联合出版超现实幻想系列小说“WOWO”丛书，面向全国少年征稿。在短短的一个月内，竟然收到长篇小说稿 30 多部，散文随笔稿 260 多部。少年写书之普遍于此可见一斑。

据笔者不完全统计，从 20 世纪 90 年代至 2014 年，中国至少出版了 249 位少年儿童作者所写的 403 种书，它们至少由 157 家出版社出版。限于篇幅，这里不一一列举，只将其基本情况列表如下（表 8—1～表 8—3）：

---

① 现在中小学生写书出书蔚然成风，大学生写书出书更是普遍，舆论界所说的“少年作家”往往包括了大学生作家，但这里所说的少年作者不包括大学生作者，因为，19～22 岁的大学生已不属于“少年”了，大学生写书出书并不怎么稀奇。

表 8—1　1991—2014 年各年份少年儿童出书统计表

出书时间	出书种数	代表图书
1991—1995	6	《青春大写意》《我的心就是天空》《因为太阳的缘故》
1996—1999	22	《花季·雨季》《真心英雄》《我爱阳光》《放飞》
2000	23	《三重门》《第四节是物理课》《奇奇和咪咪的故事》
2001	16	《放飞美国：一个中国男孩和七个美国老师》《再造地狱之门》《窦蔻流浪记》
2002	23	《北京娃娃》《不及格》《上学真累》
2003	27	《时光魔琴》《魔法士传奇》《我是动物》
2004	22	《奇奇编西游记》《且听风吟》《童言无忌三国志》
2005	32	《变局》《故都风流》《恶魔之吻》
2006	20	《跆拳道皇后》《星巴克非卖品》《落落要的幸福》
2007	27	《大都市里的小书虫》《清新夏日》
2008	57	《花开的童话》《夏日终年——我的初三日记》《历届奥运风采》
2009	37	《暖雪》《此岸花开彼岸无人》《百馆游》
2010	33	《时间之伤》《无情花》《诗歌 89 首》
2011	35	《淑女学校》《下一站天后》《流年未至，不记夏辰》
2012	10	《花开有声》《植物大战僵尸学校——敕勒川和平之旅》
2013	7	《我的世界》《雨是伤心的云》
2014	6	《童言欣语》《中国诗歌地理：00 后九人诗选》

表 8—2　1991—2014 年各年龄段少年儿童出书统计表

出书时年龄	6～12 岁	13～15 岁	16～18 岁
出书种数	55	111	237
代表作者	金今、张蒙蒙、边金阳、窦蔻、高璨、徐毅、康镇、王安忆佳、范开源、张元	蒋方舟、矿矿、古立坤、厉嘉威、张悉妮、万亿、林卓宇、陈盈颖、麦兜兜	郁秀、韩寒、张天天、许佳、黄思路、胡坚、春树、安瑟儿、安臣敬一、研小色、张佳羽、原筱菲

表 8—3　1991—2014 年出版少儿作者图书的出版社统计表

出版社	出书种数	主要图书
作家出版社	29	《三重门》、《黑黑癸未诗词存稿》、“90 后美少女丛书”、《月亮船》、《恐龙追缉令》、《灿烂在初三》、《天空笑颜如歌》、《丹妮和她的魔法书》
海天出版社	28	《花季·雨季》、《真心英雄》、“《情感与励志》中学生原创文学作品丛书”、“深圳市中学生原创文学丛书”、《童言无忌三国志》、《阅读让我们阳光成长》、《灰色少男紫色少女》、《云朵上的琉璃歌》
北岳文艺出版社	20	《初帆集》、《龙日一，你死定了》系列、《被诅咒的安达露西亚》、《云上·柠檬香》系列

续前表

出版社	出书种数	主要图书
甘肃文化出版社	11	“90后校园作家作品精选”系列，包括《开往青春的火车》《潘多拉的秘密》《有风，我们就可以飞翔》等
花城出版社	10	“张瑛姐姐牵手丛书”，包括张蒙蒙、李泓业、王立衡等人的作品
长江文艺出版社、北方文艺出版社	各出书9种	《打开天窗》《愤青时代》《蒹葭往事》；《生如夏花》《江南梦》《学园黑骑士》
北京少年儿童出版社、少年儿童出版社、中国文联出版社	各出书7种	“自画青春丛书”；《奇奇编西游记》《和氏璧的谎言》；《零落》《漫画世界传奇》《初荷听雨》
春风文艺出版社、人民文学出版社、广东教育出版社、新蕾出版社、希望出版社、现代出版社、珠海出版社、海南出版社	各出书6种	《我爱阳光》《幽默水浒》；《青春前期》《假如我是海伦》；“魔域奇遇丛书”、《细菌国王秘密日记》；《高一岁月》《燕尾蝶》；《阳光女孩》《在阳光下奔跑》；《我们的，他们的爱》《如果眼泪不记得》；《诗歌89首》《再见光年》；《我要飞》《海棠影下》
中国少年儿童出版社、湖南少年儿童出版社、国际文化出版公司	各出书5种	《像南瓜，默默成长》《书橱里的船》；《跆拳道皇后》《梦呓·红楼时光》；《坐着看花，站着消逝》《芳香日日》
北方妇女儿童出版社、明天出版社、内蒙古人民出版社、四川文艺出版社、中国戏剧出版社	各出书4种	《不及格》《挂在苹果树上的香蕉》；《奇奇和咪咪的故事》《梦，随风万里》；《五色秋日》《陌路花开》；《探戈下楼》《拾捡温暖之光》；《亮丽的日子》《夏桃子的紫色年华》
华艺出版社、辽宁人民出版社、中国青年出版社、太白文艺出版社、花山文艺出版社、时代文艺出版社、济南出版社、中国文史出版社、新世纪出版社、中国华侨出版社	各出书3种	《我的心就是天空》《玛雅王朝：风俗卷》《今年，我们小升初》《树叶船》《春日：绚之乱》《把风雨做成标本》《爱世界》《一只1996年老鼠的真情告白》《就让记忆盛开如花》《在美国做交换生》
远方出版社、陕西师范大学出版社、新世界出版社、湖南人民出版社等38家出版社	各出书2种	《北京娃娃》《正在发育》《秦人部落》《柠檬树下三人舞》等
人民日报出版社、上海人民出版社、广西师范大学出版社、新华出版社、敦煌文艺出版社、青海人民出版社、三辰影库音像出版社、黄河出版社等77家出版社	各出书1种	《时光魔琴》《零下一度》《十六岁到美国》《在年华之上等你》《像向日葵一样成长》《散入指间的时光》《暖雪》《蓝色危机》等

有充分的理由相信，随着社会不断开放，互联网日益普及，教育改革日渐推进，少年儿童写书出书势不可当。

2. 少年儿童作者群体已显露巨大能量

整体观之，少年儿童作者年龄虽小，但能量不小。从写作、出版第一本书时的年龄来看，他们是大至十七八岁的高中生（以郁秀、韩寒为代表），中到十三四岁的初中生（以蒋方舟、张天天为代表），小到6～9岁的小学生（以窦蔻、边金阳为代表）。但他们出版的作品数量多，金今6岁时已出两本诗集，16岁时已出五本书；窦蔻7岁时已出两本书；张天天17岁时已出六本书；蒋方舟13岁时已出四本书。他们出版的作品部头大，不少是二三十万字的长篇，《花季·雨季》33万字，《真心英雄》（第一部）24万字，《三重门》22万字，《再造地狱之门》20万字，《本领恐慌》30万字，就连六岁半的窦蔻写的《窦蔻流浪记》也有11万字，2岁即失聪的14岁少女张悉妮的长篇小说《童言无忌三国志》长达70万字。

《三重门》书影

少年儿童作者群体以其独特的方式为当今中国出版业的发展与繁荣作出了自己的贡献。

（1）创造了新的经济增长点。

少年儿童作者的作品发行量较大，不少成为畅销书。《花季·雨季》销售100多万册，《真心英雄》（第一部）出版半年6次重印，《我爱阳光》首印5万册，《三重门》发行110多万册，《再造地狱之门》首印10万册。这样的销售业绩连不少著名的成人作家都望尘莫及。

（2）拓宽了出版领域。

校园文学、青春文学已成为当今我国出版业的一大板块，这无疑得益于少年儿童作者队伍的迅速壮大。从内容、题材来看，少年儿童作者出版的作品绝大部分是校园文学、青春文学。在这一领域做得相当成功的有海天出版社、作家出版社、上海人民出版社、长江文艺出版社、花城出版社和春风文艺出版社。特别是海天出版社，从1996年出版《花季·雨季》获得极大成功以来大打“花季·雨季”牌，持续开发“花季·雨季”系列图书及其相关文化产品［详见本章之“不做一锤子买卖（理念4）”中的介绍］。还有不少出版社正在开辟或计划进军这一领域。①

（二）少年儿童纷纷写书出书的必然性

从20世纪90年代后期特别是2000年以来，少年儿童纷纷写书出书，形成一种引人注目的社会文化现象，这绝非偶然。笼统地说，有内因与外因。内因是当今少年儿童有更强烈的表达欲望，并且通过自身的努力和学校、家庭的教育，基本具备了创作的知识、能力与水平；外因是当今时代为他们的创作提供了更适宜的外部环境与客观条件。在促成这一现象形成的过程中，外因所起的作用更大，概括起来，有以下四个方面的原因。②

① 少年儿童写书出书的意义不仅在于出版业，还在于文学和教育等方面。对文学而言，少年儿童纷纷写书出书应视为当代文学获得新生的成就；对教育而言，少年儿童写书出书热的出现是教育改革所取得的阶段性成果。［参见易图强：《对少年儿童写书出书热的思考》，载《河南大学学报（社会科学版）》，2008（1）。］

② 以下所谈原因可见拙文《对少年儿童写书出书热的思考》。上文中的3个少年儿童作者出书表在该文中也有，这里补充了不少新材料，重新作了统计。

1. 市场经济时代为少年儿童写书出书提供了宽松的社会环境

当今市场经济时代是开放的时代，是多元化的时代，是张扬个性的时代。少年儿童本来无拘无束，思想无羁绊，行动无阻碍，想象力、创造力最丰富，天生就有强烈的表达欲望、诉求意愿。问题在于，这种表达欲望、诉求意愿能否实现，能在多大程度上实现，这就离不开他们赖以生存的社会环境了。在计划经济时代想自由地表达自然很难，而市场经济时代显然可以，而且可以充分地实现。一个显而易见的事实是，今天的人们有了更多的言论自由。少年韩寒有两句名言："全面发展最可能导致的结果是全面平庸。"① "思想品德不及格总比没思想好。"②

20 世纪 70 年代末以后出生的青少年号称"新新人类"，自我意识很强，喜欢标榜自己与众不同；冷落了理想主义，感官享受和游戏是他们钟情的生活方式。写作越来越成为他们表达个性的一种兴趣、爱好。对他们来说，写作同其他爱好、兴趣一样，很普通、很平凡。想写就写，什么时候不喜欢了，就不写了，想怎么写就怎么写，非常自由。谷阳说："我不会写作文，我不知道如何去'作'，只知道文字是可以随心所欲的……文学是随心所欲的。"③ 今天的社会给文学创作提供了宽松的环境，按专家的话说就是"文学的生态环境很好"，这是青少年儿童纷纷从事文学写作的"很重要的外部条件"④。总之，因时代的进步和社会的开放而形成的宽松的环境，是青少年儿童写书出书热得以发育、成长的沃土，这种热的产生，正是改革开放和思想解放所结出的丰硕果实。

2. 信息时代尤其是互联网的普及为少年儿童写书出书创造了便捷的途径

以互联网为标志的新的信息时代的到来，使信息、资讯的触角伸展到每个角落，使"秀才不出门，便知天下事"的理想真正变为现实，这就使更多的人可以很快捷地、很方便地获取写书所需要的资讯，而不像以前有限的资讯被少数精英垄断。这是少年儿童写书的另一个前提条件。"他们早早地浮出水面，当然不仅仅是因为'出名要趁早'，其中也有个普遍的前提，那就是：高速运转的信息时代也把这一代少年人的'变声期'和'创造期'整个地提前了。"⑤

《正在发育》书影

12 岁的姑娘蒋方舟在《正在发育》中谈到了同性恋、早恋、男女之情甚至"泡妞秘籍"等，书中有段名言：

> 人一结婚，不出五年，男的就不大敢仔细地完整地看自己老婆了，即使看了，也不会仔细看第二遍。然而，我找男朋友，是大大地有标准的。要富贵如比

---

① 韩寒：《三重门》，个人简介，北京，作家出版社，2000。

② 同上书，后记。

③ 转引自《17 岁高中女生出书〈不及格〉：我不是韩寒第二》，见 http：//news. sohu. com/14/57/news147635714. shtml，2002-01-11。

④ 《〈午间一小时〉：文坛中的少年军团现象》，见 http：//news. sina. com. cn/c/240335. html，2001-04-25。

⑤ 徐鲁：《关注"新青春派"写作：个性的释放与现实的逃离》，载《中华读书报》，2001-06-03。

哥（比尔·盖茨），潇洒如马哥（周润发），浪漫如李哥（李奥纳多），健壮如伟哥（这个我就不解释了）。

有人很奇怪，她是怎么知道这些的？她自己说："是我看书，听别人讲，慢慢琢磨出来的。"[①] 在笔者看来，这显然与当今信息时代资讯的发达有必然联系。

互联网的普及，还为少年儿童提供了充分表达愿望、宣泄情绪、展现文学天赋的最理想的渠道。正是互联网，催生了网络文学和一大批网络文学写手或作家。青少年儿童作者中有许多通过网络写作而进入文坛。青少年儿童天生就有表达的冲动，但在现实世界常常受阻，可如今有了互联网，一切轻松解决了。互联网向爱好文字的普通人敞开了大门，为他们提供了与外界交流的广阔空间，也为他们成名成家创造了更多机会。在8岁的高靖康写的童话《奇奇编西游记》里，玉帝用上了E-mail，这无疑是网络时代的烙印。17岁的满舟出版《黑客攻击防范秘技》，小小年纪就成为"东方安全网"的首席执行官，并拿到4 000元的月薪，这更是互联网的直接受益者。

3. 少年儿童所写的书适应了同龄人的阅读需求，这是少年儿童写书出书热形成的最根本的原因

从出版的角度看，在市场经济条件下，青少年儿童作者所写的书如果得不到青少年儿童读者的认可，那么，写得再多，出得再多，也只能是"自作多情"。如今的青少年读者崇尚个性，反叛传统与常规，追求自然率真，欢迎平等对话，喜欢多元化的价值取向，总之，他们有自己的文化式样、行为方式和价值理想，有自己的阅读需求。今天的青少年对文化产品的选择有其特定的倾向，有人认为，有四个反映"新新人类"文化消费倾向的标志性事件：一书，即《第一次的亲密接触》；一歌，即《东北人都是活雷锋》；一片，即《大话西游》；一人，即金庸。今天的"新新人类"与他们的前代人之间确有"代沟"，确有隔阂感。[②]

整体而言，青少年儿童所写的校园小说显然被同龄人接受。"孩子本位"是校园小说获得成功的关键。[③] 青少年儿童作者站在孩子的角度，用孩子的眼睛观察世界，用孩子的心灵感受生活，用孩子的语言讲述发生在他们身边的故事，用孩子的思维看待成长期的烦恼，他们有着成人作者无法比拟的真实性，有着成人作者无法模仿的单纯和无拘无束，故其作品受到青少年儿童的欢迎。韩寒的叛逆使青少年读者觉得解气，郁秀、黄思路的成功使他们向往，金今、张天天与边金阳的大胆幻想激发了他们的想象力。青少年儿童的作品尽管不太成熟，文学水平不太高，但没有成年人作品中的世故和矫情，同龄人阅读时感到流畅自然。"孩子本位"的本质是读者本位。作品不能适应、满足读者的需求，会有生命力吗？成年人作者很难做到"孩子本位"，正是由于成年人写作的旁落才导致了少年儿童写作的蓬勃发展。

4. 出版社、新闻媒体、商家的炒作对少年儿童写书出书热的产生起了推波助澜的作用

出版社、商家、新闻媒体的炒作是无法否认的。炒作的手段很多：违反创作规律，让作者

---

① 2003年12月10日，中央电视台《实话实说》栏目以"我是作家我怕啥"为题邀请12岁的蒋方舟、12岁的古立坤和9岁的边金阳为嘉宾，做了一期少年作家专题节目。

② 参见苏静、盛欣、燕舞：《学者教授给你暑假读书支招》，载《中华读书报》，2003-07-23。

③ 参见舒晋瑜：《校园小说透视：亮点频现成绩喜人 精品不够期待突破》，载《中华读书报》，2003-09-10。

在短时间内连续出书；不顾事实，捏造新闻[①]（如某报社捏造张天天有四门功课不及格，把虚假的成绩登在报上进行炒作）；抓住一点，夸大其词（如谷阳出了一本名为《不及格》的作文文集，其实书中只有很少一部分作文被老师判为“不及格”）；不看对象，随意封衔（如六岁半的窦蔻被封为“娃娃作家”）；从作品外部找卖点，加以炒作，如把作者的叛逆性格（如敢骂权威）、不平凡的经历（如七门功课挂“红灯”、与母校打官司）等拿来炒作，17岁少女春树出了一本自传体小说《北京娃娃》，被称为“中国第一部残酷青春小说”，被说成是真正具有“身体性”的女性小说。几乎每个出书的孩子都会有一个不平凡的故事，这个故事一般会比作品本身更能吸引人，于是出版社往往通过包装一个不平凡的孩子来达到推销书的目的。在浮躁之气和经济利益的驱使下，一些小作者及其家长也变得短视了，变得世故了，变得抵御不住金钱的诱惑了，于是配合着一起炒作。

在市场经济条件下，不违背基本事实的炒作是可以理解的。许多人强烈谴责出版商对低龄化写作的炒作，并因此否定小作者们作品的价值。然而，在当今社会，如果不进行应有的炒作，图书如何送到读者手中？阅读的过程如何实现？必要的炒作属于宣传、广告。宣传、广告是维系出版者与读者的纽带，是连接作者和读者的桥梁。我们自然不能说没有被市场炒热的书就不是好书，也当然不能说凡是经过商业炒作的书都毫无价值。“出版商固然可以引导和左右读者，但在这里他们很难塞进自己的私货。他们总是试图对可能成为读者大众阅读趣味的东西作出价值判断，而这种趣味的形成，则是由人类群体的美学—道德体系决定的。所以，单纯指责出版商的浅薄和浮躁不仅不足以说明任何问题，更解决不了什么问题，而且没有出版商所做的努力来得实在且富有建设性。”[②] 少年儿童所写的书获得了同龄读者的喜爱，这是炒作得以成功的前提条件。

因此，否认商业炒作对少年儿童写书出书热所起的作用是睁眼说瞎话，而夸大商业炒作在其中所起的作用则是瞎子讲瞎话。仅仅因为商业炒作的存在而抹杀少年儿童所写书的价值，绝非有理性的成年人之所为。每个孩子都有自己独特的生活环境和成长经历，他们把自己的感受用文字表达出来是件好事。写作本身没有问题，不能因为一些出版单位为追求利润而进行炒作就否认了少年儿童写书出书的意义。

（三）与时俱进，转变观念是当务之急

面对少年儿童写书出书的潮流，选题策划人、编辑出版人该当如何？与时俱进，转变观念是当务之急。

如何划分作者的类型？编辑出版界（无论是实践界还是理论界）的传统看法是，按照年龄的不同，可以把作者划分为青年作者、中年作者和老年作者。这种说法见于众多编辑出版学教材、著作中，编辑出版实践工作者也长期将其奉为圭臬。到了今天，如果我们还停留在这样的认识上，就落后于时代了。

---

① “捏造新闻”不同于“制造新闻”。“捏造新闻”是无中生有，而“制造新闻”是指“新闻事实是由组织的传播者有计划地推动和挖掘出来的，而不是凭空捏造、无中生有。与并非‘制造’的新闻相比，它（笔者注：指捏造的新闻）带有更多的人为色彩”（程曼丽：《公关传播》，51页，北京，中国国际广播出版社，1994）。

② 解玺璋：《评说低龄化写作：文学之外的另类视野》，载《北京日报》，2001-08-12。

事实表明，少年儿童作者已经成为新兴的图书作者群体，规模大、来势猛、影响大、后劲足，令人刮目相看。按照年龄的划分标准，现在必须把作者划分为少年儿童作者、青年作者、中年作者和老年作者。有人曾对文学读物的作者作过统计，结果显示："发表处女作的高峰期为 21～25 岁，发表成名作的高峰期为31～35 岁。"① 现在看来，这个结论过时了，发表处女作的高峰期应该提前到了 15～18 岁，发表成名作的高峰期应该提前到了 21～25 岁。

选题策划人、编辑出版人没有理由继续对少年儿童作者熟视无睹，必须把挖掘和培养少年儿童作者提上议事日程。既要重视中老年作者和大力扶持青年作者，又要积极挖掘和培养少年儿童作者。选题策划人、编辑出版人可以有意识地发掘少年儿童作者，发挥他们的创作潜力，让稚嫩之材也派上大用场。笔者因此提出了选题策划的一种方法：小材大用法（详见第十七章第一节）。

十、细节决定成败（理念 10）

（一）图书出版已进入细节时代

2004 年，新华出版社出版了一本优秀畅销书《细节决定成败》。作者认为，我们生活在"细节经济"时代，细节已经成为企业竞争的最重要的表现形式。企业只有注意细节，在每一个细节上下足工夫，建立"细节优势"，才能保证基业常青。"细节决定成败"，已成为许多企业的经营管理理念，也应该成为选题策划和编辑出版工作的理念。

在某种意义上可以说，图书出版也已进入细节时代。这是由于，现在的图书市场是买方市场，读者越来越挑剔。再好的图书，只要在书名、封面、版式、装帧、定价等方面的任何一个细小环节没有做到位，都可能导致读者不接受。另外，重复出版、图书产品同质化的现象越来越严重，同类图书的差异往往通过细节反映出来。张学良（1901—2001）去世后，某出版社出版了《世纪情怀——张学良全传》，内容非常好，封面设计也不错，但是，把它竖着放在书柜上时，问题就产生了——书脊上的"世纪情怀"四个字耀眼夺目，可"张学良全传"五个字模糊不清，这就不太容易引起读者对这本书的注意。好的创意必须体现在编辑出版流程的每一个细节上。细节决定图书内容的表达，甚至本身就是内容的一部分。

（二）编辑含量，必成于细

在图书出版的整个过程中，需要加强编辑含量，这是大家的共识。选题策划人、编辑出版人是图书的设计师，他的眼光与水平在相当大的程度上决定了一本书的内容。如果说"内容为王"的说法成立的话，那么，编辑出版人对内容的策划、选择与加工就是"王中之王"②。《洪昭光健康忠告》的编辑含量值得称道：封面用的是象征健康的墨绿色，这与书的内容吻合；书中插图都是彩色的，而且每幅插图都做到了图文结合，并配有精到而幽默的文字；书中夹放了健康书签，上面印有书中最有人气的名言警句。编辑含量高是该书畅销的重要原因之一。

---

① 阙道隆、徐柏容、林穗芳：《书籍编辑学概论》，163 页。

② 金炳亮：《编辑含量：超越营销的必修课》，载《中国编辑》，2003（5）。

天下大事，必作于细；编辑含量，必成于细。也就是说，编辑含量常常通过细节体现出来。《大败局》的责任编辑在编稿中做了一些看似微不足道的小事：通过庄重的黑体，把书中内容的亮点标识出来；通过清秀的楷体，把小板块与正文区别开来。这样便于读者阅读，让读者不至于感到太累太单调。《新华字典》（2004 年第 10 版）的双色本，用蓝色标出音节、正字字头和梯标，使音节、正字字头和汉语拼音字母顺序醒目，非常便于读者查阅。

案例 8—14

中国青年出版社 2002 年出版的《藏地牛皮书》在国内旅游图书发展的过程中具有里程碑式的意义，出版两年间印刷 12 次，累计发行 11 万册。该书的成功很大程度上源于作者、编辑出版人对细节的苛求。它特地选用质地轻柔上乘的黄色荷兰蒙肯纸印刷，以避免青藏高原强烈的阳光对读者眼睛的刺激；一些重要的旅游地点大都被圈注，有指向性的文字就用箭头标示；旅行中需要特别注意的内容，如必须携带的工具、食品、安全注意事项等，也被圈住；精细的手绘地图标示了连政区地图上都未必记录的地方。特别值得一提的是，书脊处有两个小孔，如果这本厚达 420 多页的书在旅途中被翻得七零八落，那么在藏区的任何一个地方，只要找一根牛皮绳之类的绳子，穿过这两个小孔，就可以保持书的完整。

《藏地牛皮书》书影

注重细节，实际上就是以人为本，也就是以读者为本。《藏地牛皮书》在内容、印刷、版式、装订上的点点滴滴，都充分体现了作者、编辑出版人对读者无微不至的体贴与关怀。选题策划人、编辑出版人想读者之所想，急读者之所急，充分尊重读者，充分体贴读者，才能对编辑出版过程中的每一道工序精耕细作，才能精心设计书名、封面、版式、插图、目录、字体字号等所有的图书元素。

除了上述 10 个理念外，还有其他一些理念：“杂种优于纯种”（详见第十五章之“培育杂交法”）；与其在大市场中占领小份额，还不如在小市场中占领大份额（详见第十六章之“有的放矢法”）等。

【基本概念】

出版理念　选题策划理念　概念营销　影视互动书　少年儿童作者　编辑含量

【思考题】

1. 你如何理解出版理念？

2. 选题策划人应该具有狗鼻、狐脑、虎风、狼性和豹胆。请搜集最新的出版案例加以论述。

3. 如何挖掘图书的卖点，提炼核心概念?

4. 依托影视等大众传播媒介策划出版图书，当“借船出海”（“借鸡孵蛋”）。其关键是什么? 举例说明之。

5. 如何把一本（种）书做成永久性文化产业?

6. 你如何看待跟风出版?

7. 学术理论著作可以通俗化、趣味化吗? 如果可以，该怎样做到这一点?

8. 谈谈你对少年儿童写书出书的认识。

9. 举例说明在编辑出版工作中重视细节的必要性。

第九章

不同类型图书的选题策划

按照社会效益与经济效益关系的不同，笔者将图书划分为畅销书、常销书、精品书、品牌书四种类型。这四种类型图书之间，既有区别又有联系。按照读者定位的不同，出版界将图书出版划分为大众出版、教育出版、专业出版。这三种出版之间，同样既有区别又有联系：有一部分教材教辅（如《新概念英语》）既属于教育出版，又可视为大众出版；各种职业资格考试用书既属于专业出版，又可视为教育出版；有一些专业普及读物（如北京大学出版社的“人文社会科学是什么”丛书）既属于专业出版，又可视为大众出版。一句话，大众出版、教育出版、专业出版的划分是相对的。笔者发现，从出版实践来看，上述两种分类之间大体上存在对应关系：畅销书主要对应于大众出版，常销书经常对应于教育出版（含专业教育出版），精品书一般对应于专业学术出版，而品牌书则不对应于某一种出版，也就是说，大众读物、教材教辅、学术著作都有可能成为品牌书。要指出的是，本章对畅销书、常销书、精品书与品牌书的有关论述，是建立在第二章第三节关于这四种图书论述的基础之上的。

第一节　畅销书、常销书、精品书与品牌书的选题策划

一、畅销书的选题策划

（一）畅销书对出版产业的作用

第八章提到，进入21世纪，中国书业零售市场已进入畅销书时代。畅销书对于出版产业的发展越来越起着决定性的作用，表现在以下三个方面。

1. 为出版产业创造高额利润

总的来看，畅销书在出版社的出书品种中所占的比重在10％至30％之间，然而它所产生的销售收入和利润占到80％左右。“畅销书是出版社的经济命脉。”[①]“书不在多，畅销则灵。”策划、运作畅销书成了很多出版社生存、壮大的救命稻草。中信出版社就是依靠《谁动了我的奶酪?》和《杰克·韦尔奇自传》这两本畅销书才起死回生，并迅速成为全国著名

① 王建辉：《新出版观的探索》，298页。

出版社的。出版业也是国民经济的重要部门，可以直接创造经济效益，这主要体现在畅销书上面。

2. 促进出版产业竞争升级

畅销书已成为当今中国出版产业的发动机。“畅销书好比是出版产业的领跑者和加速器，促进了出版产业的优化升级，推动、拉动着出版及相关产业的发展。”① “完全按照市场规律来运作的畅销书，堪谓图书市场竞争的典型与极致，恰好为出版社提供了这种积累市场竞争经验的练兵机会。”②

3. 为出版社树立品牌形象

畅销书是出版社最有效的品牌形象载体，许多读者是通过阅读畅销书来认知出版社的。例如，随着北京世界图书出版公司出版的《富爸爸　穷爸爸》的畅销，读者对这家念起来比较拗口的出版社开始有了兴趣，不少图书经销商也纷纷从该社进货。不断推出畅销书，是出版社进入读者感知世界的“快捷通道”。

畅销书的策划、运作，还有利于出版社为适应市场竞争的需要积极进行人事、分配等方面的改革，有利于出版社转变观念、培养出版产业人才，还可以为社会提供就业机会。“虽然仍然有为数众多的出版社还在打品种战，但是利润越摊越薄，只有做畅销书才是出版社赢利的关键点。所以说，畅销书是中国书业必须逾越的一道坎。”③

20 世纪 90 年代以来迅速崛起的出版社无不擅长畅销书的策划与运作，华艺出版社、作家出版社、中信出版社、接力出版社、长江文艺出版社、上海人民出版社等莫不如此。畅销书为这些出版社积聚了财力，奠定了家底。财大才能气粗。中国近代著名商人胡雪岩（1823—1885）说，钱是人的胆。正是因为有经济实力作后盾，作家出版社才敢于出版一大批主旋律图书和严肃文学图书（这二者占了全年选题的 90%）。

（二）畅销书的永恒主题

畅销书的主题具有相对稳定性。日本专家说，畅销书有四大基本主题：情感类（包括恋爱、结婚、外遇和性爱），饮食、减肥与美容类，生活处世类，致富发财类。④ 在 20 世纪 70 年代到 90 年代的美国，性、心灵与死亡是图书市场的三大热门题材，例如，《麦当娜写真集》售出精装本 100 多万册，《一条人迹罕至的路——有关爱情、传统价值观和心灵成长的新心理观》畅销 10 多年，《拥抱阳光》销量超过 100 万册。⑤ 1997 年美国出版的《畅销书内幕》介绍了 18 本畅销书，其中，《圣诞盒》是面向儿童的基督徒故事，《塞莱斯廷预言》是人类文明题材冒险小说，《富有的理发师》是金融题材小说，《生活手册》与《浪漫的 1 001 种方法》是关于为人处世的读物，《你的降落伞是什么颜色》是求职择业工具书，《现代精神健康学》是心灵类读

---

① 朱胜龙：《畅销书已成出版业的发动机》，载《中国经济时报》，2002－06－28。

② 韩敏：《我看畅销书》，载《出版科学》，2000（4）。

③ 思海：《一本中国的畅销书是如何诞生的》，载《新闻周刊》，2003（25）。

④ 参见［日］井狩春男：《这书要卖 100 万——畅销书经验法则 100 招》，93～94 页，桂林，广西师范大学出版社，2005。

⑤ 参见毕吕贵：《性·心灵·死亡，三大热门题材》，载《中国图书商报》，1997－08－22。

物，《成功的七个心理法则》是成功心理学读物，《心灵鸡汤》是情感哲理故事、小品文集，《妊娠圣经》是孕妇读物，《如何让你的汽车跑起来》是汽车修理手册，等等。[①] 以中年人婚外恋为题材的爱情小说《廊桥遗梦》凭借其凄婉的浪漫故事，赚得老中青三代读者的大把眼泪。查尔斯·弗雷泽的第一部小说《冷山》（以美国南北战争和爱情为题材）成为 1997 年美国十大畅销书之一。宗教、心灵、爱情、战争、财富、性，是美国畅销书的主要主题。浪漫、性爱、传奇、惊险，是欧美畅销书的基本元素。

《冷山》（中文简体字版）书影

在我国，从 20 世纪 90 年代以来，畅销的品种除了教材教辅（主要是英语类与计算机类），还有文学类（主要是官场文学、都市情感文学、历史小说、青春文学和网络文学，如《抉择》《来来往往》《曾国藩》《花季·雨季》《致我们终将逝去的青春》《盗墓笔记》）、励志成功类（如《方与圆》《正能量》）、财经管理普及类（如《富爸爸　穷爸爸》《水煮三国》《细节决定成败》）、明星名人类（如《乖　摸摸头》《我的父亲邓小平》《我的世界我的梦》《看见》）、传统文化普及类（如《正说清朝十二帝》《于丹〈论语〉心得》《品三国》）、保健类（如《登上健康快车》《人体使用手册》）、休闲类（如蔡志忠漫画、朱德庸漫画、幾米漫画）、科普类（如《未来之路》《时间简史》）、素质教育类（如《学习的革命》《哈佛女孩刘亦婷》）。

概括起来，无论中外，爱情婚姻、心理励志、生活实用、大众理财、名人明星和娱乐休闲是畅销书的六大永恒主题。[②]

（三）畅销书策划运作的关键

关于畅销书策划的具体方法，日本专家井狩春男归纳出畅销书经验法则 100 招。[③] 新华出版社总编辑要力石概括出 88 种策划畅销书的方法。[④] 拙著下篇提出的 20 种选题策划方法，大多是以畅销书为案例提炼出来的，也就是说，其中大多数方法是适合畅销书策划的，尤其是捷足先登法、趁热打铁法、新瓶旧酒法、价廉物美法、雅俗共赏法、一见钟情法、大材小用法、敢为人先法、引进选题法、草船借箭法等，都是畅销书选题策划行之有效的方法。

这里只谈谈畅销书策划运作最关键的一点，也可以说是畅销书策划运作的金科玉律。这就

---

① 参见［美］杰罗德·杰肯斯、马丁·林克：《畅销书内幕》，目录与正文对各书的介绍，天津，天津人民出版社，1998。

② 2002 年 2 月 21 日，时任北京开卷图书市场研究所常务副总经理的孙庆国在《中国图书商报》发表《中国图书零售市场进入畅销书时代》一文，认为国内畅销书有五大品种：素质教育图书、财商图书、名人之著、影视互动图书和引进版图书。这与笔者所说图书的六大畅销主题基本吻合。

③ 参见［日］井狩春男：《这书要卖 100 万——畅销书经验法则 100 招》，目录。

④ 参见要力石：《畅销书策划 88 法》（修订版），北京，新华出版社，2010。

是：选题策划人、编辑出版人策划运作畅销书时，不能唯作者（哪怕是名人作者）是从，必须强化编辑含量。

这就涉及一个重大问题，在编辑出版工作中，编辑出版人与作者的地位、作用究竟怎样？已有的编辑出版学教材、著作都认为，作者起主导作用，编辑出版人起参谋作用。这种看法在一般情况下是正确的，但并非放之四海而皆准，在策划运作畅销书时就往往失灵。请看金丽红亲身经历过的正反两个案例。

案例 9—1

后来，我们跟着小崔签名售书①，每到一处他都说，我之所以选择华艺出版社，是因为他们把我的第一稿给毙了，说明他们对我负责任。确实，书写完后，我们又作了大段的改动。比如书中有一段关于影片《风暴》的非常精彩的演讲，被我们删了，他非常生气，他说，这不行，不能动。我说，小崔，这个必须动，要不你再写一章，说明这《风暴》是怎么回事。你的书是写给当代年轻人看的，可他们没看过《风暴》，没有这个背景他们根本不知道你在说什么。这也是一个满足读者期待的问题，你要了解读者的期待，你说一些人家不懂的事，你和读者就呼应不起来。到最后，小崔也觉得删对了。他原来给我们定了一个原则，动任何一个字，都要跟他商量，后来，有些我们觉得跟他商量不通，就偷偷拿掉了，他拿回来看，也觉得舒服，就不说了。②

《不过如此》书影

案例 9—2

1997 年 10 月华艺出版社出版了姜文等人著的《一部电影的诞生》，这本书被金丽红称为“一次重大挫折”。原因出在事先的沟通上。姜文在完成自导的作品《阳光灿烂的日子》后，进一步确立了在电影业的地位。此时出一本关于这部电影的书在很多人看来是一个不错的主意。金丽红想到了这一点，立刻和姜文联系，很快达成了出书的协议，但问题也来了。熟悉姜文的人都知道他对电影的非同一般的热爱，他要求出的书应该原汁原味地反映

① “小崔”指崔永元，当年是红极一时的中央电视台《实话实说》栏目的主持人，所售之书指华艺出版社于 2001 年出版的《不过如此》。

② 金丽红：《畅销书与营销策划》，载《出版广角》，2002 (11)。

这部电影的情况，如在书中加入原著、改编后的剧本、电影的完成台本和主创人员的名单等，显然姜文希望书是给业内人士，至少也是资深影迷看的。这和金丽红最初的考虑相左，因为畅销书的概念是面向大众，读者群不应该只局限在电影圈内，换句话说，读者的需求可能不是看原创剧本，而是想知道这部电影的拍摄过程和姜文在其中的故事。但是金丽红还是寄希望于“一流”人物的效应，希望这本看上去很专业的书依然能得到读者的认可，一下开印了10万本，结果最后只卖出了7万本。虽然略有赢利，但金丽红还是尝到了被市场冷落的滋味。①

《一部电影的诞生》(1997年首版)书影

《不过如此》卖到104万册，《一部电影的诞生》只卖出7万册，造成如此差距的重要原因显然在于编辑含量的多与少。作者几乎都是从个人的角度去创作，个人化倾向强烈，但畅销书的传播是面向大众的，大众化指向明确，所以，选题策划人、编辑出版人如果想策划运作畅销书，就不能听任作者由着自己的性子去写作。

在编辑出版工作中，编辑出版人与作者的地位与作用，应该因书而异、因人而异，不能片面地认为作者总是主角，而编辑出版人总是配角，即不能一味地认为作者起主导作用，而编辑出版人只起参谋作用。总的来说，在策划出版通俗普及读物时，编辑出版人必须充分发挥自己的积极性、主动性和能动性。尤其是策划出版畅销书时，编辑出版人可以对稿件作出必要的甚至是实质性的修改，总之应该真正有所作为。当然，编辑出版人这样做的时候，应该尽可能地经过作者的同意。美国出版商迈克尔·约瑟夫指出：“出版业常见的事情是，它的一些最大的成功是出版商办公室里大刀阔斧修改的结果……出版不仅仅是从投来的稿子中挑选合适的著作出版这么一回事。一个出版商必须能够不仅预见大众的口味将会是什么，他还必须能够自己设计和重塑著作。然而，不能就此推断，最成功的出版商是那些最能揣测大众的口味并迎合它的人。”② 托马斯·沃尔夫（1900—1938）的一部题为《啊，失去的》（*O'Lost*）的小说稿，大约有20个美国出版商拒绝出版。最后落入被誉为“天才编辑”的马克斯威尔·珀金斯（1884—1947）的手中，他建议作者删去大量的“偏离中心主题的情节”，并花费大量时间与作者一起删改。最后一共删除了9万字，重新调整了结构，把书名改为《天使，望故乡》（*Look Homeward，Angel*），出版后成为美国出版史上最成功的作品之一。③

① 参见程蕾、民任：《华艺：策划赢家》，载《中国市场》，2003（4）。

② ［美］迈克尔·约瑟夫：《是专业也是生意》，见王一禾编：《保持个性与质量》，87～88页，沈阳，辽宁教育出版社，2005。

③ 参见［美］A·斯科特·伯格：《天才的编辑》，174～191页，西安，陕西人民出版社，1987。

二、常销书的选题策划

（一）常销书选题策划的基本要求

常销书的选题策划必须在以下三个方面下足工夫。

1. 必须在选题质量和编校质量方面下足工夫

常销书拥有持久的生命力，归根结底是由于其深厚的文化底蕴。图书自身的因素，是常销的基础。优化选题质量，提高编校质量，是常销书策划的第一要务。图书的质量与经济效益之间虽然有背离的情况，但从整体和长远来看，只有那些主题超越时代界限、内在质量高、内涵厚重、具有不可替代性的书，生命周期才会长，甚至比作者和编辑出版人的寿命还要长。

2. 必须在重印和再版方面下足工夫

重印与再版，都是指同一部书的再次印刷，但两者有一定区别。重印，是指图书第一次出版后，同一出版机构在初版的基础上没有进行改动或者略作改动的印刷。再版，是指对已经出版的书从内容到形式做较大修改后重新排版印刷。

重印和再版，对出版社具有重要意义。

（1）可以有效打造图书品牌。点校本“二十四史”之于中华书局，《新华字典》与《现代汉语词典》之于商务印书馆，《辞海》之于上海辞书出版社……读者自然而然将二者联系在一起。持续重印或再版，会在读者心中形成思维定式。

（2）可以合理利用出版资源。与初版书相比，重印书和再版书的成本低得多，利润相对就高。许多经济效益好的出版社，重版率（也叫重印率，指全年出书品种总数中重印书与再版书的种数所占的比例）都在50%以上。商务印书馆、人民文学出版社、三联书店等著名出版社的重版率持续高达60%～70%。可见，策划新选题与重印、再版几乎同等重要。所以，“编辑在策划选题时，既要眼光向外，策划新的图书选题，也可眼光向内，不妨对某些已出版的图书进行内容的调整或出版形式上的创新，重新出版。”①

不言而喻，重视重印与再版是策划常销书的题中应有之义。能够重印和再版的书肯定是常销书。反过来，要想保持书的常销，就必须在重印和再版方面下足工夫。重印与再版的基本途径有以下三种。

（1）把握时机，适时推出。要特别重视重印或再版的时机。总的原则是，根据图书市场供需要求，及时填补市场空缺，及时满足读者需求。20世纪90年代初期，湖南人民出版社出版了“中国古代城市生活长卷丛书”。10年之后，该社顺应社会对历史传统文化类图书关注的升温，更新装帧设计，推出插图本，获得了良好的社会反响与市场效益。选题策划人、编辑出版人要善于寻找契机，盘活旧版书。

（2）与时俱进，升级推出。升级的途径有两种：一种是形式的升级，即变换开本、版式、封面，增加插图、序言等，满足读者的新需求；另一种是内容的升级。相对于重印，再版需要

---

① 朱建纲：《论选题策划的六个基本关系》，载《中国出版》，2007（1）。

对旧版的内容作较大改动，甚至几乎重写。出版社必须利用再版的机会，改正旧版中的错误，并根据社会的发展更新或补充新的内容，以反映新情况，适应新需求。例如，商务印书馆的《新华字典》，从 1953 年初版到 2011 年第 11 版，每一次再版的时候，都在字词上咬文嚼字，都在内容上与时俱进，都在形式上革故鼎新，因而畅销 60 余年。

《新华字典》（第 11 版）书影

（3）单本变文库，整体推出。可以利用重印或再版的机会，将原来出版的各种单本书组合成丛书、文库。例如，学林出版社把原先单本出版的梁漱溟（1893—1988）的《中国文化要义》、陈原（1918—2004）的《社会语言学》和胡适的《先秦名学史》等学术著作组合成“学林文库”重印出版，效果不错。

重印或再版的成功取决于两个条件。

第一，正确确定重印或再版的时机与印数。比较而言，重印要及时，正好做到与市场不断档。然而，要做到一天不差很难，“实际操作时宁可失之于略早而有短暂的压库，不可失之于过迟以致市场缺货”①。再版书的出版时间则不完全取决于市场销售情况，而应在市场有需求的前提下，综合考虑多方面的因素做出决定。例如，有纪念意义和时效性强的图书必须在某一时间之前再版，就不太考虑当时市场销售情况。重印和再版的印数也是一个需要精心研究的问题。不同类型的书有不同的重印起印数，畅销书的起印数要多一些，常销书、学术著作的起印数要少一些。在今天印制技术先进、印制周期缩短的情况下，宁可每次印少一些而多印几次，也不要一次印得太多而造成积压。将来按需印刷或按需出版普及的话，重印或再版的时间与印数就不再会是问题。

第二，决定重印或再版之前，必须作深入的市场调查。重印或再版要建立在完整的市场反馈与预测机制之上。在重印或再版前，必须与初版书一样进行必要的市场调查，准确地掌握原书覆盖率、销售情况、读者反映、市场饱和程度、同类书竞争情况、潜在销售能力等。调查的信息可以来自发行员反馈、零售商提供、批发商反映、行业相关资讯的报道等。调查的内容应包括该品种图书的读者需求及其变化情况，特别应该了解基层书店的销售情况，切忌仅仅以批发商的要货为依据，“尤其是批发商要货量大的时候，更要警惕虚假的‘畅销’情况。只有基层书店售缺并且继续有大的需求才是真正的畅销，才可以考虑重印。如果批发商大量要货而基层书店销售甚慢甚至销不动，则不能考虑重印”②。

3. 必须在为读者服务方面下足工夫

要想使读者持久地关注某部书，编辑出版人一定要把为读者服务的工作落到实处。读者是选题策划人、编辑出版人的服务对象。满足读者需要，全心全意为读者服务，是编辑出版工作的根本宗旨。常销书的读者服务工作，要特别做好邮购服务、直销服务、图书俱乐部服务和网络销售服务。

---

① 全国出版专业职业资格考试办公室编：《出版专业理论与实务（中级）》，151 页。

② 同上书，152 页。

(二) 工具书的选题策划

能够常销的图书品种主要有教材教辅、工具书、生活实用书、文史哲名著、名人传记、少儿读物和法规文献等。教材教辅和工具书是其中最基本的两个常销品种，这里探讨工具书的选题策划。

1. 工具书的含义与特点

工具书是指“汇集较为完备的知识或资料，按特定的方式加以编排，专供查阅以解难释疑的图书”①。工具书具有完备性、权威性（稳定性）、便检性、简明性和实用性的特点。权威性（稳定性）和便检性是工具书的根本属性。权威性（稳定性）是指工具书所介绍的知识是成熟的、客观的知识，所提供的资料具有公认的学术价值，因而具有典范准绳作用。工具书是最有生命力的图书品种，主要原因就在于它的权威性（稳定性）。② 便检性是指编排科学合理，便于读者查阅翻检。工具书是读者读书治学、工作生活的“案头顾问”，又是“不开口的老师”和“没有围墙的大学”。

肖东发先生将古今中外的工具书分为六大类：辞书类工具书，包括字典、词典；百科类工具书，包括百科全书、类书与政书；资料性工具书，包括年鉴、手册（含指南、必备、大全等）；线索性工具书（又可称为“二次文献”），包括书目、索引、文摘、题录；表谱性工具书，包括历表（历书）、年表、地理沿革表、历代职官表；图录类工具书，包括地图、图谱。③ 除了这些传统类型的工具书，还必须提到一种新兴的工具书类型——鉴赏辞典（鉴赏词典）。这种工具书产生于20世纪80年代，主要是文学鉴赏辞典，影响最大的是上海辞书出版社出版的以《唐诗鉴赏辞典》为代表的文学鉴赏辞典系列。还有书画鉴赏辞典，如《中国书画鉴赏词典》（中国青年出版社）。此外，不得不提到湖北人民出版社出版的号称“新型工具书”的《中国文化知识精华》及其姊妹篇《世界文化知识精华》。这些深受读者欢迎的新式工具书，打破了传统工具书与一般读物的界限，内容的选择、条目的撰写突破了传统工具书的限制，但其编纂体例仍然属于工具书的范畴，用途上仍然具有工具书的实用性，所以仍然可以将其视为工具书。

2. 工具书选题策划的要点

工具书选题策划有以下三个要点。

（1）必须精心选择作者和主编。工具书的作者必须在该领域具有学术权威性。工具书一般有主编，尤其是大型工具书绝对不可无主编，而且主编一定要选好。工具书的主编俨然是总设计师，又是一面旗帜，他必须熟悉该领域的研究成果和发展趋势，必须德高望重、虚怀若谷，还必须有较强的组织协调能力，能够组织并指挥众多的撰稿作者。例如《现代汉语词典》（商

---

① 全国出版专业职业资格考试办公室编：《出版专业基础知识（初级中级）》，364页，北京，中国大百科全书出版社，2002。

② 巢峰先生认为，辞书的稳定性要做到四点：不收“动”词，即不收昙花一现或不成词的词；不释“活”事，即不提供不稳定的事物与观点；不做宣传，即不做直接的政治宣传；不搞批判，如解释“三从四德”时就只指出哪三从哪四德，不讲它如何反动，解释“罗素”时只说他是英国哲学家，不说他是“反动的英国哲学家”。（参见巢峰：《辞书的规律性》，见中国出版发行科学研究所编：《全国首届出版科学学术讨论会论文选集》，321～323页，重庆，重庆出版社，1987。）

③ 参见全国出版专业职业资格考试办公室编：《出版专业基础知识（初级中级）》，370～382页。

务印书馆）的前两任主编吕叔湘（1904—1998）和丁声树（1909—1989）都是我国语言学界的泰斗。

（2）必须精心设计检索方法。读者检索的时候如果费时费力，就失去了工具书的最基本功能。笔者手头的一部工具书《中国出版者名录》（2000）就存在检索不便的缺点。它只设置了一种检索方法“出版社汉语拼音索引”，即按26个字母的顺序排列我国出版社的基本信息。按照这种检索方法，很多读者无法快速地、全面地获得其所需要的信息。例如，假设一个对出版行业不是很熟悉的读者想了解河南省究竟有哪些出版社，那么按照这种检索方法，他只能检索到以下六家以“河南”开头的出版社：河南大学出版社、河南科学技术出版社、河南美术出版社、河南人民出版社、河南文艺出版社和河南医科大学出版社。然而，事实上属于河南省的出版社还有六家不是以“河南”开头的：大象出版社、中州古籍出版社、中原农民出版社、文心出版社、黄河水利出版社和海燕出版社。再比如，假设一个想开一家古籍书店的读者想查阅全国究竟有哪些古籍出版社，那么按照这种拼音排序的方法，他只能翻遍全书逐一细查。还有，假设一个读者汉语拼音不标准，他使用这种工具书肯定会觉得不方便。工具书的检索方法，除了提供汉语拼音检索方法外，还要提供首字偏旁部首检索法，尤其需要提供按不同类别编制的多种索引，就《中国出版者名录》（2000）这类工具书来说，可以按省市区的不同编制一个地域检索索引。笔者手头的另一部同类工具书《图书营销渠道手册》（2002）就同时提供了首字检索和区域检索两种检索方法，笔者通过这部书可以立即查到河南省的所有出版社。还可以按古籍类、文艺类、科技类、美术类、教育类、辞书类、地图类、译著类、综合类、大学类等不同的主题分别编制不同类别的出版社索引。这样，任何读者想查阅其所需要的信息都会很方便。总之，工具书应该同时设置几种检索方法，以便不同检索习惯、不同查阅需要的读者都能很快捷地检索、查阅到其所需要的信息。

（3）必须精心制定编写要求。这个编写要求的内容不仅包括知识选择的原则、编纂的体例、检索的方法、国家标准的推荐、各部分内容的协调、篇幅的限定、条目样稿的撰写，还包括编委会的组建、主编的选择、撰稿作者的物色、编辑出版人员的配备等。特别是大型工具书涉及的知识范围大、作者广、硬性标准多，所以，事先一定要仔细筹划，并形成书面要求，发给每位有关人员遵照执行。这是工具书策划成功的基础。如果忽视这项工作，整个工作就会紊乱无序，就会影响质量与进度。

三、精品书的选题策划

（一）策划精品书主观上不以赚钱为出发点，但客观上很可能会赢利

第二章谈到，与畅销书、常销书相比，精品书与社会效益有必然联系，但与经济效益没有必然联系，它不以赢利为直接目的或主要目的。然而，事情就是那么奇怪，策划出版精品书，虽然主观上不以赢利为出发点，但事实上真正的精品书往往会赢利。这是因为，质量上过硬（主要是选题、内容和编校质量的过硬）的图书迟早会受到读者欢迎。这个道理就像不问收获、只管耕耘反而会大有收获一样。在一般情况下，图书出版的商业经营可用公式表示：$Y=CN$。

其中 Y 为图书的价值、效益，C 为图书物化的投入资金，基本上可以把 C 看做是一个常数，N 为著、译、编水平的高低，Y 与 N 是个正比关系，即 N 的附加值越大，Y 的值就越高，即图书的社会效益与经济效益就越好。[①]

案例 9—3

《曾国藩全集》（30 册）书影

从 1986 年到 1995 年，岳麓书社历时 10 年终于整理、编辑出版总计 1 500 多万字的《曾国藩全集》（30 册）。“在整理和审稿中，大家所处理的学术上和技术上的问题，10 年来，真可谓数以万计，付出的辛劳则无法统计，以至《曾国藩全集》20 多位整理者中有六位学者先后倒在书稿上。当然不能说，是由于《曾国藩全集》整理的超负荷劳累过早地夺去了他们的生命，但有一点是无可否认的，那就是他们生命的最后一段岁月都是在《曾国藩全集》整理中度过的。”唐浩明先生作为《曾国藩全集》的责任编辑，作为该大型古籍整理项目事实上的主编，又作为该全集最先推出的《曾国藩家书》（100 万字）的具体整理者，付出的辛勤劳动和承受的精神压力（曾国藩家书及其全集的整理出版，起初遭到许多人的猛烈抨击），他人难以体会。可是，到 20 世纪 90 年代中期，国内形成了一股曾国藩热，文化界也出现了“曾国藩现象”，以至于《曾国藩全集》成套发行时，创下了一次印刷 8 000 套的奇迹，仅仅三个月，差不多卖完，又印 5 000 套。[②] 2011 年该全集推出增补修订版。

《曾国藩全集》竟然达到了“双效”，这是整理者、编辑出版者当初想不到的。唐浩明先生对此深有体会：“双效的选题是常常存在的，靠的是编辑有心寻找，慧眼识别，严谨操作，并巧妙地利用机遇。”[③]

（二）精品书选题策划的基本守则

精品书的选题策划要遵守以下四个基本守则。

1. 必须在精益求精上下工夫

首先是内容要做到精益求精。“精品图书的条件有很多，但无论千条万条，首要的一条，它必须是同类书中前沿的、拔尖的，否则它就失去了新颖性。离开了‘新’而谈‘精’，无异

① 参见赵航：《选题论》，67 页。

② 参见唐浩明：《百年旧档付梨枣——〈曾国藩全集〉出版回顾》，见陈满之主编：《湖南省新闻出版局出版系列专业技术人员考核论文选》，144～146 页，长沙，湖南人民出版社，1999。

③ 同上书，147 页。

于缘木求鱼。”[1]“新”是比较而言的，纵向上是指敢为人先，第一个吃螃蟹；横向上是指出类拔萃，鹤立鸡群。其次是编校力求精益求精。最后是装帧印刷也要做到精益求精。

案例 9—4

上海人民出版社的《中国通史》，从 1979 年 10 月正式立项，到 1999 年 3 月全部出齐，历时 20 年。其间在出版社经营体制发生转型的过程中，在出版社面临严重的经济危机时，该选题曾被作为砍伐压缩的目标，后来由于编辑策划人员的坚决反对才得以保留。为了保证选题的高质量，编辑部门严把书稿质量关，对于达不到一定学术水准的书稿，即使作者是权威专家，也坚决退回修改。该选题全部完成后，被有关专家评价为 20 世纪中国历史学的压轴之作，是目前最全面、最详尽、最系统的一部中国通史；也有专家认为，该通史非常重视对“中华民族多元一体化格局”的阐述，在理论上、方法上、体裁上既与以往的通史著作有相同之处，又有不同之处，是一部继承与创新有机结合的新通史，卓然特立，自成一家。[2] 到 2000 年 5 月，该通史就已重印过两次。2013 年 8 月，该通史由上海人民出版社和江西教育出版社联合推出修订新版。

2. 要有十年坐冷板凳的硬功夫

作者创作一部能够流传后世的力作，需要 10 年坐冷板凳，甚至一生一世坐冷板凳的硬功夫。曹雪芹（约 1715—约 1763）写《红楼梦》是“披阅十载”“举家食粥酒常赊”[3]；法国作家普鲁斯特（1871—1922）从 35 岁开始，闭门谢客，专心创作《追忆似水年华》（共 7 卷），直到去世前夕才完成；马克思（1818—1883）前后用 40 多年的时间撰写了皇皇巨著《资本论》。真所谓“两句三年得，一吟双泪流”！

编辑出版人要策划、编辑一部比自己寿命还长的书，自然也需要有 10 年坐冷板凳的硬功夫。策划出版时效性强的畅销书，当然要快，策划出版精品书，自然要慢。“做‘快’难，做‘慢’更难，它需要更坚强的承受力和耐心，它需要一个人或一些人用美好的生命时光去赌一个未定的结果，10 年，20 年，甚至几代人的努力，‘漫长’本身就蕴含着某种精神的磨难。”[4] 编辑工作是无人喝彩也不需要喝彩的职业，编辑人员“像是母系社会的父亲，因为作品不随父姓”[5]，因此要耐得住寂寞，要有坐功。1996 年第 3 期《散文》杂志的编者在“编后记”中把他们的工作比喻为“带发修行”，这很形象。唐浩明先生整理、编辑《曾国藩全集》，钟叔河先生编辑出版“走向世界丛书”，莫不受益于 10 年坐冷板凳的功夫。

3. 要有大无畏的勇气

不少精品书具有挑战性和批判性，短期内甚至相当长时期内被人质疑、批评，甚至受到围

---

① 宋连生：《图书选题策划学》，76 页。

② 参见张美娣：《二十年磨一“剑”——〈中国通史〉编辑出版纪实》，见上海出版工作者协会、上海编辑学会编：《精品图书的诞生》，18～28 页，上海，学林出版社，2000。

③ 敦诚：《赠曹芹圃（曹雪芹）》，见蔡义江：《红楼梦诗词曲赋评注》，10 页，北京，北京出版社，1979。

④ 俞晓群：《出版人素质三论》，载《中华读书报》，2003-07-25。

⑤ 王建辉：《关于编辑是什么的演讲》，载《编辑学刊》，1996（3）。

攻、封锁。作者创作精品书，需要从名利中超脱出来，要有一种“朝闻道，夕死可矣”的气概。编辑出版人策划出版精品书，也要从名利中解放出来，要以积累文化、传承文化和服务社会为神圣使命。20世纪80年代，岳麓书社决定整理出版《曾国藩全集》。1986年，该社率先推出由唐浩明整理、编辑的《曾国藩家书》，结果遭到猛烈抨击，媒体发表文章对岳麓书社出版曾国藩家书及其全集提出尖锐批评，但历史证明这是一件大好事。

策划出版精品书，不光要有一定的政治勇气，还要为文化的积累与传承敢于经济投入。

案例9—5

2003年2月，一项全国性的大型文化工程“中国民间文化遗产抢救工程”全面启动，约40家出版社参与了该工程的出版工作。《中国木版年画集成》（20卷）是其重要内容，2005年3月中华书局推出其示范本《中国木版年画集成·杨家埠卷》。中华书局最初是从网上知道中国民间文化遗产保护协会这个出版计划的，那时中国民间文化遗产保护协会已和湖南一家出版社签约，由其负责其中一卷的出版。中华书局的领导马上亲自拜见该协会主席冯骥才，表示要全盘接下整套20卷的出版任务。出版一卷的成本是50万元，20卷就是1 000万元。中华书局敢于投巨资出版，很重要的一个原因是稿件的高质量。他们觉得稿件代表了目前国内的最高研究水平，以前出版类似的画册，整理、研究的广度和深度都有限，但中国民间文化遗产保护协会发动了最基层的工作人员挨家挨户地普查，无论正文、图片还是附录，都非常有价值，这不是哪个个人能做到的。书稿还介绍了年画的保护情况、当地民俗、制作工艺、艺人画店等，把年画当成一种文化来研究。《中国木版年画集成·杨家埠卷》大16开、10万字、图片近400张，印制非常精美。出版社出版这种书当然最注重社会效益，但由于选题本身的高质量，以及中国民间文化遗产保护协会和当地政府的支持，出版社还是赚了钱。

为了减少经济压力和避免可能出现的经济损失，策划出版具有重大文化价值的大型图书，可以采取多家出版社联合出版的方式。

4. 策划精品书不能抓大放小、重大轻小

第二章专门谈及，精品书并不能与大部头书画等号。大部头的图书中有不少精品书，如《永乐大典》《四库全书》《古今图书集成》《资本论》等，但小册子中也不乏精品书，第二章列举了不少这样的例子，这里再举一些。据中国文联出版公司出版的“中国现代小说、散文、诗歌名家名作原版库”可知，中国现代文学中很多著名作家的成名作或代表作竟然是不足百页的小册子，例如，孙犁（1913—2002）的小说集《荷花淀》56页，赵树理（1906—1970）的《李有才板话》59页，臧克家（1905—2004）的《烙印》35页，艾青（1910—1996）的《大堰河》不到50页等。① 如果说大型的套书、系列书（书系）、丛书，是书海中的航空母舰，那么小册子、单本书则是书海中的普通舰艇，二者都不能少，而且从传播文化和普及文化的角度来说，小册子、单本书更加重要。因此，策划精品书必须克服抓大放小、重大轻小的现象。

---

① 参见王伟瀛：《薄薄的书树起厚重的碑》，载《南昌日报》，2001-09-15。

四、品牌书的选题策划

（一）品牌书的意义

可以从以下三个方面认识品牌书的重大意义。

1. 在商业运营模式上具有战略管理意义

王一方先生从组合营销与价值链管理的角度精辟地分析了品牌书对当今出版社生存与发展的重大意义，他说："品牌图书是品牌出版社的战略产品，是价值链（指学术与市场的双重价值）的集中与高位表达，是一个社、一个时期的龙头产品，具有'高点'拉'低面'的战略意义。""今天讲品牌图书的意义就在于战略管理。品牌图书的营销，关键是协同，也就是通常所讲的组合营销，包括整个上下游的协同性、作业过程的协同性、营销要素的协同性。""只盯着一个编辑一年赢利多少是一种小农经济的管理模式，只有通过组合营销与价值链管理，才能充分发挥团队的作用，进行大兵团作战。"①

2. 品牌书与品牌出版社之间存在密切关系

一方面，品牌书的出版可以使出版该书的出版社成为品牌社，正如美国著名出版家贝利所说："出版社并不因它经营管理的才能出名，而是因它所出版的书出名。"② 也就是说，出版社的品牌靠品牌书来支撑。另一方面，品牌社的形成又促进其他品牌书的产生。这种光环效应是品牌作为无形资产的价值体现，是读者爱屋及乌心理发生作用的结果。文学类书首选人民文学出版社出版的，古籍类书首选中华书局出版的，汉译学术名著不能不读商务印书馆出版的，外语教材教辅不能不想到外语教学与研究出版社出版的，这就是出版社品牌的力量。

3. 品牌是延长图书生命周期的王牌

创造品牌是艰辛的，但是品牌的回报是丰厚的。品牌使图书的生命周期大大延长。

案例 9—6

从 1984 年起，人民美术出版社、上海人民美术出版社、文物出版社、中国建筑工业出版社和上海书画出版社联合起来，历时五年，耗资巨大，到 1989 年终于出齐《中国美术全集》(60 卷)。全书包括绘画、雕塑、工艺美术、建筑艺术和书法篆刻五大门类。这套书有五个特点：一是权威性。《中国美术全集》是国家一项标志性的文化工程，是我国有史以来艺术出版方面规模最大的鸿篇巨制，体现了我国当代图书出版的最高水准。二是全面性。全书辑入 12 000 多幅彩色图版，论文及图版说明 400 余万字，是一部包容自原始社会至清朝末年各时期各艺术门类优秀作品的有系统、较完备的综合图集，堪称五千年中华艺术的大百科全书。三是学术性。各册论文都由我国当代对所属专题有深入研究的专家撰写，是

---

① 王一方：《品牌图书的组合营销与价值链管理》，载《编辑之友》，2005 (3)。

② ［美］小赫伯特·S·贝利：《图书出版的科学与艺术》，218 页。

对前人学术成果的汇总，又不乏独到精辟的个人见地。四是资料性。所收作品来自国内文博单位，还尽可能收集了一些散失在海外的艺术遗珍，都是经过慎重鉴别、学术界确认的第一流精品。而且，图版的底片直接从原作中摄取，具有高度的还原性，具有重要的文物参照价值。五是收藏性。作为中国艺术图书最权威、最全面、最具学术价值和资料性的品牌图书，《中国美术全集》具有无可替代的收藏意义。1993年，荣获首届国家图书奖。

20世纪80年代出版时，由于当时国内经济发展刚刚起步，国民整体购买力很低，特别是国内艺术市场低迷，所以在内地的销售不甚理想，但同时期在台湾发行达到4 000多套。进入21世纪，内地经济高速发展，特别是内地艺术市场空前繁荣，催生了一个规模庞大的艺术爱好者和艺术品收藏者队伍。首版《中国美术全集》的市场售价高达5万元左右。2011年1月，黄山书社推出新版，印制更精美，品质更完美，典藏价值更大，定价3.03万元。

黄山书社版《中国美术全集》(51册)书影

(二)品牌书选题策划的基本法则

品牌书的选题策划应该遵循以下五个基本法则。

1. 紧紧围绕出版社的战略定位来策划选题

与出版社的市场定位和发展战略高度吻合的书，才是出版社的品牌书。例如，三联书店虽然出版过金庸的武侠小说和蔡志忠的漫画书，并且畅销于世，但这些书显然不是它的品牌书。三联书店的品牌书是人文社会科学著作，如“西方思想译丛”“学术前沿译丛”和“三联哈佛燕京文库”等。商务印书馆的品牌书是语言文字工具书和人文社会科学译著，中国人民大学出版社的品牌书是经济管理类图书（如“经济科学译丛”和“工商管理经典译丛”），清华大学出版社的品牌书是计算机类图书（如“计算机基础教育丛书”、《计算机科学技术百科全书》）。策划品牌书，要培育战略品种，最忌讳东一榔头西一棒槌，“脚踩西瓜皮，溜到哪里算哪里”。这样的话，自己都不知道自己究竟是谁，读者更不清楚你到底是谁。“成功的品牌图书策划，必定给出版社带来一大批具有合理的出书结构、合适的市场定位、明显的出书特色，质量与效益协调统一的优秀出版物。”①

① 刘志：《浅谈品牌图书的策划》，载《中国出版》，2002(7)。

三联书店出版的人文社会科学学术著作在知识界一向口碑很好，以至有人建议该社以“每一个中国知识分子的书架上都有三联的书”作为宣传语，但2003年底该社也转向教材教辅出版，结果闹得沸沸扬扬，造成了不良影响，次年9月中旬终于回归传统品牌。

2. 必须要有品质作保证

品牌品牌，先有品，后有牌。凡品牌书，必以内容的优质为基本保证。内容好，质量高，是创品牌的根本，是源头。商务印书馆前总经理杨德炎说：“商务的成功可以归结为百年积淀造就的品牌效应。现在出版社很多，但有特色的不多，商务是有特色的。中外文工具书是商务的一大品牌，是商务的支柱；另一根支柱就是‘汉译名著’。”[①] “汉译名著”是指“汉译世界学术名著丛书”。

案例 9—7

“汉译世界学术名著丛书”的内容，分为哲学、历史、政治（含法律、社会学）、经济学、地理学和语言学六大类。编者从浩如烟海的世界学术著作中遴选出不朽的传世之作，既有古希腊、古罗马的古典名著，如柏拉图（约公元前427—前347）的《理想国》、亚里士多德（公元前384—前322）的《政治学》，又有近现代杰出学者和思想家的作品，如罗素（1872—1970）的《西方哲学史》、凯恩斯（1883—1946）的《就业、利息和货币通论》。其所选著作，都是在世界学术史上有反响、有定评的著作，是该学科里程碑式的著作，是经得起时间考验的文化遗产，代表了古往今来人类智慧的巅峰。该丛书的翻译质量、编校质量和印制质量也都是一流的。译者大多是该学科的权威人士，如朱光潜（1897—1986）、齐思和（1907—1980）等，有些译者虽然名不见经传，但严肃认真，一丝不苟，例如，“一位译者在翻译时对译文字斟句酌，对于典章制度引经据典，甚至一字之微，如原文中的uncle，aunt或cousin之类一词多义的词，为了说明亲属关系，跑遍几个大图书馆去查，力

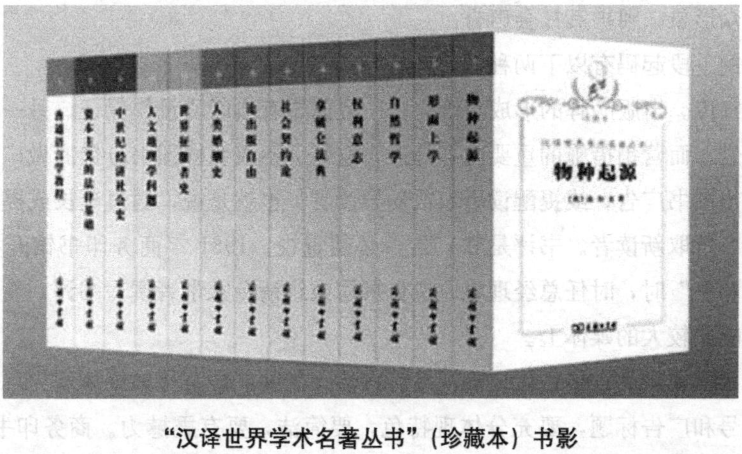

“汉译世界学术名著丛书”（珍藏本）书影

① 转引自吴娜：《与其浪迹天涯，不如作张元济后人》，载《博览群书》，2003（2）。

求弄清为止”[①]。译文都比较准确、流畅，许多译本代表了国内学术著作翻译的最高水平。编校也是精益求精。该丛书的印制也堪称典范。纸张精良，印刷精美，封面使用高质量的布纹道林纸；封面采用白色，而书脊和封底则按不同学科分成蓝色、黄色、绿色等颜色，既朴素又鲜艳夺目；封面左下角烫金的蒲公英，简洁典雅又寓意深刻，象征着知识的传播和学术生命的顽强。

3. 可以打造“家族商标”

如果出版社自身有很高的知名度，策划选题完全可以打出版社牌。商务印书馆出版了“商务印书馆文库”，百花文艺出版社推出了“百花散文书系”。外语教学与研究出版社为常销的英语读物冠以“外研社”的名称，如“外研社儿童英语分级读物”“外研社剑桥英语分级读物”“外研社 DK 英汉对照百科读物”。三联书店出版了“三联哈佛燕京文库”。这种做法利用“家族商标”拉动新书的销售，利用名社的广告效应培养读者对本社品牌的忠诚和认社买书。

如果出版社自身的名气有限，运用这种方法策划选题，则要慎重。但并非不能用，如果运作得好，尤其是图书内容与质量有足够保证，就有可能起到积累品牌的作用。因为这种做法解决了不少读者读一家出版社的图书却对这家出版社不太注意和不了解的尴尬，有利于培养读者对出版社的认知度。例如，20 世纪 90 年代，南京的译林出版社（成立于 1988 年 6 月）推出“译林世界文学名著”系列，每个选题抢在人民文学出版社和上海译文出版社前面出版，再加上灵活的销售策略，使该社迅速占领市场，极大地冲击了两个翻译文学出版老社，毫不客气地成为事实上的“龙头老大”。

4. 品牌维护十分重要

创品牌不易，保品牌更难。拥有一定知名度和美誉度的图书，如果得不到很好的维护，就会渐渐在市场上暗淡下去，甚至最终被淘汰出图书市场。因此，品牌一旦形成，就要细心呵护，呵护其公众形象，呵护其社会声誉。

维护品牌的手段起码有以下两种。

（1）广告宣传。出版品牌的形成与确立，一方面要有出版质量作保证，另一方面要有相应营销措施的跟进，而营销措施的重要内容是广告宣传。不仅要向图书分销商做广告，而且要直接面向读者推出图书广告，或提醒读者，或劝导读者。也就是说，通过延长或提升读者的注意力巩固老读者，争取新读者。书评是软广告，必须重视。1981 年商务印书馆开始推出“汉译世界学术名著丛书”时，时任总经理陈原亲自撰写或约请专家学者撰写书评，发表在《人民日报》等多家影响比较大的媒体上。

出版社既要重视产品宣传，更要重视品牌宣传。品牌广告宣传最终体现为宣传口号和广告标题。宣传口号和广告标题，要充分体现特色，要简洁，要有震撼力。商务印书馆的口号是：“中国现代出版从这里开始”；少年儿童出版社为《十万个为什么》（新世纪版）设计的广告词

---

① 戚国淦：《我和这座“世界精神公园”》，载《群言》，1996 (7)。

的标题是“几代人用得着，一辈子忘不了”。

（2）修订再版。紧跟时代步伐，及时修订再版，也是维护图书品牌的手段。修订再版时，既要“立”，又要“破”。“立”是指保持首版的核心价值不变，“破”是指与时俱进删旧补新。“立”可以延续品牌，“破”可以发展品牌。“只有在‘破’与‘立’中取得平衡，才能确保品牌维护与创新的有效性。”①

案例 9—8

《现代汉语词典》（第 6 版）书影

《现代汉语词典》（商务印书馆）从 1978 年首次公开出版后，到 2016 年推出了第 7 版。每次修订，一直以推广普通话为己任，一直确保现代汉语使用的权威性、规范性和稳定性。另外，每次修订又紧跟时代的脚步，对词语增新汰旧。2012 年第 6 版以“守正拓新，与时共进”为目标，着力提高词典的科学性、规范性、实用性和时代性。除了常规性的增、删、改外，还对以往历次修订尚未触及的问题进行了系统的调查研究和处理，增加单字 600 多个，增收新词语和其他词语 3 000 多条，增补新义 400 多项。新词、新义、新用法充分反映了我国新时期特别是近几年来涌现的新事物、新概念、社会生活的新变化和人们的新观念。例如，非公有制经济、摇号、廉租房、高铁、醉驾、拼车、网聊、塑身、背包客、博客、跟帖、网瘾、云计算、情人节、洋插队、低碳、二手烟、北漂、草根、达人、高管、愤青、名嘴、香蕉人、月光族、闪婚、试婚、傍大款、碰瓷、潜规则、封口费、霸王条款等新词语反映了语言生活的变化；丁克、粉丝、嘉年华、脱口秀、寿司、榻榻米、宅急送、八卦、狗仔队、无厘头、手信、力挺、出糗等英语或日语外来词、粤港澳台地区词体现了文化的交流；一些词语（如“宅”“奴”“山寨”“漂白”“大使”等）的新义、新用法记录了时代的变迁。增加和调整了少量字词的读音和词形，如打的（dī）、拜拜（bái bái）、唯唯诺诺（wéiwéinuònuò），“标识”增加了 biāoshí 读音，并解释为“标示识别”或“用来识别的记号”。增收了 CPI（居民消费价格指数）、PM2.5（在空中飘浮的直径小于 2.5 微米的可吸入颗粒物）、ETC（电子不停车收费系统）等字母词。还对例词、例句做了相应的增删和修改，配合释义增补了近百幅古代器物等方面的插图。② 该词典每次修订有立又有破，既保持了核心价值，又不至于陈旧死板，因而被公认为学习现代汉语最重要、最基本的词典。2013 年，该词典第 6 版荣获“中国出版政府奖·图书奖”。

---

① 吴丹：《从〈现代汉语词典〉看品牌的维护与创新》，见范军主编：《现代出版——理论与实务》，3 辑，215 页，武汉，华中师范大学出版社，2005。

② 参见《承载大国文化　记录文明脚步——〈现代汉语词典〉第 6 版全新出版》，见 http://www.cp.com.cn/Content/2013/11-10/1504335010.html，2012-07-16。

5. 品牌的二次开发不容忽视

品牌拥有者可以利用已有品牌的市场知名度开发同名或类似的系列产品，以实现对品牌资源的深度开发。对品牌书的二次开发，不仅可以延伸品牌，而且可以维护品牌。在市场经济条件下，出版跟风不可避免。如何突破跟风的重围，巩固自己开创的品牌呢？有两种办法，一种是及时将品牌书进行商标注册，另一种就是及时对品牌进行二次开发。后者甚至比前者更重要，因为，“当品牌产品规模达到一定程度，其独特性也就凸显出来了”①。

案例 9—9

《十万个为什么》（第六版）书影

少年儿童出版社的《十万个为什么》自1961年首版至1999年，由8本发展到24本，形成幼儿版，小学版，图画本，文学、历史、艺术等众多版本，成为一个“大家族”。它一直是中国少儿图书中的畅销书，累计发行1 000多万套、1亿多册，被译成6种文字，曾获我国多种级别的图书奖，1998年还荣获国家科学技术进步二等奖。1999年9月推出的新世纪版（读者对象是青少年）热卖后不久，市场上以“十万个为什么”为书名的读物陡然增多，2004年市场上名为“十万个为什么”的跟风书有519种！眼看自己的品牌屡遭侵犯，该社做过很多尝试，其中就包括申请商标注册，可是效果甚微。该社一方面加大《十万个为什么》（新世纪版）的宣传力度，另一方面对这一品牌进行深度开发。2000年年底面向学龄儿童推出《十万个为什么》（新世纪儿童版），2001年推出《十万个为什么》（新世纪精读本）。除此以外，该社还与其他媒体开展品牌合作：与悠游网合作创建“十万个为什么”网站，开通同名微博，与深圳书城合作推出《十万个为什么》（新世纪儿童版）多媒体光盘，与清华大学多媒体研究中心合作开发《十万个为什么》（新世纪版）CD-ROM，与中国科技在线合作举办“新世纪十万个为什么网上科普动画大赛”，与上海东方电视台合作以题库输出的形式举办“十万个为什么新世纪擂台赛”。2013年8月，推出《十万个为什么》第六版的精装本。2014年2月，推出第六版的另外三个系列：经典校园版、分卷版（包括基础卷、专题卷、热点卷）、平装本。第六版的四个系列，以不同的目标定位、不同的价格等次和不同的内容体现，满足不同年龄段、不同阅读兴趣和不同消费水平的读者需求。少年儿童出版社通过对“十万个为什么”品牌的深度开发，延伸了该品牌的产品线，丰富了它的内涵，提高了它的亮相率，提升了它的形象，极大地彰显了该品牌系列出版物的独特性，从而很好地维护了自己的品牌。

① 徐斌：《第十万零一个为什么——上少社“十万”品牌成长的秘密》，载《出版广角》，2002（3）。

第二节　大众类、教育类与专业类图书的选题策划

上文指出，大众出版、教育出版、专业出版与畅销书、常销书、精品书和品牌书之间大体上存在着对应关系，但考虑到业界的惯例，这里还是专门加以论述。整体而言，从品种结构看，我国专业出版严重不足，教材教辅出版严重过剩，大众出版正常。但是，从效益、质量的角度来看，三大板块的出版都存在严重问题。

一、大众类图书的选题策划

（一）大众类图书的含义与大众出版的特点

大众类图书可以划分为文学类和非文学类两大类型。文学类图书代表了人们通过图书进行精神休闲的重要方面，非文学类图书是指人们日常精神需求中诸如生活实用（包括服饰、饮食、家庭装饰等）、旅游、保健、理财、励志、科普、艺术、文化普及等方面的图书。总之，大众类图书是指与人们的日常生活、休闲娱乐和文化普及相关的图书。

大众类图书的出版有三个鲜明的特征：知识普及性、商业性和大众化。这些特征使得任何一家出版社在进入大众出版领域时，准入障碍都比较少，换言之，大众出版的进入门槛最低。然而，越是容易进入的领域，不确定性和暗藏的风险就越大。“商机中隐藏着危机，风险中潜伏着商机，正是大众出版的真实写照。”① 而且，进入的门槛低意味着不容易建立起竞争优势，替代威胁大。无论是在国内还是在国外，大众出版的新陈代谢都是最频繁的。

（二）大众读者的阅读特征

大众类图书的读者自然是大众，那么，大众读者的阅读需求具有哪些特征呢？考察改革开放以来尤其是推行市场经济以来国内畅销书市场的发展历程，可以看出大众读者的阅读特征有以下五点。②

1. 紧扣时代脉搏

畅销书的题材、内容甚至文本都与当时的社会心态、大众趣味与社会潮流相吻合。就文学畅销书的发展来说，20 世纪 80 年代以来，我国图书市场出现了言情热、新武侠热、都市情感热、反腐败热、网络文学热和青春文学热等。世纪之交，《苍天在上》《大雪无痕》《省委书记》《人间正道》《国画》《抉择》等一大批反腐败题材小说，都有几十万册的销量。它们畅销的重要原因之一是，表达了百姓强烈要求反腐的呼声，说出了百姓想讲但不敢讲的真心话，寄托了

① 苗遂奇：《现代出版选题学引论》，200 页。

② 参见易图强、肖贵飞：《从畅销书看大众读者的阅读特征》，载《出版广角》，2007（4）。

人们的美好希望。有人问《抉择》的作者张平：是什么原因使《抉择》产生那么大的反响？他说："那是因为小说是在为大众代言。"①

2. 情感诉求强烈

情感诉求是读者的永恒诉求，这在文学作品的畅销上体现得最为明显。无论是改革开放之初的"伤痕文学""反思文学"（如《班主任》《许茂和他的女儿们》），还是20世纪80年代中后期的"寻根文学"（如《北方的河》《棋王》），抑或是20世纪90年代的都市情感文学（如"布老虎丛书"），它们都紧紧抓住读者的情感需求，因而引起读者的共鸣。1995年，从美国引进的《廊桥遗梦》讲述了一个老套的中年人婚外恋的故事，在艺术手法上也无过人之处，畅销的根本原因在于它为现代人提供了一个久违了的古典式的爱情童话，"温情、浪漫、典雅的古旧风情和怀旧意味，满足了人们在生活和文学中难以寻觅的期待。读者在略有感伤的叙事中，既领略了想象的爱情浸润和久违而又匮乏的浪漫情怀，又因其道德自律而免于焦急"②。

3. 功利性需求突出

励志、心理自助、财经管理、考试考证考级等非文学类图书的畅销，都与读者的功利性需求直接相关（功利性需求的内涵见第七章之"读者原则"）。例如，大众商业财经类图书，包括股票书、彩票书、基金书、企业家传记等，大多销量可观。《富爸爸　穷爸爸》于2001年引进出版后，立即在全社会刮起了一股追求财富的旋风。"书中自有黄金屋"这一古语今天又被人们激活了。畅销书策划大师金丽红一针见血地指出："读者真的恨不能直接从书里看出人民币、看出桑塔纳。"③

4. 追求娱乐和轻松阅读

在生活节奏加速和竞争压力剧增的今天，读者追求娱乐和轻松阅读的倾向更加明显，插图本图书的增多、漫画卡通书的流行、杂志式和"快餐式"图书的兴起，就是这一阅读特征的有力证明。大众历史读物的空前火热充分说明了读者追求轻松阅读的倾向。20世纪90年代初期，"蔡志忠漫画"系列令读者纷纷掏腰包，原因在于它"第一次将文化典籍的庄严肃穆同大众化、世俗化巧妙地结合起来，有史以来第一次做到了最大限度地普及、推广古籍经典"④。后来又有南怀瑾的《论语别裁》《老子他说》等风行一时。进入21世纪，《潜规则——中国历史中的真实游戏》等随笔体历史读物热销起来。2004年以来，《正说清朝十二帝》《品三国》《于丹〈论语〉心得》等"百家讲坛"系列历史读物横空出世，这些著作均以其通俗化、趣味化

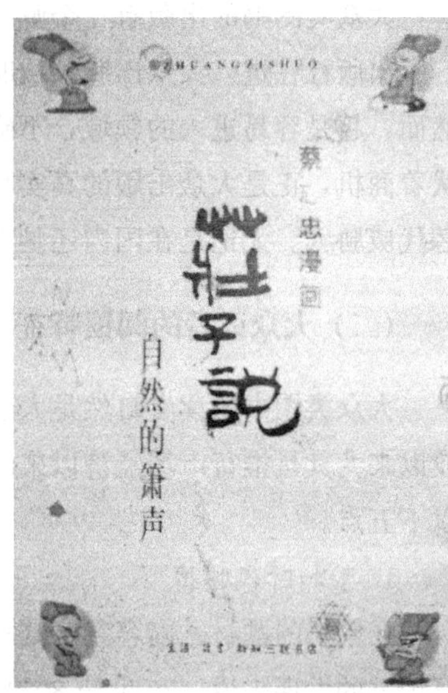

《庄子说》书影

① 转引自小小：《〈生死抉择〉掀起反腐冲击波》，载《哈尔滨日报》，2000-08-18。

② 孟繁华：《众神狂欢——当代中国文化的冲突问题》，176页，北京，今日中国出版社，1997。

③ 转引自《金牌策划金丽红谈畅销书策划》，见 http：//info. print. hc360. com/2005/03/2210304538-4. shtml，2005-03-22。

④ 徐丽芳、吴永贵、孙强、陈幼华、汪涛：《中国百年畅销书》，339页，西安，陕西师范大学出版社，2001。

的特点拉近了学术与大众的距离。

5. 崇拜名人、明星

名人、明星对大众读者有天然号召力。20 世纪 80 年代，琼瑶、三毛（1943—1991）和金庸等著名作家的书热卖；20 世纪 90 年代，王朔、余秋雨、二月河、王跃文、池莉、王安忆与海岩等知名作家都让出版社赚得盆满钵满；进入 21 世纪，韩寒、郭敬明等 80 后偶像作家也成为出版社竞相追逐的目标。在电视媒体的拉动下，易中天、于丹、阎崇年等教授、学者也成了明星。20 世纪 90 年代后期以来，影视明星、著名节目主持人、文体明星写书出书蔚然成风，赵忠祥的《岁月随想》、杨澜的《凭海临风》、倪萍的《日子》、水均益的《前沿故事》、吴小莉的《足音》、白岩松的《痛并快乐着》、崔永元的《不过如此》、柴静的《看见》等，销量都达到数十万甚至 100 多万册。在大众文化盛行的时代和商业社会中，名人、明星成为世俗的乌托邦中的神，有关他们的自传性图书的畅销在情理之中。不光名人写的书畅销，写名人的书也受到读者的追捧。各种版本的毛泽东传记、《我的父亲邓小平》，甚至《陈寅恪的最后二十年》《我们仨》和《往事并不如烟》，这些关于现当代著名学者的书，都大受欢迎。

（三）大众类图书选题策划的基本法则

大众类图书选题策划必须遵循以下四个基本法则。

1. 必须充分满足大众读者的阅读口味和阅读期待

在这方面，金丽红也有过教训。某小品演员火了之后，华艺出版社决定出版一本关于他的书。编辑与其接触后，决定出一本类似散文的集子，由这位演员自己写。书出版后，发行出奇的差，不到 2 万册！时为该社主管编辑业务的副社长金丽红冷静分析了原因，认为这位演员成功之前吃过很多苦，如果写一本他个人奋斗历程的书，也许会有市场，因为读者需要励志故事，然而，把这本书做成散文，“那就太不符合他在大众中的形象了”，因为这位演员给大家的形象是“大老粗”。[①] 可见，策划大众读物，哪怕是名人明星读物，必须注意名人明星作者的公众形象，必须充分考虑大众读者的阅读心理与审美趣味，必须满足他们的阅读期待，否则就会南辕北辙。

案例 9—10

人民文学出版社于 2001 年出版了我国第五代电影导演的顶尖人物陈凯歌的自传《少年凯歌》。书出版后，评论界看好，有人称赞他的忏悔精神，并将其与巴金的《随想录》相比；有人称赞他的文笔优美，可与史铁生（1951—2010）媲美。但是，发行不理想，首印 3 万册，九个月里只发行了 1.3 万册，与其他名人书的庞大销量极不相称。为什么卖得不好？该书写的是陈凯歌 1965 年到 1971 年的人生经历与思考，这对今天的读者吸引力不够。今天的读者特别是青少年读者关注的是陈凯歌今天的生活——他的爱情、婚姻与家庭（知名演员陈红是其夫人）、他导演的著名电影（他的成名作《黄土地》是中国艺术电影的代

① 参见程蕾、民任：《华艺：策划赢家》，载《中国市场》，2003（4）。

表作，他导演的《霸王别姬》获1993年戛纳国际电影节最高奖"金棕榈奖"，这是中国电影的第一次）的幕后故事。有读者感叹，这本书哪有名人写书那种五颜六色的感觉，连一张扎眼的照片都没有！可以设想，这本书如果写陈凯歌今天的事情或者不只是写他的少年时代，销量肯定会多得多。该书为名人写书出书提供了一个全新的范本，但如果从大众类图书策划和商业运作的角度来看，无疑给出版社留下了遗憾。

2. 必须重视文本的可读性

第二章谈到畅销书的特点时说，从文本的形式来看，几乎所有的畅销书都具有通俗化的特点。确实，大众喜爱的读物必定具有很强的可读性。

案例9—11

2002年，北京出版社与广东教育出版社分别出版著名医学科普专家洪昭光的著作《登上健康快车》和《洪昭光健康忠告》，均发行100多万册。这两本书的成功，很重要的原因在于文本的可读性。它们一扫医学著作和常见医学科普读物的沉闷之气，口语化，通俗易懂，幽默风趣。例如，洪昭光说，每天的饮食要做到"一二三四五，红黄绿白黑"；"'养心八珍汤'是真正健康心灵的八味药。第一味药：慈爱心一片；第二味药：好心肠二寸；第三味药：正气三分；第四味药：宽容四钱；第五味药：孝顺常想；第六味药：老实适量；第七味药：奉献不拘；第八味药：回报不求。"诸如此类的健康保健顺口溜，朗朗上口，传诵一时。读者有时把这两本书当作一般的"娱乐"书来阅读。也许作者、策划者、编辑出版人的目的就是想让读者通过"娱乐"的方式对现代"文明病"（生活方式病，如高血压、肥胖症、冠心病、糖尿病等）有所了解，提早预防，及时治疗。

《登上健康快车》书影

3. 必须区别对待文学类大众选题与非文学类大众选题的策划

文学类大众选题与非文学类大众选题的策划各有侧重点。

文学类选题又可以分为原创型文学选题和组合型文学选题两种。古人编选的《诗经》《昭明文选》《唐诗三百首》《古文观止》、赵家璧策划的《中国新文学大系》、今人编辑出版的《全国新概念作文大赛获奖作品精选》，都属于组合型文学选题。组合型文学选题如何策划，这里不作探讨。①

① 苗遂奇根据赵家璧的回忆，将《中国新文学大系》的编辑出版过程整理成一个非常完整的选题策划案例，对我们策划组合型文学选题很有借鉴作用。（参见苗遂奇：《现代出版选题学引论》，205～209页。）

严格地说，原创型文学选题很难策划或者无法策划。原创型文学作品，无论小说、诗歌，还是散文、随笔、传记等各种体裁，都是作者个性化创作的结晶，创作的主题、思想、意图、艺术，都不能由编辑出版人替其策划。那么，这是否意味着编辑出版人在原创型文学作品的出版方面就无所作为呢？绝对不是！原创型文学选题的策划主要体现在两个互相联系的方面：一是选择，二是发现。

所谓选择，是指对作品主题、思想和艺术的选择。选题策划人、编辑出版人要为社会、时代选择那些具有深刻思想、厚重文化的作品，要选择那些敢说真话、坚持真理的作品，要选择那些体裁新颖、富有高超艺术表现力的作品。这种选择往往需要过人的智慧与非凡的勇气。

案例 9—12

《文化苦旅》书影

余秋雨的文化散文集《文化苦旅》中的部分文章最初在《收获》杂志连载。1988 年，作者将书稿投给一家出版社。这家出版社的编辑发现书稿中的文章并不都是轻松的游记，觉得很难成为在每个旅游点兜售的小册子，就决定大幅度删改后付印，并把这个消息兴高采烈地写信告诉余秋雨。余秋雨回忆说："当时我远在国外讲学，幸亏《收获》副主编李小林风闻后急忙去电话强令他们停止付印，并把原稿全部寄回。寄回来的原稿已被改划得不成样子，难以卒读，我几次想把它投入火炉。又幸亏知识出版社（笔者注：此知识出版社是指上海的知识出版社，后更名为东方出版中心）的王国伟先生、上海文艺出版社的陈先法先生、上海教育出版社的鲁萍小姐都有心救活它，最后由王国伟雇人重新清理、抄写使之恢复原样，才使这本书起死回生。"① 想不到这部至今销售 200 多万册的名著曾经难产四年，更想不到该书第一次向全国征订时，回笼的订数只有 1 000 多本，而责任编辑王国伟凭直觉认为读者绝对不止此数，建议将首印数定为 10 000 册，得到总编、社长的支持。《文化苦旅》开创了文化散文的新体裁，具有充沛的人文意识和中国文人的真性情，上承新文学散文之余绪，又开启了一代风气，将整个当代散文的创作提高到了一个新水准。

再如，人民文学出版社于 1987 年出版的《古船》，大胆描写了新中国成立初期土地改革的一些真实情况，发表时遇到了阻力，出版单行本时更是颇费了一番周折，责任编辑何启治甚至为此立下"军令状"。该书出版后受到读者和评论者的好评。尽管如此，后来再版时又差点没

① 余秋雨：《文化苦旅》，2 版，362 页，上海，东方出版中心，2001。

能再版，但最终《古船》还是获得了第一届人民文学奖。

所谓发现，是指对新作者、普通作者的优秀作品的发现，是指对颇有潜力的新作家的发现。自投稿的作者一般是新作者和普通作者，处女作占很大一部分。编辑人员有责任及时将有价值的自投稿“淘”出来。凡尔纳（1828—1905）的自投稿《气球上的五星期》被第16家出版社出版后，成了当时法国最畅销的书，并由此开辟了科幻小说的新纪元；J.K.罗琳的《哈利·波特》（第一部）被多家出版社退稿，最终由布鲁姆斯伯里出版公司出版，成了全世界的畅销书；巴金的自投稿《灭亡》被叶圣陶连载于《小说月报》，丁玲（1904—1986）的处女作《梦柯》和代表作《莎菲女士的日记》也是叶圣陶在自投稿中发现后予以发表的；巴金发现大学尚未毕业的曹禺（1910—1996）创作的剧本《雷雨》后果断将其发表在《文学季刊》上，使曹禺走上了戏剧创作的道路，而且开创了中国戏剧创作的新局面；马克斯威尔·珀金斯发现了文坛新人海明威（1899—1961）的短篇小说集《在我们的时代里》后，决心与他长期合作，海明威从此开始了创作生涯的辉煌历程。今天，这样的发现还在延续，王国伟发现了《文化苦旅》，何启治发现了《古船》和《白鹿原》，龙世辉（1925—1991）发现了《芙蓉镇》……

叶圣陶　像

发现是策划原创文学选题的首要看家本事。发现，需要发现者有识珠的慧眼，需要有对文学风尚的正确把握与引领，需要不顾情面的公正无私。诚如著名出版家邹韬奋所说：“我对于选择稿件，不管是老前辈来的，或是幼后辈来的，不管是名人来的，或是无名英雄来的，只须是好的我都要竭诚欢迎，不好的我也不顾一切地不用。在这方面，我只知道《生活周刊》的内容应该怎样有精彩，不知道什么叫做情面，不知道什么叫做恩怨，不知道其他的一切。”[①] 据说，20世纪50年代有个小青年喜欢写诗，频频投稿，都被退稿。无可奈何中，他灵机一动，改变了署名，再次投寄出去。某编辑一见“郭沫若”三个字，大喜，立即头条发表。不久事发，该编辑对小青年兴师问罪。小青年从容答道：“我哪敢冒名郭沫若！我的署名是郭沫苦。”“郭沫若式”思维的编辑又能发现什么呢?

策划文学类大众选题，需要选择和发现，那么，策划非文学类大众选题，需要什么呢？需要奇思妙想！需要新颖独特！

非文学类选题涵盖的范围极其广泛，是一个最富挑战性的选题领域，是对选题策划人、编辑出版人的知识、智慧、能力的大考验。从图书市场来看，日常衣、食、住、行方面的读物多姿多彩。随着人们生活水平的提高，人们日益追求生活质量和生活品位。与之相适应，日常生活方面的选题也越来越有创意。例如，饮食书选题不再像原来那样仅仅是菜肴菜谱之类的直接图示和做法说明，而是与“美丽”“美容”“文化”“艺术”甚至“爱情”等主题奇妙地组合在一起，《吃出美丽与健康》《食疗美容手册》《活色生香——北京美食地图》《肚大能容》《品味

① 邹韬奋：《经历》，71～72页。

传奇——名人与美食的前世今生》《笑傲食林》等无不趣味横生。特别是《抓住爱情的滋味》《情欲料理之食物恋》《恋人食谱》《礼拜三的糕饼》等，将女人心事、情欲、爱情故事与饮食文化融为一体，奇妙无比。总之，如今的日常生活类大众读物，不仅要体现实用的一面，而且要张扬个性、反映时尚，否则，难以吸引城市大众读者的目光。策划这种选题，的确是对选题策划人、编辑出版人创意水平的大考验。

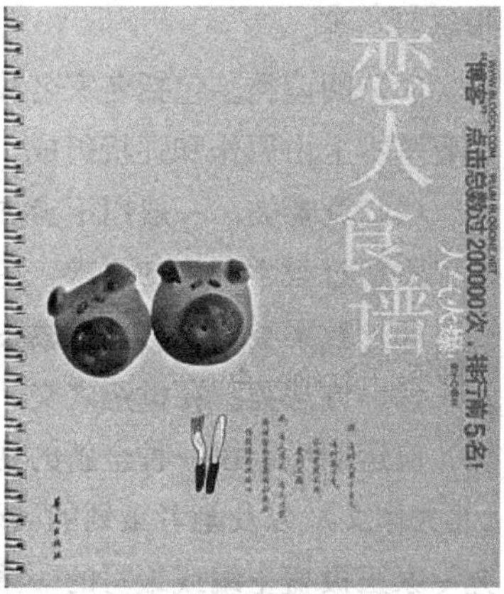

《恋人食谱》书影

4. 必须站在大众的立场引导作者写作

详见第八章之“专家眼光，平民表达”（理念 8）的相关内容。

二、教育类图书的选题策划

这里的教育类图书是指教材教辅，而且主要是指中小学教材教辅。

（一）当前我国教育出版的基本情况

教材教辅是发行量最大的出版物品种，也是许多出版社利润的最大来源。无论是在国内还是在国外，教育出版的赢利都是最高的。在美国，中小学教育出版的利润高达 20%～25%，高等教育出版的利润达到 15%～20%。在我国，在政府对中小学教材和一部分教辅实行限价政策以前，出版社教材教辅的利润高达 25%～35%。教材教辅占我国所有图书品种的比重超过 50%，其中教辅又占相当比例。在 2012 年开始对教辅出版实行资质限制以前，有 490 多家（不含副牌社）出版社涉足教辅出版，此后获得教辅出版资质的出版社仍然有 200 多家。如果没有教育出版，国内许多出版社就会无法生存。也就是说，教育出版对出版社的生存与发展意义重大。

我国教育出版的竞争日益白热化。1999 年开始新课标改革，2001 年秋季开启我国第八次大的课程改革，教材出版发行招投标工作 2008 年在全国全面铺开，打破了以前由人民教育出版社垄断全国中小学教材出版的格局。教育政策的不断调整，使教材教辅的出版很不稳定，销售期限缩短。新课标的推广、中考区域化、高考由地方自主命题，以及国家倡导的综合素质选拔，使教材教辅市场被极大地细分，使教材教辅消费者的需求日渐多样化和个性化，使教材教辅的区域化特色日益明显。“一纲多本”模式的实行、“一费制”和“减负令”政策的实施、政府免费提供中小学生课本制度和课本循环使用制度的施行，加之一些地方小学生直接升初中，甚至初中生直接升高中，以及中小学生生源的逐年减少，这些因素都极大地改变了教材教辅的市场格局。例如课本的循环使用，使出版社至少在 3～4 年内不能重印或再版课本。中小学生教材教辅市场必将重组，必将在市场调节的基础上走向新的集中、垄断。

国内市场上的教辅可以划分为以下六类。

（1）考试类。包括总复习和试卷两种，如“3＋X 综合复习教程”“高中总复习优化设计”等，是对整个初中或高中知识的重新梳理、专题讲解，主要侧重解题技巧和考试能力的培养。

（2）习题类。包括同步练习和专题练习两种，如“随堂学练考”“高中每课达标”“初中同步练习”等。

（3）阅读类。包括名家名篇赏析和优秀作文两种，如“金牌阅读”“名人作文赏析”等，内容基本上由原作和评析组成。

（4）竞赛类。一般用于参加全国各科竞赛和国际奥林匹克学科竞赛。高于课堂教学内容，但又不超过教学大纲的要求，主要用来培养尖子生，对中考、高考取得高分也有一定作用。

（5）教案类。如“鼎尖教案”。主要供教师备课使用，对家长及学生也有参阅价值。

（6）方法类。在世纪之交，随着素质教育的呼声越来越响亮，这种教辅（被称为边缘性教辅）应运而生。以一种全新的视角指导中学生的学习和生活，如《等你在北大》《等你在清华》《北大作文》以及笔者策划的《名牌大学轻松进》等，其中影响最大的是心理学专家、高考研究专家王极盛主编或编写的一系列读物，如《驱散心理迷雾——提高学习成绩新途径》《高考状元的学习方法》等。这类教辅都以在校学习的大学生以过来人的身份，向中学生介绍学习、应考、心理调适等方面的经验与建议。

相比之下，上述六类教辅中，由于教育政策和教材的经常变化，练习类尤其是同步练习类教辅周期最短，风险最大。而阅读类特别是名家名篇赏析类教辅和方法类教辅市场周期较长，风险较低，它们不以“教材和应试”为中心，而以“学生和素质”为中心，符合推行素质教育的时代潮流，是真正意义上的课外读物。总的来说，教辅出版必须进行品种“瘦身”，必须精心培育长线产品，必须兼顾应试与素质教育的双重需要。

（二）教育类图书选题策划的基本规则

教育类图书选题策划必须遵循以下四个基本规则。

1. *从选题质量来看，教材教辅出版必须走品牌发展之路*

总的来看，当前国内教材教辅的出版严重过剩。目前我国中小学教材有 80 多家出版社出版的 1 000 多个品种，教辅品种多得无法统计清楚。教辅出版的跟风现象、同质化现象十分严重，“志鸿优化设计”的跟风品种多达五六十种。门类全、特色少，品种多、精品少，选题雷同，低水平重复出版，是目前教辅出版普遍存在的问题。

在如此严峻的形势下，教材教辅的出版除了创新和打造品牌之外，别无出路。品牌经营不仅是企业制胜的法宝，也是教辅图书生存和发展的根本。“志鸿优化设计”“启东内部讲义”“新概念·同步练习与活动”“三点一测”“无敌英语”等都是教辅图书的知名品牌。

案例 9—13

龙门书局的“三点一测”“双色笔记”和“课程拓展”都是著名品牌。1995 年，该社推出的“三点一测”丛书，一反当时大多数教辅书仅为同步练习册的简单形式，将辅导和讲练结合，集综合训练与实践指导于一体，加之栏目简洁，题目经典，因而创造了连续 20 年上架均售罄的佳绩。海豚出版社的“无敌英语”系列是中小学生公认的英语教辅名牌。书名“无敌英语”气势逼人，富有时代气息；封面装帧新颖多姿，令人赏心悦目；正文配以彩色图解，可谓图文并茂；内容深入浅出，引人入胜，堪称内秀外美，令中小学生一见倾心，爱不释手。

2. 从销售的角度来看，教育出版可以说是“功夫在诗外”——谋求教师、家长与教育行政机关的支持格外重要

“教育出版的经营方式像医药行业，购买决策者不是终极消费者，比如医生开药方，患者买单；老师定书目，学生掏钱。还有高风险高盈利，是一个牵涉研发、审批、招标、机构销售、政府公关的系统工程。”① 从我国教材出版的历史与现实来看，教科书的出版发行与政府的关系十分密切。所以，选题策划人、编辑出版人谋求教师、家长与教育行政机关的支持格外重要。

案例 9—14

外语教学与研究出版社是北京外国语大学创办的外语专业出版社，直接为大学的外语教学与科研服务。为了把《新编大学英语》教材推广到全国大学，该社的编辑人员和营销人员连续一年走遍 20 多个省市的几百所大学，召开学术研讨会，介绍和推广该教材。还向使用这套教材的所有学校承诺：对于这些学校的全体英语教师免费进行培训，参加培训的教师的交通费、食宿费和培训费全部由该社承担。1999 年，该社在这一项目上投入的推广和培训费用达到 1 000 多万元。②

《新编大学英语——视听说教程》书影

在中小学教科书的出版发行方面，出版单位是被动的。因为中小学教科书的出版发行必须经过政府的审定，政府经常变更学制与教育政策又导致教科书的频繁变动。因此，出版单位能否谋求政府的支持，可以说是教科书出版发行成败的关键。出版单位历来采取与政府紧密合作的态度。出版单位经常请求教育行政主管部门给予配合与支持，或者与教育主管部门合作编写

① 程三国：《理解现代出版业——兼析“日本出版大崩坏”》，载《中国图书商报》，2002-10-11。

② 参见李朋义：《“外研社模式”阐释》，见赵劲主编：《中国出版理论与实务》，269 页，北京，中国书籍出版社，1999。

教材，或者请教育主管部门在审定教材时给予关照，或者让教育主管部门发令颁文征订等。在中国近现代历史上，教科书是商务印书馆业务的最大宗。商务印书馆充分借助政府的力量，让政府“通令采用”商务版教科书。据商务印书馆老前辈的回忆，在同教育主管当局的联系与协调方面，商务印书馆“经常显得准备充足、游刃有余”①。每当有新教科书出版或新学期开始，商务印书馆总会以总经理的名义向各省教育厅领导报告各书优点，请求推荐。无论在晚清时期，还是在北洋军阀统治时期，或者在国民政府时期，商务印书馆发行教科书都因此而成功。例如，1932年8月，南京国民政府教育部发出批示，要求各学校采用商务印书馆出版的教科书，同年10月发布的一个指示甚至呈请各地方和城市当局置备一套商务印书馆出版的“万有文库”。②

3. 从经营模式的角度看，教材与教辅的出版要全盘考虑，教辅出版要树立大教辅理念且不侵犯教材编写者与出版者的合法权益

在推出教材之后，应该及时出版配套教辅。这样既可以充分利用出版资源，又可以防止他人抢先出版配套教辅。教材出版的前期投入大，出版发行后一般很难短期收回成本。所以，一些教材的编写者、出版者就将赢利的希望寄托在配套的教辅书上。而教辅这块蛋糕是众人都想吃的“唐僧肉”，如果自己辛辛苦苦编写出版的教材的配套教辅被他人抢先出版了，就会给自己带来损失，甚至有可能因为他人配套教辅的粗制滥造而损害自己教材的销售。2005年年底，仁爱教育研究所将几家出版社和文化公司告上法庭，声称被告出版的与自己编写的教材《英语》配套的教辅书侵犯了自己的著作权。吸取教训后，教材的编著者仁爱教育研究所和教材的出版者湖南教育出版社隐匿教材出版信息，推迟出版时间，新教材迟至2月11日才开始印刷，由于时间太晚，很快就要开学，他人根本来不及出版配套教辅。

教辅出版要树立大教辅理念，由单一型纸质教辅出版向多元化教辅延伸拓展。“所谓大教辅，可视为包括图书、期刊、音像制品、网络等在内的教辅产品群。开发大教辅，有利于优势互补、宣传征订互动……能满足当今学生不同层次的各种需求，从而在实现多媒体助学的同时，进一步挖掘市场潜力，让教辅系列品牌深入人心。”③ 在美国，一本专业教材出版后，往往同时推出一系列与本教材配套的教辅，包括学习指南、教师手册、题库、教学课件、光盘、教学网页，为教师和学生提供便利。

长期以来，与教材配套的教辅的出版是一个公共出版领域，然而，从2009年7月人民教育出版社发布关于知识产权保护的声明以来，众多教材出版社纷纷维护自己的权益，要求配套教辅的出版者必须取得自己的授权。围绕教材与配套教辅的版权纠纷仍未达成共识，但可以肯定的是，针对教材随心所欲地策划、出版配套教辅的时代已经一去不复返了，策划、出版配套教辅必须以不侵犯教材编写者、出版者的合法权益为基本前提。

4. 从政府管理的角度来看，我国政府可以向民营书业开放教辅书的出版权

我国民营书业经营的产品主要是教辅。2005年，在“民营出版”方面，民营文化传播公

① 黄警顽：《我在商务印书馆的四十年》，见蔡元培等：《商务印书馆九十年》，95页，北京，商务印书馆，1987。
② 参见王建辉：《出版与近代文明》，242页，郑州，河南大学出版社，2006。
③ 钱元元：《教辅出版 用战略赢得未来》，载《编辑学刊》，2006（3）。

司和工作室策划的图书品种中85%为教辅书。[①] 在民营教辅书领域，销售码洋上亿元的约40家，有的已经达到10亿元的规模。[②] 2013年，在整个教辅市场（包括市场零售教辅和统一征订教辅），民营教辅的份额应该在60%以上，其中在市场零售部分，民营教辅占了90%以上的份额。[③] 有一些民营文化传播公司策划发行的教辅，如志鸿教育集团的“优化设计”系列、江苏春雨公司的“一课三练”系列、金星国际教育集团的“教材全解”等，已经成为市场品牌。国有出版社由于改企转制，人心未稳，加之教辅书市场竞争加剧，故在教辅出版上以防守为主。一些原来出版教辅实力较强的出版社在不放弃教辅出版的同时，开始调整产品结构，如东北师范大学出版社转向少儿书，广西师范大学出版社开发人文社会科学书。这样就给民营文化传播公司的教辅书策划发行留下了更多的机会。基于上述种种情况，政府可以向民营书业开放教辅书的出版权，这应该是一个比较务实而又积极的举措。

三、专业类图书的选题策划

（一）专业类图书的含义与专业出版的意义

专业类图书包括两大类：一类是专业职业类图书——与职业、行业密切相关的图书。根据国际出版界通行的标准，专业职业类图书一般包括财经书、法律书、科技书与医学书四类，读者购买这类图书多为工作需要和事业发展需要。另一类是学术图书——学术研究或与学术研究密切相关的图书，读者购买这类图书是为了科学研究的需要。与上文所述两类图书尤其是大众类图书相比，专业类图书的读者最固定也最狭窄，对选题策划人、编辑出版人的专业素质与学术素质要求最高。

专业类图书代表人类知识中最为精华的部分，反映一个国家科学技术与学术文化的发达程度。“真正对民族文化建设有贡献的不是教材教辅，也不是畅销书，而是在市场上一般没有太大动静的一般图书[④]。一般图书不仅关系到国家的政治、经济、科技发展、社会进步，还关系到社会的文化积累与传承。”[⑤]

20世纪90年代以来，中国社会的变迁既给专业出版带来了挑战，也为专业出版创造了机遇。1995年，中共中央、国务院第一次明确提出了“科教兴国”战略。1996年，全国人大八届四次会议把这一战略作为我国的一项基本国策。科技出版因此受到高度重视。1998年开始的普通高等学校扩招，增加了专业图书读者群体的规模。就业形势的日益严峻、人才流动的不断加速，使终身学习成为大势所趋，促使各种职业资格考试不断涌现。高新技术的迅猛发展、经济体制的日益转型，也使专业出版获得了大好时机。从20世纪90年代以来中国图书市场的发展情况来看，在表现最好的出版社中，专业出版社占了相当比例，如机械工业出版社、电子

① 参见郝振省：《2005中国民营书业发展研究报告》，27页，北京，中国书籍出版社，2006。
② 参见上书，31页。
③ 参见郝振省：《2013中国民营书业发展研究报告》，52、55页，北京，中国书籍出版社，2014。
④ “一般图书”是指除教材教辅以外的图书，实际上主要是指专业图书。
⑤ 邓子平、杜恩龙：《如何拯救一般图书出版》，载《编辑之友》，2006（4）。

工业出版社、人民邮电出版社、清华大学出版社、湖南科学技术出版社、科学出版社、法律出版社、中国建筑工业出版社、中国轻工业出版社等迅速崛起的出版社都属于专业出版社。进入21世纪以来，国内专业出版获得了更大发展。“专业出版从原来占百分之十几的份额，现在已经开始占百分之三十左右的份额（在这里，专业出版的概念包含了一部分高等教育的出版）。”①

（二）专业类图书选题策划的基本准则

专业类图书选题策划要遵循以下五个基本准则。

1. 要树立一个信念：出版学术著作未必赔钱

出版圈内人士都认识到，有分量的标志性的学术著作是出版社声誉的象征。但同时又往往有一个认识上的误区：出版学术著作一定会赔钱。真是这样吗？

案例 9—15

从1994年7月到2002年4月，历时八年，上海古籍出版社终于出版了《续修四库全书》（全套1 800册）。收书5 213种，比《四库全书》（收书3 503种）增加了近49%。负责选目的编委会、提供书源的80多家图书馆、先后两次投资的深圳市南山区人民政府、承担出版任务的上海古籍出版社，在八年的时间中相互依存相互尊重，协调共进，保证了该出版工程的善始善终。与其他大型丛书不同的是，在该项目刚启动时，“在抓紧编纂出版的同时，高度重视和加强了发行工作，既抓内销，又抓外销，采取滚动式经营，以减少投资风险”。到2001年年底，全书整套发行225套，另有分部销售60部，已先后收到书款7 000多万元。原预计要投资8 000多万元，但实际投资1 050万元就完成了，打破了过去出版大型古籍丛书只赔不赚的怪圈。②

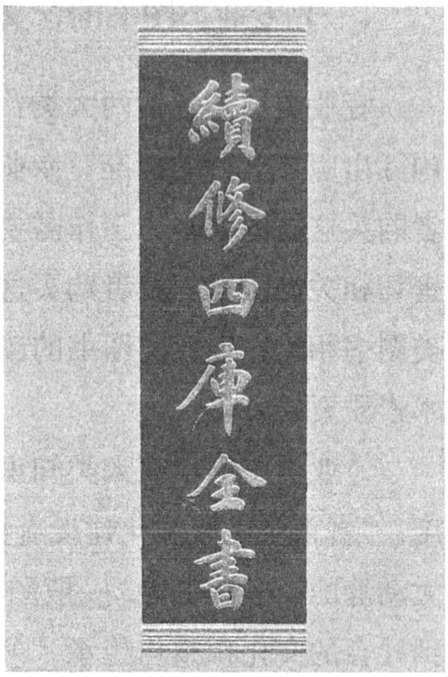

《续修四库全书》书影

再如，复旦大学出版社于2005年出版的、由陈尚君教授奋战十一载完成的重辑《旧五代史》（全称《旧五代史新辑会证》，约320万字），由于图书自身的出版价值及复旦大学百年校庆的宣传推广，该书出版后很快进入该社的学术畅销榜。

可见，只要真正确保质量，又运作有方，出版学术著作不仅不会赔钱，反而会赚钱。学术著作读者面窄，一开始往往亏损，但从长期看，只要质量过硬，再加上适当的宣传促销，最终

① 王一方：《品牌图书的组合营销与价值链管理》，载《编辑之友》，2005（3）。

② 参见宋木文：《八年成旷典——〈续修四库全书〉编纂出版纪实》，见中国编辑学会主编：《中国编辑研究（2005）》，474～499页，北京，人民教育出版社，2005。

会赢利。

2. 坚持做长线，精耕细作，倾力打造特色

与大众出版相比，专业出版更能发挥图书出版的优势。做长线，做积累，做精品，是图书编辑的职业优势。专业出版与大众出版的区别在哪里？有个经典比喻："大众出版像养猪，那猪可以养得很肥很大，但是养肥了以后就把它杀掉了，然后第二头猪要重新来。它的产品线混杂，没有价值链，这个点和那个点之间是断裂的。专业出版像养鹅，把鹅养大以后下金蛋，这个鹅可以不杀，要养起来。"① 商务印书馆的"汉译世界学术名著丛书"就是专业出版的典型。从1898年出版严复编译的《天演论》到1929年出版"汉译世界名著丛书"，再到1981年推出"汉译世界学术名著丛书"，商务印书馆引进出版人文社会科学学术名著一脉相承。2017年12月，"汉译世界学术名著丛书"推出"120年纪念版"，共700种，826册。

专业出版特别是学术出版，是对图书市场深度细分的结果。从事专业出版，必须专心致志，必须精耕细作，必须倾力打造特色。要对特定的专业图书市场深入开发，在内容上，要将自己的专业选题资源做细做透；在形式上，要针对不同层次、不同年龄、不同购买力、不同兴趣读者的需要，滚动推出不同的版本。在美国，国家学术出版社只出版与国家学术有关的科技卫生方面的专业图书，查尔斯河媒体出版社只专注于计算机图书中一个很小的门类——计算机制图图书，然而取得了很好的收益：从1999年到2001年，前者的销售额增长了17%，后者的销售额竟然增长了100%。② 在我国，商务印书馆的"汉译世界学术名著丛书"多是大部头的专业著作，专业外的人士读起来不方便，该社便选取丛书中最有代表性的部分著作，节选其内容，推出"口袋本"，主要给两种人看，一是本专业的初学者，二是本专业以外的专家。口袋本推出后，市场反响相当不错，特别是在学术文化氛围比较浓厚的高校周边书店吸引了不少读者的眼光。

3. 强化为读者服务，切实做好为书找读者与为读者找书的工作

专业图书的读者群体是客观存在的，哪怕是纯而又纯的学术理论著作，潜在的读者群体并非想象的那么少。许多读者需要学术理论著作，但常常苦于出版信息不通，销售渠道不畅，购买方式不便。所以，专业图书的推介、发行、销售与服务工作必须做到家、做到位，必须做精做细。

专业图书尤其是学术图书的销售必须坚持个性化营销，即针对专业型读者的特定需求量身定销，着力加强对终端读者的营销和服务，主要有以下两种销售方式。

(1) 直销。直销是针对性最强，也是最有效的专业图书销售方式。2002年贝塔斯曼出版集团的直销业务占其总收入的19%。西方发达国家的许多出版企业都很重视直销业务，专门设有免费电话，大公司往往一天24小时有人值守。在我国，出版社的直销原来仅限于邮购和自办书店，进入21世纪以来，直销有了新气象，不少出版社实行批销业务和直销业务的剥离。

直销可以分为以下四种具体方式。

其一，邮寄直销。在美国，邮寄是专业图书销售的主要方式，营业额约占图书总营业额的

① 王一方：《品牌图书的组合营销与价值链管理》，载《编辑之友》，2005 (3)。

② 参见于春生：《美国专业出版的三大特征》，载《出版广角》，2003 (9)。

20%。邮寄有两种方式：出版社→读者；出版社→图书代理商→读者。使用最多和最有效的是前一种方式，即邮寄直销。出版社给读者寄去有关图书的信息资料，附上回复格式信、答复卡或回邮的信封，以及免费的电话号码，有时还装入广告、书票和明信片以加强宣传。他们的书票设计得与新书护封或封面一样，包括书名、作者、定价、书号等项目。读者收到资料后，只需把决定购买的图书的书票贴在回复的订单卡上，投入邮筒即可。出版社收到回复单后，根据书票识别读者所需图书，并立即发书。实践证明，带书票比不带书票的回收率高 20%。①

其二，上门直销。针对个人读者可以采用邮寄直销，针对团体读者（如医院、图书馆、学校、大企业等）则可以采取上门直销。面对面的交流更能促成销售，也便于建立进一步的业务联系。美国的专业出版社向大学销售专业图书的时候，常常派出销售代表与有关大学教师频频接触，推荐自己的产品。如果某专业图书被大学采纳为教材，就会接连好几年重印。以出版科技图书闻名的约翰·威利父子公司出版的一本关于铁道工程的书被某大学采纳为教材，结果每一年都能卖出 200 多本，持续了近 20 年。

其三，图书俱乐部直销。图书俱乐部也是销售专业图书的有效方式之一。欧美的图书俱乐部发展成熟，既有大众型的，又有专业型的，后者销售或出版专业图书。大型出版公司一般设有多个不同门类的专业图书俱乐部，如美国麦克米伦出版公司的图书俱乐部下设教师图书俱乐部、幼儿图书俱乐部、计算机图书俱乐部、行为科学图书俱乐部、天文图书俱乐部、建筑图书俱乐部、电工图书俱乐部、育儿图书俱乐部、机械工程图书俱乐部等 15 个专业图书俱乐部。德国的贝塔斯曼图书俱乐部是目前世界上规模最大、实力最强的图书俱乐部，2002 年时拥有 3 000 万会员，分布在欧洲、美洲、大洋洲和亚洲。② 我国的图书俱乐部起步较晚，数量较少，规模不大。2009 年时，中图读者俱乐部（隶属于中国图书进出口总公司）拥有遍布全国各省市区的会员 35 万余名（以 24～45 岁白领为主）。该俱乐部每两个月从 500 多家出版社及上千家杂志社精心挑选 100 余种高品质的图书与期刊向会员推荐。国家、政府要鼓励企业和民间团体大力创办图书俱乐部。

其四，网络直销。随着互联网技术的发展及其在出版业中的应用，又兴起了一种新的直销方式——网络直销。网络销售方便快捷，很多在实体书店找不到的专业图书，在网络书店瞬间就能找到。不仅能享受折扣，而且可以货到付款。微博、微信出现并普及后，网络直销更加便利。

总之，直销无疑是专业图书特别是学术图书最有效的销售方式。这一方式建立在出版社精心积累起来的各种专业读者数据库基础之上。该数据库详细记载从各个方面获得的读者的姓名、地址、工作单位、通信方式、购书情况等信息。出版社据此分析读者需求的特点，找准目标，以合适的方式与读者联系，并以协商好的方式向读者直销图书。

(2) 专业书店销售。专业图书特别是学术著作的读者面狭窄，因而很难在一般书店上架，就算上架，上架的时间也比较短，所以销售专业图书必须重视各种专业书店，如科技书店、医学书店、建筑书店、艺术书店、法律书店等。专业书店一般开设在特定的地域，如医学书店开

---

① 参见于春生：《美国专业出版的三大特征》，载《出版广角》，2003 (9)。

② 参见杨贵山：《海外书业营销案例》，24～27 页，北京，中国水利水电出版社，2005。

设在医院附近，科技书店开设在大学和研究机构密集的地方等。专业书店的特色、优势是专、精、细。美国专业书店之专有时令人吃惊，如洛杉矶的“异光书店”专门经营精神变态类图书。在我国，也出现过一些著名的专业书店或学术书店，如龙之媒广告文化书店、风入松书店、万圣书园、蜜蜂书店、博尔赫斯书店和卡夫卡书店等，遗憾的是，其中不少已被迫关闭。从1999年开始，商务印书馆开起了只卖本版书的真正专卖店，如今在上海、武汉、太原、长春等地开起了多家专卖店，专门经营商务版图书。

万圣书园一角

4. 专业出版尤其是学术出版必须争取国家、政府和全社会的支持

早在1571年，英国议会就颁布法令给予出版社以慈善机构待遇，旨在扶持教育与学术出版。直到今天，牛津大学出版社（创办于1478年）除了和其他出版社一样享受图书零增值税待遇外，还免交营业税和所得税。这种特权是对那些市场小但学术价值高的学术著作出版的一种强有力的扶持。[①] 我国政府资助出版大型文化工程“中国民间文化遗产抢救工程”的研究成果：中宣部拨专款支持“中国民间文化杰出传承人丛书”（100卷）及其《名录》（10卷）的出版，文化部为《中国木版年画集成》（20卷）的出版拨出经费，财政部给中国唐卡艺术项目专项拨款。政府资助学术出版，既保护了出版社的利益，又惠及子孙，功德无量。

我国政府已经拨款设立了出版文化发展基金，直接资助重大出版工程，这还很不够，还应该制定相关政策与法律，积极鼓励民间基金投资公益出版事业。美国的新新出版社（The New Press）就是因为获得了20多家基金会的资助才度过了创业期，才得以出版了一大批质量高的思想类著作，因而在文化学术界赢得了很高的声望。据研究，我国设立的各类学术出版基金应在两百项上下，筹集资金数亿元。根据基金设立主体的不同，我国学术出版基金可以分为出版社基金、政府部门基金、高校与科研机构基金、社会或个人基金，其中高校设立的基金数量占总数的80%以上，出版社设立的基金也相当可观，但社会或个人设立的基金甚少；基金的运作也存在问题，如管理主体众多，缺乏必要的协调，造成资助选题的重复等。[②]

---

① 参见余敏：《出版集团研究》，304页，北京，中国书籍出版社，2001。

② 参见徐丽芳：《中国学术出版基金研究》，载《出版发行研究》，2006（10）。

为了促进专业图书的销售，政府不仅要采取减免税收、拨款、设立出版基金这样治标的措施，更要采取治本的办法。例如，改革现行的教育制度与考试制度，把中小学生从教材教辅中解放出来，培养他们阅读课外书的兴趣，增加他们阅读课外书的时间；增加公共图书馆的数量，加大图书馆购书预算，提高图书馆购买量。2004 年全国人均公共图书馆购书经费为 0.33 元，安徽仅为 0.058 元。而美国等发达国家年人均购书经费达到 120 美元。2004 年，全国县级图书馆中有 720 个没有一分钱购书经费，占县级图书馆总数的 32.5%。[①] 按理说，我国经过数十年的改革开放，经济繁荣了，并非穷到拿不出一分钱来扶持公共图书馆的发展，关键是观念上认识不够，思想上重视不够。国家必须从法律上保障公共图书馆的购书经费。

当前我国专业图书销售的狼狈不堪，深层次的原因在于国民阅读的萎靡不振。全社会应该共同努力营造一个阅读型的社会。首先，继续举办各种形式的读书活动。英国、法国、美国、日本、德国、俄罗斯等国家设有全国性的读书节，而我们这样一个素以读书为荣的礼仪之邦竟然没有全国性的读书节。2003 年“两会”期间，全国政协委员、苏州市副市长朱永新与全国政协委员赵丽宏等人提出设立“国家阅读节”的提案；2006 年 4 月，中共中央宣传部、中共中央精神文明建设指导委员会办公室等 11 个部门联合发布《关于开展全民阅读活动的倡议书》，这些都是可喜的变化。其次，报纸、电视、期刊、网络应该担负起普及、推广文化的重任，应该多开设书评版、书评栏目，尤其是电视，应该发挥自己的优势多宣传图书。

5. 把专业知识与趣味性、文学性结合起来

专业、职业、行业知识普及方面的选题要尽可能地避免单纯的知识灌输，要切实把握好一个度——既要有一定学术理论深度，又要有一定的大众普及性。这方面内容详见第八章之“专家眼光，平民表达”。

【基本概念】

再版　重印　大众读者　大众类图书　大众出版　工具书　边缘性教辅　专业类图书　专业出版　直销

【思考题】

1. 比较而言，畅销书策划、常销书策划、精品书策划的关键分别是什么？为什么？
2. 品牌书策划有何意义？如何策划品牌书？
3. 大众读者的阅读特征有哪些？
4. 你如何理解原创型文学选题的策划？
5. 教材教辅的策划应该遵循哪些规则？
6. 试述学术图书的销售方式与要求。

---

① 参见周朗、李晓清：《县级公共图书馆处境尴尬》，载《人民日报》，2006－01－13。

第十章
期刊选题策划

何为期刊选题策划？它有何特征、意义？如何创办新刊？期刊专栏的选题策划包含哪些内容？期刊选题策划与图书选题策划有何区别？本章将简要回答这些问题。

第一节　期刊选题策划概说

一、期刊选题策划的含义

期刊选题策划同样有狭义和广义之分。

一本期刊是由涵盖了许多方面内容的不同栏目组成的，这些栏目的具体构成，包括文章的内容、作者的选择、版式的安排等，都需要编辑根据期刊的宗旨和定位进行详细的策划，使其既体现编辑的思想又兼顾读者的需求，从而增强市场竞争力。这是狭义期刊选题策划，它主要从期刊的栏目策划入手，侧重栏目内容的探讨。

广义期刊选题策划的外延更广，除了期刊栏目策划，期刊封面策划、期刊版式策划、期刊图片策划、期刊广告设计等也是其组成部分。另外，随着互联网、手机等新媒介和计算机技术、通信技术、信息处理技术等高新技术的快速发展与广泛普及，网络期刊成为期刊发展的新方向，这不仅是要把纸质期刊做成网络版，而且是要开发原创性的网络期刊品种。网络期刊的选题策划，也属于广义期刊选题策划的范畴。

二、期刊选题策划的类型及其内容

出版包括三大板块：大众出版、教育出版、专业出版。与之相适应，期刊也可分为三大类别：大众期刊、教育期刊、专业期刊。这三种期刊都需要进行选题策划，但侧重点不同。比较而言，由于大众期刊贴近读者的日常生活，故其选题策划多倾向于文学、生活时尚、新闻资讯等方面的综合信息；专业期刊与学术界息息相关，故其选题策划多侧重于自然科学、社会科学方面的学术信息；教育期刊往往面向师生，选题策划经常关注学习、考试与成长。

从期刊的构成要素来看，期刊选题策划的内容包括栏目策划、专题策划、封面策划、版式策划、图片策划、字体策划等，但核心是栏目策划和与之密切相关的专题策划。

三、期刊选题策划的特征

（一）稳定性

期刊是连续出版物，所以，期刊选题策划总体上要与期刊宗旨、定位相吻合。当然，在表现期刊宗旨的同时，又要根据实际情况的变化发挥主观能动性，创新表现形式，丰富表现内容，在动态中继承、发扬期刊的精神。

（二）时效性

同样是纸质出版物，报纸、期刊和图书的叙述特点是有所不同的，期刊有其独特的叙述特点。期刊编辑需要对一定时间内被热议的话题在深度和广度上做出延伸，满足读者对于信息进一步解读的需要，为读者答疑解惑。

（三）系统性

期刊选题策划的覆盖面要有系统性。封面封底、字体字号、段落排版、专题和非专题、美术作品和摄影作品等，这些搭建起期刊“大厦”的原材料如何取得和配合，期刊编辑要以整体、联系的思路进行策划。

（四）前瞻性

期刊选题应该具有对世俗的超越性和对世事的前瞻性。期刊编辑对社会生活中发生的种种事件应保持一颗冷静的头脑，要透过现象看本质，并对未来的发展趋势有一定的预测，形成较为成熟的看法。

四、期刊选题策划的意义

（一）体现期刊宗旨，落实办刊理念

期刊选题策划是在期刊宗旨的指导下完成的，是对期刊宗旨的有力体现。通过选题策划，办刊人的理念才落到实处。中国著名文摘期刊《读者》选择稿件的重要标准是，要符合“真善美”主义，要体现人性中美好的东西，要散发出独特的人文思考。时代在变，“真善美”的本质不变，变的只是表达方式。《读者》的编辑们把体现了“真善美”精神的一篇篇美文传播给广大读者。

（二）满足目标读者，发展二手读者

期刊选题策划必须考虑读者定位。根据期刊所面向的某一年龄、性别、收入、职业、爱好和地域等因素的读者群体，选择合适的稿件，设计合适的版式，开展合适的营销，以满足目标读者的需要。在巩固目标读者的基础上，编辑部需要进一步争取二手读者，把他们转化为刊物

的订阅者或零买者。所谓二手读者，是“从订阅者或零买者或另一个二手阅读者那里得到杂志的读者”①。做好期刊选题策划，把内容和形式的水准不断提高，是促使转化得以发生的必要条件。

（三）打造期刊品牌，开拓期刊市场

随着市场经济的发展，期刊加快了市场化、产业化的步伐，品牌在期刊的经营中日益重要，成为期刊核心竞争力的要素。不难理解，精神产品的品牌不同于物质产品的品牌，可口可乐的味道永远是一样的，但一本期刊必须每月、每周不断地去赢得读者，每一期都要有新内容。因而，期刊的品牌需要长期不懈的经营。“每一期杂志都必须为体现杂志的品牌特性而再次努力。”② 从期刊经营的源头来看，每一次努力的首要方面当然是选题策划。期刊品牌的形成离不开选题策划，期刊选题策划是打造期刊品牌的保证。期刊品牌的形成又为其开拓更多的读者群体和合作伙伴提供了有利条件。《故事会》编辑部在办好杂志本体的同时，又积极地对这一品牌杂志进行营销，出版了“《故事会》爱好者丛书”“故事会图书馆”等图书，推出《故事会》精品CD系列，参与故事片及电视剧制作，开通“故事中国”网，从而有效地延伸了产业价值链，扩大了文化效应。

第二节 创办新刊的选题策划

创办新刊的选题策划，既是宏观策划，也是微观策划，方方面面都要涉及，包括制定期刊宗旨、定位读者群体、确立刊名、确定栏目、设计期刊美术形式等。从深层的意义上说，创刊策划是一种动态模拟，模拟的是期刊的外在形态和内在构成以及读者乃至市场对于它的认同和接受方式。

一、制定期刊宗旨

期刊宗旨是期刊的旗帜，代表着期刊的整体形象，因而，制定期刊宗旨是开展期刊其他方面事务的前提和基础。含义明确、立意鲜明是期刊宗旨制定的要求。期刊宗旨一旦确立，就要保持连续性，后续的其他事情都要根据宗旨来开展。《小小说选刊》的宗旨是“精品意识，读者知音，作家摇篮”，每期汇聚海内外最新最优秀的小小说，为人民群众提供雅俗共赏的高品质精神食粮。《中国国家地理》的宗旨是：推开自然之门，昭示人文精华。

期刊宗旨的连续性是一种动态的稳定，换言之，在保持稳定性的基础上，还应该根据社会环境的变化作出适当的调整，在动态中求得平衡，在平衡中求得发展。

---

① 李频：《期刊策划导论》，17页，石家庄，河北教育出版社，2001。

② 赵丽杰：《期刊的选题策划》，62页，沈阳，辽宁人民出版社，2004。

案例 10—1

1981 年 1 月《青年文摘》创刊时，人们刚从思想文化的禁锢中解放出来，对知识特别渴求，遂顺应时代需求，将办刊宗旨定为“活跃思想，丰富知识”。随着改革开放的发展，中国社会呈现出多元化特点，面对多元并存的人生观、价值观、道德观、审美观，“知识”并不能解决所有问题，青年人开始关注和审视自我，同时，知识类刊物不断涌现，基于现实的变化，《青年文摘》于 1985 年将宗旨调整为“扩大知识视野，丰富生活情趣，倡导现代意识，追求人生真理”。1999 年，根据时代的新发展与读者需求的新变化，该刊进行了大幅度的改版，将办刊宗旨更新为“弘扬先进文化，服务引导青年”，现在又进一步简化为“引导青年，服务青年”，将其打造成新时期青少年成长、成才、成功的心灵读本，使其成为青年人生活中温情、宽容的人生导师。自创刊以来，不管宗旨如何调整，面向青年读者的市场定位不变，朴实亲切、淡雅清新的风格不变，启迪性、哲理性、现代性和指导性并举的方针不变。

《青年文摘》创刊号

二、定位读者群体

在当今市场细分时代，一种期刊不可能适用于所有读者群体。根据读者的种种特点进行组合，定位出自己所办新刊的读者群体，是创办期刊的必然要求。可以从年龄、性别、收入、职业、爱好、地域等因素来定位读者群体。在把握主体读者的同时，不忘发展相近读者群体，为期刊寻求更广泛的受众和更大的传播效果，从而获得更好的社会效益和经济效益。

《女友》2008 年第 1 期

例如，《女友》在进行读者定位时，一方面考虑众多其他女性期刊已有风格，另一方面更加细化，把主体定为 15～30 岁的女性读者，同时，把吸引男性读者也作为目标，尽力做到“女子的知己，男子的知音，所有男性和女性读者的益友良朋”。

三、确立刊名

“刊名最忌变来变去，它接近于一次性的、永久的、恒定的艺术。”① 确立刊名需要缜密的论证和策划，务求简洁、明快地表现期刊宗旨，同时，刊名应形音义兼备，外形和位置也不可忽视。刊名外形多为艺术字或题字，美观大方是基本要求；刊名多位于左上角，与期刊封面的其他要素要配合得当。

刊名不可随意更改，但有时不得不更改。在策划刊名时，除了留意刊名是否符合办刊理念外，还要注意其是否具有合法性。

案例 10—2

《读者》的刊名走了一条比较曲折的道路。1981 年 1 月创刊时，编辑借鉴美国《读者文摘》的平民化风格，为新刊命名为“读者文摘”，以反映创刊意图，即“编辑为读者摘文，读者为编辑荐文”。当时，大家对“读者文摘”这个刊名一致赞同，谁曾想到，十几年后，美国《读者文摘》对其商标合法性提出质疑。因为，早在 1982 年 10 月，美国读者文摘协会就在我国注册了“读者文摘 · READER’S DIGEST”商标。从 1993 年 7 月起，中国《读者文摘》被迫改名为《读者》。这一改名事件是新刊刊名策划的一大教训，让我们感受到商标保护的重要性。

中国《读者文摘》1981 年 4 月创刊号

《读者》1993 年 7 月改名刊

四、确定栏目

作为期刊的骨架，栏目的重要性不言而喻。不同的栏目有不同的内容和风格要求，其下收录的文章是栏目特色的体现。栏目策划关系到期刊宗旨和编辑理念能否顺利实现，好的栏目会

① 初国卿：《期刊的 CIS 策划》，170 页，沈阳，辽宁人民出版社，2004。

给读者留下深刻印象，从而吸引、留住读者群体。例如，《读者》的“文苑”栏目，从创刊开始就固定在第 4 页，数十年坚持相同风格。该栏目中的故事大都有一个曲折的情节，并蕴含了深刻的人生道理，受到广大读者欢迎，被推举为最欣赏的栏目。

学术期刊的栏目不像大众期刊栏目那样丰富多彩、引人注目，但是，学术期刊编辑也可以充分发挥主观能动性，贴近学术前沿，发现学术研究的空白，找到可以深挖的学术领域，针对全国或本地域的独特学术资源，创办特色鲜明的栏目。例如，《北京师范大学学报》(社科版) 的“教育热点纵横”、《长江大学学报》(社科版) 的“神话学与神话资源转化”、《云梦学刊》(社科版) 的“屈原研究”与“当代学术史研究”、《河南大学学报》(社科版) 的“编辑学研究”、《编辑学刊》的“开卷有议”，等等，都是颇有影响的特色栏目。

《云梦学刊》封面

五、设计期刊美术形式

创办新刊时，美术形式也是要精心策划的。版式、字体、字号、插图等共同点缀着期刊的外表，是使期刊在刊林中独立出来的形式因素。期刊美术形式不能拘泥于过去的经验和自身的思维定式。

到 1983 年，《读者》的创刊者之一胡亚权为其美术设计定下了基本规章。他把期刊美术形式的创造过程比喻为制作一件雕塑作品，封面是雕塑的脸，它是在对内容的准确掌握的基础上设计出来的，封面四处留白，中间放图，刊名压在图上方；雕塑的脸要配以合适的身材，选择搭配合适的衣服，“你不能太胖，也不能太高，你可以不漂亮，但要让人看上去舒服，还要不累，还要让人说，这就是你”①；内页文字方面从 1982 年起统一使用三栏制和新五号字，只用宋体、楷体、仿宋体和黑体四种字体；请当时在国内有影响的画家配插图。这些做法当时在国内属于独辟蹊径，直到今天也仍然在发挥着作用，成为读者认可的传统。

创办新刊的选题策划除了上述内容，还包括广告经营策划。所有方面的策划都需要把期刊宗旨和编辑理念融入其中，以形成统一的期刊风格。

第三节 期刊专栏的选题策划

一、期刊专栏概说

期刊专栏是刊登在期刊的专门栏目，有特定版面和固定名称。期刊专栏大致可以分为两种

① 师永刚:《解密〈读者〉——一本感动中国的杂志》，31 页，北京，华夏出版社，2008。

类型：一种是由不同作者的文章组成，将同类的新闻和相关的言论编排在一起，突出一个主题，也被称作“专题”“聚焦”或“特别企划”等；另一种是由同一个作者撰写的定期发表的文章，就是通常所说的个人专栏。专栏由具有某方面专业知识的作者撰写，表达其对于社会的种种观点和态度，有着强烈的个性。

专栏是整本期刊的重头内容，显示出期刊的特有内涵和深度，是塑造期刊品牌栏目的有效途径。专栏让不同的声音在同一平台上得到释放的机会，让读者从不同角度对某一新闻事件进行全方位解读，对于期刊内容的广度和深度都是一个有力的拓展，也可以极大地提升言论自由和舆论层次。

要特别注意的是，专栏的选题策划与新闻炒作有着本质差别。新闻炒作是为了个人或团体的某种利益和目的，不顾新闻事实，违反新闻规律，人为地把没有新闻价值的东西炒热，造成一定时期一定范围的舆论热点的行为，是传播者对于新闻报道的不恰当的设计。

二、期刊专栏选题策划的操作

在策划期刊专栏选题时，首先要从期刊的定位和风格出发，考虑读者群体的需求。在此基础上，从现实生活中发掘灵感，从横向和纵向等多种角度分析，处理好雅与俗、专业化与日常化之间的关系，力求突出新意，给人耳目一新的感觉，标题可以取得更吸引人、更有趣一些。

在期刊专栏的选题策划方面，《新周刊》可谓独具一格。

案例 10—3

《新周刊》以新锐为追求目标，锐意创新，文章话语、表达方式、概念定义、视角方向都是全新的，充满了生命力。例如，1998 年情人节时推出“我爱你！”专题，几乎用了一整本杂志讨论它，看起来有些夸张，但正因为这样的做法，很多中国人从此开始了情人节的浪漫。除了讨论这种前卫、时尚的话题外，《新周刊》还从传统话题中挖掘出新视角，从不同方向予以讨论。比如，2014 年“三八”妇女节来临之际，《新周刊》策划的专题是“如何成为一个妖孽？——新女性圣经”。“妖孽”本是一个贬义词，从唐代便用来形容女色，而今天在某些情境中拥有褒义，用于赞美那些有魅力的女性。该专题主要关注的是现代女性如何更好地成长，旧词新用引起了读者很大兴趣。此前，《新周刊》一直在关注中国女性的成长，从 2001 年的“她世纪”，到 2006 年的“女人生猛”，再到 2009 年的“反动词汇：剩女”，等等，这些选题无一不表现出《新周刊》对现实的关注，对创新的追求。

《新周刊》2014 年第 5 期封面

三、大众期刊专栏选题策划的前景展望

首先，在话题、内容方面，大众期刊的专栏会一如既往地对人类永恒的话题进行探讨，如爱情、家庭、婚姻这类家长里短的题材，或者是文学、绘画等艺术方面的层出不穷的新作品和源远流长的经典之作这类题材，又或者是各种幽默搞笑又发人深省的漫画、笑话，等等。

其次，大众期刊编辑会更进一步审视人们的生存现状，从身心健康、自我发展、人类与自然和谐相处、人与人之间友好相处等一系列与生活息息相关的元素中，发现选题的空白点和增长点，进一步开拓我们面对现实问题的思路。

再次，大众期刊作为人们生活中的良师益友，其视线自然会更多地投放在如何提高我们的生活质量上来，如何在经济发展、生活节奏加快的都市现代生活中找到属于自己的快乐和幸福，是编辑们需要深入思考的问题。

最后，在风格方面，大众期刊的专栏会更加多元化、平民化，作者、编辑和读者之间的互动性会进一步增强，高速发展的网络媒介在其中扮演着重要角色。

第四节　期刊与图书选题策划的区别

同为纸质出版物，又同时具备物质和精神双重属性的期刊和图书，因各自内容和形式的特点不同，故在选题策划方面有着较大区别。

一、内容组成差异

一本期刊可以视为一个大的选题，其中包含了许多小的选题，各个小选题分散在各个栏目中。期刊是由一个个栏目构成的，栏目分为专题型和非专题型。专题型栏目选题策划是期刊选题策划的重点内容，非专题型栏目选题策划也是不可忽视的部分。各个栏目各自的选题有所不同，期刊编辑需要根据不同的选题寻找各自合适的作者向其约稿，或者编选适合各个栏目的稿件。

图书的主题专一，其中相当大一部分是由一位作者完成的，还有一部分如丛书、工具书、教材教辅、文集往往由多位或众多作者共同完成。对于前者，图书编辑在进行选题策划时可能后于作者投稿，先审稿后策划，与作者一起完善原稿；对于后者，图书编辑需要提前进行选题策划，然后根据编写内容的需要来组稿。

二、内容性质差异

期刊的周期性、时效性、专业性介于报纸和图书之间。图书的周期性最长，不同于报纸和

期刊的定期出版；图书的时效性最差，很难与最新的时事热点相关；图书的专业性最强，对于内容论述的深度大于报纸和期刊，往往从纵深的角度谈论事情，长篇大论，提供给读者经典的知识和深刻的思想，满足读者对于系统、深度知识的需要。期刊的出版周期虽然比报纸长但比图书短，时效性虽然比报纸差但比图书强，专业性虽然比图书差但比报纸强。期刊虽然无法像报纸一样大量地报道最新消息，也无法像图书一样系统地、深刻地剖析事物的奥秘，但是，它可以选取各种视角，并且以轻松活泼的表达方式，对时事、新闻、热点做比较深度的报道，揭秘幕后的故事，呈现给读者的资讯、知识、思想既有相当的时效性，又有一定的深刻性。总之，与图书相比，期刊更有时效性；与报纸相比，期刊更有专业性。与之密切相关，期刊的群体性、互动性虽然比报纸差，但比图书强。

这样的内容性质差异，决定了期刊在内容选择和叙述风格方面都比图书与报纸反而有更大的灵活性，换言之，期刊编辑在进行选题策划时应该更加游刃有余。首先，期刊读者群体相对细分，既不像图书那样专一，也不像报纸那样宽泛；其次，期刊的内容应该有相当的时效性，应该与社会现实生活有较大的关联性；最后，期刊编辑应该加强与读者之间的交流、互动。

三、叙述风格差异

比较而言，图书的叙述风格书面性强，与口头交谈的氛围不太相像，其实质是知识的传授或者故事的讲述；其叙述角度更多地属于“单向度”，读者阅读图书往往好比聆听正襟危坐的先生在讲台上讲课。很多时候，图书内容的叙述风格是受作者的写作风格影响的，不能一味地受编辑的策划影响。

期刊的群体性比较强，阅读期刊时就好像一群人坐在一起谈话。期刊的叙述风格有着强烈的“言文变体风格”，比日常人与人之间口头谈话、对话语言要求更高，编辑要在平常说话习惯基础上进行加工，使其口吻更审慎，气氛更正式。这种叙述风格“实质是交谈，或引起交谈”，包含了“单向度”“双向度”“多向度”等多种叙述角度。① 所以，在期刊的选题策划过程中，编辑要从期刊读者主体的阅读时间长度和能接受的难度出发，既要掌控“话语霸权”，为读者群体提供权威的见解，也要力求激起读者的阅读兴趣，为读者预留讨论空间。

四、文本形式差异

期刊和图书在文本形式方面有着重大差异，主要体现在开本、封面、分栏、广告等。

期刊开本多为 16 开，图书开本多为 32 开，期刊的刊名、刊徽、期数、本期的专题栏目和部分文章标题都会显示在封面上，因而图文配合是期刊封面设计的重头。图书封面上的文字一般只有书名、作者或译者、出版社，字数较少，图片所占位置较大，有些图书的封面没有图片，只有一些花纹装饰，这在期刊尤其是大众期刊中是很少见到的。书刊封面的共同之处在于，都把封面用作表达自身内容的另一种途径。

---

① 参见于清一：《期刊的叙述策划》，42～45 页，沈阳，辽宁人民出版社，2004。

在分栏方面，期刊多为双栏和三栏，图书则多为单栏。期刊的字体丰富多样，标题和内容通常字体不同，版式种类多，每个专栏都有可能不同，而图书字体比较统一，版式种类也单一化。两者的设计都需要从内容出发，不能脱离内容。

在广告方面，期刊通常会在封底等地方专门留出版面刊登广告，有文字和图片，而图书的广告多为对本书的推荐，通常以腰封的形式出现，也有在封底以文字形式出现的，二者策划时重点不同。

【基本概念】

期刊选题策划　期刊宗旨　期刊专栏

【思考题】

1. 简述期刊选题策划的特征与意义。
2. 创办新刊的选题策划包含哪些内容？
3. 你认为期刊的选题策划与图书的选题策划有何区别？

第十一章
音像电子出版物选题策划

本章首先介绍了音像电子出版物的含义与特征，然后简要探讨了音像电子出版物选题策划的方法，最后论述了音像电子出版物的选题策划与纸质出版物（主要是图书）的选题策划之间的区别。

第一节　音像电子出版物的含义与特征

一、音像电子出版物的含义

音像电子出版物包括两部分：一是音像出版物，二是电子出版物。

音像出版物，我国习惯上称为音像制品，有时也被称为声像资料、视听资料，是指以光学、电子技术等手段把文字、图像、声音等符号复制到磁性材料、感光材料或其他非纸材料上形成的出版物。根据《音像制品出版管理规定》（原新闻出版总署 2004 年 6 月发布）第二条的规定，音像制品包括录有内容的录音带（AT，俗称磁带）、录像带（VT）、激光唱盘（CD）、数码激光视盘（VCD）及高密度光盘（DVD）等。除了这些，曾经很流行但现在已经退出消费市场的音像制品有传统的唱片（包括钢丝唱片、胶木 78 转唱片、黑胶唱片）、电影胶片、大碟（LD），还在零星使用的音像出版物有幻灯投影。

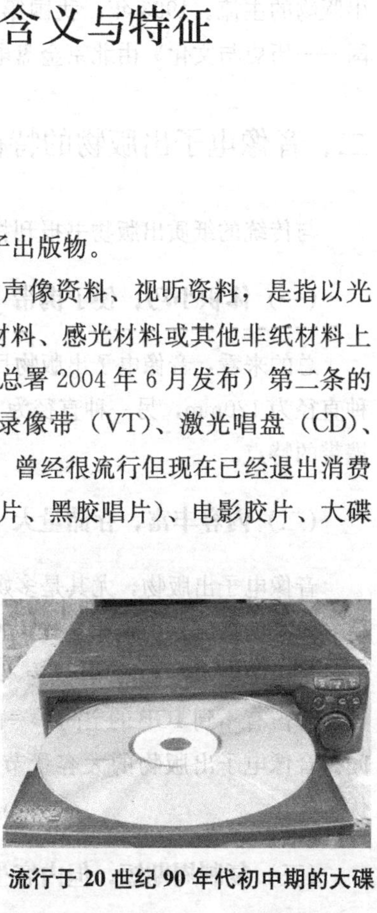

流行于 20 世纪 90 年代初中期的大碟

根据《电子出版物出版管理规定》（原新闻出版总署 2007 年 12 月通过）第二条的规定，电子出版物是指以数字代码方式，将有知识性、思想性内容的信息编辑加工后存储在固定物理形态的磁、光、电等介质上，通过电子阅读、显示、播放设备读取使用的大众传播媒体，包括软磁盘（FD）、只读光盘（CD-ROM、DVD-ROM 等）、一次写入光盘（CD-R、DVD-R 等）、可擦写光盘（CD-RW、DVD-RW 等）、硬磁盘（HD）、集成电路卡（IC-Card）等。其中，软磁盘俗称 3.5 英寸软盘，是早期电子出版物的主要载体，如今在日常生活中不再使用。

以上对电子出版物的分类是按照载体形态的不同进行划分的，还可以按照其他不同的标准将其分成不同的类别。例如，按照信息表现形式的不同可分为文字类、图文类、图片类、图像类、动画类和多媒体类；按照用途的不同可分为计算机软件类、信息检索类、阅读类、素材类、教育类和游戏类等；按照所含传播媒体特征的不同可分为电子图书类、电子期刊类和电子报纸类。

流行于20世纪90年代末21世纪初的软磁盘

电子出版物最早出现在20世纪60年代的美国，其主要内容是医学、法律的文献资料数据库，用于联机的情报检索，当时的载体是数据磁带。在我国，武汉大学原图书情报学院和武汉大学出版社于1991年合作出版《国共两党关系通史》，这是一部以软磁盘为介质的电子出版物，被称为我国第一部正式发行的电子出版物。电子出版物最初以磁带、磁盘等载体形式出版发行。随着存储技术的快速发展，光盘成为高性价比的出版载体，从20世纪80年代中期起逐步成为电子出版物的主流。1993年，我国第一张拥有自主版权的多媒体光盘电子出版物《邮票上的中国——历史与文化》由北京金盘电子有限公司策划、制作。

二、音像电子出版物的特征

与传统的纸质出版物书报刊相比，音像电子出版物主要有以下特点。

（一）体积小巧，便于携带

总的来看，音像电子出版物目前较为常用的载体形式为光盘，常见的光盘有两种规格：一种直径为120mm，另一种直径为80mm。相较图书而言，音像电子出版物具有体积小巧、便于携带的特点。

（二）内容丰富，存储量大

音像电子出版物，尤其是多媒体电子出版物，是文字、声音、图形、图像、表格、动画等信息元素的集成。一张3.5英寸的磁盘容量为1.44MB，约可容纳72万个汉字。一张普通CD的容量为700MB。DVD容量为4.7GB，可以储存几百本图书。上百万字的文本文件通过压缩处理后占有不到1GB的空间，一两个小时的音频、视频文件通过压缩打包后也只占很小的空间。音像电子出版物的大容量节省了大量存储空间，同时也具备了快速实现数字化出版的优势。

（三）复制周期短，但内容生成时间比较长

音像电子出版物的内容通过三审一校发稿后，送工厂制成母盘，即可实现快速复制，自动化程度非常高。而图书的印制环节较多，主要包括了制版、印刷、装订环节，所以图书的印制

时间通常比光盘的复制时间长。然而，在前期内容生成阶段，因为音频、视频的制作耗时耗力，故而很可能比图书的内容生成时间更长。

（四）多媒体结合，人机交互

电子出版物有两大基本特征：一是多种媒体有机结合，即必须综合运用图、文、声、像等各种表述知识、信息的符号；二是灵活的人机交互功能，即用户可以跳跃式地、主动检索浏览。

第二节　音像电子出版物选题策划的方法

音像电子出版物的选题策划与图书的选题策划具有一定共性，如同样需要调研市场、了解政策、寻找作者、分析读者、掌握渠道，等等，但无疑具有自己的个性。下面主要基于个性的层面简要探讨音像电子出版物选题策划的方法。

一、针对各民族各地域的特色文化策划选题

艺术界有句名言："民族的才是世界的。"说的是只有具有鲜明民族特点的艺术品才能在世界文化宝库里占据一席之地。我国有 56 个民族，各民族拥有丰富的历史文化遗产，特色鲜明，不同的语言、不同的民俗、不同的文化，是非常适宜于用音频、视频的方式来予以表现的，这就给音像电子编辑提供了选题策划的素材。在各民族的发展过程中，一些珍贵的歌曲、舞蹈、仪式等传统文化正在逐渐消失，编辑出版人有责任积极抢救。各民族、各地域的文化，是选题策划取之不尽的宝藏。地方史志、地方戏曲、名胜古迹、民俗风情，无一不是选题策划的切入点。与书刊相比，音像电子出版物在抢救人类文化遗产方面，其载体优势是得天独厚的。为了将具有民族特色、地域特色的文化介绍、传播出去，制作一个精美的文化名片往往成为当地文化或者旅游部门的需求，音像电子编辑在策划选题时可以往这个方向考虑。此外，基于对当地文化、风俗的调研和整理，还可以挑选其中的精粹，对选题进行精心打磨，并对实现选题的途径进行精心设计。

案例 11—1

湖南电子音像出版社策划和出版了一套以"百戏之祖"昆曲为主要内容的产品《昆曲百种　大师说戏》，该套产品是书加光盘的复合介质，光盘的内容是邀请 29 位昆曲大师讲解昆曲史上最为著名的 109 折戏，书的内容是对讲解词的整理。责编策划这套产品的初衷是对昆曲进行抢救式保存；在销售渠道设计方面，以昆曲爱好者和图书馆为主要读者。申

请政府资金支持是节约音像电子出版成本的一个重要手段。经过精心准备，《昆曲百种 大师说戏》项目获得国家出版基金865万元的支持，与该项目的开支基本持平。2014年，该项目成果获得第五届中华优秀出版物奖。

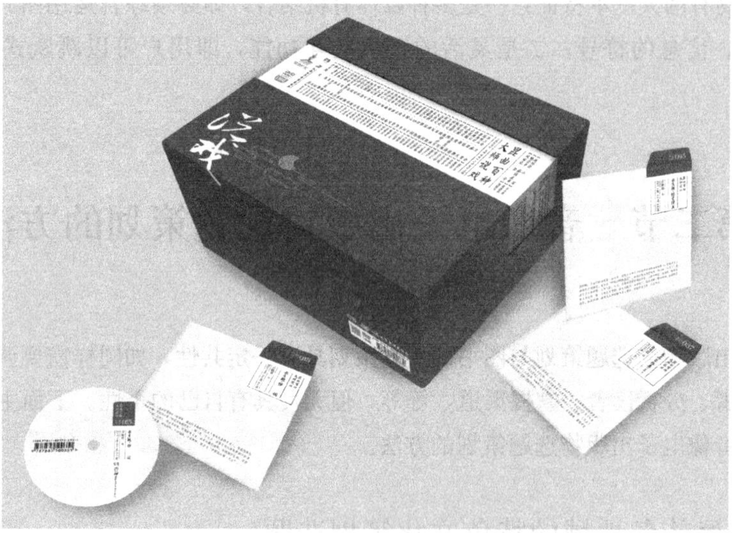

《昆曲百种 大师说戏》产品立体图

二、联系时政和社会热点策划选题

每年一度的出版社年度选题论证会，都会对下一年度的时政和很可能出现的社会热点高度关注，并据此策划相应的选题。例如，华中科技大学电子音像出版社独立策划、自主开发并编辑出版的多媒体光盘《中国西部大开发》荣获了第三届（2004）国家电子出版物奖，该选题即是积极响应中共中央作出的西部大开发这一重大战略决策而精心策划出来的，及时地为西部地区的宣传部门、招商引资等部门和有意向到西部投资的企业家提供了一部生动形象、信息丰富、内容权威的指南。长期从事音像制品编辑出版工作的李普涛先生说："编辑人员一定要吃透行情，抓住机遇，把握热点，找准入点，迅速上马，打速决战。但这里的追行情、抓热点不是简单地模仿别人，而是要有触类旁通的运筹，有大胆全新的设计，在内容、形式、方法、手段方面都应有所突破。"① 时政与社会热点方面的选题很可能发生撞车现象。为了做到人无我有、人有我优，音像电子编辑要进行充分的市场调研，尤其要对同类产品进行全面系统的分析、总结，以避免同质化。

音像电子出版物的内容生成周期比较长，制作时间通常比图书长，所以，在依托时政和社会热点策划音像电子出版物选题时，编辑要高度关注其他媒体的工作重点。电视台、广播电台通常也会针对时政和社会热点进行节目策划、制作，由于电视节目制作的周期更长，因而电视

① 李普涛：《选题策划的理论与实践》，122页，开封，河南大学出版社，2004。

台筹备此类选题的时间会更早。音像电子编辑如果在策划选题之初就能获悉其他相关媒体在来年的工作重点，就可以与对方合作，策划出版适销对路的音像电子出版物。

三、依托图书出版的优势资源策划选题

特色是音像电子出版物选题策划最棘手的问题。真正有特色有个性的产品，才具有生命力和竞争力。专门的电子音像出版社可以通过开辟新市场来确立自己的选题特色，形成与竞争对手有显著差异的产品定位。但是，对于主要出版图书的出版社来说，如果要开发音像电子出版物，则不必另起炉灶。正如专家所说：“对于传统出版社来说，其特色最好能依托已成熟的传统图书的特色，将已有的出版资源重新利用，转化为新型出版物。”①

案例 11—2

2007 年 10 月，西南联大建校 70 周年纪念大会在清华大学举行。云南教育出版社和云南教育音像电子出版社在大会上推介了它们编辑出版的音像片《西南联大人物访谈录》（包括 9 张 DVD 和 1 本书）。该音像制品收录的访谈对象包括朱光亚（1924—2011）、陈省身（1911—2004）、杨振宁、李政道、彭珮云、费孝通（1910—2005）等 21 位西南联大毕业的著名学子，访谈内容以西南联大为主题，涉及人生、历史、民族、科技、教育、人文等领域，也回答了一些学术界争论不休的历史悬念。这是一份很有价值的历史资料，有些被访者已作古，更显得弥足珍贵。这个选题是怎样获得的呢？从 20 世纪 90 年代中期起，云南教育出版社和云南教育音像电子出版社（实际上是两个牌子，一个机构）先后出版了《国立西南联合大学史料》《西南联大精神永垂云南》《国立西南联合大学图史》等图书，在全国出版界，特别是在西南联大的学友及学友后代中产生了强烈反响。其中，《国立西南联合大学史料》获第四届“国家图书奖”提名奖。可见，两社与西南联大结下了不解之缘。在西南联大诞辰 70 周年之际，新社长从老社长那里接过“宣传联大精神”的接力棒，依据长期积累的图书选题资源优势，编辑出版了这套音像制品，在音像制品中弥补了中国教育史和人文史空白。②

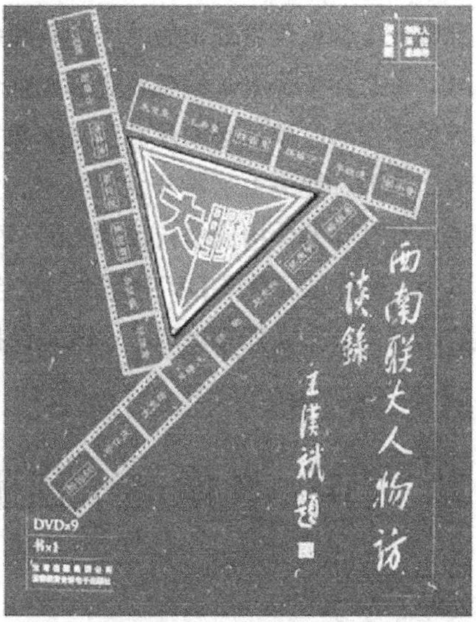

《西南联大人物访谈录》书影

① 董巍：《电子出版物的选题策划》，载《中国电子出版》，1997（5）。

② 参见苏应奎、董禹：《资源积累催生优秀选题——〈西南联大人物访谈录〉出版始末》，载《中国新闻出版报》，2007-11-20。

四、利用其他大众媒体和影视的优质资源策划选题

除了依托已有的图书资源策划音像电子出版物的选题，还可以利用其他大众媒体和影视的优质资源来开发音像电子出版物选题，例如，广播影视节目、卡通动漫产品、网络资源（如热门的网络视频、流行的网络音乐等）以及高水平的文艺表演，都可以借用来策划出版音像电子出版物。从2006年以来，江西卫视台连续主办“中国红歌会”选秀活动，产生了重大社会影响。红星电子音像出版社以此为依托，持续出版《中国红歌会》（DVD），长销不衰，这是音像电子出版企业整合电视内容资源策划选题收到的显著成果。把电视节目内容转化为音像电子出版物，主要是改变媒体的形式，并不需要更多的创新和加工。这尽管是一种最简单、最直接的选题策划方法，但实际效果很不错。以此类推，利用中学特级教师的授课录像和其他有关的音频、视频、动画、图片等素材，以及全国优秀中学教师的论文集、教案集方面的图书，通过资源整合，就可以策划出版《中学教师备课多媒体资源库》电子出版物。

总之，音像电子编辑要有资源整合的意识，要重视对优质传媒资源的再开发。不过，在进行再开发的时候，必须注意三点：第一，原有选题必须具有一定的收藏价值和持续的市场价值，否则，就失去了再开发的意义。第二，在再开发之前，必须取得原著作权人的同意或授权，擅自开发，构成侵权，就会因小失大。如果哪家音像电子出版社擅自将湖南卫视的《我是歌手》制作成CD或DVD销售，必定会因此付出惨痛代价。第三，在再开发的过程中应该忠实于原作，不能任意删改。这既是保护原著作权的要求，也是充分满足用户需求的需要。

第三节　音像电子出版物与纸质出版物选题策划的区别

首先必须指出，音像电子出版物的选题策划与书报刊纸质出版物的选题策划是具有共性的。例如，都需要坚持导向原则和创新原则，即都要自觉地把社会效益放在首位，自觉地抵制庸俗、低俗、媚俗的选题，都要杜绝既无经济效益又不会产生积极社会影响的平庸选题，都需要面向读者（用户）、面向市场，即都要针对市场的空白点策划相应的选题满足读者（用户）的需求，都需要高度重视质量，严格控制成本，想方设法抓营销。选题策划的基本步骤也是一样的，即都要经过调研、构思、撰写方案、论证方案等程序。对这些共同之处，这里不予论述，只简要阐述二者的不同之处。

一、音像电子出版物选题策划的空间要大于纸质出版物选题策划

从表述、记录知识、信息的符号的多少来看，纸质出版物主要是文字，然后是图片，即使是在今天“读图时代”，大多数图书也仍然是纯文字本，而音像电子出版物是文字、图像、声音、视频等各种形式的结晶。换言之，纸质出版物的知识、信息的符号极其单一，而音像电子

出版物的知识、信息的符号非常丰富，具有书、报、刊等各种传播媒介的“混合能量”。因此，音像电子出版物选题策划的空间要大于纸质出版物。尤其是那些需要全方位展示众多信息，又想让尽可能多的受众（特别是文化程度不高的普通受众）接受乃至喜爱的选题，就更适合策划制作成音像电子出版物。

案例 11—3

上文提到的荣获大奖的多媒体光盘《中国西部大开发》在选题策划阶段，编辑人员认为：“对于表现西部大开发这样一个涉及社会经济、政治、文化、教育等方面的选题，传统的出版形式（如图书）是难以完整表现的，只有通过具有交互功能和海量信息特点的多媒体形式，才有可能全面地展现和升华主题。”① 该光盘的内容包括八大板块，依次是战略决策篇、自然资源篇、开发建设篇、重点工程篇、开发论坛篇、开发指南篇、西部展望篇和参考鉴赏篇：既介绍国家西部大开发战略决策，又介绍西部地区的自然资源；既回顾过去的开发建设成就，又描绘人们对西部发展的展望；既展示海内外各界人士对我国西部大开发的关注，又介绍国家各级政府开发西部、发展西部的重大政策。该光盘无疑要将宣传介绍功能、资料文献功能和展示欣赏功能有机结合在一起，实现时政性、资料性和欣赏性的和谐统一。对于这样的一个大型选题，如果以图书的形式出版的话，不仅体积大（应该会分成上中下三大册出版），而且表现形式只能是文字为主图片为辅，显然是无法达到上述策划要求的。

纸质出版物只能通过文字以及静止的图片对受众进行单一的刺激，而音像电子出版物可以用文字、图片和动感的声音、画面对受众进行立体的刺激，形象、直观、简捷，传播效果明显，因而可以突破受众在年龄、文化程度上的限制。即使是两三岁的儿童和不识字的文盲，也都可以通过听录音、看影像获得对自然、社会和有关事物的认识。而且，音像电子媒体具有强大的情境再现功能，能够给人以身临其境的现场感、真实感。“一部成功的电视剧或录音作品能够牵动受众的思绪，拉近与受众的时空距离和心理距离，能够化远为近、化虚为实、化抽象为具体、化腐朽为神奇，使人仿佛置身在事情发生的现场。这种对人物、事件、环境的生动描述和再现所产生的巨大感染力，是图书、报刊等文字媒体所无法达到的。”② 笔者写到这里的时候，想起不久前刚看过的一个视频《水墨动画版〈贵妃醉酒〉》。该视频同时含有京剧、水墨画、动画，将中国传统文化与现代科技融为一体，给人无比美妙的视听享受，让人感觉到醉态的杨贵妃（719—756）就在眼前，让人既收听到梅兰芳（1894—1961）的精彩演唱，又观赏到中国水墨画的独特风格。如果只是用文字和静态的图片来介绍《贵妃醉酒》这一经典京剧剧目，只是用文字和静态的图片来介绍水墨画的知识，即使妙笔生花写得惟妙惟肖，也绝对达不到这个视频所具有的传播效果。

---

① 余庆：《多媒体电子出版物的选题策划与编创策划——以〈中国西部大开发〉的编辑出版为例》，载《出版科学》，2005（2）。

② 李普涛：《选题策划的理论与实践》，118页。

二、音像电子出版物选题策划的技术含量要高于纸质出版物选题策划

音像电子出版物是现代科学技术发展到一定阶段、水平的产物，并随着科学技术的发展而完善。纸质书报刊虽然也受科学技术如印刷技术的影响，但由于印刷的纸质出版物至少存在了1 200年（其中机器印刷的纸质出版物至少存在了600年）之久，因而，从技术的角度来说，在数字技术出现并运用于出版业之前，纸质出版物曾经长期稳定。与此不同，音像电子出版物与现代科学技术之间的联系非常紧密。体现在知识、信息的表述、记录符号方面，与纸质出版物主要甚至全部由文字构成不同的是，音像电子出版物是由文字、图片、声音、视频等各种信息符号组成的。显而易见，音像电子出版物的编辑、制作、复制都包含着相当高的专业技术含量。所以，在策划选题的时候，音像电子编辑必须充分考虑到自己所策划的选题在后期的开发、生产阶段是否具有技术操作上的可行性。“如果策划人员不对技术有个基本的了解、与技术人员进行磋商，那么，不切实际的策划，不论多么生动，也是无法实现的。”[①] 音像电子出版物需要专用的设备如录音机、DVD播放机、计算机才能播放，这也都包含着技术的含量。例如，电子出版物的安装、界面、导航系统、退出方法等一系列涉及用户友好性的问题，都与技术密切相关，也最好在前期的选题策划阶段预想到。2007年全国音像电子出版物质量检查结果显示，音像电子出版物的技术质量问题严重，主要表现为：第一，制作粗糙。包括画面模糊、镜头切换痕迹和“马赛克”现象明显、声音与字幕不符、文字和图像很不清晰。第二，有些音像制品使用家用刻录设备复制，有的音像制品节目源是使用家用或小型摄像机拍摄的，达不到出版要求。[②] 这些技术质量上的问题至今仍然不同程度地存在着。

音像电子出版物的选题策划人、编辑人员必须全面了解我国有关音像电子出版物技术质量的行业标准，如《音像制品质量技术要求》(CY/T48.1-5—2008)，熟悉录音带、CD、录像带、VCD、DVD等各种载体的出版物在编辑制作、母盘刻录和生产复制过程中必须遵守的技术参数，从而有针对性地根据不同载体的技术要求策划相应的选题，或者根据自己所策划的选题的具体特点选择与其最匹配的载体形态、技术表现手段。

需要特别指出，在电子出版物特别是中小学生使用的电子出版物的选题策划和编辑制作中，一定要避免泛游戏化的倾向。不言而喻，电子出版物较多地运用音频、视频和动漫、游戏等表现形式，以增强吸引力。适当的音像和交互特技效果会使用户特别是中小学生集中注意力，可是，如果影视色彩和游戏的成分过强，则会造成相反的结果。游戏信息过多，则教育信息过少；即使教育信息不少，也会被游戏环境淹没。有专家指出：“使用者使用电子出版物时，犹如一边看电视一边读书，由于游戏环境分散注意力，学习效果和效率就会降低。”[③] 这种弊端必须设法克服。

---

① 董巍：《电子出版物的选题策划》，载《中国电子出版》，1997 (5)。

② 参见孙海悦：《音像电子出版物四方面问题突出》，载《中国新闻出版报》，2007-12-13。

③ 陈少华：《电子出版物的选题策划》，载《中国电子出版》，1998 (5)。

三、音像电子出版物选题策划实施的难度要大于纸质出版物选题策划

第一章指出，从选题策划在图书出版的整个过程中所处的地位与所起的作用来看，可将图书选题策划分为选题本身的策划与选题实施的策划。与之类似，音像电子出版物的选题策划也可以分为这两个部分。由于媒体形态的不同，也即由于专业技术要求的不同，音像电子出版物选题的实施、运作的难度要大于纸质出版物选题的实施、运作。音像电子出版物尤其是多媒体电子出版物的选题策划、编辑制作策划是一项比图书的选题策划、编辑策划更加复杂的系统工程。

从音像制品的编辑工作来说，"载体的选择、文字稿的口语化、分镜头稿本、演员（播音员）的挑选、解说词的撰写以及声音、音响、画面剪辑、合成等等都是音像编辑过程中不可或缺的环节，而这些环节则是图书、报刊编辑无须考虑或很少考虑的。"① 与书报刊乃至音像制品相比，电子出版物的编辑流程更复杂，业务范围更宽泛，技术含量更高。它具有多种编辑模式，包括结构编辑模式（在这种编辑模式中，编辑人员通常可以纵览电子出版物的全部或局部物理结构，依据选题任务的要求和自己的创作意图，直接对出版物的内容结构作物理性编辑调整）、文字编辑模式、图形编辑模式、动画编辑模式、视频编辑模式和音频编辑模式等。"这就要求编辑人员在策划和制作电子出版物选题时必须做到平台统一、风格统一，把各种编辑模式进行有机的融合、链接，这样展现给读者的才是一个完整的东西，才有利于读者的读取和检索。"②

正因为音像电子出版物选题的实施、运作的难度相当大，所以，一般情况下，音像电子出版物尤其是多媒体电子出版物的策划、编辑、制作、复制与发行需要投入相当大的人力、物力、财力。前述《中国西部大开发》多媒体光盘的所有工作，包括编著、制作、出版、发行都由一个近十人的项目小组来完成。小组成员各有分工，有总体策划编辑、脚本文字编辑、美术编辑、程序设计人员、媒体制作编辑等。纸质书报刊的策划、编辑、出版、发行工作，虽然也离不开各环节、各阶段众多人员的合作与共同努力，但相比之下，只有重点图书、重大报道才需要如此群策群力。

四、音像电子出版物的选题策划要更多地强调时效性与实用性

客观地说，任何类型的出版物，包括纸质书报刊，其选题策划都应该重视时效性与实用性。第七章之"时机原则"论述的就是图书选题策划工作中的时效性问题，第十章也认为期刊选题策划具有"时效性"的特征。然而，比较而言，音像电子出版物的选题策划更应该高度重视时效性。李普涛先生这样比较音像编辑与书报刊编辑在时效性方面的差异："音像出版编辑还非常注重流行和新奇，譬如，一种歌曲盒带的制作出版，如果没有新潮歌手的演唱，没有节

---

① 李普涛、杨东升主编：《音像编辑理论与实践》，10页，开封，河南大学出版社，1998。

② 李普涛：《选题策划的理论与实践》，130页。

奏明快的新旋律，没有畅通快捷的销售网及时传到受众手里，那么，在很短的时间内就有可能成为不合时宜的‘过时’物品而无人问津。从这一点上来说，二者的传播取向是不同的，图书、报刊编辑更注重于知识和信息的积累和整理，而音像编辑则偏重于新知识、新现象、新事件的发掘和加工。如果说图书、报刊编辑具有面向过去和现实的双向性，那么音像编辑则主要是具有面向现实和未来的双向性。可见，二者既有交叉、融合，又有区别和分离。”① 另外，从经营的角度来看，音像电子出版物特别是电子出版物，一般投入大、开发周期长，如果不充分考虑时效性，那么，即使很有价值的选题、很有水平的产品，也很有可能赔本。总之，时效性是音像电子出版物选题策划必须十分重视的问题。

当然，这并不是说，音像电子出版物只能策划、出版一些短平快的品种，也不是说，只有逐热赶潮的音像电子出版物才能够赢得经济效益。前文提到的多媒体光盘《邮票上的中国——历史与文化》收录1868年至1992年间除日伪政权以外中国各政权组织发行的全部邮票1 400多套，文稿达到80万字，如此具有文化积累、传承价值的一套多媒体光盘，自1993年出版至2000年，经过了两次改版，发行了数万套，取得了社会效益与经济效益的双丰收。② 第七章探讨图书选题策划的“超前原则”时提到过一个事例，20世纪80年代中期摄像机刚刚在我国登陆时，李先生用摄像机为幼儿园小朋友拍摄“童趣”专辑，结果，当这些小朋友长成小伙子、大姑娘时，“童趣”专辑深受喜爱。可见，音像电子出版物的选题策划应该十分注重时效性，这只是相对于纸质出版物尤其是图书的选题策划而言的，不能因此而一概排斥持久性、超前性的音像电子出版物选题。

与突出的时效性紧密相关的是，音像电子出版物的选题策划还要格外注重实用性。音像是一种世俗的艺术、大众的艺术。文盲不会阅读书报刊，却能收听、观看音像节目；不懂得五线谱的人，也能欣赏音乐、哼唱歌曲。这些是书报刊所不具备的，可见，“音像编辑比图书、报刊编辑具有更强的大众性和世俗性”③。电子出版物同样具有这种易于被普通民众接受的优点，而且，在计算机已经普及的今天，它还具有信息容量大、占用空间小、阅读使用方便、容易保存的优点，这些都是纸质书报刊所不具备的实用之处。有专家指出：“电子出版物之所以有生命力，是因为它比传统的出版物更具实用性和工具性。”④

五、音像电子出版物选题策划对策划人员、编辑人员提出的专业技术要求更高

音像电子出版物内容的表现手段丰富多彩，因而在专业技术方面对选题策划人员、编辑人员的要求更高。

在策划音像电子出版物选题时，首要的环节是选择载体，究竟是用音像载体还是用电子载体，需要根据选题的特色、效用和目标予以确定。为此，音像电子出版物的编辑人员（往往就

---

① 李普涛、杨东升主编：《音像编辑理论与实践》，10～11页。
② 参见陈宇：《邮票上的中国——历史与文化》，载《中国电子出版》，2000（5）。
③ 李普涛、杨东升主编：《音像编辑理论与实践》，11页。
④ 陈少华：《电子出版物的选题策划》，载《中国电子出版》，1998（5）。

是选题策划者）必须熟悉各种音像电子载体的特性、技术标准。

在音频、视频的内容生成前，编辑人员需要对脚本进行把关，即根据选题的设计和出版法规的要求对脚本进行审读和把关。脚本合格后再发到专业的制作公司进行制作（有自主制作能力的出版社则由自己制作）。初稿生成后，需要编辑人员在电脑上对初稿进行审读，提出修改意见，审稿的过程往往会反复多次，直到符合生产的标准为止。

在此过程中，编辑人员要像书刊报编辑一样，对产品的文字编校质量进行把关，更重要的是，还要运用自己对语音、音乐的欣赏能力来审读音频，运用自己对影像、动画、游戏的欣赏能力来审读视频，运用自己掌握的多种音频、视频编辑软件的知识与技能来编辑音频、视频的内容。可见，音像电子出版物的编辑工作与书刊报的编辑工作在程序上虽然基本一致，但工作的具体内容与具体要求差异很大。“编辑图书是述而不作，通过对原稿内容、文字和图片进行润饰、加工达到编辑目的。电子出版更像影视作品，讲究编导艺术。脚本设计编辑不但要熟悉对各类素材的编校，还要掌握多媒体的特性，熟悉各类多媒体创作工具的特点，同时要懂艺术表现。只有这样，才能恰到好处地运用技术手段和艺术表现将素材有机结合在一起。”①

互联网（含移动互联网）的不断发展，又对音像电子出版物的选题策划人员、编辑人员提出了更高、更新的要求。当今传统出版面临挑战，数字出版日新月异，而且媒介融合是大势所趋，国家也强力推进媒介融合，在此背景下，音像电子出版物选题策划人员、编辑人员应该以互联网思维为引领，以内容建设为根本，以新技术运用为支撑，积极发挥音像电子出版物的数字化生成的优势，在内容和载体上力求创新。

【基本概念】

音像出版物　电子出版物

【思考题】

1. 简述音像电子出版物的特征。
2. 试述音像电子出版物选题策划的方法。
3. 音像电子出版物的选题策划与纸质出版物的选题策划有何差异？

---

① 陈少华：《电子出版物的选题策划》，载《中国电子出版》，1998（5）。

第十二章

数字出版物选题策划

数字出版物是相对于传统出版物（主要是纸质出版物）而言的。随着技术的演变、时代的变革和读者阅读方式的变化，数字出版物呈现出迅猛发展的态势，数字出版物选题策划的必要性、迫切性日益显露。数字出版物有两大类型：一类是纸质出版物的数字化（可姑且称为数字化的“纸质出版物”），一类是原生型（原创性）的数字出版物。本章在概述数字出版的含义、数字出版物的类别与特点的基础上，开创性地、比较详细地讨论上述两类数字出版物的选题策划问题，并对数字出版物的选题策划与传统出版物的选题策划进行简要比较。

第一节　数字出版物的特点与类型

一、数字出版的含义

关于“数字出版”的含义，可以从以下三个角度来理解。

（一）从数字出版与传统出版比较的角度

数字出版是与传统出版相对应的概念，它是随着计算机、互联网技术的发展而产生的一种新型出版形态。

传统出版是指将编辑加工后的文字、图像等信息主要存储在纸张这一载体上，经过复制向公众发行、传播。数字出版也包含编辑加工、存储、传播等必不可少的要素，不同之处在于：数字出版在信息编辑加工的方式上、存储的模式上以及传播的方式上都具有数字化的特点，充分利用了数字技术给出版带来的便捷。不过，“在今天，纯粹意义上的传统出版已不复存在，即使纸质出版物，其出版流程也都离不开数字技术的应用”①。数字出版与传统出版日渐融合在一起。

（二）从国内外“数字出版”对比的角度

“数字出版”是一个中国化的概念，在国外的提法是“数字内容产业”“数字管理”。“在国

① 张立、陈含章：《“数字出版”概念探讨》，见 http：//tech. sina. com. cn/other/2006-09-29/16201166788. shtml，2006 - 09 - 29。

外，传统出版商的引领者也是数字出版商的引领者，内容和平台是一致的。而在国内，传统出版是数字出版的落伍者，技术服务引领数字出版，内容和平台分离。”① 也就是说，在我国，传统的出版单位主要还是以提供内容资源为主，数字技术则由移动运营商或其他技术平台来实施。

（三）从与“数字出版”相近的几个概念进行辨析的角度

电子出版、互联网出版、网络出版、数字出版是很容易混淆的概念，有必要区分一下。

1978年4月，在卢森堡举行“科技社会的出版未来”研讨会。J.A. 厄克特首次提出“电子出版”（Electronic Publishing）的概念，它是指利用电子技术创建、管理、传播出版物的过程。电子出版显然源于电子技术。

2002年6月，我国原信息产业部与原新闻出版总署公布的《互联网出版管理暂行规定》的第五条对“互联网出版”作了界定：互联网信息服务提供者将自己创作或他人创作的作品经过选择和编辑加工，登载在互联网上或者通过互联网发送到用户端，供公众浏览、阅读、使用或者下载的在线传播行为。互联网出版（Internet Publishing）的两个关键词是“互联网”与“在线传播”。

何谓网络出版（Net Publishing）？周荣庭撰著的《网络出版》这样解释：拥有固定的域名并与互联网相连的网络实体，以网络为媒介，定期或不定期地向用户提供信息产品和服务的信息传播模式。② 可见，网络出版实际上就是指互联网出版。但从学理上严格来说，互联网出版属于网络出版，只是网络出版的一个组成部分，换言之，网络出版除了通过互联网向大众传播信息，还可以通过无线通信网、有线电视网、卫星网络等各类网络终端传播信息。然而，随着互联网、电信网、电视网三网合一，各种网络的信息传播趋于一体，但互联网是核心、枢纽，基于各类网络的出版活动、传播活动都依托互联网。因而，如无特别说明，人们通常所说的“网络”就是指“互联网”，“网络出版”就是指“互联网出版”，“互联网出版”简称为或俗称为“网络出版”。

2010年8月原新闻出版总署发布的《关于加快我国数字出版产业发展的若干意见》指出：数字出版是指利用数字技术进行内容编辑加工，并通过网络传播数字内容产品的一种新型出版方式，其主要特征为内容生产数字化、管理过程数字化、产品形态数字化和传播渠道网络化。由此可见，数字出版的核心是“数字化”，数字出版强调数字化操作，它可以依托互联网，但也可以离开互联网。

电子出版、网络出版（特指互联网出版，下同）、数字出版既有区别又有联系，以下几点是基本事实。

（1）从产生的时间来看，电子出版是最早出现的概念，网络出版是随之广泛使用的概念，数字出版是目前普遍使用的概念。无论是网络出版，还是数字出版，它们都是在电子出版的基础上发展而来的。完全可以说，网络出版物是通过互联网进行传播的电子出版物，数字出版物

---

① 张爱国、冰落：《国内外数字出版的差异》，载《编辑学刊》，2013（6）。
② 参见周荣庭：《网络出版》，12页，北京，科学出版社，2004。

是数字化的电子出版物。

（2）从技术演变的路径来看，传统的电子出版被日益淘汰。电子技术既包括传统的模拟电子技术，又包括新型的数字电子技术。运用模拟电子技术制作的电子出版物（如唱片、磁带等）不属于数字出版物之列，但是，随着模拟电子出版物几乎被淘汰，电子出版和数字出版无论内涵还是外延都日益趋同。有专家认为："电子出版是数字出版的另一种说法，两者在本质上是一样的。"① 更准确地说，数字出版是电子出版的一种新的形式。

（3）从发展的趋势来看，随着互联网的普及而兴起的网络出版，已成为数字出版的主流。网络出版属于数字出版的范畴，但数字出版并非一定要依赖互联网。数字出版产品的传播途径除了互联网，还有无线通信网、有线电视网、卫星网络等各类网络。但不言而喻，由于互联网已成为人们日常生活的一个必要组成部分，已成为人们进行信息传播、精神交流的最基本的媒介、工具，因而，网络出版成为数字出版的主流。

二、数字出版物的类型

数字出版已经成为出版业的战略性新兴产业和出版业发展的主要方向。与之相适应，数字出版物已经成为出版物市场发展的主要方向。数字出版物，是以数字代码方式，将文字、声音、图像等信息编辑加工后，存储在磁、光、电介质上，通过计算机或者具有类似功能的设备读取使用的出版物。

可以按照不同的标准对数字出版物进行分类。例如，按照产品是否封装的标准，可将数字出版物划分为封装型数字出版物（包括软盘、硬盘和各种光盘）和网络型数字出版物（简称网络出版物）两种类型，前者是封装的，而后者是开放式的。数字出版物目前仍处在发展之中，无法预见其最终形态，如何科学分类尚无定论。根据我国数字出版产业发展的实际情形，我们将数字出版物划分成以下五种类型（这种分类并未严格遵守学理上的科学分类标准）。

（一）数字书、报、刊

数字书、报、刊，是指数字化的图书、报纸、期刊。数字化图书俗称电子书（e-Book），是指以二进制代码形式储存于硬盘、光盘、软盘、网络、闪存以及其他计算机存储介质上的图书。② 从内容的呈现形态来看，电子书有三种类型：一是与传统图书对应的电子版（将已经出版的纸质书数字化），二是全数字形态生产和发布的电子书（只有数字版或先出数字版），三是集成了多种阅读要素（除了文字、图片、表格等平面静态阅读要素，还有声音、视频、动画、嵌入的网页等立体动态阅读要素）的多媒体电子书。真正意义上的电子书显然是指后面两种。

从阅读终端来看，可将电子书划分为两种：一种是单机型的，包括磁盘、光盘、电子词典等。另一种是网络型的。网络型电子书既可以在网络上直接阅读，又可以借助专门的电子书阅读软件在计算机或手持式设备（如手机、专用电子阅读器、平板电脑）上阅读。著名的电子书

---

① 谢新洲编著：《电子出版技术》，9页，北京，北京大学出版社，2006。

② 参见徐丽芳、刘锦宏、丛挺编著：《数字出版概论》，41页，北京，电子工业出版社，2013。

阅读软件有 Adobe Reader、Apabi Reader、SSReader 等。知名的专用电子阅读器有亚马逊 Kindle、微软 MS Reader、盛大 Bambook、汉王、翰林等。网络型电子书属于网络出版的范畴，是电子书的主流。随着移动手机的普及，电子书的阅读方式逐渐形成了以手机为主要载体的潮流。

数字化期刊俗称电子期刊（电子杂志），数字化报纸俗称电子报。与上述电子书的分类类似，电子期刊与电子报也都可以划分为相应的三种类型：一是与传统期刊或报纸对应的电子版（将已经出版的纸质期刊或报纸数字化），二是全数字形态生产和发布的电子期刊或电子报（只有数字版或先出数字版），三是集成了多种阅读要素的多媒体电子期刊或电子报。众所周知，后面两种才是真正意义上的电子期刊或电子报。

（二）数据库

数据库是一种早在 20 世纪 50 年代末 60 年代初就已出现的电子信息资源，并一直保持着蓬勃发展的势头。目前以数字出版形式存在的数据库有以下四种：其一，书目数据库，也称为索引型数据库，是存储目录、题录和文摘等书目信息的数据库。全球最成功的书目数据库是美国的联机计算机图书馆中心（Online Computer Library Center）与世界上七万多个成员图书馆合作提供并维护的 OCLC 联机综合目录（OCLC Online Union Catalog），OPAC（Online Public Access Catalogue）即联机公共目录查询系统是国内代表性的书目数据库。其二，全文数据库，是将一个完整信息源的全部内容转化为计算机可以识别、处理的信息单元而形成的数据集合。此种数据库已成为全球文献数据库的重要发展方向。国内的万方、同方、维普、龙源数据库商主要提供电子报刊、学位论文、会议论文等全文数据库，超星、书生、方正等电子图书商提供电子图书数据库。其三，事实型数据库，把大量的事实、规则、概念组成的知识存储起来进行管理，提供的不是原始文献的出处，而是可以直接加以利用的原始事实性信息。其四，多媒体数据库，可以统一存储和管理声音、图像、图形、文本。此种数据库仍有待于发展。

（三）网络游戏

网络游戏是指利用 TCP/IP 协议，以互联网为依托，可以多人同时参与的游戏。作为一种全新的数字娱乐方式，网络游戏发展迅猛，成为网络用户的主要娱乐方式。中国内地的电子游戏业始于 1994 年，2000 年开始由单机电子游戏向互联网延伸，这一年推出了国内第一款网络游戏《万王之王》。我国网络游戏早期多为引进版。2005 年以后，我国网络游戏产业进入成熟阶段。完美世界（北京）网络技术有限公司推出了一系列拥有自主知识产权的网游精品，如《完美世界》（经典版、国际版）、《诛仙》、《诛仙 2》、《神鬼传奇》、《武林外传》、《赤壁》等。

（四）手机出版物

“所谓手机出版，就是以手机为媒介的出版行为，是网络出版的延伸。……手机与互联网的结合正在使手机媒体成为一个发展潜力巨大的出版平台。”[①] 随着移动通信技术的完善、手机的真正普及和手机用户付费模式的成熟，手机俨然已经成为最重要的数字出版终端设备。移

① 匡文波：《手机媒体概论》，80～81 页，北京，中国人民大学出版社，2006。

动通信运营商（中国移动、中国电信、中国联通）、数字媒体平台商（如VIVA畅读）联合传统出版单位推出了一系列手机出版物。

按照内容的不同，可将手机出版物分为三大类型：一是手机读物。包括手机书报刊（又可分为纸质书报刊的手机版和原生型的手机书报刊）、手机文学（包括手机小说、手机段子、手机故事等）、手机教辅等。手机图书的内容主要是小说、漫画、时尚，以手机小说为代表的手机图书最早在2000年春兴起于日本。手机杂志是2006年以后逐步发展起来的，"是指将具有图片、音频、视频等多媒体功能的数字化内容供手机用户下载或者在线阅读的杂志"①。手机报纸业务的实质是纸质报纸与手机相结合的移动增值业务，即手机用户通过手机阅读纸质报纸上的新闻、图片，或者接受纸质报纸不能提供的视频、音频等内容。二是无线音乐。包括手机音乐、手机彩铃、手机铃音。三是手机游戏（含手机动漫）。

（五）其他数字出版物

除了上述诸类型，数字出版物还有原创网络文学、数字动漫、网络视频、网络教辅、电子书包、数字音像、网络地图、博客、微博、微信，等等。随着数字技术的进一步发展，目前仍广为流行的一些数字出版物（如各种光盘）将来很可能被淘汰，但与此同时，又肯定会涌现其他新型的数字出版物。

三、数字出版物的特点

数字出版物显然是与传统出版物相对而言的。与传统的纸质出版物以及传统的音像电子出版物相比，数字出版物的特点是非常鲜明的，如海量存储、搜索便捷、传输快速、互动性强、成本低廉、环保低碳。可从不同的角度概括数字出版物的特点，但归根结底可用三个字概括：数字化。具体来说，则有下述三点。

（一）内容的数字化

数字化的源头是数字技术，数字出版物是数字技术的产物。"数字技术（Digital Technology）是与电子计算机相伴相生的科学技术，它是指借助一定的设备将图、文、声、像等各种信息转化为电子计算机能够识别的二进制数字'0'和'1'后进行运算、加工、存储、传送、传播、还原的技术。"② 这就告诉我们，数字出版物包含的各种知识、信息都经过了数字化。数字出版物的内容（母版）以二进制代码（数字代码）的形式存在，这是数字出版物区别于传统的印刷出版物最鲜明的特点。这使数字出版物避免了印刷型出版物编辑过程中存在的许多操作性的缺陷，如有限的信息量、滞后繁琐的数据更新等。互联网是一个巨大的信息库，作者和编辑很容易在海量的信息中筛选出读者感兴趣的内容，也能迅速地更新相关内容。

---

① 徐丽芳、刘锦宏、丛挺编著：《数字出版概论》，50页。

② 同上书，38页。

（二）形式的数字化

传统印刷型出版物以纸张为载体，收音机、电视、录像机的出现使出版物的载体形式变得多元，数字出版的出现则为出版物的物理形态带来了真正意义上的变革。作为典型的数字出版物，网络出版物以数字形态储存在互联网空间里。数字出版物不再以文字、图片作为表述知识、信息的主要或唯一符号，在数字技术的支持下，数字出版物可以同时以文字、图片、图像、音频、视频等多种符号表述知识、信息，这样，读者在阅读文字、欣赏图片的同时，还可以获得音乐、动画、视频所带来的视听享受，从而让阅读不再只是单纯地咀嚼文字及图片。数字出版物还具有超文本的特点。超文本是可以任意互相链接的文本，是一种可以自由地转换、调动信息的方式。例如，在论文数据库网站上输入某个关键词，就可以立即搜索到拥有该关键词的所有论文，这就是常见的超文本形式。超文本无疑是传统印刷型出版物不具有的。

（三）传播方式的数字化

网络出版物没有物理形态复制品的存货，在其发布于一定的网络空间的同时就与读者（网民）见面了，读者（网民）的阅读和购买都通过互联网空间进行。随着网络出版延伸到手机出版，随着移动客户终端的层出不穷，手机和其他手持式阅读设备也日益成为用户的一种新的阅读载体。对于受众来说，流通、传播的网络化是网络出版物区别于其他任何出版物（尤其是印刷型出版物）的本质特征。与之密切相关，以网络出版物为代表的数字出版物真正达到了与受众之间的即时互动，让针对单个受众的个性化服务真正得以实现。

第二节　纸质出版物数字化的选题来源与注意事项

从内容生产的角度来看，数字出版物可以划分为两种情形：一种是纸质出版物数字化，另一种是原生型数字出版物。前者是将已经出版的纸质出版物经过扫描等数字化加工后制作成网络版，载体形式改变了，但内容不变，而后者从内容到形式都是原创，即组稿、编辑加工、出版、发布、销售等全部流程都通过网络进行。我们按这样的分类对数字出版物的选题策划进行开拓性探索。有必要指出，下文有关论述并未完全遵从上述分类标准。例如，把“一般而言，纸质报的网络版必须重新组合，手机版则必须实现个性化定制”归于“纸质出版物数字化的选题来源与内容选择”不太合理，因为手机报并不都是纸质报的手机版；把“从数字产品终端的角度来看，最值得开发的数字出版物是手机出版物”归入“原生型数字出版物选题策划的着力点”也欠科学，因为手机出版物并不都是原生型的数字出版物。这样处理是考虑到行文表述和读者集中阅读的方便。

一、纸质出版物数字化的必要性与可行性

纸质出版物数字化的必要性与可行性表现在以下四个方面。

（一）在目前和可以预见的未来，纸质出版物数字化是一种非常重要的数字出版形态

原生型数字出版物是真正意义上的数字出版物，代表着数字出版物和数字出版产业发展的潮流与方向，但是，在现阶段和可以预见的未来，连纸质出版物都不会消失，更何况数字化之后的“纸质出版物”呢？将已经出版的纸质出版物数字化，也就是将其上传到网上，或制作成数字书、刊、报，让用户在网上在线阅读，或通过手机、手持式阅读器阅读，仍然会是一种非常重要的数字出版形态。

（二）将图书数字化是破解图书库存瓶颈的一个有效途径

众所周知，我国图书库存积压已成顽疾。与其让其占用场地、人力、财力资源，甚至最终化成纸浆而造成浪费，还不如将其中适合数字化的优质图书制作成电子书，让读者付费阅读，既发挥图书的社会效益，又让出版发行单位获得经济效益。换言之，将图书数字化是破解图书库存瓶颈的一个行之有效的途径。

（三）数字书、刊、报是数字出版产业蛋糕一个不可忽视的组成部分

出版业发展的过程表明，数字书、刊、报日渐受到读者的喜爱，已成为数字出版产业链中一个必不可少的环节。由中国新闻出版研究院发布的数字出版产业年度报告显示，从2009年以来，我国数字书、刊、报的收入整体上呈现逐年增加的态势，各年收入详见表12—1：

表12—1　2009—2017年我国数字书、刊、报收入演变情况　单位：亿元

种类＼收入＼年份	2009	2010	2011	2012	2013	2014	2015	2016	2017
电子书	14	24.8	16.5	31	38	45	49	52	54
互联网期刊	6	7.49	9.34	10.83	12.15	14.3	15.85	17.5	20.1
数字报纸	3.1	6	12	15.9	11.6	10.5	9.6	9	8.6

注：表中数据出自中国新闻出版研究院（原名中国出版科学研究所）历年先后发布的《中国数字出版产业年度报告》；表中所述的电子书包括纸质图书的电子版、内置内容的电子书阅读器和原创性网络图书，互联网期刊包括纸质期刊的电子版和原创性多媒体网络期刊，数字报纸是指纸质报纸的网络版（不包含手机报）。

数字书、刊、报在我国数字出版产业中所占的份额尽管很小①，但数字书、刊保持着增长的态势。随着人们非纸质阅读习惯的进一步养成、数字版权保护技术的进一步成熟和数字加工手段的进一步完善，数字书、刊在数字出版产业蛋糕中的比例必定会有一个飙升。

---

① 《中国数字出版产业年度报告》显示，2011年，数字书、刊、报三者的收入在数字出版总收入中所占的比例为2.06%，2012年为2.98%，2013年为2.43%，2014年为2.06%，2015年为1.69%，2016年为1.37%，2017年为1.17%。

(四) 与西方国家相比，我国传统出版单位未能将纸质出版物充分数字化

与西方国家相比，我国数字出版的一个明显差距在于传统出版单位的无所作为，而传统出版单位在数字出版方面的不作为首先表现为未能积极地将纸质出版物数字化。就全局而言，数字出版业发展的第一个阶段（初级阶段）是将纸质出版物数字化，即将纸质书、刊、报制作成电子版、网络版。爱思唯尔（Elsevier）、施普林格（Springer）、威利-布莱克威尔（Wiley-Blackwell）等国际著名出版集团都拥有自己出版的图书、期刊的全文数据库。国内四大电子图书出版商（方正、书生、超星、中文在线）和四大电子期刊出版商（同方、万方、维普、龙源）分别占有国内电子图书与电子期刊销售额90%的市场，然而，其中没有一家是由传统的出版单位或传媒单位创办的。由此可见，国内传统出版单位虽然拥有丰富的优质内容资源，却没有充分分享到将其数字化转化所产生的收益。这也表明，传统出版单位在将纸质书、刊、报数字化转化方面大有潜力可挖。

二、纸质出版物数字化的选题来源与内容选择

对已经正式出版的纸质出版物进行数字化制作的第一步是选择合适的纸质出版物。下面以比较的视野，从数字期刊、数字图书、数字报三个方面探讨纸质出版物数字化的选题来源与内容选择问题。

(一) 从赢利的层面考虑，将纸质出版物数字化最稳妥的做法是将学术期刊数字化

数字期刊包括数字学术期刊和数字大众期刊两大类，后者在国内外虽然也有较大发展，但发展道路波折不断。相比之下，龙源期刊网的商业模式取得了一定成功。龙源期刊网自1998年开通以来，先后与近3 000家期刊社和出版社合作，目前全文在线的综合性人文大众类期刊品种达到3 000种。其产品品种多元化，既有面向传统阅读人群的原貌版，又有以期刊的数据库内容加工的知识库，还有语音版；不仅有网络版，而且有手机版、平板电脑版、手持阅读器版。此外，博看网畅销期刊数据库也是在商业上取得成功的大型数字大众期刊，它收录3 000多种畅销人文期刊，日更新量达80～100种，与纸刊同步面世，以符合读者阅读习惯、在线翻页的原貌版为基础，同时提供文本版、语音版等多种阅读形式。

尽管以龙源期刊网、博看网畅销期刊数据库为代表的数字大众期刊在商业上取得了较大成功，但整体而言，数字学术期刊的发展要好于数字大众期刊，数字学术期刊是最早解决了赢利模式问题的一种数字出版物。

案例 12—1

国际上许多学术期刊出版商和学会、协会等机构都通过数据库方式提供数字化全文期刊的集成服务，如施普林格通过SpringerLink系统提供约3 000种学术期刊上的论文，美国电气与电子工程师协会通过网络门户Xphone提供其出版的150多种期刊上的文献。国内学

术期刊的数字化始于1996年，如今形成了以万方数据、清华同方、重庆维普为主体的学术期刊网络出版格局，通过网站、光盘、镜像站点等方式为图书馆和学术机构的用户提供服务，在学术、科技阅读领域呈现出取代纸质本期刊的趋势。它们虽然都是为用户提供学术期刊的全文网络数据库服务，涵盖的学术期刊都包含了人文社会科学与自然科学技术方面的所有品种期刊，但选题定位还是有所不同。万方数据侧重医学期刊（含外文），维普网的《中文科技期刊数据库》主要是科技期刊，清华同方中国知网（CNKI）的《中国学术期刊网络出版总库》则包罗人文社科和科技期刊。目前这三大学术期刊网络出版平台均收录了万种左右纸质期刊上的论文全文数据库，都几乎涵盖了新中国成立以来（甚至延伸到民国时期）的所有中文学术期刊。

鉴于数字学术期刊的赢利模式已经成熟，并有可资借鉴的成功案例，因而将纸质学术期刊数字化应该是非常稳妥的做法，不过，在选题定位上必须与上述三种大型的学术期刊数据库区别开来。有三种区别的路径：一是从时间上区别。上述三种学术期刊数据库所收期刊的时间范围主要是新中国成立以来的，其中最主要的又是改革开放以来的，那么，新的学术期刊数据库可以只收民国时期的，或者侧重改革开放以前的新中国期刊。《全国报刊索引》编辑部推出的《晚清期刊全文数据库》（已收录1833—1911年出版的期刊300多种）和《民国时期期刊全文数据库》（计划收录1912—1949年出版的期刊2.5万余种，目前已收录1.78万多种）就是这种思路。我们认为，在此基础上，还可以专门建立“晚清民国时期优秀学术论文数据库”。基于新中国成立至“文革”结束期间的学术、理论、科技期刊与报纸，可以建立“1949—1976影响重大的学术、理论、科技文章数据库”。二是从学科专业上区别。现有期刊论文数据库包括了各学科各专业，是大而全的，新建的期刊论文数据库应该专注于某一学科某一专业，是小而精的，例如，可以专门建立中国法律期刊数据库、中国航空航天期刊数据库、中国生命科学期刊数据库、中国“三农”研究全文数据库等。三是从地域上区别。可以将国外各学科各专业学术期刊上的优秀论文翻译成中文，建立国外优秀论文中文译文数据库。还可以建立国际汉学研究全文数据库和港澳台期刊优秀论文数据库等。

（二）从发展潜力考虑，将纸质出版物数字化空间最大的是将纸质图书制作成电子书

目前，电子书的收入在我国数字出版产业收入中所占的比例虽然很小[①]，传统出版单位出版的图书能够转化为数字产品并为其带来收益的品种虽然也很少[②]，但是，电子书市场目前的疲软并不代表着它的未来。我们相信，电子书的市场份额将来一定会有大幅提升。这起码有四个理由：第一，与数字出版产业的整体态势相适应，电子书产业的收入整体上一直以正常的速

① 《中国数字出版产业年度报告》显示，2011年，电子书收入在数字出版总收入中所占的比例为1.20%，2012年为1.60%，2013年为1.50%，2014年为1.33%，2015年为1.11%，2016年为0.91%，2017年为0.76%。

② 张贺的《2011数字出版收入规模近一千四百亿元 增长三成》（载《人民日报》，2012-07-20）报道说：在2011年召开的第四届国际大数据产业博览会上，广东出版集团数字出版有限公司介绍说，公司有2万种图书资源，能拿到手机平台上运作的不足1 000种，比例不到5%；陕西出版集团数字出版基地公司的情况是，1万本图书中有3 000种能够转化，比例为30%。

度增长着，它必定还会继续增长；第二，读者尤其是青少年读者的数字阅读习惯已经形成，爱好阅读图书的人也会日渐倾向于阅读电子书；第三，随着数字阅读习惯的日益养成，爱好数字阅读的人必定会越来越不满足于在新媒体上只阅读碎片化、娱乐化的内容，换言之，通过新媒体阅读图书的人一定会逐渐增多，因为，在现有出版物中，图书才是最有文化、最有内涵、最有深度的出版物；第四，在现有出版物中，图书的品种最多，但已被转化成数字产品的比例最少，也就是说，图书是有待于大力实现数字转化的巨无霸式选题资源。

将纸质图书数字化有以下四种路径。

1. 将古籍（含近代出版的泛古籍）数字化

我国现存古籍应该有 10 万种[①]。对古籍最好的保护是让古籍的内容得到最好的传播，古籍数字化代表着古籍整理的未来方向。中华书局总编辑顾青说："尽快将古籍数字化，是把这项小众事业大众化的途径，也是必经之路。"[②] 数字化古籍包括光盘版与网络版，但网络版（含网络数据库）是古籍数字化的主要目标。截至 2004 年年底，网络上可见的中文古籍数据库有 70 多个。综合性的古籍数据库主要有《中国基本古籍库》（光盘）和《瀚堂典藏》古籍数据库，前者收录古籍 1 万种，后者目前收录古籍 1.5 万多种。专门的大型古籍数字产品主要有文渊阁《四库全书》全文检索版、《四部丛刊》全文检索版和《标点古今图书集成》数据库等。

从选题策划的角度来看，古籍数字化今后努力的基本方向有以下三个。

一是避免重复建设。总的来说，目前已进行数字化开发的古籍主要是大型古籍（如《四库全书》与《续修四库全书》）、基本古籍（如"二十四史""十三经"）。中国古籍汗牛充栋，值得进行数字化开发的古籍不可胜数。国家和政府必须加强整体规划，有关出版单位和技术开发商完全可以另辟蹊径，可以多开发一些特色鲜明的专题性古籍数字化产品。例如，可以开发历史地理古籍数据库（可侧重边疆历史地理古籍）、海外藏中国古籍数据库、近现代湖籍名人文集数据库。

二是更多地给读者提供学习、利用古籍的方便。古籍数字化既是为了保存古籍，更是为了方便读者学习、利用古籍。现有的数字化古籍在这方面存在明显不足，例如，《中国基本古籍库》与《瀚堂典藏》古籍数据库都对复制内容和查看内容有所限制，前者每次最多只能复制 200 字，后者可以直接复制检索信息点上下共 7 页与原版图片对照连续的文字，图片则可以查看检索信息点上下 13 页的内容，这给需要下载较大内容的读者带来了不方便。

案例 12—2

台湾联合百科电子出版公司开发的《标点古今图书集成》数据库既保留了古籍的原貌，又比较充分地考虑到了今人学习、利用古籍的方便，表现在：做了断句、标点、校勘；读者可以用任意字词检索全文，几秒内即可呈现，并可调阅原始版面进行对照浏览；全文以繁体中文录入，篇章内容也以繁体中文呈现，但软件界面分别以繁体中文、简体中文两种版本呈现，可以简体或繁体输入，检索相对应的繁体中文篇目与内容；还提供了英文版。

---

① 据方厚枢辑注的《中国出版史料》（山东教育出版社与湖北教育出版社 2001 年联合出版）第三卷之下册第 514～519 页的记载可知，关于我国古籍现存多少种的问题，学术界有不同的说法：7 万种，8 万种，10 万种，15 万种，20 万种以上。

② 转引自李雪昆：《古籍数字化：让小众事业大众化》，载《中国新闻出版报》，2015-01-20。

三是进一步提高技术含量。有研究者指出，使用《中国基本古籍库》时必须下载安装客户端，但安装客户端比较麻烦，而且查看内容的时候是全屏显示，使用者做其他操作时会感觉不便。在查看出处方面也略显不足：虽然能在检索到的条目页面下显示出处，并在复制文本时提供出处复制，但只有书名和卷数，使用者还得通过翻检才能补充朝代、作者、篇名、版本等信息。① 以后开发数字化古籍必须进一步强化技术含量，如完善检索技术，统一数字化文件格式。

2. 将民国时期的图书数字化

《民国时期总书目》收录上海、北京、重庆三家图书馆所藏1912年至1949年9月出版的各类中文图书12.404万种。② 这当然不是民国时期出书的总数。民国时期社会急剧变革，时局动荡，但学术兴盛、思想繁荣，这一时期出版的书刊自然具有很高的文献价值。

人们对民国图书最熟悉的品种是文学名著，此类图书的电子版、网络版相当丰富，人们可以很容易地获得，所以，制作中国现代文学名著电子书已无多大必要。2014年9月正式上线的“中国抗战大后方3D数字图书馆”（收录抗战时期出版的近5万种书报刊）这种建立专馆的思路值得肯定。基于民国时期的重大时代主题和重要历史特征和今人学习、研究中国现代史的需要，可以建立下述数字图书馆：国共两党合作数字图书馆（收录民国时期和其他时期出版的此类图书）、民国人文社科学术名著数字图书馆，还可以设立晚清民国老课本（以中小学课本为主）数字图书馆。

3. 将新中国图书数字化

从1949年10月至1999年12月，我国（统计数据不含港、澳、台）共出版图书202.840 7万种（包括书籍、课本与图片，含初版、重版、重印，下同）。③ 据国家出版管理部门公布的历年出书种数统计，从2000年至2017年共出版图书564.257 5万种。由此可知，从新中国成立至2017年年底总计出版图书767.098 2万种。从2012年起，我国每年出版图书的品种超过了40万种。

从历史变迁的角度可将新中国出版的图书划分为两大部分：一是“文革”结束后尤其是改革开放以来出版的图书，二是从新中国成立到“文革”结束期间出版的图书。可以根据不同历史阶段的时代热点、焦点之不同制作各种专题性的电子书。例如，网友“漂泊的树”制作了《新中国红色经典系列作品合集》，收录红色经典33部，既可在网络上在线阅读，也可通过手机下载阅读。中国知网建有“中国法律数字图书馆”。还可以制作“文革”地下文学数据库、开卷畅销书排行榜上榜图书电子版、新中国经济学著作网络版。

对于新书来说，出版社应该做到纸质书、电子书同步出版。很多出版社可能担心这会影响纸质书的销售而不愿意这样做，然而，中信出版社自2012年以来很多纸书是与电子版同步上市的，甚至有的还提前一周预售电子版。实践表明，电子版的销售不仅不会冲击纸质版，反而会带动纸质版的销售。不过，有一点必须注意：电子书的定价不宜过低，应该在纸书定价的

---

① 参见王大盈：《〈中国基本古籍库〉和〈瀚堂典藏〉两大古籍数据库比较研究》，载《情报杂志》，2011（S1）。

② 参见宋原放主编，北京图书馆编：《民国时期总书目》，北京，书目文献出版社，1986。

③ 参见方厚枢辑注：《中国出版史料》，3卷，下册，522～523页，济南，山东教育出版社，武汉，湖北教育出版社，2001。

40%左右，但上限不要超过24元。[1]

4. 将1840年以来中国出版的译著数字化

1840年以来中国出版的译著可以分为三种类型：一是从国外引进出版的中文版译著，如《巴黎茶花女遗事》《法意》等；二是以版权输出的方式出版的外文版中国主题图书，如《狼图腾》《于丹〈论语〉心得》等；三是中国自主出版的外文版图书，如世界图书出版公司西安公司出版的俄文、韩文等文种的《图说中国传统节日》，中国外文局出版的英文、德文、法文、俄文、西班牙文、葡萄牙文、阿拉伯文、日文等文种的《习近平谈治国理政》等。

不同时代译著的选题的侧重点是不一样的，译著见证着中外文化交流的历史。随着中国更全面更深入地对外开放，译著的作用会不断凸显出来。可以建立以下专门性的各类译著数字图书馆：新中国俄苏译著数字图书馆、新中国“皮书”（“内部书”）数字图书馆、新中国外宣和对外传播数字图书馆、20世纪80年代西方人文社科译著数字图书馆、20世纪90年代以来日韩译著数字图书馆等。

从理论上说，从古到今出版的所有纸质图书都是制作电子书的选题资源。已经制作成电子书的纸质图书只是现有纸质图书总量的冰山一角。据《第一财经日报》报道，全球最大的网上图书零售商亚马逊2009年圣诞节的统计显示，该网站电子图书的销量首次超过传统印刷书籍，其电子书阅读器Kindle也成为该网站历史上售出最多的礼品。有预测说，2020年，我国数字出版销售额将占出版产业的50%。2030年，90%的图书将出版网络版本。[2] 总之，无论是从纸质图书的庞大数量还是从电子书的发展前景来看，将纸质出版物数字化空间最大、潜力最大的是将纸质图书制作成电子书（或者是开发网络数据库，或者是建立数字图书馆）。将纸质图书制作成电子书的主流方向是小众化、专业化，应该结合历史特征、时代主题、社会热点、现实焦点确定具体的选题定位。舟山海洋数字图书馆、万方数据的中国特种图书数据库、中国知网的法律数字图书馆专区和“三新农”图书库等都是这种思路的体现。

与电子书密切相关的电子阅读器业务，也应该选择小众化、专业化的发展道路。2012年以来，智能手机、平板电脑迅猛发展，电子阅读器的发展稍显沉寂，但在小众化和某些特定领域仍有发展空间。

（三）一般而言，纸质报的网络版必须重新组合，手机版则必须实现个性化定制

报纸数字化包括两种情形：一是把纸质报制作成网络报，即将纸质报的内容数字化后上传到网络上，读者在网络上在线阅读；二是读者通过手机阅读纸质报上的文字与图片内容，或者收录纸质报无法提供的视频、音频等内容。

网络报将报纸上的内容照搬到网络上，网民是否阅读取决于纸质报自身的品牌竞争力。也就是说，如果某种报纸的纸质版本身发行量大，社会影响大，辐射面广，那么，它的网络版也同样会有较大的点击率。如果某种报纸的纸质版没什么人看，那么它的网络版也会没什么人

---

① 参见黄一琨：《中信如何做到数字出版收入2 000万》，见 http：//mediamaster. caixin. com/?p=1154，2015-02-09。

② 参见韩妹：《有研究预测今年中国电子阅读器销量将占全球市场20%》，载《中国青年报》，2010-03-25。

看。而且，在今天移动互联网时代，人们即使想阅读网络报，也一般会选择使用手机（而不是电脑）阅读。现在，几乎所有的在版报纸都有了网络版，而且都几乎免费供用户阅读，这当然是非常正常、必要的，可是，从报社商业赢利的角度考量，纸质报的原貌版网络报实际上是没有什么存在的意义的。换言之，纸质报的内容资源如果要产生新的收益，就必须进行二次加工、重新组合，起码有两种具体的方式：一是建设报纸数据库，二是建立新闻网站。不管哪一种，都要以纸质报的特色资源、品牌资源、优势资源为基础为依托。中国知网的中国重要报纸全文数据库是目前最知名的报纸数据库，收录2000年以来国内公开出版发行的500多种重要报纸刊载的学术性、资料性文献，供用户付费阅读、使用。该数据库是覆盖全国各地区、各行业、各类型的大型报纸数据库，某一家报社尤其是中小型报社、地方性报社、非主流报社没有条件建设如此大型报纸数据库，但可以利用自身的特色资源、品牌资源和地域性资源、行业性资源建设专题性、专业性的报纸数据库。

案例12—3

人民日报社发挥《人民日报》是中国共产党中央委员会机关报，是新中国最具权威性、最有影响力的综合性日报的独特优势，不仅制作了该报的在线阅读网络版，而且委托青苹果数据中心制作了《人民日报》图文数据库（将该报自1948年正式创刊以来至今的所有内容数字化），又创建了人民网（是以新闻为主的大型综合性网站），还建设了人民数据（是人民网自主研发的全国唯一的大型党政、时政资料信息数据库），当然还开发了该报的手机版（《人民日报》手机报）。

在书、报、刊三种出版物中，报纸所载信息的时效性最强，知识的碎片化特征最明显，而手机已成为人们日常生活中随身携带的必不可少的媒介，可以说报纸的内容资源天生适合通过手机传播。加之人们日益习惯通过手机上网，于是，手机报日益成为数字报的主流。

从手机用户阅读手机报的具体方式来看，现有的手机报有三种：第一种是离线阅读彩信版手机报。即报社通过电信运营商将新闻以彩信的方式发送到手机上，用户可以离线阅读。第二种是在线浏览网络版手机报。即手机用户通过手机上网（登录手机报的WAP网站）后，在线浏览纸质报的网络版，类似于电脑用户通过电脑上网浏览纸质报的网络版，区别只在于阅读的媒介不同。第三种是下载App客户端在线收看手机报。即智能手机用户下载相应的App客户端后，手机报服务商在第一时间为用户进行新闻提醒、新闻推荐，用户据此有选择地点击阅读。手机报的这三种类型也就是手机报演变的三个阶段，代表着现有手机报的三个档次、三种水平。第一种类型曾经风行一时，至今仍普遍存在，但已日益失去用户的青睐。第二种类型适应了当今移动互联网发展的潮流，潜在市场庞大，但能否成为用户的有效需求，取决于它的内容能否真正吸引并满足用户的需要。不言而喻，这种网络版手机报的商业命运同上文所述的纸质报的网络版没有根本区别。当下正流行的第三种手机报代表着手机报发展的主流方向。这是因为，较之于前两种，它最大限度地满足了手机用户的个性化需求。

手机与电脑的差异决定了手机报与网络报的差异。二者虽然都是数字报，但手机报的便捷性、即时性、个性化更强，真正可以随地、随时、随身地为用户提供其所需要的新闻与其他资讯，因为，在所有媒介中，手机是私人用品，又是人们真正随身携带的媒介。而人们对于信息的需求是千差万别的，所以，为手机用户提供个性化信息服务是手机媒介的天然要求。可是，现有手机报的最大弊端恰恰在于内容同质化严重，集中表现为“一城多报”同城竞争但内容大同小异，正如论者所说：“同城手机报无论在内容、编辑、发行以及传播方式上，都呈现出同质化的现象，这使得手机报缺少特色、竞争力和不可替代性。除了少数全国性大报和各地主流都市报外，大多数同质化的手机报由于自身报媒品牌没有竞争优势而难以吸引足够多的用户订阅。”① 目前，手机报的内容几乎都来源于传统媒体或互联网，大多是对纸媒内容的拷贝或简要概括，而原创性的内容匮乏。同质化的内容无法满足用户的多元化需求，无法满足不同用户的个性化需求。而且，现有手机报的内容良莠不齐。由于缺乏相应的制度监管，虚假广告、骚扰信息、恶俗信息经常掺杂于手机报，引起用户反感。内容的同质化、低俗化、快餐化，以及按月收费方式的不尽如人意，导致手机报普遍受到消费者的冷落，集中表现为手机报订购用户数量与庞大的手机用户数量极不相称。2012 年的调查数据显示：“真正订阅手机报的用户不超过手机用户数量的 20%，有 30%～40%的用户对手机报这种报纸形式是不接受的。”②

在此背景下，如果不想让手机报业务成为“鸡肋”，就必须在手机报的选题策划与营销策划方面强化个性化服务。与网络以及报纸、广播、电视相比，手机是最具分众传播和个性化传播能力的大众传播媒介。紧密结合手机媒介的特性（随身携带、私人用品、屏幕窄小、容量有限），为目标用户提供精细、精准的个性化信息服务是开展手机报业务的第一法则。开展手机报业务时，不论是内容建设，还是营销推广，都要细分市场、细分用户。除了全国性的综合性大报（如《人民日报》）和各地的主流都市报（如《南方都市报》）以外，其他报纸都应该选择特定的用户群体开发小而精的手机报产品，内容的丰富性应该建立在专门性、特色性的基础之上。为此，必须有的放矢，为目标用户量身定制。针对党政机关公务员应该推出以时政为主要内容的手机报，针对企业商务人士的手机报应该侧重财经与经营，针对学生的手机报当然要强调学习、考试、成长。例如，湖北孝感日报社的《孝感手机报》与湖北职业技术学院合作，设置校园资讯版块，及时、快捷地为广大师生发送校园资讯。实证调查表明：“曾经被遗忘的农民工群体已经迅速成长为手机报的忠实用户，充分体现出‘三高’特征，即高普及率、高信任度和高满意度。手机报在农民工群体中不仅蕴藏着巨大的经济价值，还被赋予了积极的社会价值和战略意义。”③ 可以专门面向农民工策划出版全国性的大型《农民工手机报》，各地报纸的手机报也可以推出面向本地农民工的专版。还可以分别针对男性用户与女性用户推出不同的手机报，如针对男性的足球手机报，针对女性的购物美容时尚手机报。

三、纸质出版物数字化必须注意的事项

在将纸质出版物数字化的过程中，必须注意以下事项。

---

① 温金明、张福财：《手机报困境如何破解》，载《中国新闻出版报》，2009-07-23。

② 李晋生：《3G 时代手机报发展的趋势与路径》，载《新闻研究导刊》，2012 (5)。

③ 张蕾：《谁是手机报的大客户群——农民工群体手机报使用情况研究》，载《中国出版》，2010 (18)。

（一）处理好版权问题

纸质出版物是已经出版的作品，很多尚在《著作权法》保护期限内。所以，在将其数字化之前，必须征得著作权人及其出版单位的许可。否则，就会构成侵权。

案例 12—4

2011 年 3 月 15 日，贾平凹、韩寒与慕容雪村等 50 位作家公开发布《中国作家声讨百度书》，抗议百度文库向网民提供免费文档作品的下载行为，指责百度文库“偷走了我们的作品，偷走了我们的权利，偷走了我们的财物”。同年 11 月，韩寒、慕容雪村、何马与小桥老树四名作家联手起诉百度文库侵权一案被北京海淀区法院正式受理。2012 年 9 月，法院宣判百度文库侵权成立，需赔偿韩寒、慕容雪村、何马三名作家经济损失共计 14.5 万元，但原告关闭百度文库的请求被驳回。百度网删除了百度文库内未获授权的作品，对伤害作家感情表示歉意，并随即推出版权合作平台。

中文在线非常重视版权保护问题，在业务运作过程中，按照《著作权法》的要求，采取“先授权，后传播”的方式，严格遵照授权权限，合理合法使用数字版权。2005 年，在国家版权局和中国出版工作者协会指导下，由中文在线主导，联合国内十几家大型出版社、知名作家和律师事务所发起成立中文“在线反盗版联盟”，现已成为国家打击网络侵权盗版的重要组成部分。

不仅网站侵犯纸质出版物著作权的行为要受到惩罚，而且读者通过网络随意下载、上传、扩散纸质出版物的行为也应被制止。我国还没有出台针对数字版权的专项法规，在现阶段可以采取访问控制、内容加密保护、数字水印、防拷贝技术等数字版权管理技术。读者付费下载一本电子书后，只有输入密码才能打开。通过“一书一密”才能打开阅读的数字版权保护技术，避免电子书下载后任意散布，以确保著作权人的权益不受侵害。

需特别提醒，将古籍数字化的时候也要注意著作权的问题。诚如北京大学教授肖东发先生所说：“古籍整理是有著作权的，但目前绝大部分古籍数据库产品没有获得法律的许可，这样是走不长远的。”① 当然，原创网络作品的版权也要得到有效保护。

（二）完善定价制度

纸质出版物数字化之后，如何合理地定价，做到既能保障著作权人、出版者的利益，又能被消费者接受，是选题策划中应当考虑的问题。

定价多少才合适呢？有研究者认为：“近 10 年内的出版物，建议按原作品价格的二分之一来定价；对于 10 年以前出版的一些有价值的精品图书，经扫描制作成 PDF 格式的数字出版物后，其价格可按当年原定价的 2 倍、3 倍，甚至 10 倍来制定。”② 上文提到，中信出版社的经

---

① 转引自李雪昆：《古籍数字化：让小众事业大众化》，载《中国新闻出版报》，2015 - 01 - 20。

② 许京：《数字出版物版权维护及定价问题的思考》，载《现代出版》，2011（1）。

验是，如果同步出版的话，电子版的定价应该是纸质版的40%左右，但最好不要超过24元。我们认为，还可以针对不同的出版物选用两种不同的定价模式：一种是全本定价模式，另一种是部分免费部分定价模式。另外，出版物类别不同，定价也应不同，如大众出版物的定价可以低于教育出版物、专业出版物。

（三）合理分配利润

纸质出版物数字化的获益方是多元的，起码包括著作权人（往往是作者）、出版单位（是纸质出版物数字化最主要的内容提供商）、数字书报刊门户网站（技术提供商、数字出版平台商），甚至包括移动阅读运营商、手持阅读终端研发商。在众多利益者之间如何合理分配利润，是数字出版物选题策划必须解决的问题。

数字出版物是数字技术的直接产物，导致数字出版物的现有赢利模式是：掌握技术的平台商、运营商、终端商获得利润的大头，如中国移动公司与内容提供商的分成比例是6∶4。如果出版单位和作者在数字出版产业链的利益分配中长期处于弱势甚至被忽视的地位，他们肯定缺乏将纸质出版物数字化的积极性、主动性。因此，在数字书报刊的利益分配中，必须提高出版单位（出版社、报社、期刊社）和作者的利润分成比例。可喜的是，2010年以来，我国传统出版单位在数字出版方面的自主性与权利意识不断增强，运营商和终端商也开始从长计议而主动让利。

案例 12—5

2010年5月，国内著名的手持式阅读终端研发商汉王公司首次推出与出版单位合作的方案，在收入的分配上采用二八分成的模式，即汉王公司获利十分之二，出版单位及作者获利十分之八。同年9月，中国电信数字阅读基地“天翼阅读”正式发布，中国电信提高了内容商的比例，两者按55∶45分配利益，即中国电信获得55%，出版单位和作者获得45%。

在数字出版物的利益分配中，提高内容提供商的利益，一方面会鼓励出版单位及作者以更积极的姿态投入纸质出版物数字化，另一方面又会使数字技术提供商、数字出版平台商、移动阅读运营商、手持阅读终端研发商获得更多更优质的内容资源。

手机出版物的迅猛发展与日益形成的移动阅读的习惯相辅相成。可以说，在未来的阅读中，智能手机、平板电脑、手持式阅读设备等移动终端将成为出版的主流终端设备。移动通信运营商具有的终端优势和技术优势让内容提供商（出版商）在手机出版产业链中处于被动地位。但是，有理由相信，随着手机用户对优质内容的要求不断提高，内容提供商必将获得更大的实际利益。

（四）考虑同类数字出版物市场的现状

传统出版单位开展纸质出版物数字化业务，并非要将本单位已经出版的所有适合开发成数字产品的纸质出版物都数字化，而是要充分考虑同类数字出版物市场的现状。如果某类纸质出版物（如最常见的文学名著、最基本的古籍、最常用的工具书等）已经被大量制作成网络出版物、手机出版物，自然无需重复将其数字化；如果某类选题已经有了很多原生型数字出版物，阅读市场已趋饱和，那么也没必要再将此类纸质出版物数字化。

譬如，盛大文学公司（中国最大的社区驱动型网络文学平台）下属的起点中文网是国内最大的原创网络文学网站，上面已有海量文学作品和电子书，包括玄幻、奇幻、科幻、灵异、武侠、仙侠、都市、军事、历史、游戏、竞技等类别。下属另一大型原创网络文学网站榕树下也有众多的言情、青春、都市、悬疑、幻想等各类原创网络文学作品。如果现有纸质版小说在内容上与这些原创网络小说差不多，就不必将其数字化，以节约出版资源。

（五）强化数字出版思维

开展数字出版业务，必须突破传统思维方式的束缚。数字出版研究名家张立早在 2007 年就指出，传统出版单位理解的数字出版用一种通俗的说法就是“媒体搬家”，“把纸质媒体搬到了网上就认为是数字出版，或者是原版、原式、原更新频率地把文字搬到手机上就认为是数字出版”①。多年过去，仍有不少传统出版单位以传统思维方式和运营模式对待数字出版，这在纸质出版物数字化方面尤为明显。

传统出版的数字化转型，不是将内容简单电子化和屏幕化，而必须利用数字技术，针对不同的终端呈现形态将内容深度加工、分类和整合。同方知网公司凭借其强大的技术优势及内容资源整合能力，大规模地整合知识信息，致力于知识资源的深度开发利用，为读者提供更专业化和个性化的增值服务，因而获得巨大成功，其开发的中国知网系列数据库已被海内外大量高校、科研、医院、企业、政府、中小学等各类机构采用。在信息的呈现方式上应该彰显多媒体，在信息的传播效果方面应该凸显交互性，这是开启数字出版的两把钥匙。将纸质书制作成电子书，不应以纯文字的方式呈现，而应以多媒体的形态表现。

案例 12—6

2011 年 5 月，为纪念“企鹅经典”系列出版 65 周年，企鹅出版集团计划发布一系列经典文学作品的“加强扩大版”电子书。其中打头阵的是美国作家约翰·斯坦贝克（1902—1968）的《人鼠之间》，除了小说原文，还在该小说的电子书中加入了大量内容，包括作者在 1962 年诺贝尔奖颁奖晚宴上的演讲、对美国著名黑人演员詹姆斯·厄尔·琼斯（在基于斯坦贝克的小说改编的百老汇戏剧中表演过角色）的专访，以及由圣何塞州立大学教授、国家斯坦贝克中心访问学者苏珊·施林格勒汇编的导读和阅读清单。

通过手机传播的电子书也应该以多媒体的形态呈现。“4G 时代，网速的提升，将大大提升人们对阅读品质的要求，高品质、个性化，集内容文字、图像、音视频于一体的富媒体形式将成为移动阅读的主流，单一的纯文本电子书将走向边缘。”②

---

① 张立：《2007—2008 中国数字出版产业年度报告》，见 http://www.cdpi.cn/2008zhongguoshuzichubannianhui/1964.html，2014-11-26。

② 中国数字出版产业年度报告课题组：《2013—2014 中国数字出版产业年度报告摘要》，载《中国新闻出版报》，2014-07-18。

第三节　原生型数字出版物的选题策划与产品开发

原生型数字出版物也可以叫做原创性数字出版物，是与纸质出版物数字化相对而言的，选题、组稿、编辑加工、设计、出版等全部流程都通过网络进行，并主要通过网络、手机、手持阅读终端发行。本节尝试探讨原生型数字出版物的选题策划问题。

一、原生型数字出版物选题策划的着力点

根据数字出版发展的过程、现状，预测其发展的趋势、前景，可以从以下六个方面开展原生型数字出版物的选题策划活动。

（一）从数字产品终端的角度来看，最值得开发的数字出版物是手机出版物

在现有媒介中，手机是最晚产生的，但却是用户数量最多的。中国互联网络信息中心发布的《第43次中国互联网络发展状况统计报告》表明：截至2018年12月，我国网民规模为8.29亿，其中，手机网民规模达8.17亿，占网民总数的98.6%。工业和信息化部无线电管理局发布的《中国无线电管理年度报告（2018年）》显示，2018年，我国移动电话用户总数为15.7亿户，普及率达到112.2部/百人。

事实表明，手机出版在我国数字出版产业布局中名列前茅。请看表12—2：

表12—2　**2009—2017年我国数字出版产业三巨头收入构成表**　收入单位：亿元

种类 \ 收入与占比 \ 年份	2009	2010	2011	2012	2013	2014	2015	2016	2017
手机出版	314	349.8	367.34	486.5	579.6	784.9	1 055.9	1 399.5	1 796.3
	39.3%	33.3%	26.7%	25.1%	22.8%	23.2%	24.0%	24.5%	25.4%
网络游戏	256.2	323.7	428.5	569.6	718.4	869.4	888.8	827.85	884.9
	32.0%	30.8%	31.1%	29.4%	28.3%	25.7%	20.2%	14.5%	12.5%
互联网广告	206.1	321.2	512.9	753.1	1 100	1 540	2 093.7	2 902.7	2 957
	25.8%	30.5%	37.2%	38.9%	43.3%	45.5%	47.5%	50.7%	41.8%

注：表中各项收入数据出自中国新闻出版研究院（原名中国出版科学研究所）历年发布的《中国数字出版产业年度报告》；占比是笔者据此报告公布的数据计算出来的；表中所说手机出版（也称移动出版）包括手机音乐、手机彩铃、手机铃音、手机游戏、手机动漫、手机阅读。

总的来说，从2009年至2017年，我国数字出版产业三巨头是互联网广告、网络游戏、手机出版。严格地说，互联网广告不应视为出版产业的范畴（应归入广告产业）。网络游戏和手机出版才是拉动我国数字出版产业发展的两大主力军，两者的收入占总收入的比例，少则37.9%（2017年），多则71.3%（2009年）。值得注意的是，自2015年以来，手机出版的收入明显高于网络游戏，且持续保持增长态势。

与网络出版物不同的是，手机出版物的收费模式已经非常清晰、成熟。用户普遍形成了电

脑阅读免费而手机阅读收费的意识，尤其是在电脑上付费阅读大众出版物，用户更难接受。而自手机短信业务推出伊始，用户就已习惯付费阅读手机上的内容。良好的付费模式，使移动阅读成为部分传统出版单位数字出版收益的主要来源，这为手机出版业务的全面拓展提供了强大内驱力。

4G手机的普及和5G手机的启动，互联网的移动化，又为手机出版提供了成熟的技术条件。截至2018年12月底，我国移动宽带3G与4G用户达到13.1亿户，约占移动电话用户总数（15.7亿户）的83.4%，其中4G用户达到11.7亿户（约占移动电话用户总数的74.5%），5G试验正在规模展开。① 智能手机的快速推广，移动互联网应用的不断开发，微博、微信等移动社交产品的兴起，手机阅读的不断普及，不仅大大带动了互联网的整体繁荣，而且昭示着出版业已经迈向手机出版的黄金时代。

以苹果iPad、iPhone引领的终端革命的到来，拉开了平板电脑、智能手机代替台式电脑的序幕。数字出版的重心，正向移动互联网转移，正从台式电脑向平板电脑、智能手机转移。大众数字出版阅读平台正在迈向移动化，移动应用（如手机App）研发也正在成为IT界主流。总之，移动互联网已成为传统出版单位实施数字化转型，以及互联网企业布局、开发数字出版产品的主要着眼点。

上述种种数据、事实、趋势皆表明，大力开发手机出版物是数字出版物选题策划的第一个着力点。

从内容来看，手机出版物有三大类型：手机读物、无线音乐、手机游戏（含手机动漫）。那么，手机出版物的产品开发又该如何选择呢？目前，我国手机出版收入主要来自无线音乐、手机游戏而不是手机读物。2005—2006年流行的《老鼠爱大米》彩铃下载的收入达到了5 000万元。也就是说，娱乐化产品在目前我国数字出版产业中占据了非常大的比重。这显然不是理想状态。我们应该通过手机为用户特别是青少年手机用户提供更多更强大的正能量。在手机出版物的内容资源建设上，必须努力提升其内容的品质。例如，手机段子深受用户欢迎，公务员收发的比例最高，但大量的是黄段子、黑段子，缺乏正能量，没有起到应有的教育与励志作用，应该多创作、传播一些绿段子、红段子。中国移动通信集团广东有限公司在2005年率先提出“红段子”，其形式有励志短句、哲理箴言、管理格言、警句良言、真情祝福、幽默小品等。在手机出版物的营销推广方面，必须设法提高手机书报刊、手机文学的市场份额。

手机是最接地气的全民型大众媒体，手机出版的互动性比网络出版更强，在制作手机出版物时应该充分发挥这一传播优势。

案例12—7

中国移动广东公司曾经连续五年举办“红段子”创作大赛，群众广泛参与，截至2010年1月31日，全国参与中国移动“红段子”传播活动的人超过6 000万，转发短信20多亿条。2006年到2007年，中国移动集团与中央文明办以“倡导文明、传递爱心”为主题，

① 任笑元：《工信部报告：去年我国移动电话用户总数达到15.7亿户》，见https://tech.sina.com.cn/t/2019-03-26/doc-ihtxyzsm0596713.shtml，2019-03-26。

开展文明公益短信大赛，全国用户创作、下载、转发的短信累计超过 4 700 万条，产生了 475 万元的通信费；新中国成立 60 周年之际，又举办“祝福祖国”公益文明短信活动，短信数量突破 6 400 万条，产生了 450 万元的通信费。①

再以手机报为例，报社应该大力培养适应手机媒体特点的采编人员，从而以最快的速度把老百姓关心的大事、趣事通过手机发布出去。与此同时，还要在手机用户中积极发展手机报的兼职记者，这样既能获得与人们息息相关的第一手新闻线索，又能调动人们订阅、传播手机报的作用。例如，云南的《玉溪手机报》开设了“彩信我来拍”栏目，每天发表用户通过彩信平台发送的图片（内容涉及突发新闻、精彩瞬间、生活故事等），让用户过了一把“摄影记者”的瘾，收到了不错的传播效果与商业回报。

（二）可以趁热打铁策划、开发数字游戏和原创网络文学，但要履行社会责任

表 12—2 显示，从 2009 至 2017 年，网络游戏收入占我国数字出版产业总收入的比例在 1/8 至1/3 之间。如果加上手机游戏的收入，则数字游戏的收入在数字出版总收入中的比例更大。据《第 43 次中国互联网络发展状况统计报告》（2019 年 2 月发布），截至 2018 年 12 月，中国网络游戏用户规模达到 4.84 亿，网民使用率为 58.4%；手机网络游戏用户规模为 4.59 亿，手机网民使用率为 56.2%。2001 年，上海盛大网络发展有限公司引进韩国网络游戏《热血传奇》（业内简称“传奇”），运营半年后，在线人数突破 10 万，开创了国内网络游戏的“传奇时代”，盛大公司也由此起家发迹。2009 年，完美世界（北京）网络技术有限公司的营业收入为 21.4 亿元，利润 10.4 亿元。网络游戏的商业价值日益凸显。在移动互联网时代，手机游戏具有更广泛的用户基础，是数字游戏的发展大势，所以，曾在 2008 年宣称“饿死也不做游戏”的阿里巴巴集团也不得不在 2014 年初正式宣布进军手机游戏领域。

《热血传奇》官网首页截图

---

① 参见谢麟振、倪健中主编，中国移动通信联合会“红段子”课题组编：《“红段子”现象》，26 页，北京，人民出版社，2009。

从纯产业纯商业的角度来看，无疑应该积极策划、开发数字游戏尤其是手机游戏产品，然而，如果从社会价值的角度来衡量游戏产业，则不得不承认其可能带来的负面效应，如可能会诱使青少年沉湎其中而荒废学业，导致身心发育不健全，甚至走上违法犯罪的道路。游戏对于玩家究竟起到积极作用还是消极作用虽然取决于玩家是否有节制，但指望所有人尤其是未成年人都能理智地玩耍游戏显然不现实。而且，我们这个民族历来就有“玩物丧志”的观念，任何家长都不愿意自己的子女因为沉迷于游戏而堕落。因此，政府部门加强对游戏产业的引导与监管很有必要，游戏产品的策划、设计、制作者履行社会责任也是义不容辞。2007 年 4 月 11 日，原新闻出版总署、中央文明办、教育部、团中央、原信息产业部、公安部、全国妇联、中国关心下一代工作委员会联合发布《关于保护未成年人身心健康实施网络游戏防沉迷系统的通知》，要求各网络游戏运营商从当年 4 月 15 日起在所有网络游戏中试行防沉迷系统。随该通知一起发布的还有《网络游戏防沉迷系统开发标准》和《网络游戏防沉迷系统实名认证方案》，要求通过技术手段对未成年人在线游戏时间予以限制。各网络游戏运营企业理应严格执行。

原创网络文学阅读是数字阅读的题中应有之义，原创网络文学出版产业蛋糕必定越来越大，以盛大文学为代表的中国原创网络文学出版取得的成就有目共睹，网络文学在线收费阅读及其实体图书出版已成为支撑盛大集团赢利的一大增长点。遗憾的是，2010 年 12 月 8 日，中央电视台《消费主张》栏目报道了盛大文学旗下多家网站的内容涉黄，并将其列为网络淫秽色情小说源头。毋庸讳言，在海量的网络文学作品中，确实比较普遍地存在淫秽色情、凶杀暴力和格调低下的低俗、恶俗、媚俗的内容，其中有些内容虽然主观上只是为了大众娱乐、消遣，但其造成的客观后果是相当严重的。例如，2009 年 5 月初，北京市石景山检察院以盗掘古墓葬罪等罪名，对 8 名涉嫌盗窃明代太监景聪墓的犯罪嫌疑人提起公诉。据介绍，这伙人是以畅销网络小说《盗墓笔记》《鬼吹灯》为脚本实施盗墓行动的。盗墓小说客观上助长了一种不健康的社会风气，一定程度上充当了蛊惑、教唆盗墓的教科书。[①] 由此观之，原创网络文学的创作者、策划者、运营商、出版商应该履行社会责任，在自身利益与社会效益发生矛盾的时候，应该宁可牺牲个体利益，也要保障全社会的整体效益。

（三）按需印刷、按需出版既是数字出版嵌入传统出版的楔子，又是传统出版得以继续生存的救命稻草

按需印刷（Print on Demand，缩写为 POD），是数字技术在印刷环节的极好实践。尽管按需印刷的最终产品形态是纸质出版物，但是，其出版物内容的母版是以二进制代码形式存在的，其复制品又能实现零库存，因而按需印刷也被视为数字出版。“按需出版”的说法更强调个性化服务的完整性，即不只是在印刷环节提供个性化服务，而是从选题、组稿到印刷、发行等整个出版过程都提供个性化服务。显而易见，按需印刷、按需出版特别适合断版图书、短版图书和具有很强个性化特点图书的出版发行。美国的英格拉姆集团公司早在 1997 年就成立了闪电印刷公司（Lightning Print Inc.，2000 年更名为 Lightning Source Inc.），最先采用按需印刷技术印制图书。几乎与此同时，日本、德国、法国、以色列等国家也积极开展按需印刷。德

① 参见谭丽：《盗墓小说助长破坏文物风　专家呼吁：严审盗墓小说》，载《世界新闻报》，2009-05-08。

国贝塔斯曼出版集团对于 2 000 册以下印数的图书已采取按需印刷的方式。在我国，也有一些出版单位积极尝试基于按需印刷的数字出版模式。2004 年是我国按需印刷、按需出版从概念迈向操作的标志性年份。

案例 12—8

2004 年，知识产权出版社下属的北京中献拓方科技发展有限公司（该社数字出版部）正式启动了我国首项按需出版工程，致力于数码印刷在出版行业及商业领域的应用推广。该社筛选出民国时期近万种很有价值的图书，为国内外 100 多所高校图书馆提供了按需印刷的数字化复制服务（如每种印 60 册），还开展了图书馆馆藏补缺业务，补缺的图书包括水利水电类、防震减灾类、预防艾滋病类等多个专题；与数十家出版社建立长期合作关系，推动按需出版，例如，为中国宇航出版社建立断版图书数据库，实现先销售，后印制，即需即印，满足读者对专业图书的需求，为大象出版社承担制作大型套书《民国史料丛刊》的数据处理任务，成为 POD 的经典之作；采用数字印刷方式出版中国专利文献的纸载体公报和说明书，实现了定制化的专利文献印制服务。该社已为图书馆、大学、研究机构按需出版和恢复出版图书数千种，如《傈僳族语言文化研究》《符号·性别·遗产——苗族服饰的艺术人类学研究》《我的四种消费品理论》《茅盾译文全集》《粟裕战争回忆录》等。总之，该社是国内按需印刷、按需出版领域第一个吃螃蟹者。与积极开展按需印刷、按需出版紧密相连的是，知识产权出版社开通了“来出书”平台（详见下文介绍）。知识产权出版社是我国专利文献的法定出版单位，我国每年新出的专利文献尽管多达 30 万种甚至 40 多万种，但每种文献的需求量只有几份到一二百份不等，在传统出版方式下，该社经济效益之差可想而知，所以每年都需要国家补贴。2002 年年底，该社提出按需出版专利文献的理念，2004 年正式启动按需出版工程，积极开展数字印刷、数据处理、网络出版业务，取得相当不错的业绩，并对国内按需印刷、按需出版的发展产生了引领、示范作用。

知识产权出版社 2014 年 3 月参加第七届中国（深圳）文化产业博览交易会展台全貌

困扰传统出版的最大难题是库存严重，单就此而言，按需印刷、按需出版对传统出版的影响即是革命性的。完全可以说，按需印刷、按需出版是数字出版给予传统出版的最大贡献，也是传统出版在数字技术背景下继续存在并发展的根本途径。积极开展按需印刷、按需出版业务，既是传统书刊出版主动介入数字出版的举措，也是传统书刊出版力图自救的行为。与其他的数字出版类别相比，按需印刷、按需出版既具有数字出版的本质，又具有传统纸质出版的形态。这种混合的特色，既能满足传统出版人对纸质出版物的迷恋、执著，又能使其与时俱进地投身于数字出版的大潮中，可谓两全其美。而且，数字印刷技术日益成熟，数码印刷机的价格日益便宜，最早引入中国时3 000万元，后来最便宜的只有几十万元，现在一二百万元的数码印刷机已经很好了，印装一体化也没有问题了。也就是说，技术与价格已经不是开展按需印刷、按需出版的阻碍了。传统出版单位没有理由不积极开展按需印刷、按需出版业务！

（四）在大数据时代，提供信息、资讯、情报咨询与服务的网站、网络出版物很有市场前景，应该大力开发

2013年3月1日公布的IDC数字宇宙报告《大数据，更大的数字身影，最大增长在远东》显示，随着全球范围内家用电脑、智能手机等设备的普及和新兴市场内不断增长的互联网访问量，以及监控摄像机、智能电表等设备产生的数据暴增，数字宇宙的规模在2012到2013两年间翻了一番。预计到2020年，数字宇宙将每两年翻一番，人均数据量将达到5 247GB。该报告还显示，尽管数字宇宙前所未有地不断膨胀，但仅有0.4%的全球数据得到了分析。由此可见，大数据的应用几乎是一块未被开垦的处女地。[①] 如何盘活数据资产，使其为国家治理、企业决策乃至个人生活服务，是大数据时代的核心议题。

在大数据时代，数字出版理应而且完全可以大有作为。在数据挖掘、处理、分析的基础上，密切针对团体或个人用户的信息、情报需求，提供专业化、精准的咨询与服务（包含信息技术服务），有两个基本的途径：一是建立有关的网站，二是制作有关的网络出版物。国内有关大数据的知名网站有百分点（国内第一家专注于大数据与推荐引擎的互联网技术公司——北京百分点信息科技有限公司的官网）、中国大数据（国内最早的公益性大数据网站）、大数据中国（国内最大的大数据资讯门户网站）等。国内著名的专业性的产业信息咨询、服务网站有中国产业研究网（简称中研网，中国领先的产业研究专业机构中研普华集团旗下最具影响力的网络服务平台）、中商情报网（国内专业的第三方市场研究机构和企业综合咨询服务提供商）等。

在提供信息、资讯、情报服务的网络出版物制作方面，一方面要继续大力建设各种专题专业性的数据库，事实型数据库的建设在大数据时代尤为迫切；另一方面要积极开发各行业的调研报告，供用户在线或下载阅读（当然也可满足纸质阅读）。

案例12—9

中研网汇聚全国各大市场研究信息、生产商的研究成果，为各行业企业客户有偿提供中研普华研究报告与咨询服务。中商情报网也有偿提供各行业研究报告与咨询服务。它们提供的研究、咨询、规划报告包括以下类型：市场调查研究报告（如《2019—2025年中国医疗养老行业竞争分析及发展前景预测报告》）、可行性研究报告（如《2019—2025年版新

---

① 参见CC：《IDC：大量有效数据正在丢失　全球仅分析0.4%》，见http://storage.ctocio.com.cn/391/12553391.shtml，2013-03-01。

媒体项目可行性研究咨询报告》）、商业计划书（如《2019—2025 年版自助餐项目商业计划书》）、产业园区规划报告（如《2019—2025 年版手机产业园区定位规划及招商策略咨询报告》）、上市咨询报告（如《2019—2025 年图书出版市场投资机会及企业 IPO 上市环境综合评估报告》）、政府产业战略报告（如《2019—2025 年数字出版行业深度分析及“十三五”发展规划指导报告》）、兼并重组研究报告（如《2019—2025 年版婴童经济行业兼并重组机会研究及决策咨询报告》）、投融资态势与策略报告《如《2019—2025 年动漫行业风险投资态势及投融资策略指引报告》）等。这些报告都有中文版和英文版，都有电子版和印刷版，价格少则 5 500 元，多则 35 500 元。

中研网研究报告网页截图

随着大数据挖掘、处理技术的不断提升，海量数据在经过精确分析后会诞生出巨大的社会价值与商业价值。大数据分析与挖掘正走进数字出版。“处于大数据时代的数字出版，在大量繁复的信息内容中，探索数字出版领域新型产品、服务、商业模式与投资机会，将是全新挑战。”① 数字出版从业人员必须积极应对此挑战。

（五）在图片、影像和有声读物时代，图片、视频与有声读物方面的数字产品深受欢迎，可以积极推出

读图时代、影像时代的出现是必然的。图像直观、形象，是抽象概念的具体化表述，是逻辑关系的形象化解读，具有降低文化传播门槛、增强信息传播效果的作用。阅读图片、影像适应了现代消费社会人们对物质欲望的感官需要，尤其成了青少年一种主要的阅读方式。新媒体

① 中国数字出版产业年度报告课题组：《“破局”之年的数字产业——〈2012—2013 中国数字出版产业年度报告〉速览》，载《中国报业》，2013（15）。

极大地丰富了视觉符号的记录方式，图像处理技术的发展使图像实现了无障碍传输，使得散落在各处的图像数据可以有机地关联在一起。在此背景下，可以积极开发图片与视频方面的数字产品。

目前国内的图片网站、图片数据库主要有四类：一是新闻图片类，如中国新闻图片网、中国全球图片总汇、人民图片网等；二是综合性图片类，如天堂图片网；三是美女、人体艺术图片类，如美女图片库；四是娱乐、动漫图片类，如天极图片、游戏爱好者游戏图库。现有的不少图片网站、图片数据库充斥着品位低俗甚至色情淫秽的图片。应该多建设一些富有文化底蕴、高雅情趣的专业性、专门性图片网站、图片库。例如，中国知网开通了学术图片库，中国社会科学网的资讯栏目开辟了学术图片频道，北京晚报社建立了富有北京都市特色的北晚新视觉网，山东画报出版社建设了《老照片》网站，优美图网站定位于少女用户时尚文艺类图片分享社区。

2005—2008年是我国视频网站的起步阶段，2011年以后进入高速发展阶段。根据百度网对各视频网站流量的统计，2014年国内十大视频网站依次是：爱奇艺、56网、乐视网、搜狐视频、腾讯视频、优酷网、凤凰视频、PPTV、土豆网、央视网。从传播的内容来看，现有视频可以划分为五类：一是影视娱乐视频，二是新闻时政视频，三是社会民生视频，四是教学培训视频，五是知识秀视频。影视娱乐视频与新闻时政视频最早出现且数量最为庞大，社会民生视频蔚为大观，教学培训视频方兴未艾，知识秀视频正呈现星火燎原之势。优酷网于2012年3月开播的《晓说》是国内第一档由视频网站自制的知识类名人脱口秀节目，说历史、评人物、论文化、谈热点、看世界，但主讲嘉宾高晓松是艺人，讲授的内容经常涉及娱乐，如奥斯卡颁奖游戏规则、欧洲杯赌球“阴谋”等，可见它并非纯正的知识类脱口秀节目。

案例 12—10

2012年12月上线的《罗辑思维》是真正意义上的知识型脱口秀视频节目。这是因为，主讲人罗振宇是资深媒体人和传播专家；《罗辑思维》的口号是“有种、有趣、有料”，旨在以“身边的读书人”形象成为一代中国人的成长伴侣，引导独立、理性的思考；讲授的话题与内容大都是人文历史方面的，如曾国藩成功学、南明为什么扛不住、他真的拯救了美国、被误会的租界、中国从哪里来等；每期视频都推荐了一些很专业的图书，如《第三帝国的兴亡》《十字路口的中国经济》《顾准文集》《戊戌变法史事考》《互联网时代的知识分享》等。截至2014年6月，《罗辑思维》通过两次会员招募获得了近3万会员的近千万元会费收入。《罗辑思维》迅速成长为互联网知识社群第一品牌，从2017年3月起，节目全面改版，改由音频、APP和微信公众号继续提供知识服务。

这种知识秀视频的社会价值毋庸赘述，商业价值也绝对不可轻视。2014年，由火爆网络视频延伸出来的图书（如《侣行》《晓说》等）成为图书市场一大亮点，这又会促进网络视频的进一步发展。一般来说，视频的选题定位应该走专业化、专门化道路，如万方医学网拥有

930 多部医学视频，中国知网开发了“三新农”视频库。

21 世纪以来，有声读物的发展进入数字化有声读物阶段。有声读物的网络传播尤其是移动互联网传播正成为具有无限潜力的产业。从 2011 年起，移动音频分享平台不断涌现。2013 年 3 月，喜马拉雅 FM 手机客户端上线，迅速发展成为音频行业的佼佼者，对音频行业产生了示范效应。对音频场景的把握和适配，是喜马拉雅 FM 运营的出发点和归宿点。喜马拉雅 FM 通过场景构建而迅速崛起，这对音频行业乃至整个传媒业的运营、发展都有可资借鉴之处。“无论是音频行业，还是其他传媒企业，都应当想方设法提高场景化服务水平。所谓场景化服务，是指企业通过各种技术手段，在收集和分析用户数据的基础上，锁定其特定场景，进而提供精准的个性化服务。”①

数字出版发展至今，产品的形态往往以视频、音频、微信公众号、APP 以及线下图书销售等多元化形态呈现。国内首档财经脱口秀视频节目《吴晓波频道》获得成功后，又开设了同名音频电台节目，采用微信公众订阅号、书友会等互动形式，2016 年 7 月又推出国内首个付费专辑音频节目《每天听见吴晓波》，从而形成多媒介、多渠道的著名互联网财经社群。2018 年，原国家新闻出版广电总局启动“有声读物精品出版工程”。借此东风，可以大力策划、制作音频数字产品。

（六）面向数字教育前沿，踊跃开发数字教育产品

就纸质出版而言，教育出版约占我国整个出版市场的 70%。庞大的市场需求为数字教育出版的发展提供了前提条件。教育部于 2012 年 3 月颁发的《教育信息化十年发展规划（2011—2020）》提出了“到 2020 年，基本实现教育现代化”的战略目标。教育信息化是教育现代化的重要标志，而教育数字化是教育信息化的必然要求。2014 年被称为“数字在线教育元年”。数字教育正迎来发展高峰。积极开发数字教育产品，占领数字教育出版的制高点，是应对教育数字化浪潮的必然举措。

从技术的层面来看，数字教育产品的品种繁多，有教育网站、网络版教材教辅、手机版教材教辅以及各种电子阅读终端上的教材教辅。北京绩优堂教育科技有限公司（其官网为绩优堂）主持策划了网络教辅、智能教辅、错题笔记三位一体的产品体系，其“智能教辅”产品将教辅书与互联网无缝对接，解决了传统教辅内容无法及时更新、缺少动态讲解等问题，将“死书”变成了“活书”。学生用户遇到重点、疑点、难点问题时，只需简单地输入一串代码，或用手机扫一扫，即可得到精准的视频解析。

数字教育产品的研发和数字教育出版的发展，除了继续关注教育网站和与之密切相关的网络教材教辅，以下三个领域更值得投入人力、财力、物力：一是手机教辅，二是电子书包，三是 MOOC（慕课）和 SPOC（可译为“私播课”）课程。手机教辅的涌现是移动互联网时代必然出现的教育景观。“由于移动互联网的迅猛发展，数字教育也将向移动化、碎片化发展，移动互联网的知识学习、教育学习类 App、微课堂等数字产品形式，MOOC、O2O 等数字教育模

---

① 参见易图强、钟贞慧：《喜马拉雅 FM 场景构建的路径与启示》，载《中国编辑》，2019（4）。

式，有望成为新生利润增长点，同时数字教育领域的投融资也将迎来高峰。”① 手机教辅的种类有手机教辅书、手机学习报、手机教育期刊、手机教育视频（微课堂）等。例如，《课堂内外》杂志推出《中学生学习手机报》，这是国内第一份针对中学生群体制作的手机报；天闻数媒科技（北京）有限公司推出了花季学英语手机报。无论哪种手机教辅，目标学生用户都可以通过手机快捷地获得他所需要的文字解答及其视频解析。目前全球有 50 多个国家和地区试点推行电子书包，香港在 2001 年就进行了试点及推广，我国内地的电子书包还处在起步阶段，但越来越多城市的中小学在试点使用。内地的枣尚、汉王、方正、天闻数媒等科技公司都研发了电子书包。

MOOC 源于国外，英文全称为 Massive Open Online Course，意为“大规模开放性在线课程”。2008 年产生于加拿大，最重要的突破发生在 2011 年秋，当时来自世界各地的 16 万用户注册了斯坦福大学的“人工智能导论”免费课程。慕课在中国同样受到了很大关注。Coursera（世界上最大的慕课平台）的数据显示，2013 年 Coursera 上注册的中国用户有 13 万人（位居全球第九），而在 2014 年达到了 65 万人，增长幅度远超其他国家。目前国内的慕课平台有慕课网（专注于 IT 技能教育）、中国大学 MOOC、酷学习（基础教育慕课公益免费视频网站）等，慕课学习社区有果壳网旗下的 MOOC 学院（最大的中文慕课学习社区）、Coursera 网易公开课（Coursera 官方中文学习社区）等。SPOC 是相对于 MOOC 而言的，英文全称为 Small Private Online Course，意为“小规模限制性在线课程”。它采用讲座视频、在线评价等方式，并继承传统的实体课堂教学的优点，对慕课这一网络教学形式进行改良，实施翻转课堂教学。换言之，SPOC 是一种在线网络教学与线下课堂教学有机结合的混合式教学模式。实践证明，SPOC 可以真正促进教学相长，学生的自由度与自主性都大大增强，教师可以真正做到因材施教。有专家指出，SPOC 至少在四个方面具有 MOOC 无法比拟的优势：一是完美适应了精英大学的排他性和追求高成就的价值观；二是成本较低，且能用来创收，提供了 MOOC 的一种可持续发展模式；三是重新定义了教师的作用，创新了教学模式（与 MOOC 使教师有机会服务于全球，在专业领域扬名立万不同，SPOC 让教师更多地回归校园，回归小型在线课堂）；四是更加强调学生完整、深入的学习体验，有利于提高课程的完成率。② MOOC 和 SPOC 都是数字教育最前沿、最前瞻的形式，都值得花大力气研发新产品，但相比之下，MOOC 更适合面向全国乃至全球的大学通识教育和社会培训，SPOC 则更适合于各个学校的专业教育和内部培训。对于中小型出版商、技术商、运营商来说，在开展数字教育出版的起步阶段，致力于 SPOC 产品的研发、推广应该是务实而稳妥的举措。北京超星尔雅教育科技有限公司即是这样的一家公司，为各类学校、科研单位和教育培训机构提供扩展性强的在线教育系列课程与全套技术服务解决方案，取得了不错的效果。

---

① 中国数字出版产业年度报告课题组：《2013—2014 中国数字出版产业年度报告摘要》，载《中国新闻出版报》，2014-07-18。

② 参见康叶钦：《在线教育的“后 MOOC 时代”——SPOC 解析》，载《清华大学教育研究》，2014 (1)。

二、原生型数字出版物产品开发应遵循的准则

在原生型数字出版物的产品开发中，应该遵循以下四个准则。

（一）新媒体运营商、平台商、技术商与终端商要重视对原创内容的自主开发

与纸质出版物的数字化相比，原生型数字出版物的最大不同在于内容的原创性，所以，开发具有自主知识产权的内容是原生型数字出版物选题策划的首要任务。新媒体技术商、运营商、终端研发商本身没有或缺乏内容资源，因而在起步阶段奉行“拿来主义”无可厚非，但随着内容提供商版权意识的觉醒和媒介融合的不断发展，新媒体迟早会在内容方面受制于人。以网络视频为例。国内的视频网站原来热衷于从电视台购买流行节目来播放，可是从2012年起不得不开始自制节目，因为越来越多的电视台不再愿意将品牌节目拱手相让，而宁可放弃短平快的巨额转让费，也要建构自己的视频网站。例如，湖南广播电视台全力打造芒果TV，这是湖南广播电视台旗下唯一的互联网视频供应平台。从2014年4月下旬起，湖南广播电视台实施芒果独播战略，即湖南卫视原创节目内容不再对外分销互联网版权，所有自有版权内容只在芒果TV视频网站、芒果TV互联网电视、芒果TV手机电视、湖南IPTV（交互式网络电视）播出。2015年，芒果TV全面启动独播战略，全网独播湖南卫视节目内容，包括经典栏目《快乐大本营》《天天向上》、王牌栏目《爸爸去哪儿》《我是歌手》和新生栏目《我们都爱笑》《花儿与少年》等。这样就把许多等米下锅的视频网站逼上了绝路，研发自制节目是其必然选择。土豆网与56网成立伊始即定位于原创，是很有超前眼光的。以2007年搜狐视频上线《大鹏嘚吧嘚》为发端，2012年以来许多视频网站开始自制脱口秀节目，如优酷网的《晓说》与《老友记》、腾讯视频的《夜夜谈》等。“各大视频网站忙着发力自制栏目特别是脱口秀节目，也是借由原创节目培养自身品牌形象、突破版权流量之争，更重要的还是寻求差异化路线。”①

“内容为王”是传统出版的王道，也终究会是数字出版的王道。任何形态的数字出版，以任何终端呈现的数字出版物，如果想保持可持续发展，都不能不在内容的原创方面花大工夫下大力气。只有拥有新颖、独特、优质的原创内容，数字产品才能在激烈的竞争中占据更大的市场。完美世界公司总裁竺琦指出：“我们认为原创是网游最终的价值来源。……非原创的网游产品对企业自身来说难以形成长期价值，这也就是为什么完美世界一直坚持原创，坚持自主创新的最根本出发点。”② 正是基于对原创内容的高度重视，该公司研发了众多拥有自主知识产权的网游精品，成为在中国乃至海外都享有知名度的网络游戏企业。也正是基于对内容资源重要性的认识，2007年5月底，中国移动梦网宣布与17K、幻剑书盟、红袖添香等知名原创文学网站合作，共同打造“梦网书城”频道，2008年奥运会期间又推出奥运手机报。新媒体运营

---

① 力传媒：《视频网站自制脱口秀节目盘点》，见 http：//blog. sina. com. cn/s/blog _ 6a6723a70101fe66. html，2013-05-23。

② 转引自张阿源：《“完美即是世界”：创造世界的娱乐梦想——完美世界（北京）网络技术有限公司》，见新闻出版总署科技与数字出版司编：《实践·探索·启迪——数字出版案例选编》，190页，北京，中国书籍出版社，2011。

商、平台商、终端商以及技术商直接涉足数字出版物的内容生产，对传统出版单位开展数字出版是严重冲击，但对中国数字出版产业的发展绝对不是坏事。

（二）右手内容、左手技术是开发数字出版物的基本理念

相对于新媒体的技术商、运营商来说，传统媒体经营者（图书出版社、期刊社、广播电台、电视台）拥有丰富的内容资源，但缺少技术。而数字出版、数字传播恰恰是技术发展的结果，没有数字技术就没有数字出版、数字传播，技术成了数字出版、数字传播生产力的核心要素。因此，谁掌握了数字技术，谁就能拥有数字出版、数字传播的话语权，谁就能控制数字出版、数字传播的利益链。数字技术自产生至今是否已经成熟到可以停滞不前的水平呢？显然不是！虽然数字技术的发展日新月异，但我们相信，它还只是处在“少年”阶段。传统的印刷技术从诞生、发展到成熟经历了雕版印刷、活字印刷、机械印刷三大阶段，时间前后持续了约3 000年之久。而新兴的数字技术自诞生至今也就60年左右，离定型成熟为时尚早矣。数字出版必将随着数字技术的不断改进而不断发展。电子书阅读器的价格之所以居高不下，就是因为E-Ink（电子墨水）显示屏技术成本过高。这一关键技术的被垄断，正表明数字出版技术的空间仍然无限。E-Ink技术的真正成熟之时就是其普及之时，这一技术的普及之时才是电子书阅读的真正普及之时。其他数字出版技术对数字出版产业发展的影响也同样如此。例如，电子书包的技术平台与行业标准不统一，是导致电子书包在全国未能迅速推广开来的重要原因。正如电子书包行业专家指出的那样：“市面上大多数电子书包厂商均是做硬件设备的，很少有教育专家加入，使用的技术平台不统一，不能完全贴合师生的实际教学需求。老师不仅对电子书包里的内容资源有较高的要求，同时对操作界面、课堂教学功能等有自己的需求，这些需求可以完全体现在技术层面。如果市面上电子书包的技术不统一规划，这个学校的电子书包是这样，那个学校的电子书包是那样，参差不齐，良莠不一，则容易造成教学人员的反感，不仅不能很好地推广到学校教学当中去，还有可能让教学人员以此为理由排斥使用它进行教学。”① 原创网络杂志（电子杂志）的阅读器不能兼容，也抑制了读者阅读的积极性。2012年以来，柔性显示、增强现实（Augmented Reality，简称AR）、3D打印（三维打印）等新技术受到广泛关注，新技术的应用必将开启数字出版全新业态。

由此观之，在未来相当长至少是可以预见的时间里，新媒体技术商、运营商仍然会在整体上主导数字出版、数字传播。因而，右手内容、左手技术应该成为发展数字出版产业的基本理念，内容商与技术商、运营商互利共赢应该成为开展数字出版业务的基本理念。数字出版产业链的任何一端都要力争做到三点：扬长避短、互利合作、奋起直追。对于传统媒体经营者来说，必须树立内容与技术并重的观念，决不能固守内容生产商、供应商的角色，还要引进数字技术，对传统出版流程进行再造与优化，并积极创造条件直接开展数字出版业务，上文介绍的知识产权出版社和湖南广播电视台就是这样的典型。对于新媒体经营者来说，一方面要进一步做精数字出版与数字传播技术，进一步做强数字出版和数字阅读平台，进一步做好数字出版的

---

① 《专访天闻数媒：电子书包应用到教学面临的十大挑战》，见 http：//www.ceiea.com/html/201212/201212141122417614.shtml，2012-12-14。

设备与数字阅读的终端，另一方面，必须重视对数字出版、数字阅读原创内容的自主开发（详见下文论述）。

(三) 内容与媒介匹配是数字产品开发必须遵守的一个基本原则

如上所述，数字出版物的类型多样，包括电子书、电子杂志、网络游戏、数据库、视频、手机出版物，等等。它们虽然都是数字产品，但信息组合的方式与消费者定位是有差异的，所以，在数字出版物的选题策划中必须基于内容资源与目标用户的不同需要来确定最合适的数字产品形态。换言之，数字产品开发必须遵守一个基本原则：内容与媒介匹配。更明确地说，必须根据阅读终端的特点为目标用户量身定制数字产品的内容。

例如，如果选择手机为阅读终端来开发手机读物，那么，优先选择的内容资源不应该是图书和期刊，而应该是报纸。因为，书刊的内容不太适合在零碎的时间通过手机来阅读，而报纸比较适合，于是手机报业务发展迅猛。段子具有最广泛的社会基础，与手机这一最大众化的传播媒介一拍即合，故手机段子风靡大江南北。故事这一体裁具有广泛而深厚的群众基础，通过手机进行传播也可谓珠联璧合。《今古传奇·故事版》早在 2008 年就推出了《传奇手机故事报》，全面传递《今古传奇·故事版》的核心优质内容。后来，《文学故事报》和天闻数媒科技（北京）有限公司等也推出了手机故事报。图片、社会民生新闻、娱乐八卦新闻也很适合通过手机传送。如果想通过手机推送小说，就应该优先选择直白浅显的通俗小说，而且题材最好是武侠、言情、玄幻方面的。如果要开发手机游戏或手机动漫，就只能选择休闲性的小游戏、小动漫。家用电脑、平板电脑、手持式阅读器等各终端也都有与其最相匹配的内容资源，如数据库最适合在家用电脑上呈现，平板电脑特别适合外出旅行时观看电影和电视剧，知识类视频更适合在家用电脑上推送，手持式阅读器最适宜的内容无疑是电子书。

(四) 注重用户体验，强化互动性

较之于传统出版，数字出版一个极其重要的特点是交互性很强。2010 年以来，在 QQ 的基础上，微博、微信等微传播又先后神速推广开来，爆发出巨大的影响力与公信力，在大众传播中的作用与地位日显重要。交互性或互动性，原本就是反映数字出版、数字传播本质内涵的一个关键词，以微博、微信为标志的社交化传播的突飞猛进更充分地印证了这一点。

有鉴于此，在数字产品的开发中必须高度重视用户体验，强化互动性。为此，起码要做到三点：第一，更新要及时；第二，重视用户的反馈信息；第三，加强在线服务。例如，厦门十点文化传播有限公司的公众微信平台“十点读书”，每晚十点之后都会更新好书、美文、书摘、书店等与书相关的信息；采纳用户的意见，在功能菜单中增加投稿栏目，编辑从中选取优秀文章并将其推荐到平台上；查看用户的每条留言，并尽量回复。如此良性互动赢得了用户好评，留住了用户。

第四节 数字出版物与传统出版物选题策划的区别[①]

首先必须指出，不管出版物的形态如何变化，出版物作为知识、信息、思想、科学技术载体的内涵都是不会变化的，作为精神文明成果重要表现形式的功能都是不会改变的，故而数字出版物的选题策划同样要以传播、传承文化为终极目标，同样要有“内容为王”的根本信念。数字出版物同样具有精神性和商品性的双重属性，但精神性仍然是其本质属性，所以，数字出版物的选题策划同样要坚持以社会效益为主，并力求实现社会效益与经济效益有机结合的指导思想。发展文化产业背景下的数字出版物选题策划无疑也要把面向市场、面向读者作为基本取向。由专门机构推出的数字出版物的整个生产、流通过程同样要经过作者的创作，编辑人员的策划、加工和销售人员的发行、推广等环节，同样离不开编辑人员的创造性劳动，因而数字出版物选题策划人员同样要具备传统出版物选题策划人员必须具有的一些基本素质与能力，如广博的知识面、灵敏的嗅觉、开放的心态、与时俱进的观念、创新的思维与方法。凡此种种，都是数字出版物选题策划与传统出版物选题策划的共同之处，对此不予赘述，下面只试图论述二者的不同之处。

一、传统出版物选题策划几乎全是内容层面的策划，数字出版物选题策划必须高度重视技术层面的策划

传统出版物（主要是指纸质出版物）的技术含量体现在印刷工艺的高低、纸张的好坏、装订质量的高低、开本的合适与否、插图质量的高低、版式设计美观与否。纸质出版物选题策划应该考虑这些技术层面的要素，但主要考虑的显然是内容层面的要素，如题目、读者对象、主要特色、内容概要、作者人选、体裁、体例、篇幅、表述方式与风格等。纸质出版物的使用价值主要是为读者提供知识、信息、思想，读者购买和阅读纸质出版物的主要动机也是想从中获得这些内容，所以，“内容为王”成为传统出版业界流行的共识。数字出版物则有很大不同。它是当代高新技术孕育的宁馨儿。没有计算机技术，哪有数据库？没有互联网技术，哪有网络游戏、网络在线阅读？没有移动通信技术，哪有手机段子、手机彩铃？没有移动互联网技术，哪有手机上网阅读？在数字技术背景下，同样内容的出版物可以用多种格式存储，也可以用不同的终端发布。而不同的格式、不同的终端，都与相应的技术相连。数字出版是与数字技术紧紧捆绑在一起的。因此，数字技术企业成为引领我国数字出版产业的主导力量。对于正在蓬勃发展的数字出版产业来说，“技术为王”的说法是有道理的。正如上文所说，在数字技术还远未定型、成熟的现阶段和可以预见的未来，技术主导数字出版、数字传播的格局仍然不会

---

① 本节内容以《数字出版物与传统出版物选题策划比较研究》为题发表在《山东理工大学学报（社会科学版）》2015年第5期。

改变。

数字出版物具有很高的技术含量，这对数字出版物的选题策划提出了新的要求。数字出版物的选题策划人员不仅要关注内容层面的策划，以保证内容的质量，而且要考虑数字技术的运用，以顺利实现数字内容产品的开发。例如，必须考虑文件的格式（doc、pdf、ppt、ps、xml、epub、txt、html 等），必须考虑用户的阅读终端（家用电脑、平板电脑、手机、专用电子阅读器等），必须考虑不同文件格式在不同的阅读终端上能否兼容等。

案例 12—11

湖南省青苹果数据中心有限公司采用的数字出版技术主要有版面识别重构技术、基于互联网的双平台资源共享检索技术、双编三校的数据校对技术、青苹果造字法、国家标准新闻分类法、背景透层检索、多种文件格式制作能力、“四合一”电子报刊技术平台等。如果没有这些技术手段做支撑，该公司就很难在 20 年间完成了 100 多项国内外大型数据库工程，成为行业的领先者。[①]

总之，相对于传统出版物选题策划来说，数字出版物选题策划必须高度重视技术层面的策划。

一般而言，传统书刊策划编辑需具备两方面的知识、技能：所策划书刊领域内的专业知识和书刊编辑出版技能。数字出版对策划编辑提出了新的要求：熟练掌握数字开发、应用技术。培养既具备学科专业知识，又懂编辑出版，还精通数字技术的复合型人才绝非一朝一夕之功。为了解决数字出版的需求与传统出版单位数字出版人才短缺之间的矛盾，上海外语教育出版社在全媒体外语教材开发中采取了新的选题策划制度——双策划制，即一个出版物项目的开发由两位策划编辑负责，一位是传统策划编辑，另一位是技术策划编辑。实践证明：“双策划制能切实满足全媒体出版物的选题策划要求，打造优质、成功的选题。”[②] 传统策划编辑和技术策划编辑在共同工作的过程中互相学习，取长补短，有利于更快地造就更多的适应全媒体出版经营需要的复合式出版人才。显而易见，双策划制可以推广到整个传统出版、传媒行业。

二、传统出版物选题策划几乎只局限于单一媒体形态，数字出版物选题策划往往覆盖全媒体

我国出版、传媒体制是条块分割的。2013 年春新闻出版总署与国家广播电影电视总局合并为国家新闻出版广播电影电视总局，但 2018 年春这一机构又调整为国家新闻出版署（在中宣部加挂牌子）与国家广播电视总局，电影则归口文化与旅游部。与这一格局相适应的是，传统出版物的选题策划乃至整个传媒业的策划活动也几乎都是面向单一媒体的，如图书选题策划面向出版社，期刊策划主要面向期刊社，新闻策划面向报社，电视策划面向电视台，广播策划

① 参见青晨：《厚积薄发　创新推动数据库出版发展——湖南省青苹果数据库中心有限公司》，见新闻出版总署科技与数字出版司编：《实践·探索·启迪——数字出版案例选编》，183 页。

② 牟丽：《双策划制：数字出版时代外语教材选题策划新思路》，载《编辑之友》，2012（5）。

面向广播电台。这一格局从已经出版的众多选题策划、传媒策划著作就可以反映出来，如《图书选题策划案例教程》《图书策划编辑实训教程》《期刊的选题策划》《大众期刊运作》《新闻策划论》《报纸策划艺术》《广播节目策划论》《电视策划学》《电视剧策划艺术论》等。自20世纪90年代后期以来，随着媒体之间的互动性日渐增强，一部分先知先觉者尝试了涵盖不同媒体之间的策划，书与刊之间、电视台与图书之间、书与报纸之间、电影与书之间开始共享某些优势、强势内容资源，最著名的是一些出版社与中央电视台的《百家讲坛》栏目合作出版图书，还有众多出版社热衷于策划出版影视文学图书。可是，这种不同媒体之间的互动性策划实践是局部的，根本不足以撼动条块分割的全局。

数字出版、数字传播开始从根本上动摇这一格局。在数字出版、数字传播起步和初步发展的阶段，网站、手机、电子书阅读器、平板电脑几乎只能从传统媒体获取内容资源，这拉动了新媒体与传统媒体之间的合作。新媒体日益彰显出巨大的辐射力、影响力，迫使传统媒体主动扩大、深化与新媒体的合作，甚至直接创建、运营新媒体。新媒体的大发展，推动原已存在的媒介之间的互动走向了媒介之间的融合。在媒介融合时代，即使是传统出版物的选题策划也应该延伸到全媒体，数字出版物的选题策划岂能不覆盖全媒体？

传统纸质出版物的文本一般是纯文字的，有些还插入了图片、图形，然而，数字出版物一般是集文字、图片、图形、声频、视频、数字代码等各种形式于一体。数字出版物的这种多媒体品质使其适合在各种新媒体发布与传送。一般情况下，数字出版物选题策划的目标产品不能只停留在纯文字或者再加图片、图形的层面，而应该是综合了文字、图片、图形、声频和视频的多媒体产品。必须强调，策划多媒体产品仍然只是数字出版物选题策划的低级阶段，策划全媒体产品才是其高级阶段。已经约定俗成的“多媒体”的含义是，出版物中的知识、信息是用文字、图像、声频、视频、数字代码等多种符号表述的，这里的“多媒体”实际上是指表述知识、信息的多种符号，“多媒体出版物”是相对于纸质出版物往往只以文字表述知识、信息的单一形式而言的。可见，所谓“多媒体出版物”的准确说法是“多表述符号出版物”（可简称为“多符号出版物”）。数字出版物当然应该是这种“多符号出版物”，但现在正流行的“全媒体”（如“全媒体出版”“全媒体传播”“全媒体营销”）是指同一种产品在多种不同的媒体上出版、传播，或者利用多种不同的媒体来进行营销，具备这种特质的出版物是全媒体出版物。不言而喻，这种“全媒体出版物”才是名副其实的“多媒体出版物”。在媒介融合时代，策划出版全媒体出版物应该成为选题策划人员的自觉追求，传统出版物的选题策划也应如此，数字出版物的选题策划更是理所当然。

三、传统出版物选题策划经常遭遇印数（或发行量，或销量）的困扰，数字出版物选题策划面临的复制和发行、销售压力大为减轻

传统出版物（包括纸质出版物和传统的音像电子出版物）需要经过印刷、压制、复制等环节进行批量生产后才可以进入市场销售。可是，批量生产多少是个特别劳心伤神的问题，因为，谁也无法神机妙算出一本书的起印数究竟应该是多少。印多印少都会造成损失，尤其是印多了就会出现积压库存，这对已经成为企业的出版社来说简直是噩梦。于是，在传统出版模式

下，一些优秀选题（往往是学术理论选题）因为达不到保本印数而无法列入选题计划，一些优秀书稿因为征订数少而不能出版，一些学术期刊也因为发行量少而停办，有的畅销书刊又因为加印不及时而未能充分满足市场、读者的需要。

然而，数字出版特别是按需印刷、按需出版则不会出现这样的问题。在以网络数据库为代表的数字出版物的出版过程中，繁杂的印刷、压制等生产环节被“数字化拷贝”代替，复制流程得以简化。例如，如果某一家图书馆或科研机构购买了中国知网的数据库资源，中国知网只需将使用权限向其开放即可。更关键的是，数字出版物的生产批量大大降低。就按需印刷、按需出版而言，从理论上说，1册就可以起印；从实践来看，起印200册已经相当划算。上述知识产权出版社在按需印刷、按需出版方面取得了很不错的业绩，这是传统出版企业的福音。数字出版尤其是按需印刷、按需出版，“不仅打破了以往‘印数低于成本核算确定的最低印量不出版’的原则，使得许多‘亏本’的优质选题得以出版，而且使得‘买一本，出一本’的零库存销售成为现实”①。数字出版物选题策划的空间比传统出版物选题策划辽阔得多，会大大解放数字出版从业人员的思想，会大大激发其创造力，会大大促进专业学术出版的发展与繁荣。

四、传统出版物选题策划难以满足个性化需求，数字出版物选题策划可以提供真正的个性化服务

本书第七章谈读者原则时指出，读者的个性化需求是改革开放特别是推行市场经济以来兴起的一种新需求。在传统出版模式下，读者的个性化需求很难得到满足，最多只能通过细分市场满足某一小类群体的阅读需要。第十六章谈有的放矢法时介绍的《木材材积计算手册》定位于不知道计算木材材积的植树造林的农民，《青春不再　光彩依旧》定位于爱好诗歌的女性老年人，居然都成为了销售一两百万册的畅销书，足以让人惊叹图书编辑为满足读者的个性化需求所付出的巨大努力了！著名出版家邹韬奋在《生活》周刊开辟“读者来信”专栏，并把处理读者来信当作一项重要工作来做，也足以让传统出版人津津乐道了！然而遗憾的是，传统出版人为满足读者的个性化需求、加强与读者之间的互动的作为在新媒体普及以后黯然失色。数字出版、数字传播使读者（受众）的个性化需求真正得以满足，使出版人（传媒人）与读者（受众）之间的互动真正得以实现。

读者（受众）的个性化需求能否得到满足，取决于他们与出版人（传媒人）之间的互动能否实现，互动能否真正实现又取决于双方能否做到即时交流、反馈。很明显，读者（受众）与出版人（传媒人）之间的互动性虽然自有出版活动（传媒活动）以来就一直存在，但其强弱是随着科学技术（主要是通信技术）的发展而不断变化的。在书信普及时代、固定电话普及时代、电脑普及时代、手机普及时代，出版与传媒活动中的互动性依次不断增强，其集中表现就是不断接近即时交流、反馈。笔者在长沙市亲身经历、体验过通信由慢到快的神奇变化过程。20世纪90年代初，固定电话是奢侈品，只能靠书信联系；90年代中期固定电话开始普及，1996年装上固定电话感觉很方便（1996至1998年同时使用过BP机）；1999年用上手机顿觉

① 徐丽芳、刘锦宏、丛挺编著：《数字出版概论》，108页。

更便捷，2002年起常用短信与人联系，又方便又经济；1999年下半年电脑开始普及，2000年4月购买了第一部电脑，并通过固定电话拨号上网，惊叹不已，感叹“自从有了互联网，文人翻身得解放”；2001年起用电子邮件与人联系；2005年起使用QQ，比电子邮件快，比手机短信真切，比手机通话省钱；2012年使用手机上网并开通微博，2013年开通微信，联系真正快捷了。互联网的普及，特别是移动互联网的迅速发展，以微博、微信为标志的社交网络平台的搭建，使人与人之间即使远隔千山万水也能即时交流。受此驱动，社交化网络传播正成为数字出版的重要方式，数字出版从业人员对此不能等闲视之。诚如专家所说：“数字阅读平台与社交网络平台相结合，将成为未来数字出版发展的一个重要趋势。这种结合，是在传统的以‘内容’为核心的架构上，增加了‘关系’要素。这种社交加内容传播的方式，一改过去单纯依靠内容为主体的平台建构方式，增加了用户主体建构。多重建构的社会化阅读平台，使平台建构更加立体化。数字出版不再仅仅停留在满足人们静态阅读的需求层面，还满足着人与人之间关系拓展的需求，满足着信息构建与社群传递的需求，满足着内容欣赏与互动展示的需求。”①

高新技术带来的便利无疑让出版、传媒业深受其益，使出版人、传媒人苦苦追寻、孜孜以求实现与读者（受众）之间的即时互动、及时获得其反馈信息的梦想瞬间成真。例如，网络出版可以根据网民的点击量及其反馈情况来判断市场的需求，及时做出选题调整。榕树下、起点中文小说网这类原创网络文学网站有很多连载的作品，每天更新一两个章节，每天、每一类别的作品有多少读者点击阅读在网站上都一目了然。如果连续一段时间某一类别作品的点击量都很低，或者相反，那么网站编辑就可以相应地调整原定的选题计划。数字出版物的编辑加工更多地受读者支配，读者阅读数字出版物的方式也是交互性的而非单向的。纸质出版物内容的次序、章节等都由编辑和作者决定，读者阅读的顺序、方式被限定了。而数字出版物的内容可以根据读者不同的需要按照非线性的方式设计，出版物中充满着各种可能的分支，读者在任何时候都可以挑选自己感兴趣的部分进行阅读，甚至可以参与到出版物的编辑活动中。另外，如上文所说，按需印刷、按需出版的商业应用，使哪怕只有1册需求量的图书或书稿，也有了开印、出版的可能。一言以蔽之，无论是在后期的营销反馈阶段，还是中期的编辑加工阶段，抑或前期的产品研发阶段，数字出版都可以提供真正的个性化服务，从而满足即便是一个读者（受众）的个性化需求。

数字出版不但可以真正满足读者（受众）的个性化需求，而且可以为作者提供真正的个性化服务。具体地说，就是让每一个愿意出书的作者都可以心想事成。挖掘和培养新作者，是编辑工作的重要内容，是编辑职业的永恒主题。本书第八章谈“作家出少年，小材堪大用”理念、第十七章谈小材大用法、第十八章谈慧眼识珠法时比较详细地论述了在图书的选题策划活动中如何开发利用少年儿童（中小学生）作者和工、农、兵、商（非儒商）作者的问题，极力呼吁编辑出版人员必须重视挖掘和培养这些最普通不过的小作者、民间作者，必须学会从他们的自然投稿中挑选优秀稿件予以出版。然而，有一个问题未能论及：究竟通过什么途径去挖掘和培养这些草根作者呢？笔者在写到这里的时候明白了：利用新媒体搭建草根作者出书平台是

---

① 中国数字出版产业年度报告课题组：《“破局”之年的数字产业——〈2012—2013中国数字出版产业年度报告〉速览》，载《中国报业》，2013（15）。

挖掘、培养优秀草根作者最快捷、最简便、最有效的途径。

案例 12—12

2012 年以来国内数字出版的实践证明了以上这一点。这样的出书平台目前已有：你的书网络出版工作室、来出书网站，等等。“你的书网络出版工作室”是一个专门提供个人自传或回忆录编写及网络出书服务的文化创意机构。在该机构提供的网络出书平台上，客户（作者）的自传或回忆录的采编、发布全部在网络上完成。成书以电子版的形式发布在网络上，用户在电脑、手机等设备上保存和阅读。由于不需要传统出版的书号审批和纸质印刷，费用只有传统出书费用的十分之一，这让普通人出书不再是一件难事。在网络出版中，客户可以和编辑一起完成选题的策划与实施，可以直接参与到内容的编写、校对和封面、版式的设计当中。与之类似，知识产权出版社开通了“来出书”网站。在这个出版平台上，图书出版的每一个环节都通过互联网来完成，作者也可以发挥自己的能动性（如可以挑选自己喜欢的版式，可以自己设计封面，可以对图书的定价、装帧与印制标准提出自己的建议）。与“你的书网络出版工作室”不同的是，“来出书”平台既提供电子书，还提供纸质书，而且纸质书是有书号的正规出版物。“来出书”是一个用互联网改造传统出版业的图书出版平台，实现了传统出版与数字出版的融合发展，选题上以学术著作为主要出版方向，由于技术上实现了图书投稿标准化、编校自动化、交易电子化，因而出书成本相对较低。

在网络出版特别是按需出版中，作者的自主性有了提高，作者与出版方的互动性大为增强，出版流程简化，出版效率提高，出版成本下降，双方尤其是出版方的经济风险大大降低，编辑人员对选题策划的控制力虽然有了减弱，但灵活性大大提升，选题的领域大大拓宽，从而使为草根作者提供个性化服务真正成为现实。

从用户数量来看，新媒体是当之无愧的大众媒介，但从传播的方式与效果（可以充分互动，真正满足个性化需求）来看，新媒体又天然具有小众媒介的品质。这样的混合特性使新媒体同时具有图书、期刊、报纸、广播电视等传统媒介的优势，这就使数字出版物的选题策划拥有无限空间。在以人为本的社会，在张扬个性的时代，数字出版物的选题策划人员理应以更大的热情，针对小众用户的个性化需求，针对草根作者的个性化需要，开发专业专门性的数字内容产品，建构专业专门性的数字阅读平台，搭建草根特色的数字出版平台。

五、传统出版物选题策划的主体简单明了，数字出版物选题策划的主体多元复杂

选题策划的主体是指开展选题策划活动的人员、企业、组织。在这方面，传统出版物选题策划与数字出版物选题策划也有着明显的不同。

目前我国传统出版物选题策划的主体可以划分为三类：一是国有出版单位（出版社、期刊社、报社）的编辑出版人员，主要是编辑、记者；二是民营书业和个体书店从业人员，主要是民营书商；三是出版经纪人，包括作家、教师、自由撰稿人等。正如本书第二章所说，第一类

是主力军，第二类是生力军，第三类正在悄然发展。再进一步审视其身份，可以发现传统出版物选题策划人员构成的两个鲜明特点：第一，绝大多数来自国有出版单位，即体制内人员占绝大多数，少部分出自民营书业企业或个体书店经营户，即体制外人员占少数。第二，不管属于体制内还是属于体制外，他们都有一个共同点，即都从事或涉足传统媒体方面的职业、工作。他们也会关注新媒体，也可能会利用新媒体资源，但归根结底是为策划出版传统纸质出版物服务的，他们的职业思维终究是传统媒体思维。

目前我国数字出版物选题策划的主体主要有三类：一是新媒体从业人员，主要是各门类商业网站（包括门户网站、新闻网站、原创网络文学网站、视频网站、图片网站等）、数字内容产品（包括数据库、电子书、网络游戏、数字音像等）的设计人员、编辑人员、运营人员，移动数字内容产品的开发人员、运营人员，新媒体阅读终端的研发人员、运营人员；二是传统媒体从业人员，主要是出版社、期刊社、报社、电视台、广播电台的编辑、记者；三是广告公关从业人员。可见，数字出版物选题策划主体既有从事新媒体工作的新人，也有原本从事传统媒体工作的“旧人”，既有新媒体企业，也有传统传媒单位，二者之间的知识结构、思维方式、经营能力是大有差异的。例如，新人新企业天然具有互联网思维、数字出版与数字传播思维，而旧人旧单位则面临着从传统媒体思维、纸质出版与纸质传播思维中解放出来的难题，但另一方面，在现阶段和可以预见的未来，新人新企业会遇到数字出版内容资源捉襟见肘的困扰，而旧人旧企业在这方面显得财大气粗。这种差异显然会影响到双方开展数字出版物选题策划活动的走向。双方明智的做法是上文所说的三点：扬长避短、互利合作、奋起直追。

与传统出版物选题策划相反的是，从事数字出版物选题策划的人员绝大多数出自民营企业。姑且不说国内最知名的门户网站新浪、搜狐、网易，最著名的电子商务企业阿里巴巴及其淘宝网，最家喻户晓的微传播社交网站腾讯网和全球最大的中文搜索引擎网站百度，就说电子图书和电子期刊吧，上文提到的国内四大电子图书出版商和四大电子期刊出版商中只有三家（方正、同方、万方）属于国企，而且没有一家是由传统出版、传媒单位创办的。参加我国首届（2005年）数字出版博览会的客户几乎都是民营机构。电子词典自20世纪80年代末问世以来深受学生欢迎，然而，在电子词典的开发上，本来拥有内容资源优势的国有出版社竟然悄无声息。现有电子词典的品牌全是民营公司开发的，如文曲星的《剑桥词典》，快译通的《牛津当代大辞典》，好易通的《牛津高阶英汉双解词典》、《现代汉语词典》与《剑桥百科全书》，等等。国内第一家也是目前最大的中文图书音像销售网站当当网和全球最大的中文旧书网上交易平台孔夫子旧书网也都是民营企业创办的。著名民营书业企业志鸿教育集团积极抢占数字出版先机，积极开发教育信息化产品，成为国内著名的数字教育资源提供商。“民营企业以长远的眼光、敏锐的触觉、不懈的追求、大胆的投资、果敢的行动，站在科学技术发展的前沿，在新媒体出版方面抢滩占地，从而发现了一片‘蓝海’。”①

与传统出版物选题策划相比，数字出版物选题策划的主体除了来自企业（包括国有企业和民营企业），还有不少来自党政机关和事业单位，主要是各机关、各单位的宣传工作者。各级政府网站和各单位的官网虽然不承担赢利的功能，但信息发布、对外宣传都离不开选题策划。

---

① 易图强：《我国民营出版的贡献：症结与改革建言》，载《河南大学学报（社会科学版）》，2011（2）。

红网网站虽然是直属中共湖南省委宣传部的事业单位，但却成为国内重点新闻网站中率先并唯一一个连续六年实现赢利的新闻网站，成为中国地方新闻网站第一品牌，并在海外颇具影响的知名网站，这无疑与其管理人员、经营人员卓有成效的选题策划活动有着密切关系。

2019 年 6 月 1 日红网首页截图

综上所述，与传统出版物选题策划相比，数字出版物选题策划的主体构成是错综复杂的：既有原本是传统媒体从业者，又有新媒体从业者；既有国企人员，又有民企人员；既有出版、传媒工作者，又有党政机关、事业单位和其他企业工作者；既有内容资源的生产商、服务商，又有数字技术提供商、网络平台商、数字阅读运营商、终端研发商。

【基本概念】

数字出版　数字出版物　电子书　手机报　按需印刷　SPOC

【思考题】

1. 数字出版物有何特点？它包括哪些类别？
2. 试述纸质出版物数字化的选题来源与内容选择。
3. 纸质出版物数字化应该注意哪些问题？
4. 原生型数字出版物选题策划应该从何下手？
5. 原生型数字出版物产品开发应该遵循哪些准则？
6. 你认为应该怎样策划出版手机出版物？
7. 请调查知识类脱口秀视频网站或视频节目的现状，从选题策划的角度谈谈你的认识。
8. 数字出版物选题策划与传统出版物选题策划的区别何在？

第十三章

选题策划的先导——采集与加工选题信息

选题策划是编辑出版工作的起点，采集与加工选题信息是选题策划的先导。选题策划建立在对内部资源和外部环境准确把握的基础之上。选题策划人如果对信息没有全面而准确的把握，选题策划就难免“盲人骑瞎马，夜半临深池”的命运。本章主要阐述选题信息的含义、特征与类型，采集选题信息的途径与要求，以及加工选题信息的步骤。

第一节　选题信息的含义、特征与类型

一、选题信息的含义与特征

“信息”的范围很广泛，情报、资料、消息、知识等都属于信息。这里所讲的“选题信息”，是从信息的用途来说的，是指选题赖以产生的那一部分信息，或者说是对选题策划有用的那一部分信息。

选题信息的特征有以下几点。

（一）广泛性

选题信息几乎是全方位的、无所不包的。世间一切有价值的信息、任何媒体上发表的信息，都在选题策划的需求之内；任何空间和时间上的信息，都能直接或间接地在选题策划中找到它的利用价值。选题信息是普遍存在的，甚至是俯拾皆是的。

（二）共享性

一般情况下，选题信息可以为所有选题策划人所共有、所共享，谁都可能从中提取有价值的元素，为自己策划选题服务。选题信息作为一种无穷无尽的资源，能否对选题策划发挥出应有的价值，关键在于选题策划人能否从中获取有效信息并加以开发利用。

（三）增值性

选题信息的开发具有持续性，即可以两次或多次开发利用。对选题信息的角度、形式加以

改变，或者扩大其内涵，或者增加其容量与外延，都可以使它产生新的利用价值，如“二十四史”、文学名著、经典著作就被出版界不断地开发利用。“不要对那些出版时间较长、目前已不再发行的图书过于畏惧，毕竟，不少优秀的作品相对于时代而言思想总是超前的。如果某个主题相当重要，那么，它势必会以新的形式重新流行起来。”①

（四）时效性

大多数选题信息具有较强的时效性。也就是说，在某个最佳的时机，选题信息产生的效果会达到最大值。例如，重大新闻类图书选题信息、考试类图书选题信息、重大自然灾害（如“非典”）方面的选题信息等，就具有非常强的时效性。

二、选题信息的类型

选题信息主要有以下六种类型。

（一）图书市场与读者信息

选题策划必须以直接获取图书市场和读者信息为前提，因为，读者是精神产品的消费者，是选题策划人服务的对象，图书市场又是读者需求的晴雨表。在图书市场与读者信息方面，选题策划人无论花多大工夫都不为过。

图书市场信息主要是指图书供求关系方面的信息。供求关系是指在一定时间里出版部门所提供的图书的供应量（包括品种的数量与印刷的数量）与相应时间里读者的需求量之间的关系。从静态上说，供求关系有三种基本情况：供不应求、供过于求和供求一致。从动态上说，情况则很复杂（有关论述详见第七章之“市场原则”）。图书销售排行榜是反映图书市场动态的重要窗口。美国最权威的两种畅销书排行榜是《纽约时报》排行榜和《出版商周刊》排行榜。目前我国最具影响的图书销售排行榜是开卷畅销书排行榜。

读者信息主要是指读者的需求信息和读者群体变化的信息。从发展的眼光看，读者的需求实际上只有两种：一是传统需求，如求知、实用等需求；二是新需求，包括功利性需求、个性化需求、时尚性需求和非阅读性需求。选题策划人既要了解传统需求，更要熟悉新需求。读者需求的变化是与读者群体的变化息息相关的。从20世纪90年代以来，我国读者群体的结构发生了重大变化，出现了一批新兴读者群体（有关论述详见第七章之“读者原则”）。

（二）竞争对手出版信息

市场经济的本质是竞争。《孙子兵法》中说：“知己知彼，百战不殆；不知彼而知己，一胜一负；不知彼，不知己，每战必殆。”选题策划人掌握竞争对手的信息非常重要。出版的竞争，说到底是选题的竞争；而选题的竞争，说到底是信息的竞争。

选题策划人要了解竞争对手以下三方面的信息。

① ［美］杰夫·赫曼、德博拉·利文·赫曼：《选题策划》，11～12页。

1. 对手的出版优势

每家出版社都有自己的出版优势，由此产生了一批有代表性、有特色、有个性的图书。例如，百花文艺出版社的出版优势是名家散文集，中信出版社的出版优势是商业财经读物，岳麓书社的出版优势是近代历史上湖南籍名人的文集。

2. 对手的编辑出版发行条件

具体包括编辑出版人员的结构、能力，资金积累，销售渠道，品牌信誉度等基本情况。例如，人民教育出版社、高等教育出版社的品牌信誉度无疑要大大好于地方教育出版社。

3. 对手的同类书出版信息

出版同行之间的竞争直接表现为同类书之间的竞争。选题策划人要特别注意这方面的信息。对手已经出版了什么同类书，读者的反响如何，有何优点，有何不足，都要了如指掌，以便取长补短。还应了解对手将来的出版计划，以免选题撞车。总之，选题策划人应全面地、深入地掌握竞争对手的信息。这样就可以通过比较，对自己的实力、条件作出准确定位，并避其锋芒，找到自己的选题策划“着陆点”。

（三）学术与科技文化发展信息

图书是文化传播媒介，其基本功能是传播科学技术、文化、知识和思想。选题策划人理应为繁荣学术、促进科技文化的发展作出自己的贡献。选题策划人必须关注学术动态，跟踪科技文化发展的趋势，紧盯学科发展的前沿，注重新动向、新观点、新思潮、新学科、新技术、新产品。只有这样，才能及时策划出独创性的选题。1984 年 6 月，湖南科学技术出版社出版的《迎接新的技术革命——新技术革命知识讲座》是我国第一本介绍、阐述新的技术革命的正式出版物，被新华书店全国总店评为 1984 年全国十大畅销书之一，累计发行 140 多万册。1998 年 3 月，在国内尚不清楚“知识经济”为何物时，北京科学技术出版社出版了全面介绍知识经济概念的第一本书《知识经济——21 世纪社会的新趋势》，行销 30 万册，并于 2001 年获第 12 届“中国图书奖”。

《知识经济——21 世纪社会的新趋势》书影

（四）作者信息

选题策划人需要收集的作者信息包括：知名作者的姓名、联系方式；值得重视的新作者的姓名、联系方式；成名作与代表作的基本情况；写作风格；研究、创作的现状与计划。对专家学者型的作者，应着重了解其学术思想、所出论著的影响力。

（五）政治政策信息

选题策划人要特别关注执政党、国家、政府的政治政策信息。这是因为：中国特色社会主义出版业具有很强的意识形态性，选题策划必须坚持正确的政治方向；深刻领会政治政策信息的内涵，抓住其实质，可以直接从中策划出具有前瞻性的选题。[①] 出版和政治政策有着无法割舍的关系，选题策划人应将其最新精神及时反映到选题中来。在运用政治政策信息的时候，应注意政策并非一成不变。选题策划人应有长远眼光，应全面辨析政治政策信息的实质，既谨慎又适度大胆地策划一些超前的选题。在20世纪80年代初期，连《交际舞入门》《港台歌曲选》这样的选题也会被看做异端。现在，性教育的书可以大大方方地出版，婚外恋题材的书泛滥成灾，这在20世纪90年代中期以前也是难以想象的。1990年，湖南人民出版社因出版《查太莱夫人的情人》等书而被整顿，可如今，人民文学出版社、外语教学与研究出版社等多家出版社光明正大地出版了该书。

《查太莱夫人的情人》
（湖南人民出版社1986年版）书影

（六）国际出版信息

中国是出版大国，但不是出版强国，这与中国的悠久历史和国际地位不相适应。我们应该积极向出版强国学习，必须高度关注国际出版信息。国际出版信息的内容很丰富，可以划分为国际出版"硬件"信息（如出版新科技、出版经营模式、出版物资等方面的信息）与国际出版"软件"信息（如选题导向、畅销书、版权贸易、世界科技文化动态等方面的信息）两大类。对选题策划人来说，重点关注的当然是后者，因为它们可以直接成为我国出版的选题。

第二节　采集选题信息的途径与要求

一、采集选题信息的途径

采集选题信息有以下九种途径。

（一）调查研究

调查研究是选题策划人采集选题信息尤其是图书市场与读者信息最可靠、最有效的途径。深入到市场与消费者当中去，耳闻目睹，身临其境，这样获得的信息才最真实、最鲜活、最可靠。

调查研究的方法有访谈法、座谈法、问卷法、统计法、实验法和观察法等，此不赘述，只强调一点：调查研究时一定要深入，一定要细致！不能浮光掠影，不能走马观花，不能蜻蜓点水，不能模糊笼统，不能主观臆断，不能有先入之见，不能自以为是，不能草率下结论，要有

① 赵航先生关于"政治政策信息"的论述对笔者很有启发。参见赵航：《选题论》，164页。

涉深水而得蛟龙的气魄，要踏踏实实，要冷静客观。一位刚毕业参加工作的新编辑想出一套中学生读物，出什么好呢？先调查调查。于是到一所中学的图书室当了两个月的义务管理员。对每个借阅图书的师生的情况和所借图书的情况进行详细的登记，并仔细查阅多年来该校师生的借书登记卡。经过归纳、统计，获得了原始信息，如借阅次数最多的书，借阅频率最高的书，借阅人数最多的书。然后，对这些书进行认真、细致的分析，发现了他们共同的特点、优点。在此基础上，他进一步访谈那些借阅这些书的师生为什么喜欢，是否还有不足，现在最需要什么书。最后，根据两个月来的调查研究结果，他提出了出版一套中学生英语读物的选题策划方案。方案有理有据，结论令人信服，因而立即获得通过。出版发行后，果然一炮打响，成了畅销书。

（二）参加书市

参加书市（包括图书博览会、书展、图书交易会和订货会等），是收集选题信息尤其是图书市场与读者信息的惯用方式，也是很直接很有效的途径。国内的书市，主要有北京图书订货会、全国图书交易博览会、北京国际图书博览会、长沙图书交易会、上海图书交易会、上海版权贸易洽谈会等。

参加国际图书博览会是获取国际出版信息的重要途径。国际图书博览会主要有：德国法兰克福国际书展、日本东京国际书展、美国书展、意大利博洛尼亚儿童书展、中国香港图书博览会、中国台北书展、英国伦敦国际书展、阿根廷布宜诺斯艾利斯国际书展等。

（三）文献检索

CHINA PUBLISHING & MEDIA JOURNAL
中国出版传媒商报
音像电子欲抢滩跨界融合市场?
美两大连锁书店销售呈下滑态势
值得此刻拥有

《中国出版传媒商报》

无论过去，还是现在，抑或将来，传统的文献检索都是我们获取信息的基本途径。选题策划人可以充分利用出版专业报刊获得最新出版信息。这样的报纸有：《新华书目报》（分为《社科新书目》与《科技新书目》）、《中国出版传媒商报》（原名《中国图书商报》）、《中国新闻出版广电报》（原名《中国新闻出版报》）、《出版商务周报》与《中华读书报》等。这样的期刊有：《全国新书目》《中国图书评论》《出版参考》《出版人》《中国出版》《出版发行研究》《出版广角》《科技与出版》《大学出版》《中国版权》《书与人》与《读书》等。下列工具书或调研报告也可用来查阅出版信息：《中国出版年鉴》、《中国图书大辞典》（1949—1992）、《中国图书年鉴》、《中国出版蓝皮书：中国出版业发展报告》、《全国国民阅读与购买倾向抽样调查报告》。各省（市、区）的出版集团、新华书店办有出版方面的内部报刊，如湖南出版集团的《湖南出版产业》、湖南省新华书店的《图书市场报》，也都可以利用。出版社和文化传播公司编制的各种内刊与书目宣传册，如少年儿童出版社的《少儿营销通讯》、中国人民大学出版社的《新闻传播学书目》等，对编辑人员获取选题信息也很有用。

有些报刊虽然不是出版业方面的专业报刊，但有这方面的栏目或专版，如《光明日报》有

“书评周刊”专版，《中国经营报》开设了书业行情专版“商务书苑”，《南方周末》有“阅读”专版。有些大众报纸，如《中国青年报》与《北京青年报》等，还设置了图书销售排行榜。值得一提的是，中央电视台和河北卫视一直坚持办读书栏目，从中也可获得部分图书出版信息。

（四）上网搜索

互联网的出现，使“秀才不出门，能知天下事”的梦想真正变为现实。通过互联网，可以很快捷地找到所要的信息，还可以与网友交谈，了解他们的阅读需求。出版专业网站、读书网站、网上书店、文化传播网站、创作网站、文稿交易网站、出版竞争对手的网站、著名大学的网站、著名门户网站等，是选题策划人从网上搜集信息的主要网站，出版与读书方面的论坛、博客、贴吧、微博、微信公众号等也是采集选题信息的重要途径。

对选题策划人来说，利用网络信息的意义至少有三点：一是可以直接获得图书选题。点击率很高的网络文学、论坛、博客等资源，可以直接成为图书选题，如《第一次的亲密接触》《明朝那些事儿》《老徐的博客》等图书，都直接源于网络。二是可以发现选题的线索。接力出版社的“麦兜麦唛系列”图书，选题源于网上（详见第八章案例 8—2）。三是可以为以后策划选题积累素材，激发灵感。

（五）参加学术会议

参加学术会议是获取作者信息、学术和科技文化发展信息最可靠的途径。安徽人民出版社于 1990 年出版的《公共关系学》被评为全国优秀畅销书。这个选题的最初创意产生于“全国首届高等学校公共关系教学研讨会”。“会议期间成立了编委会和编写组。安徽人民出版社在倡议出版这本教材中表现出很大热忱……社领导和责任编辑从开拓选题、拟定提纲到统稿定稿一直是本书的直接参与者。”① 选题策划人参加学术会议是否有收获，取决于他们是否听得懂、看得准和抓得狠。选题策划人应该成为某一方面的专家，至少应该成为行家。

《公共关系学》书影

（六）作者提供

作者不仅是选题的完成者，而且是选题信息的重要来源。选题策划人的周围应该有一个稳定的作者群体，应该有一批与自己交情很深的作者朋友。“获得作者的作品不过是第一步，获得作者作品之外更广泛的信息也仅仅是第二步，获得作者全心全意对出版全力而无私的支持才是编辑在出版中，特别是在选题策划上所要达到的理想目标。”② 广东教育出版社出版的优秀畅销书《洪昭光健康

① 熊源伟：《公共关系学》，后记，合肥，安徽人民出版社，1990。
② 赵航：《选题论》，175 页。

忠告》就是由作者提供选题信息的。该书策划者在“代序”中说：

> 今年春节期间，有一位好心的作者，给编辑部送来了一份珍贵的贺年厚礼——本书最初的民间文本复印件，题目是《生活方式与健康——洪昭光在中直机关“健康讲座”的演讲稿》。这份堪称“把医学科普做到了极致”的健康箴言，委实让人“一看就懂，一懂就用，一用就灵”，因而，在出版社内广为传阅，争相复印，一时间洛阳纸贵，被纷纷寄给远方的亲朋好友。……我们当即拍板：一定要把这份有益于大众健康的“地下手抄本”转化为公开出版物。

（七）读者反馈

一本书出版发行后，编辑出版人要倾听社会的反响，虚心听取读者的反馈意见，以便为下一轮编辑出版工作的开展提供可靠的参照和依据。著名出版家邹韬奋非常重视读者的反馈意见。他在《生活》周刊开辟“读者来信”专栏，并把处理读者来信当作一项重要工作来做。认真对待读者的反馈信息，不仅可以拉近与读者的关系，而且经常可以直接从中策划选题（详见第十六章之“读者反馈法”）。

（八）中介机构提供

借助于版权代理公司、图书信息咨询公司和出版经纪公司来获得选题信息，也是一种有效的途径。北京开卷信息技术有限公司是一家从事中文图书市场零售数据连续跟踪服务的专业机构，自 1998 年成立以来，已经成为国内图书产业信息和咨询服务第一提供商。它与全国书业机构（包括出版社、书店、书业媒体）建立了长期而稳定的合作关系。

（九）“道听途说”

图书策划人张健鹏曾经策划过一套“小中见大智慧文丛”。这个选题的创意，源于他听朋友讲的一个故事：马戏团里有许多被铁链束缚着的大象，虽然它们的力量很大，完全有能力挣脱铁链，但由于从小就受束缚，小的时候力气小，不能把铁链挣脱开，于是它们一生都以为这个铁链是挣脱不掉的，甚至不愿意去试一试。张健鹏说：“这个故事说明一个道理，就是昨天做不到的事情不见得今天还做不到。这个故事不但对当时正处于困境的我鼓动很大，而且让我找到了一个以‘小故事中的大智慧’为思路的选题。于是，我策划了一套以自创小故事为主并加上一句话点评的启发性图书。”[1] 该丛书的第一本是《心里的锁》。

《心里的锁》书影

---

① 转引自李涛、庞丽：《图书策划人：灵感与灵魂的工程师》，载《北京青年报》，2003-03-10。

二、采集选题信息的要求

第六章从选题策划人应该具备的素质与能力的角度强调了选题信息工作的四点要求，这里再做进一步分析。

信息无处不在，无时不有，选题策划人、编辑出版人时刻都在接触信息，但接触到信息与感知到信息、捕捉到信息是两回事。不是缺少信息，而是缺少对信息的感知、捕捉能力，缺少有效信息。如何才能感知到、捕捉到信息呢？请看：

> 一个把自己的职业当作自己使命的编辑，会经常关心自己的工作。他们身上就像带着一个敏感的仪器，专门捕捉他所感兴趣的人的信息。报纸或杂志上的一篇文章、一本书、电台或电视上的一篇讲话、同朋友的一次谈话、同偶然的同路人的一次谈话，都可以成为寻找自己的作者“足迹”的线索。①

这段话虽然讲的是怎样寻找作者的问题，但实际上对所有的信息工作都有普遍指导意义。它有以下三层意思。

（一）如何才能感知到、捕捉到信息

必须时刻保持对信息的敏感性。所谓眼观六路，耳听八方，处处留心，时时在意。形象地说，身上应带着一个敏感的仪器，好比一架永不收拢的天线，时刻张开着，随时准备捕捉每一个涌来的信号。否则，就会出现视而不见、听而不闻的现象。文学家、编辑家茅盾谈到写作的经验时说：“要如哨兵一样警觉，随时注意周围的动静，善于发现和辨别有关的情况和问题。”② 此话无疑也适合于选题策划人。

（二）通过什么渠道获取信息

所有的媒体（传统媒体与新媒体）、所有的材料（文字的与非文字的）、所有的人（熟人与生人），都是从中获得选题信息的可能的途径。究竟能不能获得信息，关键在于是否有心。2001年3月，笔者在看湖南卫视台的《新青年》节目时，听见被邀嘉宾、著名学者庞朴说，他余生要做四件事，其中两件是：研究“一分为三”、研究中国文化的基本精神（他认为“忧乐圆融”是中国文化的基本精神）。笔者马上想到，如果我是编辑，就请他写一本关于“一分为三”的书，这将是一本很有创见的著作。而且，庞朴在解读郭店楚简中发现的《老子》文献时，把原本枯燥乏味的内容讲得很生动，从这点来看，他的文字表达也应该活泼轻松，这将有助于图书的销

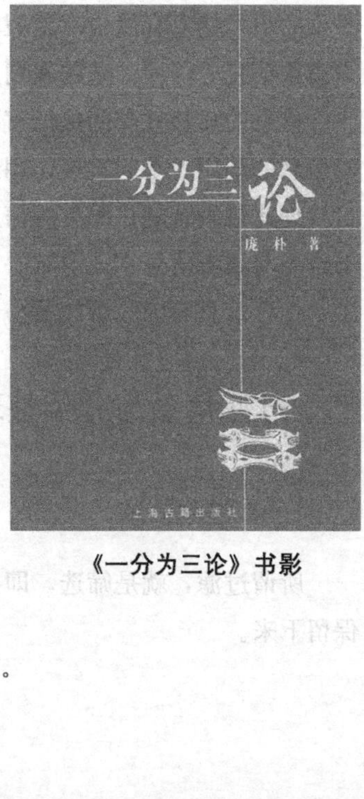

《一分为三论》书影

① ［苏］塔·波·伏尤科娃：《八十五次喜与忧——一个编辑的思考》，2页。

② 转引自赵航：《选题论》，188页。

售。后来，笔者在书店发现，上海古籍出版社于2003年3月出版了庞朴的《一分为三论》，新华出版社于2004年4月又出版了他的《浅说一分为三》。

（三）什么样的人才能感知到、捕捉到信息

只有“把自己的职业当作自己使命”“经常关心自己的工作”的人才会感知到、捕捉到信息。这样的人当然是有很强事业心的人，是有高度责任心的人。心思、兴奋点不在事业上，不在工作上，能对接触到的信息产生职业上的联想和灵感吗？没有一种全神贯注的心理状态，能干好工作吗？当然，光有事业心、责任心还不够，还要有较强的对信息的利用与开发能力。

第三节　加工选题信息的步骤

选题策划人采集到的信息尚是原始的信息、感性的信息、孤立的信息，在理性的指导下，把它们转化成自己所需要的选题，这是选题信息利用中关键的一环。

一、辨识信息

辨识信息，即辨别信息的真伪，判明信息的直接性或间接性。信息时代，信息如潮水般涌现。通过互联网提供的海量信息中，更是鱼龙混杂。所以，在利用信息之前，首先必须辨别清楚哪些是真实的信息，哪些是虚假的信息；哪些是纯正的信息，哪些是掺了水分的信息。商品有假冒伪劣的，信息也有假冒伪劣的；经济工作要“打假”，信息工作也要“打假”。本应一尘不染的学术信息竟然也有虚假的，其他信息就更不用说了。新闻媒体炒作的泛滥，又滋生了不少虚假信息。因而，选题策划人必须对原始信息进行筛选，去伪存真，去粗取精。

信息的直接性与间接性有两层意思：一是这个信息是第一手信息还是第二手信息。二是它对信息的利用者是起直接作用还是起间接作用。有的信息能够被选题策划人直接利用，即可以直接据此策划选题；而有的信息只能起到参考作用，即不能直接从中策划选题。比较而言，图书市场与读者信息、竞争对手出版信息与政治政策信息一般不能直接从中产生出选题，学术信息、作者信息与国际版权贸易信息往往可以直接从中策划出选题。

二、过滤信息与分类整理信息

（一）过滤信息

所谓过滤，就是筛选，即把虚假的信息、根本起不了作用的信息淘汰掉，把有价值的信息保留下来。

（二）分类整理信息

信息有真伪之分，所起的作用有直接与间接之别，人对信息的利用也有短期利用与长远利用的差异，所以，应根据信息类型的不同和自己的需要，对保留下来的信息进行分类整理。例如，把第一手信息归为一类，把第二手信息归为另一类；把起直接作用的信息归为一类，把起间接作用的信息归为另一类；把短期内需要利用的信息归为一类，把将来可能用得着的信息归为另一类。总之，使信息条理化、有序化、科学化。为了便于利用，对信息的分类宜细不宜粗。

三、建立信息库

经过分类整理的信息，应将其归入相应的信息库之中，以便随时提取利用。无论对于出版社来说，还是对于选题策划人或编辑个人来说，都必须建立五种直接为选题策划服务的信息库：一是同类书出版信息库；二是作者信息库；三是学术信息库；四是读者需求信息库；五是版权贸易信息库。

建立信息库的工作需要平时日积月累（详见第六章之第三节）。

信息库建立以后，应随时补充、修正。

需要指出的是，不能以通常的资料工作来代替信息工作。出版机构要有独立的选题信息开发应用系统，要建立起自己的选题信息机构，而且选题信息机构要专职化、责任化和制度化。

选题策划人、编辑出版人获取信息和处理信息的基本要求可以概括为“十六字方针”和“两项基本原则”。“十六字方针”是：时时注意，处处留心，眼观六路，耳听八方。“两项基本原则”是：眼中有读者，肚内装市场，心里想选题；腿勤、眼勤、手勤、耳勤、嘴勤、脑勤。

【基本概念】

选题信息　政治政策信息　国际出版信息　书市　信息库

【思考题】

1. 选题信息有哪些类型？
2. 采集选题信息的途径有哪些？
3. 联系实际谈谈采集和加工选题信息的要求。
4. 调查你感兴趣的某种读者群体的阅读与购书状况，撰写调查研究报告。
5. 上网搜索、浏览编辑出版方面的网站，列举四种，并作简要介绍。

下　篇

第十四章

选题策划方法：从图书市场热点的角度

从20世纪90年代以来我国图书出版的情况来看，一本书的畅销必然会促成一个图书市场热点，热点的形成必定会引发出版界的跟风出版，跟风出版又进一步促使该热点炽热化，然后慢慢消退，到一定时期，新的图书市场热点又渐渐兴起。从某种意义上说，畅销书的出版过程就是领跑者制造热点、跟跑者追逐热点和第三者（可能又是原先的领跑者）打造新热点的过程。本章从图书市场热点的角度考察了三种选题策划的方法：捷足先登法、趁热打铁法和弃金找水法（弃金贩锹法）。

第一节　捷足先登法（方法1）

一、捷足先登法的含义

选题策划人要抢在他人之前策划热点选题，独上高楼，占领图书市场制高点。

从出版史与出版实践来看，某本书出版后一旦获得发行上的成功，总会引发该类图书出版的热点，最早出版的书往往成为该热点的最大受益者。

在中国历史学图书出版史上，《春秋》是最早的编年体史书，《史记》是最早的纪传体通史，《汉书》是最早的纪传体断代史，《通典》是最早的典章制度体通史，《史通》是最早的评论体史学专著，《通鉴纪事本末》是最早的纪事本末体史书，等等。这些最早出版的史学著作在我国出版史上具有开创性的地位，推动了相应体例史书的纷纷出笼，从而形成了该体例史书撰述与出版的繁荣局面。

改革开放以来，我国图书市场先后出现了以下主要热点：

1981年和1982年，少年儿童出版社出版了史话形式的《上下五千年》和《世界五千年》，引发了“五千年”史话出版的热点。

1987年，浙江人民美术出版社出版大开本（32开）《世界文学名著连环画》丛书，开创了大开本连环画图书出版的先河。

1996年5月，中华工商联合出版社推出《中国可以说不——冷战后时代的政治与情感抉择》，此后两年中“说不”书成为市场热点。

1996年10月，海天出版社出版了16岁少女郁秀创作的长篇小说《花季·雨季》，此后尤其是2000年以来，出现了少年儿童写书出书的风潮。

1998年2月，辽宁人民出版社出版《红镜头》，此后《金镜头》《黑镜头》《毒镜头》《蓝镜头》《火镜头》《热镜头》与《绿镜头》等“镜头”书陆续问世。

1999年1月，图书策划人文池策划出版《在北大听讲座——思想的声音》，此后“讲座”书出现出版热潮。

1999年11月，知识出版社引进出版《第一次的亲密接触》，它的意外畅销引发了《告别薇安》《悟空传》与《毕业那天我们一起失恋》等一大批网络文学书。

2002年1月，四川文艺出版社出版“名著快读”丛书，催生了“快读”或“速读”类新型名著导读书的出版热潮。

2002年8月，北京出版社出版《登上健康快车》，引发了“健康快车”书出版的高潮。

2003年11月，中信出版社出版《水煮三国》，催生了一系列“水煮”类戏说古典名著的图书。

2004年2月，新华出版社出版《细节决定成败》，随着该书的畅销，不仅“细节决定成败”成为流行语，各种“细节”书也相继问世。

2004年4月，长江文艺出版社出版的《狼图腾》大获成功，立即在图书市场引发“狼烟”一片。

2006年1月，花城出版社出版《人体使用手册》，两个月销售30万册。于是，各种中医养生保健读物风生水起，如《无毒一身轻》《求医不如求己》《刘太医谈养生》等，其中书名类似的就有《身体使用手册》《人体经络使用手册》《特效穴位使用手册》等。

…………

众所周知，在上述各个图书市场的热点中，最早出版的书几乎都是发行量最大的。美国当代营销大师阿尔·里斯说：“历史表明，第一个进入人们头脑的品牌所占据的长期市场份额通常是第二个品牌的两倍、第三个品牌的三倍。而且，这个比例不会轻易改变。”①

二、捷足先登法的策划理念

现代营销学里有句口号：“不求最好，但求最早。”这就是捷足先登法的策划理念。运用此法策划选题，可以做到人无我有。由于填补了图书市场的空白点，因而容易引起读者的注意，销量也会较大，所谓“早起的鸟儿有虫吃”。但也不尽然，例如，《研究失败》（当代中国出版社）与《大败局》（浙江人民出版社）都是研究巨人集团、飞龙集团等曾经无比辉煌的企业最终失败原因的著作，《研究失败》出版于1998年，《大败局》出版于2001年，可是，《研究失败》的发行量与社会影响远远赶不上《大败局》。

仅仅做第一个，成为最早的，这样的捷足先登没有实际意义。关键是最早出版的书能否成

---

① ［美］阿尔·里斯、杰克·特劳特：《定位》，85页，北京，中国财政经济出版社，2002。

为畅销书，能否占领图书市场的制高点。最早只是手段，“占市为王”才是目的。

三、捷足先登法的操作要点

捷足先登法在操作过程中，需要掌握以下三个要点。

（一）捕捉出版时机

选题策划人、编辑出版人必须具有捕捉出版时机的能力，要随时关注大众心态的变化，摸准时代发展的脉搏，把握社会发展的趋势。

从实践来看，最早出版的图书固然不乏畅销的范例，但也有不成功的反例。

案例 14—1

《向左走·向右走》（三联书店 2002 年 1 月版）书影

昆仑出版社早在 1999 年 11 月和 2000 年 9 月就率先引进出版了台湾绘本漫画家幾米的《森林里的秘密》和《微笑的鱼》，但市场反响平平。然而，2002 年，辽宁教育出版社和三联书店引进出版幾米的作品后，极为畅销，迅速出现了“幾米现象”。为什么后出版的反而比先出版的卖得好呢？这是因为，在 2002 年，媒体大肆渲染“小资情调”，幾米绘本漫画的细腻、感伤、清新、简洁的诗意风格使小资一见倾心；这年 1 月三联书店推出幾米作品《向左走·向右走》时正值北京春季图书订货会开幕（10 日开幕）之时，同年 2 月辽宁教育出版社推出幾米作品《地下铁》时北京春季图书订货会闭幕不久，幾米作品好比一石激起千层浪，引起了高度关注，使书店和读者都充分感知到幾米作品的个性。而昆仑出版社引进出版幾米作品时以及此后的两年中，媒体与大众的兴趣点是经济人物的奋斗史和成功人士的个案，图书市场流行的是“富爸爸　穷爸爸”系列和《谁动了我的奶酪?》之类的励志心理读物。就漫画书而言，当时已有台湾漫画家朱德庸的作品（如“涩女郎”系列）行销于市。因此，昆仑出版社引进出版的幾米漫画书少有人关注，更何况《微笑的鱼》《森林里的秘密》还不是他的代表作。

可见，运用捷足先登法策划选题，“先”固然重要，但“登”的时机恰到好处更重要。在某种程度上更应该说：“不求最早，但求最巧。”来得早，不如来得巧啊!

（二）重视对选题的优化

由上文可知，出版时间最早不是畅销的充分条件。诚如编辑出版家徐柏容说：“并不是所有‘人无我有’的就都是好的、有价值的创意。严格说起来，只有人无我有且优的，才是有价值的创意。也就是说，选题创意主要要在‘优’字上下工夫。”[①]张元济主持编辑的《辞源》于1915年出版后至今广受赞誉，陆费逵主持出版的《辞海》于1936年刊行后一直深孚众望，王云五（1888—1979）主持编选的“国学丛书”迄今受到高度肯定。有专家总结它们成功的关键原因是：选题不仅想得早，而且做得好，这样就避免了他人盲目跟风与机械模仿。[②]“既要最早，又要最优”应该成为选题策划人、编辑出版人的自觉追求。总之，要努力实现“最早”与“最巧”“最好”的有机统一。

（三）重视对选题的跟踪

如果抢先推出某个选题却未尝到胜利果实，也不要轻易放弃，而要密切关注图书市场的发展，等待时机，以便东山再起。2002年初，辽宁教育出版社与三联书店推出的幾米作品销售异常火爆，昆仑出版社趁机将原来出版的《微笑的鱼》和《森林里的秘密》于当年7月和次年1月重印发行，从而弥补了一些损失。

《辞源》书影

《森林里的秘密》
（昆仑出版社2003年1月版）书影

第二节　趁热打铁法（方法2）

一、趁热打铁法的含义

捷足先登法要求选题策划人必须要有超前意识，必须能够科学预测未来图书市场与未来读

① 徐柏容：《编辑创意论》，269页。
② 参见汪家熔：《近代出版三巨头：选题想得早还要做得好》，载《出版发行研究》，1999（6）。

者的需求，从而未雨绸缪，这是取得成功的前提条件。但这很不容易做到，任何人都不可能每次都能预测到图书市场热点。那么，在没有预测到热点、未能捷足先登的情况下，怎么办？很多人说，出版不能“跟风”，不能“赶潮”。果真如此吗？

请看以下出版事实：

1993年，新蕾出版社推出的《中华五千年美德》影响非同凡响。二十一世纪出版社紧随其后出版了《中华美德图说》，也产生了不同凡响的效果，并获得国家图书奖。

1996年12月，山东画报出版社出版的《老照片》意外畅销。随后，百花文艺出版社出版《知青老照片》，江苏美术出版社出版“老房子”系列、“老古董”系列、“老城市”系列与“老百姓”系列，这些“老字号”书也获得了成功。

1999年12月，广东教育出版社出版《素质教育在美国——留美博士眼里的中美教育》，正版销售30多万册。接力出版社从该书作者黄全愈的成功类推到他的儿子矿矿在美国所受的教育，遂邀矿矿写了《放飞美国——一个中国男孩和七个美国老师》，迅速发行了5万册。广东教育出版社继续策划了《家庭教育在美国》，数月发行8万册。作家出版社又及时推出《玩的教育在美国》，也颇有收获。

2002年7月，广西师范大学出版社出版《大学人文读本》，引起强烈反响，于是，两年间“人文读本”多达几十种。其中，有些地区（如四川省）借鉴这种形式，结合当地的人文、历史，编写了乡土人文书，作为当地中学的教材。四川教育出版社出版了《中学人文读本》，浙江大学出版社出版了《大专人文读本》，这些书也以其独特的定位取得了不错的销售业绩。

…………

可见，某种图书热点出现之后，可以及时跟进（除非你不愿意跟进），赶快策划同类选题。打个比方就是：力争搭上“首班车”——可以吃上肉，争取赶上“中班车”——可以啃骨头，千万不错过“末班车”——可以喝点汤。如同打铁要趁着铁已烧红的时候赶快锤打，策划选题也要趁着图书市场热点消退之前赶快行动，此谓趁热打铁法。

二、趁热打铁法的策划理念

趁热打铁法的策划理念是：与市场开拓者争抢地盘，与最先发现蛋糕者分食蛋糕。可简称为“切蛋糕”。

出版选题资源是再生资源，选题的开发没有止境。一种选题获得成功后，后来者可以向其深度和广度延伸。只要策划到位，运作得当，后来者同样可以大有斩获。

在世纪之交，素质教育图书是市场的一大热点。考察这一热点选题的策划思路，发现不少成功的图书原来是追风赶潮的结果。

案例14—2

1999年12月，广东教育出版社出版了《素质教育在美国——留美博士眼里的中美教育》。该书重印20多次，正版销售30多万册，被《中国图书商报》评为2000年非文艺类畅销书第一名，又被中国书刊发行业协会评为2000年“全国优秀畅销书”。

在追随《素质教育在美国》畅销之风而出版的书中，作家出版社于2000年8月出版的《哈佛女孩刘亦婷——素质培养纪实》最为成功。这个选题是怎么策划出来的呢？策划人、责任编辑杨葵坦言，这本书也是跟风的产物。①他从《素质教育在美国》一书的畅销中预感到素质教育图书将会有巨大的市场扩容潜力，因而也想出一本这方面的书。本着“人有我优”“人有我特”的策划思路，他首先分析了《素质教育在美国》的不足，结果发现：此书理论的东西仍然显得多，而实例流于零碎，又缺乏深入的典型个案分析。经过举一反三的思考，他萌发了出版一本中国人自己的、与家庭教育结合起来的素质教育典型个案图书的设想。沿着这一思路，他去物色作者，于是有了《哈佛女孩刘亦婷》这一选题。这本书虽然也是跟风的产物，但到2006年11月印刷了72次，卖了200万册，是《素质教育在美国》的六七倍。

《哈佛女孩刘亦婷》的畅销，又煽起了家庭教育成功个案类图书的出版旋风。两三年内，此类图书有：《赏识你的孩子——一个父亲对素质教育的感悟》《哈佛男孩张肇枚》《剑桥女孩孟雪莹》《东大男孩王欣华》《北大女孩谢舒敏》《清华男孩章启轩》《博士姐妹》《玩学习——三个博士姐妹的家庭教育》《超越课堂——一个博士女孩的家教揭秘》等，至少20种。其中不少取得了不错的销售业绩，如2001年7月出版的《轻轻松松上哈佛》四个月销售了近10万册，同年10月推出的《千万别“管”孩子——自主教育哈佛启示录》上市三个月发售了30万册。

《素质教育在美国》书影

《哈佛女孩刘亦婷》书影

在跟风出版的问题上，关键不在于应不应该跟风赶潮，而在于如何跟风赶潮。“跟”得巧，

① 参见杨葵：《我理解的图书策划与营销》，载《中国图书商报》，2003-12-19。

“赶”得妙，后来者未必比先行者差，甚至可能后来居上，起码也可以切得一块“蛋糕”。正如杨葵所说：“跟风不是什么坏事，不能因为几颗恶劣跟风的老鼠屎，就倒了整个跟风这锅好汤。跟风体现了商业敏感性，是聪明人的做法。踩在巨人的肩膀上，当然看得更远。”①

三、趁热打铁法的操作要求

怎样才能“跟”得巧，“赶”得妙呢？要做到以下三点。

（一）要跟出特色，跟出新意

好的跟风一定是既跟进又翻新，即在借鉴、模仿的基础上达到“人有我特”“人有我新”。《哈佛女孩刘亦婷》跟《素质教育在美国》之风，既有继承又有发展。继承表现在两个方面：(1) 继续举起“素质教育”的旗帜。书名的副标题就是“素质培养纪实”。当时这本书的宣传点，可以从留学梦入手（主人公 18 岁时同时接到美国四所著名大学的录取通知书，并获得全额奖学金），也可以往不久前的超级畅销书《学习的革命》上靠，但策划者最终选择了继续高举“素质教育”这面大旗（哈佛大学看重她的是“不寻常的优秀素质和综合能力”）。(2) 继承了《素质教育在美国》中家庭教育个案的因子。《素质教育在美国》中的大部分事例来自作者的儿子矿矿及其所在的美国学校的师生。作者在对比思考中美两国教育差异的时候，常常从父亲的角度把对儿子的爱、赞赏与期许带入书中，这就使书中内容充满温情。笔者相信，正是这一点引起了众多中国家长的心理认同感。可是，由于受内容与体裁的局限，它在讲述矿矿的家庭教育个案方面的优点无法得以展开。

发展体现在三个方面：(1) 抓住《素质教育在美国》中家庭教育个案的因子大做文章，精细地刻画了一个成功的家庭教育个案。(2)《素质教育在美国》是一部比较教育学著作，专家称为“中美两国教育的震撼对比与剖析”②；而《哈佛女孩刘亦婷》是一部纪实性作品。(3)《哈佛女孩刘亦婷》更具有中国特色，更适合普通中国家庭。《素质教育在美国》的作者虽然在中国的大学读过书、教过书，但毕竟是个旅居美国的华人，又是个留美博士；而《哈佛女孩刘亦婷》的作者是四川某杂志社普通编辑。《素质教育在美国》中的小主人公矿矿是个接受美国中小学教育的华人孩子（他五岁时随父亲留美）；而《哈佛女孩刘亦婷》中的主人公刘亦婷是在国内接受中小学教育的地道中国孩子。显而易见，《哈佛女孩刘亦婷》对广大中国孩子和中国家长更具针对性、适用性和亲和力、号召力。

总之，《哈佛女孩刘亦婷》是一部高扬素质教育旗帜，由地道的中国家长现身说法，详细、完整地记录主人公素质与能力培养全过程的家庭教育成功个案普及读物。不言而喻，《哈佛女孩刘亦婷》对《素质教育在美国》的跟风，显然不是克隆，不是拷贝。

（二）要果断决策，快速行动

图书市场热点有周期性，由热点带来的商机转瞬即逝。能否在热点图书市场分食蛋糕，很

---

① 杨葵：《我理解的图书策划与营销》，载《中国图书商报》，2003-12-19。

② 方卿、邓香莲：《畅销有理——解密畅销书案例评析》，168 页，广州，广东教育出版社，2005。

大程度上取决于策划者的临机决断与快速行动的能力如何，如同股市中炒热门股一样，快速跟进者赢利，慢速跟进者挨套。2003年“非典”图书的运作过程，长则10天，短则4天。湖北人民出版社出版的《非典型肺炎预防与治疗》只用7天就完成了从选题策划到出版面市的全过程，中国轻工业出版社出版的《非典型肺炎不可怕》从策划到印刷只用了5天，重庆出版社出版的《预防“非典”百姓手册》仅用了4天。

（三）热点图书的质量同样不能忽视

既然是热点图书，就必须抢时间赶进度，但选题本身的质量与编校、印制质量同样不能忽视。北京出版社出版的《非典型肺炎防治手册》并不是北京市最早出版的“非典”书，它比北京市最早出版的《非典型肺炎不可怕》晚了半个月，但它的销售量比后者大得多。为什么？一是由于内容翔实。该书不仅概述了“非典”的发病症状、预防措施，还对它的传播途径、诊断标准、流行特点、并发症、各种场合的消毒方法进行了阐述，对其中医、西医的治疗方法和药物处方也作了详尽的介绍。二是由于通俗易懂。它是根据老百姓的阅读习惯与特点编写的，还将老人、孩子如何预防“非典”，普通人如何预防“非典”进行了细分。三是由于价格低廉。

概言之，趁热打铁法的操作要求正如第八章之“与市场的开拓者争抢地盘，与最先发现蛋糕者分食蛋糕（理念6）”所说，要念好“三字经”：一是“跟”字；二是“快”字；三是“好”字。关键是“好”字。

第三节　弃金找水法（弃金贩锹法）（方法3）

一、弃金找水法（弃金贩锹法）的含义

跟风赶潮只可偶尔为之，长远之计应该根据自身的优势条件，独立地策划原创选题——富有个性和生命力的选题。在近期没有更好的选题、自身条件又具备的情况下，可以适当策划跟风赶潮类的选题。否则，就坚持你出你的，我出我的。选题策划不能像打游击战那样“打一枪换一个地方”。今天兴起“哈佛热”，就立即抓“哈佛”选题；明天出现“奶酪”热，就赶紧组“奶酪”书稿；后天刮起“水煮风”，就马上跟着出“水煮”书……这样做只会使自己策划的选题如散兵游勇一般。东汉思想家王符（约85—约163）的《潜夫论·贤难》引谚云：“一犬吠形，百犬吠声。”所谓“吠形”，是指感到有异常而警觉地狂叫，而“吠声”是指冲着“吠形”之犬的叫声而叫。选题策划人、编辑出版人要做“吠形”之犬，不做或尽量少做“吠声”之犬。

其实，策划选题时，完全有可能做到不盲目追逐图书市场的热点。请看一个在美国企业界流传的故事：

美国西部兴起淘金热时，农夫亚默尔也去淘金，但他很快发现，在淘金方面，自己竞争不过对手，于是，决定另辟蹊径。荒山野谷，饮用水奇缺，他毅然弃金找水。没几年工夫，他便一跃成为美国屈指可数的大富翁。而另一淘金者也不再淘金，转而贩卖淘金的工

具——铁锹，也很快成为富翁。

弃金找水或弃金贩锹的思路是寻找市场空隙，即发掘那些被同行忽视的盲区，发现消费者的潜在需求，针对市场空隙开发新产品，把它变为自己的目标市场。这种做法非常值得选题策划人借鉴。当出版同行纷纷盯住热点选题亦步亦趋的时候，不妨也来个“弃金找水”或“弃金贩锹”。

1998 年，我国发生了百年不遇的洪灾。各出版社立即作出反应，纷纷推出有关图书。很多出版社将眼睛盯着抗洪抢险的军民，出版了一批歌颂抗洪英雄的图书，一些出版社出版了反思抗洪抢险的图书。然而，有一家出版社的策划编辑从白衣战士的忙碌中预感到灾后防疫的紧迫性，于是策划了《灾后防疫手册》，在灾后及时推出，取得了较好的效益。

二、弃金找水法（弃金贩锹法）的策划理念

弃金找水法（弃金贩锹法）的策划理念是：另辟蹊径，不去切“蛋糕”，而去做“蛋糕”。相对于追逐市场热点而言，另辟蹊径是对市场冷点的挖掘，并等待冷点变热点。这需要选题策划人眼光独到，好比股市中的高手，善于发掘潜力股，又好比武林中的高手，剑走偏锋。

弃金找水（弃金贩锹）的思维显然是逆向思维。用刀削铅笔，刀动笔不动，逆向一想，刀不动笔动，就有了卷笔刀；声音引起振动，反过来一想，振动也能还原声音，爱迪生（1847—1931）因此发明了留声机；声音转变为电传号，电传号应能还原出声音，亚历山大·格拉汉姆·贝尔（1847—1922）于是发明了电话。司马光（1019—1086）砸缸的故事，一般儿童的思路是“人离开水”，而司马光的思路是“水离开人”，这不也是逆向思维吗？

运用逆向思维策划选题，往往能出奇制胜。例如，研究企业管理的书一般是讲成功的经验，如北京大学出版社出版的《联想为什么》就是介绍经验的。然而，浙江人民出版社出版的《大败局》却是探讨企业失败的教训的，对中国市场上曾经极有影响的企业（包括秦池、爱多、玫瑰园、飞龙、巨人、三株、太阳神、南德、亚细亚、瀛海威）失败案例作出了全面解读。从反面分析失败的教训比从正面总结经验更能震撼读者的心灵，更能引起读者的共鸣。从 2001 年 1 月初版至 2003 年 9 月，《大败局》销售了 31 万多册，到 2008 年 8 月印刷了 28 次，并已出版续集。湖南教育出版社出版的《高考失误谈》把一些高考落榜者失败的原因作了分析和总结，给即将应考的学生以很大启示和借鉴，因而受到学生、教师、家长的欢迎。北京理工大学出版社出版的“北大清华高考状元易错题宝典”丛书与“最新中考状元易错题宝典”丛书也是逆向思维的成果。

《大败局》书影

总之，图书热点出现后，有两种策划热点选题的思路：一种是趁热打铁——及时跟进切“蛋糕”；另一种是弃金找水（弃金贩锹）——逆向思维做“蛋糕”。前者无疑属于跟风，后者

也可视为跟风，但有本质区别：前者是从正面跟，后者是从反面跟。从反面跟，更易跟出个性，跟出特色，跟出新意，从而开辟新市场，打造新热点。正如美国著名出版家舒斯特所说："不要盲从当前的时尚和流行，千万不要只模仿目前的畅销书，而出一本和它差不多的书。你应该创造趋势，而不是盲从趋势。"①

【基本概念】

捷足先登法　趁热打铁法　跟风出版　弃金找水法（弃金贩锹法）　逆向思维

【思考题】

1. 编辑出版家徐柏容说："并不是所有'人无我有'的就都是好的、有价值的创意。严格说起来，只有人无我有且优的，才是有价值的创意。也就是说，选题创意主要要在'优'字上下工夫。"你同意这种观点吗？请举例说明。

2. 有人认为，出版不能跟风；也有人认为，出版跟风是正常现象。你的看法怎样？请运用最新案例加以分析。

3. 逆向思维在图书选题策划中有用吗？请联系具体案例进行阐述。

① ［美］林肯·舒斯特：《给有志于编辑工作者的一封公开信》，见［美］杰拉尔德·格罗斯主编：《编辑人的世界》，31页，北京，中国工人出版社，2000。

第十五章

选题策划方法：从与同类书比较的角度

扬弃陈旧的，产生新的，即为推陈出新。对于已经出版的同类型图书（包括古人、前人与今人出版的），在继承的基础上加以创新，又可以策划出新的选题来。从何处创新？要么只从内容方面去创新，要么只从形式方面去创新，要么从内容与形式两个方面去创新。前两种创新易于做到，因而用得很普遍，后一种创新最理想，但难以达到。只从形式方面去创新，称为“新瓶旧酒”；只从内容方面去创新，称为“旧瓶新酒”。从与同类书比较的角度出发，还可以形成另外两种选题策划的方法：培育杂交法和价廉物美法。下面逐一论述。

第一节　新瓶旧酒法（方法4）

一、新瓶旧酒法的含义与作用

请先看商家做榨菜生意的故事：

榨菜是四川特产。四川人用大坛子装榨菜，大批外运，销量很大，但利润不高。榨菜到了上海，精明的上海人改为中坛包装，一坛能供一家享用一个月，价格上升，利润可观。香港人购入后，改为小坛子包装，身价大升，利润加倍。日本人购入后扔掉坛子，改为锡箔包装，制作成精美的袖珍小袋，榨菜顿时由家常小菜升格为风味佳品，价格大增，利润比大坛榨菜翻了数十倍。

榨菜还是原来那个榨菜，只是变了一下包装，市场效果就截然不同。

图书出版不也这样吗？

从20世纪80年代末开始，我国图书市场兴起了大开本（32开）连环画图书出版的热潮。首先掀起这一热潮的出版社是浙江人民美术出版社。

案例 15—1

1987—1988年，浙江人民美术出版社推出大开本（32开）《世界文学名著连环画》从书。当时，我国传统连环画（又叫“小人书”，64开）的出版跌入低谷，以文学名著作连环画题材的图书也屡见不鲜，但该社出版的《世界文学名著连环画》非常畅销，不仅获利200多万元，还荣获第五届中国图书奖，从而为浙江人民美术出版社的发展打下了坚实基础。该丛书的内容仍然是世界文学名著，这是个大家都在出的老题材，但该社有创新之处：开本上从原来中国传统连环画的64开改为32开，绘图技法上吸取日本连环画的特点，规模上配套成系列。就是这三个形式上的改变（主要是开本的改变），使得该丛书脱颖而出，成为我国大开本连环画图书的开创之作。

《世界文学名著连环画》（全15册）书影

如今，大开本连环画的出版已扩展到各个领域各种类型的图书，甚至深奥的古籍、精深的马列主义经典也用图画的形式出版。20世纪80年代末90年代初，三联书店从台湾引进出版“蔡志忠漫画”系列（用漫画解读经典古籍），销量之大，影响之广，为上海第三届全国书市之最。

题材不变，内容不变，而形式稍作改变，往往有意想不到的销售效果。例如，1997年12月，江西人民出版社出版了《画说〈共产党宣言〉》（上、下卷），当月就印刷了两次，达2.5万套。而1998年11月，湖南教育出版社出版的《浅说〈共产党宣言〉》只印刷了1 000册。这两本书的题材均是《共产党宣言》，区别即在于形式，前者采用流行的32开本连环画的形式，后者沿用传统的纯文字表述的形式。形式的不同显然是导致销售差距的根本原因。形式上的创新可以使图书具有趣味性和可读性，因而使滞销的书变得畅销。

选题资源是再生资源，同一题材（尤其是名著、经典）通过多种形式的深度开发，可以产生多重价值。连环画式、漫画式、插图式是深度开发选题资源很有效的方式。按照出版的传统与惯例，图文并茂的书籍主要有两类：一类是儿童读物，另一类是摄影画册。可如今，发展到了几乎无书不图的“读图时代”了。“读图时代”的出现不是偶然的，它适应了以电视、网络为主体的视觉性大众文化盛行的文化发展大趋势，对于普及文化、排遣现代人的烦恼与压力起了重大作用。书籍图片化是出版界适应市场的一种举措，也是读者在新的生存环境下的阅读需求。当然，书籍图片化并不适合所有读者，也并不适合所有图书。一味地图片化，难免会使书籍的本质特征淡化以至消失，从而失去一部分读者。

二、图书形式创新的途径

图书形式上的创新之处远不止于连环画式、漫画式和插图式。图书的形式有内在形式与外在形式之分。图书形式上的创新可以从这两个方面去展开。

（一）内在形式创新

内在形式是指写作与编纂的形式，包括体例、体裁、结构、表达方式、行文风格等，它们同书的内容密切相关。同样题材的内容，可用不同的内在形式表述出来。历史既可用纪传体写，也可用编年体写，还可用记事本末体写，等等。张建伟所著《温故戊戌年》（作家出版社）是以戊戌变法为题材的报告文学，获得了第一届鲁迅文学奖，该书创造了历史报告文学这种新体裁。

对名著、经典进行缩写、改编，也是常见的内在形式创新的方式。二十一世纪出版社针对当今中小学生对革命题材名著知之甚少的现状，对曾经哺育了一代人成长的《牛虻》《红日》《红岩》《绞刑架下的报告》和《钢铁是怎样炼成的》等革命题材文学名著进行改编，请原著者或译者进行缩写，每种缩写到 8 万字左右。通过改编，革命题材文学名著再次焕发了青春，成了 20 世纪 90 年代的畅销书。

（二）外在形式创新

图书的外在形式包括装帧设计、开本、版式、用料、装订、印制工艺等，这些形式影响读者的外观感受，使读者产生“第一印象”。单从这些外在形式去创新，也往往可以收到满意的效果。

案例 15—2

南京师范大学出版社出版的“一课一练”系列，在设计版面时，编辑颇费了一番心思。在学生常用的横 16 开练习册中，用虚线从中间将版面一分为二，内侧正反面安排的是课内练习，外侧正反面安排的是课外练习。在做完课外练习后，学生可将外侧半页撕下，交老师批阅，一学期下来学生手头留下的又是一本书，是内侧半面合起来的、开本为 32 开的、内容由基础知识组成的课内练习册，供学生期末复习时使用。这样的安排虽然大大增加了加工、排版的工作量，但真正方便了读者，因而深受师生喜爱。

一些制作新颖、独特的图书受到了读者的欢迎。譬如，烹饪书被设计成活页本的形式，方便了读者在厨房边看边操作；工具书小得像火柴盒，内容有英汉词典、唐诗、宋词；武汉大学出版社以台历的形式出过一套法律书；加拿大托蒙特出版公司出版了“立体童话”系列（笔者收藏了其中的《阿拉丁神灯》），内页以立体剪纸呈现童话内容。

立体童话《阿拉丁神灯》内页

用来“装酒”的“瓶子”多种多样，同样题材、同样内容的选题可以采用不同的形式去包装。在内容上很难创新的情况下，不妨考虑从形式方面去创新。只要肯动脑子，就会发现新的形式是层出不穷的，这样的创新其实谁都可以胜任。

第二节　旧瓶新酒法（方法5）

旧瓶新酒法与新瓶旧酒法是相对而言的。

旧瓶新酒法的操作有以下两种切入点。

一、借鉴当今成功图书的形式

《世界童话画库》（山东友谊出版社）于1988年11月出版后，受到了专家和读者的好评，先后荣获第三届全国优秀图书奖、第三届全国图书“金钥匙”奖等五项奖励。这个选题是怎样策划出来的呢？责任编辑回忆说：

《世界童话画库》（6册）书影

> 我到新华书店门市部购买浙江人民美术出版社出版的《世界文学名著连环画》。听书店的同志讲，这套书很畅销，我脑子里便有种预感：“处于低谷的连环画出版将要重新繁荣起来了。”于是，一种出书的灵感涌上心头，我便设想，借鉴浙江《世界文学名著连环画》丛书的形式，出其他内容的书，肯定受欢迎。那么，出什么内容的书呢？中国的、外国的，古代的、现代的文学名著都想过，但都已出版过。正巧，我们编辑室的同志在酝酿搞一套童话挂历，这触发了我搞“世界童话连环画”的念头。经过反复琢磨，我便提出了出版《世界童话画库》这个选题。我认为，连环画传统上最热心的读者还是儿童，那就要有适合儿童阅读欣赏的内容。童话正是儿童们喜闻乐见的文学形式，它能帮助儿童们开阔视野，启迪心智，培养和激发丰富的想象力。若使童话图文并茂成为连环画，肯定会受儿童欢迎。过去，尽管也出版过童话连环画，但都不够系统。而我们要出版的《世界童话画库》集世界童话之精华，既具备了《世界文学名著连环画》系列“大”的特点，又从内容上具备了连环画“小”的特点，也就是适合少年儿童阅读，从而能够满足广大儿童通俗形象地阅读世界童话的需要。①

《世界童话画库》的策划思路是直接受浙江版的《世界文学名著连环画》丛书的启发而形成的，继承其形式（32开本连环画），把题材由文学名著换为著名童话，即所谓用旧瓶装新酒，结果同样取得了理想效果。

同新瓶旧酒法一样，旧瓶新酒法在跟风出版热点选题中经常采用。2006年9月，中国友谊出版公司出版《明朝那些事儿》，十分畅销。“那些事儿”图书随之纷纷面世：《宋朝那些事儿》

① 姚文瑞：《〈世界童话画库〉编辑体会》，载《中国出版》，1991（Z1）。

《唐朝那些事儿》《民国那些事儿》《清朝那些事儿》《慈禧那些事儿》等。

可见，采用今人已出成功图书的形式，换上新的内容，可以策划出新选题。

二、继承古代著名图书的形式

通过借鉴古人或前人已出图书的形式，换上反映当今时代的新内容，也可以策划出新选题。

案例 15—3

广东教育出版社出版的《新三字经》(《新三字经》编写委员会编写）自 1995 年 1 月出版以来发行近 4 000 万册，引起了波及全国的“新三字经热”，获得“五个一工程·图书奖”、第九届中国图书奖。这本书成功的基本原因在于《三字经》拥有强大的影响力。作为最著名的传统启蒙教材，《三字经》家喻户晓、妇孺皆知。广东教育出版社利用《三字经》三字一句、押韵上口的旧形式，重新编纂一部体现新时代要求的、图文并茂的《新三字经》，加之促销有力，自然就吸引住了成千上万读者的眼球。同年 3 月，科学出版社（龙门书局）也出版《新三字经》(李汉秋主编)，到 4 月第 3 次印刷时累计 15 万册。

《新三字经》书影

《新诗三百首》《新史记》《新资治通鉴》《新编二十五史》《彩图情诗三百首》与《新资本论》等书，都是应用这一思路策划出来的。运用这一思路，还可以策划出版《新论语》与《新世说新语》等书。

必须指出，正如第八章之“创新是旧东西的新组合（理念 7)”中所说，新瓶旧酒法与旧瓶新酒法都有局限性——都是从一个方面去创新。真正的创新应该同时从内容与形式两个方面去创新，“新瓶新酒”才是最理想的。

第三节　培育杂交法（方法 6）

一、培育杂交法的含义

现代生物学早已证明，杂交品种比单一品种有优势。杂交的优势不光体现在动物、植物上，就是我们人类自身，不同种族之间、不同民族之间的通婚与繁殖，也有助于人类的繁衍与延续，这是人类学、民族学和历史学早已证明的规律。在市场营销中，增加产品的附加值是常用策略。2000年8月，海尔集团老总张瑞敏在美国听说海尔的小冰箱在当地脱销，很纳闷，因为，在美国，小冰箱到处都有。后来了解到，海尔的小冰箱顶上像一个桌面一样，住房狭窄的人就把冰箱台面当小桌子用。于是，海尔专门生产出一款顶上装有折叠台面和抽拉板的冰箱，这款冰箱具有冰箱和电脑桌合二为一的功能，从而开拓出很多新用户。再如，“采乐”去屑洗发水，既是洗发水，又是去头屑药物，把洗发水当药来卖，宣称“各大药店有售”，因而找到了市场空白地带，成功地占领了市场。

这样的科学原理与经营策略也可运用于选题策划之中。基于此，笔者提出策划图书选题的一种方法——培育杂交法。

二、培育图书杂交品种的途径

培育图书杂交品种主要有五种途径。

（一）类型杂交

所谓类型杂交是指把两种不同类型图书的不同特点组合在一起。从出版实践来看，主要是指工具书与一般读物的杂交。图书的类型不同，编撰的要求也不同。工具书有约定俗成的编撰要求，词条的选择、体例的编排、文字的表述等都非常讲究权威、紧凑和严谨。工具书与一般读物可谓泾渭分明，然而，王建辉先生曾经策划的《中国文化知识精华》（湖北人民出版社）却打破了这二者的界限，他回顾道：

《中国文化知识精华》书影

> 我曾经主编或者说策划过《中国文化知识精华》一书。策划之初，时值1985年，中国再一次文化热的曙光尚未闪现，而当时工具书经历了20世纪80年代初期的繁荣后正在走下坡。我为此书设计了一条杂交路线：其一，把严肃的文化课题通过有趣味的文化事件开掘出来；其二，把一般读物的优点（耐读）和工具书的优点（集约的编排形式）结合起来；其三，把事典的考证源流与通俗读物的灵活写法结合起来。经过几年编撰，最后弄出了一个专家和大众都喜欢的“怪书”，我们美其名曰“新型工具书”。此书出版以来至今已经重印7次，印数20万册。[①] 策划之始，我们从未奢想它会跻身学术殿堂，但结果是学术圈中有人著长

① 这个数字是截至1992年9月的数字。到2005年已印刷20次。2005年推出了修订版。

文将它与其他几本堂而皇之的文化辞典相提并论，评论它是近年出版的较好的文化工具书。[1]

后来，湖北人民出版社又策划出版了《中国文化知识精华》的姊妹篇《世界文化知识精华》。它们都是工具书与一般读物的杂交品种，既具有工具书的特点（集约的编排形式）与优点（实用性），又具有一般读物的特点：采用小专题的形式编排（而常见工具书采用条目即词条的形式编排）。《中国文化知识精华》共收 2 000 多个小专题（如“娘子小话”“吃醋的来历”“压岁钱的由来”等），《世界文化知识精华》共收近 2 000 个小专题，每个小专题力求叙述详尽，灵活生动，尤其注意考证源流，介绍始末演变，这些是常见工具书所没有的，因而具有较强的可读性。由于具有这样的特点与优点，所以，它们“于卧读坐谈、检索查考，或也两宜”[2]。上海辞书出版社陆续推出的以《唐诗鉴赏辞典》打头的“中国文学鉴赏辞典系列”也运用了这种策划思路。

还有其他类型的杂交。进入 21 世纪，国内开始流行“画传”，到 2003 年年底，“画传”出版突然升温，最知名的是作家出版社的“世纪华人画传丛书”。所谓“画传”，是指一本书整体上属于人物传记，但照片、图片占有大量篇幅，甚至居于主角的位置，并非可有可无的陪衬，而且照片、图片的选择、制作非常讲究，整本书绝非简单的文字加图片，绝非传统意义上的图文并茂。已出的“画传”有三种：(1) 社会政治名人画传，如《宋美龄画传》；(2) 文化名人画传，如《张爱玲画传》；(3) 明星画传，如《邓丽君画传》。笔者认为，“画传”这种体裁最适合的人物是影视娱乐明星，这种书实际上是人物传记与明星写真的杂交，目标读者是影视娱乐明星的“粉丝”。

《邓丽君画传》书影

(二) 功能杂交

功能杂交主要是指图书的功能与玩具、游戏的功能杂交。这种书，是书但又不全是书。

从出版实践来看，这种杂交书主要是幼儿书、少儿书。幼儿书完全可以做成玩具书。我国出版社开发的集图书、玩具功能于一体的玩具书，1999 年形成了 17 个系列、87 个品种，发行码洋达到 100 万元。[3]海燕出版社出版的“纸艺”系列就是可以玩的书，介绍了国际上流行的立体纸艺的做法。立体纸艺不同于我国传统的平面纸艺（如剪纸、折纸之类），它的材料来源丰富，造型效果富有特色，可以更有效地训练孩子的动手动脑能力和艺术造型能力，因而在国外被广泛用于艺术教育活动。在我国，这方面的书曾经也有人出过，但仍然只是书而已，离真正动手制作还有一定距离。由于没有材料或材料不足，孩子拿到一本介绍立体纸艺制作的书，仍

① 王建辉：《编辑策划意识》，载《出版发行研究》，1992 (6)。

② 张锡璇：《世界文化知识精华》，“出版者阐语”，武汉，湖北人民出版社，1992。

③ 参见海飞：《中国：正在崛起的儿童读物大国》，载《中国编辑》，2006 (6)。

然无法收到预期的教育效果。而该社出版的“纸艺”系列配有制作立体纸艺用的特种材料，该系列书的责任编辑说：

> 考虑到纸艺本来就是以材料为基础的造型艺术，何不跳出单纯的做书思路，从书以外的材料入手，打造一种更能体现市场需求、富有市场效应的纸艺系列？想到就做，一套带着新思路、方便开展动手教育的纸艺图书就这样出版了。其中的《宝宝纸艺》更是在特种材料纸上做了造型模切，制成了美工劳作材料半成品，特别适合动手能力尚弱的幼儿园孩子使用。①

湖南少年儿童出版社曾经出版过“小小玩具书”“书包书”和“立体书”；二十一世纪出版社出版过带轮子的“汽车”图书，还出版过剪纸模型书“神奇巧手”系列；还有出版社出版过身兼明信片之职的书；等等。照此思路发散下去，不仅可以策划玩具书，还可以策划衣服书、食品书、音响书、动画书等各种别致的书。这样一来，图书就从平面走向立体。这样的书既是书，更是一种生活、一种情趣。

并非只有幼儿书、少儿书可以做成这种功能杂交品种。日本曾经出现了“沐浴书”。它是一种在澡盆里阅读的书，用聚氯乙烯制成，即使浸在水里，也不会卷曲、破裂，而且书页之间不会粘连。“沐浴书”产生的社会背景是，半身浴（一种浸泡下半身的入浴法）以其美容和健康的双重功效风靡日本。最早出版“沐浴书”的是东京一家名为“开拓者”的公司，2004 年，该公司推出“沐浴文库”。

2015 年以来，国内图书市场上流行以解压为目的的成人“游戏书”，如从英国引进的手绘涂色书《秘密花园》、以《我的人生解答书》为代表的“问题之书”与“答案之书”等。这些成人“游戏书”的销售火爆，“反映出当下读者对于‘阅读’需求的多样性，图书不再仅仅是知识和文化的载体，在读书中游戏也不再是小朋友的专利”②。

（三）学科、内容杂交

学科杂交是指从边缘、交叉学科去策划选题。从不同学科的边缘地带或交叉区域往往可以挖掘出独创性的选题。许多名著就是这样创作和编辑出版出来的。例如，英国地理学家哈尔福德·麦金德（1861—1947）的《地缘政治论》（也叫《历史的地理枢纽》）是地理学与政治学有机结合的产物，作者因此书而被称为“地缘政治学之父”③。复旦大学出版社于 1990 年出版的《世界名著情书鉴赏大观》将世界文学名著中恋人间的往来书信汇编起来并加以评点，青年读者既能鉴赏文学名著，又能模仿着写情书。

旅游书市场流行的复合式旅游书不再是单纯提供简单资讯的手册式旅游书，而是将旅游与地理、饮食、历史、文学、考古、建筑、动植物、民俗等嫁接起来，也是杂交品种。例如，《唐诗地图》（南方日报出版社）将旅游与唐诗、民俗结合起来；《跟着音乐去旅行》（中国时代

---

① 张一心：《让思维飞扬起来——从儿童玩具到儿童图书的思考》，载《出版广角》，2003（10）。

② 北京开卷信息技术有限公司研究咨询部：《新“游戏书”火爆来袭——2016 年 6 月全国大众畅销书分析》，载《中国新闻出版广电报》，2016-07-18。

③ ［美］罗伯特·唐斯：《影响世界历史的 16 本书》，55 页，上海，上海文化出版社，1988。

经济出版社）把旅游与音乐结合起来。

（四）书刊杂交

这种杂交品种有意模糊图书与杂志的区别，制造混血儿——“杂志书”，以编杂志的理念来编辑，但以书号来出版。“杂志书”在日本和我国台湾地区被称为Mook，Mook是Magazine与Book相结合的简称。日本书店中一般都设有Mook区，欧美市场也流行“杂志书”。在我国，最早面世的“杂志书”是山东画报出版社的《老照片》系列、山东人民出版社的“茶座”系列，其中“茶座”系列既可通过新华书店零售，又可通过邮局订阅（它有邮发代号）。2007年以来，青春文学杂志书颇为流行，如郭敬明主编的《最小说》（后获得了刊号）、饶雪漫主编的《最女生》、郭妮主编的《火星少女》等。“杂志书”注重鲜活性、轻松感和趣味性，名义上是书，本质上是杂志。“杂志书”的出现显示了图书载体信息化、形态美学化的发展趋势，是大传媒、大出版时代的必然结果。①

（五）媒体杂交

这种杂交是指在依托纸书的基础上，利用数字技术，策划出版融媒体产品。有两种途径：一是让读者通过扫描书中的二维码，无偿或有偿获得与书中内容密切相关的音频、视频或者图文形式的知识、资讯。岳麓书社利用二维码和4G技术推出“四大名著”（名家演播版），读者既能读，又能听还能看，拥有立体化的阅读体验。与市场上四五百种版本的“四大名著”相比，此版“四大名著”是真正的互联网＋图书。外研社出版的《王江涛考研英语满分写作》，利用二维码技术为读者提供需付费才能获得的考研作文题预测、作文批改等相应的知识服务，从而开辟出售书之外的新的赢利来源；二是将AR（Augmented Reality，增强现实技术）、VR（Virtual Reality，虚拟现实技术）与人工智能技术引入图书出版。北京少年儿童出版社的《大开眼界——恐龙世界大冒险》、中信出版社的“科学跑出来”系列、凤凰出版传媒集团的《智能菜谱》等图书的成功显示出AR、VR技术在幼儿出版、科普出版、教育出版以及大众生活出版中的应用价值，人工智能技术在历史传统文化尤其是考古类、古建筑类图书出版中的应用前景也颇为光明。

上海文艺出版社的优秀畅销书《话说中国》系列，它的策划理念事实上也是做杂交品种，不过走得更远——通俗普及读物与工具书、杂志、报纸、网络的混合杂交。从文本来看，这套历史读物整体上属于图文并茂的故事体图书，但它的版式、体例充分借鉴了工具书和其他媒体的做法，例如，书中的“关键词检索”“故事编号”等吸取了网络与工具书的编辑方法，“单元版面”的设计吸收了杂志、报纸的编辑理念。很多读者看了这套书后，有“像看报纸，看杂志”的感觉，因为每几页就是一个独立的阅读单元，随手翻开任何一页都可以看，但串起来是一条主线；经常是一页中有主打文章，边栏上配上知识点；生动的故事、精彩的图片、丰富的资讯、新颖的版式，很有亲和力和冲击力，十分符合现代人的阅读习惯。②

---

① 参见王春学：《杂志书小议》，见孙琛主编：《现代期刊编辑论丛》，7辑，237～241页，西安，女友杂志社，1999。

② 参见刘拥军：《〈话说中国〉如何撕开“饱和市场”的口子》，见刘拥军编：《图书营销案例点评》，5～9页。

第四节　价廉物美法（方法 7）

一、价廉物美法的策划理念和廉价书出版线索

（一）价廉物美法的策划理念

价格是影响消费者购买商品的重要因素。追求价廉物美是任何时代、任何国家的消费者（图书的消费者就是读者）的基本心理。读者是“上帝”，选题策划人、编辑出版人应该为“上帝”斤斤计较。

畅销书策划大师金丽红主张定价低廉。她说：“我们搞签名售书，看到很多读者翻书翻到最后一页的时候就放下来了，他再喜欢，可是钱不喜欢，特别是大学生，从农村来的，省吃俭用，留点钱买书，你定价高了，就可能失去这个客户。读者那里有一个心理价位，那是一杆秤。”①单本利润偏低，但读者多了，购买者多了，也会积少成多。薄利多销的理念同样适用于图书尤其是大众读物的定价。

案例 15—4

岳麓书社有一片年年丰收的果园——“古典名著普及文库”。这套丛书自 20 世纪 80 年代中后期出版以来，在普及类古籍读物市场上始终深受欢迎，如《红楼梦》从 1987 年 4 月至 1993 年 5 月印刷了 11 次，发行 194 万多册。这套书打出的广告语是“竭诚使广大读者以最少的钱买最好的书”，始终坚持定价低廉，如《红楼梦》1993 年版（平装本）定价为 8.4 元，《史记》1994 年版（精装本）定价为 16.4 元，《左传》1993 年版（精装本）定价为 8.9 元，以至于有的出版社要求岳麓书社提高一些定价以使他们也有一碗饭吃。

“古典名著普及文库”书影

（二）中外廉价书出版线索

在中外出版史上，廉价图书的出版一脉相承。1926 年，日本的改造社（一家大出版社）

① 金丽红：《畅销书与营销策划》，载《出版广角》，2002（11）。

为摆脱东京大地震后出现的经营困境，想出一条不得已的计策：推出《现代日本文学全集》，每本1日元，结果订数高达23万册。20世纪30年代世界经济大萧条时期，英国企鹅出版公司推出便于携带的“纸皮书”，价格仅仅是羊皮精装书价的十几分之一或十分之一。在我国，20世纪30年代，良友图书公司的年轻编辑赵家璧受美国畅销的“蓝皮小丛书”的启发，策划出版了“一角丛书”；20世纪80年代中期至90年代初期，上海文化出版社隆重推出“五角丛书”，影响极大；20世纪90年代，吉林科学技术出版社出版了“蜂鸟一元丛书”，湖南少年儿童出版社出版了“一元书库”（以中小学生特别是农村的中小学生为读者对象，采用平装、薄本的形式，读者可以整买，也可以零买），海燕出版社出版了“一元书文库”，四川天地出版社出版了“一元致富丛书”等；2006年，人民文学出版社推出“九元丛书”（第一辑为当代名家“中篇金典”）。

读者喜好价廉物美的心理是永恒的，薄利多销的理念中外概莫能外。在经济萧条时期更是如此。

二、力求价廉，灵活多样

图书定价要特别注意以下三点。

（一）整体上采取价廉的定价战略是明智之举

由于图书品种不同、印数不同、各个出版社的具体情况及其定价策略不同，因而图书价格相差很大。2002年，有专家研究了来自315家出版社的1 006种图书的定价情况，结果发现：“接近半数（47.30%）的出版社的每印张定价处于1.5～2.0元之间，平均每印张定价为1.71元，但其市场占有率只有26.25%。市场占有率最高的是每印张定价处于1.0～1.5元之间的出版社，其市场占有率为66.91%，平均每印张定价为1.37元，占出版社总数的24.44%。每印张定价在1.0元以下及2.0元以上的出版社，分别占出版社总数的3.81%和24.44%，其市场占有率分别为1.0%和5.84%。”该专家还指出：“高定价冲动是一种经验主义的价格行为，它会压迫发行量，加剧竞争，不利于出版社的持续发展。”①

书价过高是我国图书定价中的普遍现象，它影响了图书的销售，阻碍了知识的传播，直接损害了读者的权益。更严重的是，高定价往往与低折扣结合起来，这已成为我国图书定价中最突出的弊端。“高定价低折扣”使非图书流通环节进入图书流通对图书利润层层瓜分，导致有些出版社把精力不是放在如何提高图书质量上，而是大搞价格战。

我国图书消费的主体是工薪阶层和大中学生，图书定价必须充分考虑读者的实际收入水平和支付能力，整体上采取价廉的定价战略是明智之举。当然，在市场经济条件下，价廉需要建立在严谨的操作基础之上，“薄利要求在经营上‘走钢丝’，不可有丝毫的‘随便’，必须在死的价格与活的印数、成本、篇幅的互动中找到最佳调控点，实在是非高手不能驾驭”②。

---

① 刘拥军、朱晓峰：《图书价格调查报告（下）》，载《出版经济》，2002（5）。

② 王一方：《10次新理念凸现》，载《出版广角》，1999（10）。

读者买书要支付两个成本：一个是买书的经济成本，另一个是读书的时间成本。在当今城市社会中，十几元一般不会影响读者的支付能力，而时间很宝贵。所以相对而言，薄书的“性价比”比厚书更高。书越做越薄，是国际出版业发展的整体趋势。

金丽红的做法非常值得借鉴。她的经验是：“先定价，后出书。”①例如，崔永元的《不过如此》先定为19元，定下来后，就在这个定价的框架内做书，篇幅、用纸、印数、发行费用、版税、利润，等等，都以这个定价为依据，所有的成本都要在这个定价框架内消化。她说，《不过如此》卖了104万册，与这个定价绝对有关。再如著名作家余秋雨的《行者无疆》，一开始就把书价敲定在22元。因为经过调查发现，余秋雨先前出版的书最低定价是22元。22元的书价定下来后，就采用大开本，把字排密一点，这样做虽然在观感上对读者造成了一些影响，但赢得了更多的购买者。

（二）畅销书定价的“黄金价格”

畅销书的定价更是一个非常敏感的问题，它既是成本核算的过程，更是研究读者购买心理的过程，是科学性与艺术性相统一的过程。

综观20世纪90年代后期至21世纪最初五六年我国畅销书的价格，可以发现一个基本特点：畅销书的定价大多接近20元，如《哈佛女孩刘亦婷》（17元）、《生命的留言》（18元）、《挪威的森林》（上海译文版，18.8元）、《三重门》（16元）与《绝对隐私》（19.5元）等都没有超过20元。《谁动了我的奶酪?》畅销之后，书市更是出现了畅销书“黄金价格”（16.8元）的现象，如《致加西亚的信》（哈尔滨出版社）、《邮差弗雷德》（接力出版社）与《50件要让儿子知道的事》（中国青年出版社）等书的定价都是16.8元。定价16.8元的书大多有下列共性：装帧精美，适合馈赠；大多100来面，有的不足100面；多为引进版图书，都号称全球畅销；都属于励志或财商类书。16.8元是策划、营销人员在测算成本、利润后分析读者的经济承受能力和购买心理所形成的合理价格。

（三）定价应该更加人性化

在市场经济条件下，完全可以采取适应市场需求的更为人性化的定价策略。例如，可以针对不同的图书品种（如少儿书与成人书、普及读物与学术著作）而区别定价。还可以根据图书生命周期的不同阶段区别定价：洛阳纸贵时，可以高定价；进入成熟期时，则采用中低定价策略。也可以这样做：为了表明某书质地精良，可以制定与众不同的高价；为了使某书吸引读者眼球，不妨制定出版方难以承受的低价。甚至还可以考虑实行地区差别定价。1995年，国家物价局批准深圳市新华书店出售图书可以按定价上浮10%～15%，此举对于图书定价改革颇有启发意义。

三、价廉与物美应该完美统一

价格虽然是影响读者购买图书的重要因素，但许多情况下不是首要因素。价廉与物美是不

---

① 金丽红：《畅销书与营销策划》，载《出版广角》，2002（11）。

能割裂的。上海文化出版社出版的“五角丛书”是价廉与物美完美统一的典范。它之所以畅销，不仅因为便宜，而且因为质优。

案例 15—5

“五角丛书”定价每册五角，从第 8 辑起因为纸张等成本上涨价格稍微上调，但仍保证价格比同类图书低廉。“五角丛书”的内容涵盖五个主要方面——文学、艺术、生活、体育、娱乐（这是书名“五角”的另外一个意思）。该丛书以全方位态势和“文化快餐”形式为人们打开了了解大千世界的窗口，以五彩缤纷的内容给读者带来新的视野和新的欢乐，给读者带来最新、最富趣味和最具魅力的精神收获。它通俗但不粗俗，有一定文化品位，雅俗共赏。而且，每一本都轻薄短小（篇幅绝大部分为七八万字，开本均为787mm×960mm 的小 32 开），便于携带，适合在舟船旅行等各种环境下轻松翻阅。“五角丛书”从 1986 年第 1 辑问世到 1993 年第 15 辑出齐，总共出版了 150 种，平均每种的印数超过 50 万册，最多的达到 150 万册，第 1 辑至第 6 辑共发行约 3 000 万册。[①] 该丛书的装帧设计也有可圈可点之处，如每本书的内容提要都放在封面（详见第十六章之“内容提要（内容简介）的策划”的有关内容）。

《人性的弱点》书影

《美的历程》（插图珍藏本）书影

如果物劣，价格再便宜，消费者也不会动心。反之，物品确实精美，价格贵一些，消费者也甘愿掏腰包。尤其像图书这种以“内容为王”的精神产品，更是不能只用金钱来衡量其价值。许多价格便宜的好书，受到读者欢迎；不少价格昂贵的好书，也成了常销书或畅销书。例如，广西师范大学出版社于 2001 年推出李泽厚的美学名著《美的历程》（1981 年由文物出版社首版）的插图珍藏本，精美的图片（配彩图 200 多幅）、豪华的纸张、精湛的排版制作工艺，集阅读与欣赏于一体，显得非常精美、靓丽和大气，文字只有 12 万字，定价高达 88 元，但还是受到读者的厚爱。总之，“图书定价不仅要考虑物化形式的生产成本，更应该考虑精神文化内容的生产成本”[②]。

① 参见徐丽芳、吴永贵、孙强、陈幼华、汪涛：《中国百年畅销书》，312～314 页。

② 张强劲、朱维贵：《图书定价的艺术》，载《印刷杂志》，2004（6）。

【基本概念】

新瓶旧酒法　旧瓶新酒法　培育杂交法　价廉物美法　杂志书　“黄金价格”

【思考题】

1. 有人说：“创新是旧东西的新组合。”从图书出版来看，这句话有道理吗？请用具体案例予以说明。

2. “培育杂交法”是什么意思？请运用这种方法策划一个选题。

3. 请阅读几本“五角丛书”，全面分析其畅销的原因。

第十六章

选题策划方法：从读者的角度

面向读者，是选题策划的基本原则之一。读者的需求是选题策划的出发点与归宿点。从满足读者需求的角度如何策划选题呢？本章阐述了四种基本的方法：有的放矢法、雅俗共赏法、读者反馈法和一见钟情法。

第一节　有的放矢法（方法 8）

一、有的放矢法的含义

射箭要对准靶心。策划选题也要对准“靶心”，即要有针对性，要有具体、明确的读者定位。读者的群体多种多样，读者的需求丰富多彩，所谓读者定位，就是要确定自己所策划的选题，是满足哪一部分读者群体的哪一种需求的。“任何一个选题，必须从一开始设计就有明确的对象和目的性，解决什么问题，预期达到什么目的，必须做到心中有数。”①策划选题应该“量身定做”——针对特定读者的特定需求策划特定选题。

在某种意义上，读者定位实际上就是用途定位。你策划的选题对你锁定的读者究竟有什么用？对这个问题的回答，如果是明确而具体的，就说明这个选题的定位是准确的。例如，金盾出版社始终把编辑出版农民实用科技图书作为选题工作的重点。

案例 16—1

1991 年春，福建某市新华书店经理反映，现在农村植树很多，农民出售木材不会计算圆木的体积，因而建议金盾出版社出一本这方面的书。编辑部及时采纳了这个建议，组织出版了《木材材积计算手册》。这本看似很专业的书当年就销售 20 万册，到 2005 年 7 月，累计总印数达到 160 万册。这个选题直接针对植树造林的农民计算木材体积的需要而策划。

① 全国出版专业职业资格考试办公室编：《出版专业理论与实务（初级中级）》，76 页。

可见，选题的读者定位是否明确，归根结底要落实到对目标读者是否有切实的、具体的用途。

读者定位是否具体明确，往往可从书名反映出来。《汽车销售经理实务手册》《上海求职指南》《民工守法维权100问》《外企高薪职位面试指导》与《40岁登上健康快车》的读者对象是谁，一看书名就知道。由笔者策划选题的《赢在大学起跑线》和《备考绝招——名牌大学高考尖子谈单科学习》，看书名就知道读者对象分别是大一新生和学习偏科的高考考生。

《木材材积计算手册》书影

二、有的放矢法的作用

有的放矢法起码有两个作用。

（一）易于形成鲜明特色

一个选题有什么样的读者定位，其内容与形式就会有什么样的特点。读者定位如果具体、明确，书的特色也就会鲜明而引人注目。岳麓书社原总编辑钟叔河先生坚持把“古典名著普及文库”的读者与购买对象定位于大、中学生和低收入的工人、干部。价格低廉是这套丛书的显著特点，而这个特点的形成显然与其面向普通大众的读者定位直接相关。

《14岁开始的哲学》（中文简体字版）书影

（二）易于在同类书中脱颖而出

读者定位越具体，就越有可能在同类书中脱颖而出。例如，“贝太厨房”系列书，包括《好吃懒做——60道为懒人精选的馋嘴美食》《私房女人菜——60道为女人精选的美味家常菜》《好吃不胖——60道超酷瘦身美味佳肴》《亲爱的便当——为“办公族”精选的营养美味便当》等，每一本都有一个明确的目标读者，本本热销，尤以《好吃懒做》最为畅销。日本曾经出现“14岁图书”热，目标读者是14岁的少年。“14岁图书”主要有：《14岁的心理学》《14岁开始的政治》《14岁开始的哲学》《给14岁的你》与《14岁的书架》等。14岁是个多事之秋，处于内心急剧不安的时期，加之受《14岁》与《14岁的母亲》等影视剧热播的拉动，这些图书均热销于市。①

① 参见戴铮：《日本：“14岁”的出版骚动》，载《东方早报》，2007-07-17。

三、有的放矢法的策划理念与操作要求

（一）有的放矢法的策划理念

有的放矢法的策划理念是：与其在大市场中占领小份额，不如在小市场中占领大份额。也就是说，走专业化发展之路。大有大的难处，小有小的优势，完全可以从大市场中细分出小市场，赢得部分读者，成为一方诸侯。一般而言，选题策划应力戒大而全的做法。

图书发行与销售的历史、实践证明：一般来说，读者对象越具体、明确的书，发行与销售的效果越好；读者对象越空泛、笼统的书，发行与销售的效果越差。上文介绍了《木材材积计算手册》这一案例，下面再看一个国外的案例。

案例 16—2

1987 年 12 月，美国人哈尔德曼·马兹女士自费出版了她主编的女性老年人诗集 *When I Am an Old Woman, I Shall Wear Purple*（直译为“即便我老了，我也要穿紫衫”，意译为“青春不再　光彩依旧”）。这样一个看似十分冷僻的选题，首印即获成功，以后重印 42 次，销量达 150 万册，1991 年获得美国畅销书奖。马兹女士说：“社会很少关心老年人，不论电视电台，还是出版界，对老年问题漠不关心。它的出版真正起到了催化剂的作用，使更多的人重新考虑他们的态度。”《佐治亚周刊》评论说：“这本书的标新立异之处就在于它独特的风格和真挚的感情。它写出了人类普遍需要面对的问题，一个人们不敢面对，也不愿触及的问题。”①

《青春不再　光彩依旧》原版书影

看来，细分市场似乎缩小了读者面，但实际上往往会增加销售量。诚如专家所说：“即使是最专、读者面最小的书，只要选题谨慎，运作得当，照样不会亏，因为它是独家经营的独本书。相反，有些被认为最大众化、最有读者面、谁都适合的书，恰恰是最卖不动的书，因为你认为的畅销书，往往已被别人以不同的方式抢先占领了市场。”②

（二）有的放矢法的操作要求

选题策划人、编辑出版人必须对图书市场和读者群体进行细分，从中寻找最佳的目标市场

① 转引自［美］杰罗德·杰肯斯、马丁·林克：《畅销书内幕》，81～84 页。
② 胡福生：《增加出版社活力的八项措施》，载《出版发行研究》，2001（1）。

和最合适的读者群体。以青年读者为例，城市青年读者与农村青年读者，沿海城市青年读者与内地城市青年读者，其需求显然不同。同是城市青年读者，由于职业不同，需求又有不同。同是青年学生读者，研究生读者、大学生读者、高中生读者，重点学校学生读者、非重点学校学生读者、职业高中学生读者，男生读者、女生读者，各自的需求还会有所不同。将读者群体一一剖析，仔细研究其各自的需求，针对特定读者的特定需求，“量身定做”选题，给他们提供个性鲜明的图书，就能赢得一定的读者，占领一定的市场份额。上海人民出版社推出的《男孩对女孩的心语》与《女孩对男孩的心语》分别定位于普通初级中学的男女学生，出版三个月，就销售了7万册；《一个父亲的札记》（定位于学生家长）、《给女孩子》（定位于重点高中的女生）、《七彩风筝》（定位于普通中学的初中生）都是对图书市场进行细分而策划出来的。通过细分市场与读者，可以策划出“人无我有”或“人有我特”的选题。

如何才能将图书市场和读者群体细分准确呢？必须做到以下两点。

1. 一定要深入、细致地调查研究图书市场与读者需求

市场是最不可捉摸的东西。策划选题前，一定要进行深入的调查和细致的研究。只有这样，才能不被表面现象蒙蔽，才能弄清读者的真正需求，才能摸准图书市场变化的真切脉搏。切记：市场不相信眼泪，哪里也没有后悔药吃。

2. 必须成为某一方面、某一领域的专家

道理很简单，对图书市场和读者群体分得越细，专业性就越强。专业性的工作需要有专业的眼光与专业的本领，并进行专业化的运作。

第二节　雅俗共赏法（方法9）

一、雅俗共赏法的含义

在某种程度上，雅俗共赏法是与有的放矢法唱反调的一种选题策划方法。其含义是：基于这种方法策划出版的图书，不论是文化水平高的读者（“雅者”），还是文化水平低的读者（“俗者”）都能够接受，具有雅者见其深、俗者见其浅的效果。这样的图书，读者既可以用来深品，又可以用来浅尝。

“雅”是指社会上层认可的文化现象，“俗”是指社会下层流行的文化现象。雅俗之辩是古今争论不休的话题，总体态势是贵雅贱俗。“俗”虽然有“通俗”“习俗”“风俗”与“世俗”等中性含义，但在更多的时候含有贬义，如“庸俗”“低俗”“粗俗”“陋俗”“恶俗”等，用于评价人的行为、举止、言谈时多含有嘲讽之意，如“俗气”“俗套”“俗不可耐”。社会上层人士在评价文学、文化的价值与地位时，存在尊雅文学雅文化而贬俗文学俗文化的倾向。

事实上，究竟什么是“雅”，什么是“俗”，自古以来就无绝对的标准。“雅”与“俗”是相对而言的，一些人认为是“雅”，而另一些人认为是“俗”，反之亦然；“雅”与“俗”是可以转化的，此时是“雅”，而彼时可能是“俗”，反之亦然。现存我国第一部诗歌总集《诗经》

是雅文学与俗文学相结合的作品。《诗经》由《风》《雅》《颂》三个部分组成，《风》是反映各地民风、民俗的地方性乐歌，属于俗文学；《雅》是反映贵族宴饮、朝廷政事的乐歌，属于雅文学。有专家认为：

> 雅与俗两种文学共同构成中国文学的主流，它们没有什么主次，没有什么高下，它们不过是中国文学发展过程中所呈现出来的两种不同的风貌。两者本是相依共生的，没有俗文学的铺路，就不会有雅文学的诞生；没有雅文学的发展，也就没有俗文学的辉煌。由俗而雅，再由雅而俗，雅与俗不断融会，相互转化，这就是中国文学发展的历程。“雅俗互化”乃是中国文学一条最基本的，也是最根本的规律！①

例如，小说在古代中国人的心目中地位很低，长期被视为登不得大雅之堂。《汉书·艺文志》把小说视为“街谈巷语，道听涂说者之所造也”。哪怕是《三国演义》《水浒传》与《西游记》广为流传之后，《四库全书总目提要》的作者纪昀（1724—1805）等人仍然把小说看做是“叙述杂事”“记录异闻”“缀辑琐语”的玩意。②就连近代杰出的翻译家林纾（1852—1924）第一次翻译法国小说《茶花女》（林译本书名为《巴黎茶花女遗事》）时，也不愿署真名，而署笔名“冷红生”，并多次说他翻译此书是“游戏笔墨，本无足轻重”③。可是，到了1902年，大学者大思想家梁启超认为“小说为文学之最上乘”④。《三国演义》《水浒传》和《西游记》等通俗小说后来终于成为文学经典。小说由俗而雅，正是俗文学与雅文学可以相互转化的典型例子。

二、雅俗共赏法的关键

作为选题策划的一种方法，雅俗共赏法的关键是：如何使雅者不觉其浅，又使俗者不觉其深。或者说，如何做到深入者可以深出，浅入者可以浅出。归根结底，是雅与俗之间度的把握。

大而言之，要使雅者不觉其浅，就必须在思想、主题的深刻性和情趣的高尚性方面做文章；要使俗者不觉其深，就必须在表达的通俗化或趣味化、情感的世俗化和用途的实用性方面下工夫。

就文学作品而言，金庸的武侠小说是雅俗共赏的范例。上起大科学家［如杨振宁、华罗庚（1910—1985）］、大学者［如国际著名文学批评家陈世骧（1912—1971）、著名红学家冯其庸（1924—2017）］、大政治家（如邓小平），下到稍通文墨的贩夫走卒，都迷恋其小说，可谓“凡是有华人的地方就有金庸的武侠小说”。1999年，首届“全国国民阅读与购买倾向抽样调查”结果显示，读者最喜爱的前10位国内作家，第一位是鲁迅，第二位就是金庸。一向以高品位、高层次著称的三联书店也引进出版了全套金庸小说；现代文学研究专家严家炎在北京大学开设

---

① 门岿等：《雅俗文学与其互化论》，6页，天津，天津社会科学院出版社，2000。

② 参见《子部·小说家类一》，见《四库全书总目》，卷140，1182页，北京，中华书局，1965。

③ 转引自上海图书馆编：《汪康年师友书札（二）》，1159页，上海，上海古籍出版社，1986。

④ 梁启超：《论小说与群治之关系》，载《新小说》，1902，1（1）。

金庸小说研究课，听者如云。

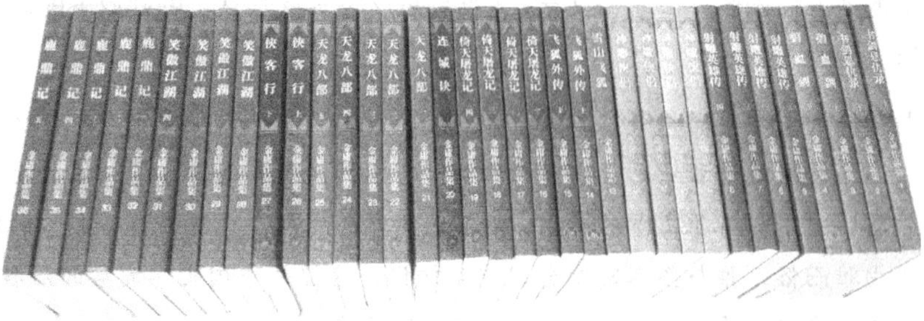

三联书店版《金庸作品集》（全36册）书影

金庸小说之雅，在于其深厚的历史文化内涵，在于其揭示的人生真谛，在于其古代生活题材中体现出的现代精神，于是，文人士子官员科学家能从中受到启迪；金庸小说之俗，在于它继承了旧式武侠小说之武打元素，在于它继承了传统白话小说之白描式的语言风格，在于它注入了动人的爱情故事，因而，贩夫走卒引车卖浆者能从中得到快乐。金庸小说真正做到了大雅大俗！

如果说文学作品比较容易实现雅俗共赏的话，那么，如何使学术理论著作、专业图书达到雅俗共赏，则是许多选题策划人、编辑出版人感到头痛的事情。首先，在观念上必须认识到，学术理论著作、专业图书同样可以雅俗共赏。例如，钱穆（1895—1990）的《人生十论》既富哲理，又深入浅出。无论治学、处事还是为人，不同年龄不同职业的人都可以从中获益，因而一年卖出几万册。《万历十五年》《昆虫记》《生活中的经济学》《科学的历程》等著作，也都是雅俗共赏的典范。其次，要在深入浅出、通俗易懂方面下足工夫。如何把握雅与俗之间的度，比较起来，文学作品要着重“雅”，而学术理论著作、专业图书要侧重“俗”。学术理论著作、专业图书的策划应该贯彻“专家眼光，平民表达”的理念（这方面内容详见第八章之“专家眼光，平民表达”）。

三、雅俗共赏法对选题策划人、编辑人员提出的要求

学术理论著作、专业图书能否雅俗共赏，主要取决于作者，但选题策划人、编辑人员并非无所作为。选题策划人与编辑人员起码应该做到以下两点。

（一）组稿时不迷信名气、学历和职称

要首先考虑作者的实际写作水平。无法否认，不少大名鼎鼎的专家、学者、科学家，撰写中规中矩的学术理论著作驾轻就熟，却不能胜任通俗化和趣味化的写作。所以，选题策划人、编辑人员如果想使学术理论著作、专业图书雅俗共赏，眼光就不能总是仰视，还要俯视，那些名气、学历、职称不高的作者或许就是最合适的作者。选择作者的关键是量才而用。

（二）站在非专业读者的立场上引导作者写作

选题策划人、编辑人员如果想追求雅俗共赏效果的话，就必须站在非专业读者的立场上引导专家学者型的作者写作。第八章之“专家眼光，平民表达（理念8）”介绍的《牙病防治》是

这方面的典型案例。再如，1982年，中国青年出版社出版了《通俗哲学》（韩树英主编，方成配漫画），到1998年发行了252万册。韩树英是我国著名的哲学家，其他撰稿作者也都是专家，他们对哲学有精深的研究，但缺乏写作普及读物的经验，对青年读者的情况也不很了解。于是，编辑部组织座谈会，帮助作者了解青年的思想状况和阅读要求，从而使这部书在科学性和通俗化相结合方面取得了成功。

第三节　读者反馈法（方法10）

一、读者反馈法的含义

读者反馈法与有的放矢法有联系，都是讲策划选题应面向读者，但比较起来，有的放矢法强调的是针对读者的特定需求策划相应选题，而读者反馈法强调的是选题直接来源于读者的反馈信息。

什么是反馈？反馈就是把某一运动形式前一阶段的结果作为下一阶段的原因，从而去影响被控制对象的过程。编辑出版工作过程中的反馈，就是指用读者的反映去引导作者的著作行为和编辑人员的编辑行为，进而去影响读者的阅读与购买行为。对图书市场与读者的反馈信息的收集、分析，既是对前一轮编辑工作的评价与总结，又是后一轮编辑工作的开始。

重视读者的反馈信息，对于融洽编辑人员与读者的关系、搞好售后服务，具有重大意义。但是，笔者这里考虑的是，从选题策划的角度来看，可以直接从读者的反馈信息中策划出选题。邹韬奋把读者给《生活》周刊的来信和自己的复信选择一部分汇编起来公开出版，赠送读者，他这样做的目的还只是停留在为读者服务的层面。笔者这里所讲的读者反馈法是一种策划选题的方法，主要有两种情况：一是围绕已经出版的畅销书，直接利用读者的反馈信息，跟踪策划辅助、呼应选题；二是利用读者的反馈信息，修订再版常销书、品牌书。

二、读者反馈法的操作

在新闻选题的策划中，可以利用读者反馈法策划选题。例如，人民日报社1994年初策划的系列报道《来自东西南北中的报告》源于一位读者给编辑部的来信。信中说，中国共产党十四届三中全会以来，全国各地经济发展形势很好，希望《人民日报》的记者积极投身到变革的潮流中，深入采访，反映亿万人民的实践和创造，同时也研究新问题，告诉人们什么是值得提倡的、什么是不值得提倡的，什么是应该做的、什么是不应该做的。这封来信引起编委会的重视，由此引出一场重大报道“战役”。时任《人民日报》副总编辑的李仁臣后来说：“这组报道的点子就是五个字：‘东西南北中’，报道的总题目隐藏在读者的这封信里。”①

① 转引自蔡雯：《新闻传播的策划与组织》，75页。

在图书选题的策划中，同样可以利用读者反馈法策划选题。一本书畅销之后，读者必然反响强烈，他们纷纷来函（包括纸质信件和电子邮件）来电，或在报刊发表文章，或在网上发表言论，谈论阅读该书的心得，或评论该书的得失，或借题抒发自己的情感、表达对人对事的看法，等等。对这些信件、文章、博客、帖子等，选题策划人、编辑人员完全可以加以利用，从中策划出新选题。例如，上海人民出版社引进出版的《达·芬奇密码》引起强烈反响后，该社又及时引进了解读该书的《达·芬奇解码》，仍受欢迎。上海译文出版社也趁机引进了《破解〈达·芬奇密码〉》，销量也相当可观。

一本书畅销之后，编辑人员不仅可以直接利用读者的信件、文章、博客、微博、微信等资源策划新选题，还可以配合图书的宣传促销举办一些活动，如征文比赛，然后把获奖文章汇集成书。例如，海天出版社出版发行《花季·雨季》获得成功后，紧接着举办了“花季·雨季征文大赛”。参加比赛的作者遍及全国各省、直辖市和自治区，有小学生、中学生、中专生、大学生、研究生；有家长、老师（包括大学教授）；有打工仔、总经理、离休干部；有小到8岁的小学生，大至76岁的老八路军。应征来的文章，最短的只有一句话——“《花季·雨季》的力量何其大，手中的笔怎能表达我的心!”最长的，23页洋洋上万字。共收到文章2 306篇，其中大部分是阅读感受。责任编辑从中挑选一部分编成两本书——《花季·雨季的故事》和《我说你，花季·雨季》。

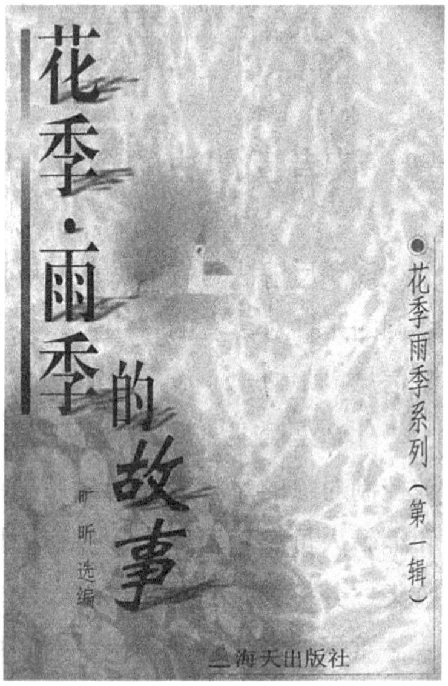

《花季·雨季的故事》书影

如果一本书不光畅销，还有幸被改编、摄制成了电影或电视剧，那么，围绕这本书跟踪出版辅助、呼应选题就更有文章可作了。2001年，围绕中央电视台版电视剧《笑傲江湖》而推出的《笑傲江湖宝典》与《笑笑傲傲365》两本书，销售火爆。

在常销书、品牌书的修订重版方面，更要重视读者的反馈意见。著名编辑出版家、作家胡愈之（1896—1986）在担任文化部副部长时，为农民精心设计、编辑新农历。1963年初，新农历《东方红》创刊号出版，第一版就印刷了150万册，印数已经反映了它的巨大社会效果，但是，他认为光看印数还不能明确它究竟有什么效果，就不顾年老（68岁）体弱，亲自带领《东方红》编辑部的部分人员到浙江和湖南两省的农村作调查，再根据读者的反馈意见加以完善。

海尔集团的售后服务有口皆碑，它的经营理念是：营销不是卖东西，而是买东西，即买进用户的意见，再根据用户的意见加以改进，使用户满意，最后买到用户的忠诚度。图书的营销难道不是这样？在书中设置评书表是获得读者反馈意见的可行办法，此外，选题策划人、编辑出版人还要深入读者中间，倾听他们对图书的意见。读者的反馈意见不一定拿来就能直接策划选题，但很可能给策划下一个选题带来灵感。

第四节　一见钟情法（方法11）

一、一见钟情法的含义与重要性

人之交往，特别是男女之间爱情的发生，第一印象所起的作用相当大。读者在决定看什么书、买什么书的时候，书给他留下的第一印象同样起着相当大的影响。金丽红经常讲“五分钟效应”。读者进入书店，如果没有既定的选择目标，他首先会看书名，然后看作者、封面设计，接下来看内容简介和目录，最后看封底和定价，这个过程大约需要五分钟。这几乎就是决定这本书是否被买的关键五分钟！① 也有人说是最初的三分钟决定了读者是否购买一本书。美国选题策划专家甚至认为：“当读者来到书店时，他们浏览书架的速度几乎与电脑运行的速度一样快。你的大作只能吸引读者几秒钟的驻足。”② 这个过程究竟需要多长时间无法统一，但第一印象非常重要则是肯定的。仅凭第一印象就对一本书的好坏作出判断，虽然没道理，但事实如此，就像人们明知以貌取人不可靠，但就是屡犯这样的错误一样。

所以，选题策划人、编辑出版人必须想方设法为读者营造美好的第一印象，必须使读者对你策划的图书产生一见钟情式的效应。

书名、作者、装帧设计（尤其是封面设计）、内容简介（内容提要）、目录与定价，是读者在第一时间首先要关注的要素。作者与定价在本书其他章节专门讨论，这里讨论书名、封面设计、内容提要（内容简介）与目录，重点讨论书名的策划。

二、书名的策划

（一）书名的作用

书名是最先引起读者注意的要素，是读者与书之间建立联系的最直接的要素。这是因为，书名是有声的，是可以争相传诵的。如果把封面比作书的脸面，那么书名就是这张脸上的眼睛。对于一本好书来说，好的书名不仅能起到锦上添花的作用，而且能产生画龙点睛的效果。具体来说，书名的作用有以下四个方面。

1. 标识内容

向读者显示书的内容，是书名最基本的作用。如《当代中国文学史》《唐诗三百首》与《出版经营管窥》等书，一看书名就知道内容是什么，就知道读者是谁。

2. 诱导读者

有些书名能够吸引读者的注意力，像广告一样刺激起读者阅读与购买图书的欲望，发挥引

---

① 参见金丽红：《畅销书与营销策划》，载《出版广角》，2002（11）。

② ［美］杰夫·赫曼、德博拉·利文·赫曼：《选题策划》，17页。

领读者与诱惑读者的作用。如《毛主席听我说相声》《与政治局委员一起听课》《求医不如求己》《天才在左　疯子在右》等。读者在第一时间对一本书的判断只能出自书名，许多读者正是通过不同凡响的书名才产生了阅读与购买的冲动。

3. 愉悦心灵

有些书名能激发读者的艺术想象力，使读者获得情感的愉悦，从而产生美感。如《谁说大象不能跳舞》的形象、《小脚与西服——张幼仪与徐志摩的家变》的生动、《丽江的柔软时光》的拟人化、《大雪无痕》的意境、《对面的女孩》的悬念，都给人一种美的感受。

4. 促进销售

在当今市场经济时代，书名对书的销售起着越来越重要的作用。书名不仅是图书内容的标识，而且是图书卖点的反映。原本销售不畅的书，通过改变书名，可以调整读者对象，从而使书变得好销起来。

案例 16—3

广东科学技术出版社从香港引进出版的“家庭宴客套餐”丛书，虽然在香港十分畅销，但在广东发行很不理想，两年才卖出 1 万册。通过调查发现，问题出在书名的市场定位不适应广东读者。于是出版社及时将书名改为《广东风味菜》，使图书的卖点由家宴菜变为风味菜，市场的大门随之打开，不久就发行了 10 多万册。

《广东风味菜：潮州菜》书影

在今天，书名成为读者决定是否购买图书的重要因素之一，这在畅销书的购买行为中表现得尤为突出。选题策划人、编辑出版人应该重新认识书名的作用，应该加大对书名的策划力度。

（二）好书名必备的要素

不同性质、不同类型、不同读者对象的书，取书名的方法当然不同，但普遍遵守的原则还是有的。有专家认为，策划书名应从五个方面下手：一是吸引读者的注意力，二是激发读者的想象力，三是增强亲和力，四是打造时尚用语，五是走出书名的误区。[①] 笔者根据自己的理解，并结合他人观点，归纳出好书名必备的六个要素。

① 参见朱胜龙编著：《现代图书编辑学概论》，163～166 页。

1. 紧扣内容

书名是长还是短，是写实还是写意，是庄重还是活泼，必须与书的类型、题材、主题协调一致。文学书的书名要有韵味，工具书的书名要直截了当，科技书、生活实用书、教材教辅和学术书的书名要规范、朴实。《哈佛女孩刘亦婷》原拟书名为“花儿为什么这样红”，这个书名美倒是美，但显得虚，用作家庭教育书名，显然张冠李戴，好在后来没有采用这个书名，否则肯定发行不了200万册。名不副实的书名并非没有，美国有本畅销书《你的降落伞是什么颜色》，竟然是一本关于职业选择的书。然而，“更明智的做法则是选取一个与书的主题相关的书名，而不是一个让人产生歧义的书名。总而言之，一条适用的原则是：清晰的表达是最重要的”①。

书名还应该与作者的个性、行文风格吻合，名人写的书更是如此。《痛并快乐着》与白岩松的深沉、《不过如此》与崔永元的调侃、《岁月随想》与赵忠祥的沧桑岁月（他18岁当播音员，写此书时50多岁）、《笑面人生》与姜昆的相声演员身份、《凭海临风》与杨澜的知识女性气质、《日子》与倪萍的平民主持风格、《我的自白录》与刘晓庆的桀骜不驯的性格，都是吻合的。

《痛并快乐着》书影

文学类、艺术类图书的书名应该生动活泼，但也不尽然。《不能承受的生命之轻》是小说，但书名像哲学著作。它是哲理性小说，主题是探讨“轻与重”“灵与肉”等人生哲学问题的。可见，这个书名与书的内容还是吻合的。

畅销书书名追求新奇特，但要以一个原则为前提：与书的内容有机结合。《我向总理说实话》的书名有事实依据，作者李昌平任乡党委书记时，确实向朱镕基总理写信说过实话：“农民真苦，农村真穷，农业真危险。”朱总理等原中央领导对此作过批示，引发了新一轮农村改革。所以不能说这个书名哗众取宠。

2. 凸显卖点

书名应该在最短的时间里锁定读者的目光，使其迅速进入读者的选择范围，这就叫“建立快捷心理通道”②。为此，书名必须凸显卖点。日本著名推理小学作家松本清张（1909—1992）的《球形的荒野》自1987年引进以来一直备受冷落，然而，2012年由江苏文艺出版社更名为《一个背叛日本的日本人》重新推出后迅速进入畅销书榜，当当网一度日均销量达800册。

奇特的书名往往就是卖点。我国台湾作家王文华的小说《61×57》，书名怪异，引起广泛关注与讨论，原来“61×57”是书中男女主人公之间一幅定情画的尺寸，而且，作者用乘法而不是用加法来表示当今都市男女的爱情，更与众不同。如此奇特的书名自然成了一大卖点。

---

① ［美］杰夫·赫曼、德博拉·利文·赫曼：《选题策划》，17页。

② 朱胜龙：《占领读者的心理制高点》，载《出版经济》，2002（2）。

3. 简洁明快

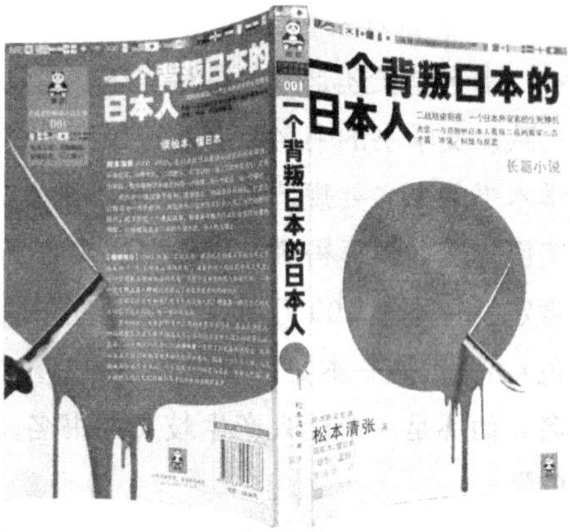

《一个背叛日本的日本人》书影

书名短，读者易记。读者在快速经过一个书摊或书店的一个书架时，往往只有三步，时间不过两秒，书名只有短才能抓住读者。“简洁明快”之“快”的含义，“不仅是指理解上的快，也是指抓住读者心理的快，也即书名要能迅速地抓住读者”①。

中外名著的书名大多是三个字或四个字，如《水浒传》《西游记》《红楼梦》《三国演义》《金瓶梅》《资治通鉴》《乱世佳人》与《呼啸山庄》等；还有不少是两个字，如《围城》《边城》《复活》《雷雨》《红岩》与《子夜》等。我国出版的畅销书中，文学书的书名大多在四个字以内，如《国画》《幻城》《活着》《白鹿原》《长恨歌》《沧浪之水》《尘埃落定》与《黄金时代》；非文学书的书名不少在五个字以内，如《方与圆》《老照片》《唐诗地图》《未来之路》与《科学的历程》。书名中的累赘现象普遍存在。有一部工具书叫《第二次世界大战百科辞典》，“百科”二字多余，因为“军事”属于“百科”之一。《××实用手册》（如《婴幼儿照顾实用手册》《高血压防治实用手册》）完全可以不要“实用”二字。

《潜规则》书影

书名是短还是长，应以不妨碍读者理解为原则，并非越短越好。学术理论著作的书名一般比较长，如《图书出版的科学与艺术》与《20世纪上海翻译出版与文化变迁》，但最好不要超过10个字。有时，除了用正题，还可以用副题。正题的作用是标识书的主题，有时也起宣传促销作用，如《绝对隐私——当代中国人情感口述实录》和《八十年寻路记——中国人是怎样找到马克思主义的》；副题用来解释正题——具体说明书的内容，《潜规则——中国历史中的真实游戏》如没有副题，读者根本无法从“潜规则”猜测内容。

4. 讲究审美

好的书名应该给读者以美的享受，特别是文学书、艺术书的书名更应该讲究艺术性，富有感染力，给读者留下想象的空间和回味的余地。《红与黑》《文化苦旅》《林海雪原》《笑傲江湖》《这里的黎明静悄悄》与《太阳照在桑干河上》，书名都很美。

并非只有文学书、艺术书的书名要讲究审美，其他图书（甚至包括学术理论著作）的书名也可以有审美的效果。《五十六个民族五十六朵花》《女人的资本》《水煮三国》与《在大理的星空下接吻》，书名不美吗？《字里乾坤》（中国语言文字著作）与《东方微笑》（研究麦积山石窟佛教造像艺术的专著），书名不美吗？

---

① 王文戈：《书名艺术浅论》，载《编辑学刊》，2000（5）。

5. 体贴读者

总的来说，书名应该朴实无华，但有时候，考虑到目标读者的心理承受能力，就不能太实在。20 世纪 80 年代，中国青年出版社专为失足青少年出了一本书，起初据实取名为《失足青少年必读》或《犯了错误怎么办》，最后把书名定为《在人生的岔路口》。这个书名既照顾了目标读者的自尊心，又给人留下了想象的空间，非目标读者也会有兴趣翻阅。

案例 16—4

2004 年 1 月，北京出版社出版了《藏在书包里的玫瑰——校园性问题访谈实录》。出版社并未对此书进行宣传，没想到出版后反复加印，至 2004 年 6 月中旬就印刷了 30 万册。这本书为何畅销？笔者认为，主书名“藏在书包里的玫瑰”起了相当大的作用。这是一本关于国内中学生性问题的访谈实录，不言而喻，国内中学生虽然很想了解性方面的知识，很想看很想买这方面的书，但又不太好意思，“藏在书包里的玫瑰”这样的书名显然为他们解了围。而且，封面设计者有意亮化了正题而暗化了副题。别说青少年，就算是成年人，在书店翻阅或购买人体写真、人体画册或人体绘画书、人体摄影书时，有几个真能做到面不改色心不跳？

《藏在书包里的玫瑰》书影

《“灰阑”中的叙述》书影

6. 雅俗共赏

书名应该雅俗共赏，过雅或过俗均不宜，既不能俗不可耐，也不能雅得令人费解。

学术著作的书名可以雅一些，如钱钟书的学术代表作《管锥编》书名显得深刻，然而，不能深刻得冷僻。上海文艺出版社出版的《“灰阑”中的叙述》，是一本关于 20 世纪中国革命文学的评论著作，看书名有几个猜得出内容来？① 实际上，这本书曾在香港出版过，书名叫《革命·历史·小说》，就用这个书名不是很好吗？

通俗化的书名给读者亲切感。《我们的婚姻怎么了》《别拿上海人说事》《好妈妈，慢慢来》《别把自己逼疯了》《明朝那些事儿》与《那小子真帅》，书名使用口语化的语言，表达了作

---

① 有人费了九牛二虎之力，翻遍众多工具书、参考书，才终于弄清“灰阑”的含义。（参见姜伟光：《解读书名》，载《中华读书报》，2002 - 01 - 16。）

者、出版者愿同读者沟通的强烈愿望，受到读者欢迎。可是，书名太俗也不可取。20 世纪 80 年代出版的《野床》《野婚》《裸男》《妒妇》《鸡腿美人》《女诗人的马桶》与《尿急打喷嚏》等，书名卖弄风骚，甚至媚俗下流。

(三) 畅销书书名的特点

畅销书书名主要有四个特点。

1. 文字上新奇特

新指新颖，奇指奇异，特指独特。畅销书书名拒绝四平八稳，大多另类、时尚。所谓另类，是指书名不合语法规范或用语习惯，如《爱上爱情》被认为搭配不当；《绩效！绩效!》书名中有标点，不合惯例；《让你的大脑 NEW 一下》书名中混杂英文，不合常规。所谓时尚是指书名紧跟流行语，如《网络美眉》《点击恐怖战争》《天堂里的小资们》《人气密码》与《烧 . com——21 世纪中国最大经济泡沫内幕纪实》。

畅销书书名不排斥“惊世骇俗”。例如，东方出版社引进出版的《一个狗娘养的自白》(世界传媒大鳄艾伦·纽哈斯的自传)，书名让人大跌眼镜，但与传主个性和书中内容契合。

2. 感官冲击力强

畅销书书名大多响亮，铿锵有力，读者视之注目，闻之耳热，吟之心动。《大败局》是一本优秀畅销书，“拥有一个契合内容又叫得响的书名”①是其成功的原因之一。

案例 16—5

《大败局》检讨了中国十大著名企业由辉煌走向衰败的深刻原因，原书名是“激情年代的终结”，编辑认为不妥，因为有激情并没有错，搞建设永远需要激情，但该叫什么好呢？编辑与作者动足了脑筋，想了不少书名：“走错了哪一步?”，冲击力不够；“栽跟头”，寓意不错，但显得俗；“帝国时代的崩塌”，似乎过于夸张；“昨日英雄”，也不是很理想……最后，总编辑集中大家的智慧，一锤定音：就叫“大败局”。

“大败局”大气磅礴，简洁明了，寓意深刻，且与内容吻合，故而吸引了读者的注意力，激发了读者的购买欲。

3. 人性化气息浓

畅销书书名普遍使用大众语言，甚至包含俚语，非常生活化，直白易懂，亲切生动。书名中经常出现第二人称，如《你为什么是穷人》《其实你也行》与《笑死你不偿命》等书名，满足了读者希望与编创者平等交流的心理诉求。有专家指出：

> 通过对书名的梳理，会明显地发现其大众的、通俗的形象化特征，感受到一股扑面而来的浓郁的人性化气息。它们肆意地宣泄着情感，诉说着喜怒哀乐，充满着人性的关怀。

---

① 杨念迅:《〈大败局〉的九大成功之处》，载《出版广角》，2001 (9)。

所以，这些图书人缘颇好，人气很旺，到处畅销走俏，势不可当。①

计划经济时代通行的“××必读”式书名，如《父母必读》《新婚必读》与《孕妇必读》等，今天已不见踪影。这种书名有强加于人的倾向，可当今读者的自主性空前强化，而且可供读者选择的图书越来越多，因此，你要读者“必读”，他很可能想读也不去读。原来有本书甚至叫《婴儿必读》，真不知不到一岁的婴儿能够“必读”什么？在以人为本的社会，亲切性、平民味、朋友式的书名大行其道，而强制性、说教味、训诫式的书名不受欢迎。

4. 大众文化审美取向

市场经济时代的书名日益呈现出大众文化审美取向，而过去计划经济时代的书名则是精英文化审美取向。后者以规范、严谨和含蓄为美，前者以活泼、亲切和直白为美。如今畅销书的书名，或者口语化、时尚化，鲜活有趣，如《心灵鸡汤》《一杯安慰》《纸上派对》《找不着北》《OK，十八岁》与《HAPPY数学》；或者无厘头，“反传统”，看似荒谬，但细细品尝，别有一番滋味在心头，如《水与火的缠绵》《左手倒影　右手年华》与《第一次的亲密接触》。如今的书名贴近实际、贴近生活、贴近群众，有情有义、有滋有味，触动着读者、感动着读者、愉悦着读者。

（四）畅销书书名策划的理念

畅销书书名策划的理念可以概括为以下四个。

1. 以利诱人

市场经济时代是功利主义时代，与之相适应，功利性需求成为当今读者的基本需求（这方面内容详见第七章之“读者原则”）。读者的功利性需求被作者和编辑出版人捕捉到了，并运用于书名的策划之中。《解读彩票——百万富翁生产线》《十年一个亿》等书名满足了读者求富的心理。《轻轻松松上哈佛》《3 000美金，我周游了世界》《不生病的智慧》与笔者策划的《名牌大学轻松进》等书名也都是以利诱导读者的典型。

《名牌大学轻松进》书影

2. 以情动人

文章的标题应该有人情味。抗美援朝时期，歌颂志愿军的文章不计其数，但只有《谁是最可爱的人》流传最广、影响最大，为什么？“起决定性作用的是标题起得好，凝练、概括又充满深情，最能表现那时那刻中国人民对志愿军战士的崇敬与爱戴。和一些响亮而空洞的标语口号相比，有更容易打动人的人情味在里面。”② 畅销书的书名也应该富有人情味。《谁的青春不迷茫》与《我不喜欢这世界，我只喜欢你》的书名让读者感动。《妈妈的心有多高》以抒情色彩的书名打动了

① 贡小秋：《远观近瞧书名“活”了》，载《中华读书报》，2004-03-05。
② 要力石：《谋划出书》，103页。

广大母亲和孩子的心，不少读者受书名感染，将其作为礼物送给妈妈。《告诉孩子，你真棒》的书名也有让人一见倾心的亲和力。

畅销书书名可以煽情。《我把青春献给你》《零距离——李响与米卢的心灵对话》与《拿什么拯救你，我的爱人》，书名均以煽情为能事。

3. 以势“压”人

为便于人际传播，畅销书书名应该节奏感强，朗朗上口，悦耳动听，这样，读者想忘记都难。畅销书书名必须表现自己、张扬自己，畅销书书名谢绝谦虚。《大败局》的书名叫得响，是它畅销的重要原因之一。《未来之路》《永不瞑目》《藏地密码》《成功一定有方法》《学习的革命》《中国可以说不》《你的孤独，虽败犹荣》《何以笙箫默》与《绝对隐私》，书名气贯长虹、掷地有声，人缘好，人气旺，自然而然。其实，不光是书名，不少电影名，如《一个都不能少》与《将爱情进行到底》也是以势“压”人。以势“压”人的书名大多简短，一般是五个字以内。

4. 不应有的理念：以“色”迷人

书名本身没有微言大义，从理论上说什么样的书名都可以取。然而，实际上某些书名确实会让读者想入非非。《有了快感你就喊》（原书稿叫“东方青苔”）虽然内容与性没有关系，但书名使成年读者联想到性应是情理中事；《我的N种生活》《不想上床》《丰乳肥臀》与《疼痛与抚摸》等书名，会让读者产生暧昧的联想恐怕也是事实。

案例 16—6

毕淑敏的小说《拯救乳房》原书稿叫“癌症小组”，描写一位心理学博士从海外归来后，受一家制药公司的资助，刊出广告，面向社会招募乳腺癌病人，组成心理治疗小组，取名“癌症小组”乃名副其实。但编辑以为，读者一看“癌”字就会有抗拒之心，因而要求作者改书名。“拯救乳房”这个书名受到了指责，然而，如果不是从道德的角度来评价它，那么，它倒是一个不错的书名。首先，它毕竟符合书的内容，小说讲的就是乳腺癌病人的故事；其次，从艺术的角度看，它富有感官冲击力，给读者留下了想象的空间；再次，从人性的视角看，乳房是美的象征，是生育的标志，是爱的希望，是女性青春活力的体现。蕴涵在乳房上的文化不可谓不深厚，美国学者玛莉莲·亚隆为此专门撰写了学术著作《乳房的历史》。

上述书名，本身并不污浊、低级或下流，如果不是从道德的角度来评价，则有可取之处。可是，在中国的意识形态和文化传统中，此类书名有打“擦边球”之嫌也是事实。所以，取这样的书名还是要慎之又慎。①

---

① 参见易图强：《名不惊人死不休——畅销书书名的特点与策划理念》，见贺圣遂主编：《新形势 新思考——第十届中国编辑学会年会论文集》，225～229页。

三、封面设计的策划

封面，又称书皮或封皮，是书的门面。封面设计虽然只是书籍装帧设计的一个部分，但显然是最重要的一个部分。封面又俗称书衣。给一本好书穿一件漂亮而得体的衣裳，无疑可使读者一见钟情。图书“穿着”马虎不得。

封面设计应该坚持以下三个原则。

（一）切题——与书的内容、题材、体裁、写作风格和读者对象吻合

这是封面设计最基本的要求。曾有这样一则报道：

> 参加全国青年自学经验交流会的广东代表王辉通过自学英语，当上了南海石油勘探指挥部外事翻译。在他读一本有关英语托福考试的书时，书的封面设计对他有启发。在封面人头的眼、耳和嘴三个部位，有三个手指点着，意指学习英语要在这三个方面下工夫。从此，他坚持眼睛多看，看记；耳朵多听，听记；嘴则是多读、多讲和多背。①

报道中提到的书，其封面设计是切题的，因而对读者的阅读起到了启发作用。

封面设计要有特色，必须针对不同目标读者的不同审美需求而量身设计。

案例 16—7

优秀畅销书《正说清朝十二帝》（中华书局）有三个版本，即图文版、增订彩图珍藏版与漫画版，读者定位分别为一般历史爱好者、历史图书收藏者和少年儿童。图文版的封面，按照一般历史大众读物的要求来设计，采用中国传统的红色，主题为清朝历代十二位皇帝的画像，小的装饰为乾隆帝的“十全老人之宝”印，印四周刻有乾隆帝手书，叙述其为君之道，怀旧色彩浓厚。增订彩图珍藏版的封面，摆脱老套路，摒弃十二帝画像，而选用紫禁城一处宫殿作为背景，显得厚重、庄严，但又通过历代帝王的一个交点——宫廷，来突出“十二帝”这个主题。漫画版的封面，清朝十二帝改用活泼、生动的漫画来演绎，轻松、有趣、想象力丰富，但还是符合主题。三本同一主题但读者定位有别的书，封面设计既有共性更有个性，满足了不同目标读者的不同视觉需求，因而市场效果很好。

《正说清朝十二帝》图文版书影

① 毕琦：《待业青年当上了翻译》，载《北京晚报》，1982-01-11。

《正说清朝十二帝》增订彩图珍藏版书影

《正说清朝十二帝》漫画版书影

（二）引起读者高度注意，激发读者的阅读与购买欲

封面应该成为对读者挡不住的诱惑。令人心旷神怡的封面会让人情不自禁地产生共鸣，使人产生阅读购买欲。第一眼看上去很美，读者才会心动。当今出版物竞争日趋激烈，封面设计的独特性、视觉冲击力是促进出版物销售的重要手段。封面应该是一位不说话的推销员。

畅销书大多有一个“畅销书式”的封面设计。[①] 畅销书的封面（包括封底）一般设计了广告语。《（白话）容斋随笔》（中州古籍出版社）的封面广告语是：“毛泽东生前读的最后一部书。”《把创新当成习惯》（中央编译出版社）的封面广告语是：“创新大师告诉你，创新其实很容易！”“一本精妙的书，让你日日感受创新；一本轻松的书，天天改换你的面貌。”封面设计不仅是工艺流程技术，而且是图书营销思想的外在体现，是图书能否卖出去的条件之一。

（三）愉悦读者，为读者营造温馨而美丽的阅读空间

好的封面本身就是一件艺术作品，能够通过视觉感染读者，使之获得美的享受。例如，超级畅销书《藏地密码》的封面设计可圈可点。读客图书有限公司董事长华楠苦苦思索后，终于从藏族服饰中得到灵感，发掘出一个既能吸引读者眼球，又能表达小说阅读价值的核心符号：彩条。用彩条包住书脊。为了让书名更加抢眼，书的封面底色选择了黑色，书名则选择了桃红色，从而形成了强烈的视觉对比；在黑色的底图上，又加上隐隐约约的西藏地图，再次强调小说中故事发生的背景，在书名的上方，则放置了两个红色剪影，一个弯腰拄杖，一个翘首望

---

① 湖南师范大学新闻与传播学院编辑出版系 2004 级研究生戴莹同学在一篇分析《达·芬奇密码》畅销原因的作业中说，有一个畅销书式的封面设计是该书畅销的重要原因之一。笔者认为这是很有价值的观点，“畅销书式”的封面设计的特点值得深入探讨。

天，神秘的氛围，再次呼应了书名。[1] 这样的封面设计对读者形成了书名之外的第二轮视觉冲击波。

从读者需求的角度来看，当前图书封面设计呈现四种趋势：一是强调上架效果。或者从色彩对比上增强封面的跳跃感，或者从字体变化和排列上增强封面的视觉冲击力，或者从画面构思的个性上增强封面的吸引力。二是强调表现图书的权威性。凸显知名作者的姓名、出色的印数等。三是强调表现图书的价值。主要通过画面和宣传语来表现。四是强调美感。尤其是面向城镇读者的生活休闲、养生保健、文化教育类图书，他们希望拿到手里能学知识，上了书架可作装饰，带在身上能体现个人品位。[2]

《藏地密码》第 1 册初版书影

四、内容提要（内容简介）与目录的策划

（一）内容提要（内容简介）的策划

读者选书的一般过程是：一看书名，二看封面，三看内容提要与目录，四看正文。内容提要与目录也是影响读者是否阅读与购买的不可忽视的因素。有人认为，内容提要是书籍的心灵之窗——“眼睛”。[3]

内容提要的作用有两个：(1) 概述内容，即告诉读者这是一本什么内容的书；(2) 宣传促销，即刺激读者的阅读与购买欲。前一种作用人所共知，而后一种作用未受到普遍重视。

内容提要可由作者自己写，也可由责任编辑写，最理想的是先由作者写初稿，再由责任编辑修改。写作的基本要求是：短小精悍（不超过 300 字），鲜活生动（特别是文学作品）。具体内容除了介绍书中内容，还可以发表对书的评论、展示书的影响力（如销售发行状况、获奖情况等），甚至可以反映创作或编辑出版的背景情况。光是概述内容，写作难度不大，但同时兼顾广告作用，写作难度就大。换言之，具有一箭双雕作用的内容提要难写。请看既畅销又获茅盾文学奖的长篇小说《白鹿原》（人民文学出版社 1993 年 6 月版）的“内容说明”：

> 这是一部渭河平原五十年变迁的英雄史诗，一轴中国农村斑斓多彩、触目惊心的长幅画卷。
>
> 主人公六娶六丧，神秘的序曲预示着不祥。两个家族两代子孙，为争夺白鹿原的统治代代争斗不已，上演了一幕幕惊心动魄的话剧：巧取风水地，恶施美人计，孝子为匪，亲翁杀媳，兄弟相煎，情人反目……大革命、日寇入侵、三年内战，白鹿原翻云覆雨，王旗变幻，家仇国恨交错缠结，冤冤相报代代不已……古老的土地在新生的阵痛中战栗。

---

① 参见吴怀尧：《华楠：快速传递一本书的阅读价值》，见 http：//news. sina. com. cn/c/sd/2010-11-15/060621471402 _ 2. shtml，2010 - 1 - 15。

② 参见郭德征：《简析当前图书读者的新需求》，《编辑之友》，2006 (6)。

③ 参见彭路路：《内容提要——书籍的心灵之窗》，载《出版发行研究》，2002 (10)。

厚重深邃的思想内容，复杂多变的人物性格，跌宕曲折的故事情节，绚丽多彩的风土人情，形成作品鲜明的艺术特色和令人震撼的真实感，是近年来不可多得的长篇力作。

《白鹿原》书影

原书长达50万字，可内容提要只有200多字，相当精练，又非常优美！

写给少年儿童读者看的内容提要，更要鲜活有趣、富有亲切感。叶至善先生曾经主持出版了一部影响很大的长篇童话《小布头奇遇记》（中国少年儿童出版社，1961年12月），他仿效作者孙幼军的笔调，撰写了一个别开生面的内容提要：

这本书讲些什么？

有一个小朋友，名字叫苹苹。苹苹得到了一个小布娃娃，名字叫小布头。

小布娃娃干吗要叫“小布头”呢？

这……你看了就知道啦！

小布头想做一个勇敢的孩子。有一回，他从酱油瓶上跳下来……

干吗要从酱油瓶上跳下来呢？

这……你看了也会知道的。

小布头从酱油瓶上跳下来，碰翻了苹苹的饭碗，把饭粒儿撒了一地。苹苹可生气啦，她批评小布头不爱惜粮食。小布头也生气啦，他不接受苹苹的批评，从苹苹那儿逃了出来。

以后，小布头遇到了许多奇奇怪怪的事儿，认识了许多新朋友，听他们讲了许多很有意思的故事。这些事儿，这些故事，书上都写得清清楚楚，明明白白。

你快自己看吧！

小布头后来怎样了呢？

后来，小布头懂得了为什么要爱惜粮食的道理。他变成了一个真正勇敢的小布娃娃。当然喽，他又回到了苹苹身边。①

这个内容提要告诉我们：内容提要的写作风格要根据目标读者的心理需要与作者的写作风格来定。

内容提要的位置通常放在勒口（前勒口或后勒口），但也有放在封面或封底的。20世纪80年代非常畅销的“五角丛书”（上海文化出版社），每一本的内容提要都独创性地放在封面！例如，《人性的弱点》的内容提要是这样写的：

这是一本译成十四国文字、印行一千万册的世界畅销书。作者运用大量心理学知识，

---

① 叶至善：《跟〈小布头奇遇记〉的奇遇》，见阎达寅编：《书海耕耘——编辑札记》，105～106页，北京，中国展望出版社，1986。

> 对人类共同的心理特点，进行细致入微的探索和分析，提示人们待人接物的处世之道。全书分“怎样使别人喜欢你”“怎样赢得友谊和事业成功”“怎样不伤感情、不引起憎恨而改变他人”三大部分，包括“使你更容易交到朋友”“使你更容易受到欢迎”“使你更容易获得别人的同情和支持”“使你更容易增加影响力”等二十余个专题。通过这本书，可以从中获得新思想、新意念、新目标。

这个内容提要用短短的二百来字交代了它是世界畅销书，概述了它的主要内容，指出了阅读该书的意义，兼顾了广告的作用，又标新立异地置于封面，特别醒目，能不赢得读者的垂青吗?

把内容提要放在封底的，现在多起来了。放在封底的内容提要往往是摘录书中的精彩话语，并与广告宣传语有机结合起来。优秀畅销书《把创新当成习惯》的封底文字给笔者留下了深刻印象！该书封底最上面两行文字——“精彩的实例演示，浅显易懂的创新途径，从今天起，让我们把创新当成习惯！”——主要起广告宣传作用；中间摘录了四条精辟的话语；下面是“编辑感言”：

《把创新当成习惯》封底书影

> 本书作者王国安，1946 年出生，曾任大学教师 12 年。在大学授课时，多次举办创造性思维讲座，受到了学生的广泛好评。退休之后，继续推行创新思维训练的初衷不改。先后在全国各地举办创新思维讲座，好评如潮。
>
> 本书即是在作者多年讲稿的基础上，略加增删而成。作者相信，读者对此书一分钱的投入，将会获得 100 倍的回报。小编读之再三，屡屡感叹：诚哉斯言！

这个“编辑感言”别出心裁，十分出彩，既介绍了作者，又交代了成书背景，还以夸张而有趣的语言进一步刺激了读者的阅读与购买欲。顺便说一句，笔者通读这本书，豁然开朗，拍案叫绝。拙著引用了该书中的一些经营事例，参考了作者的一些观点，还将该书作为自己研究生的必读书之一。

内容提要是一本书不可缺少的组成部分。遗憾的是，很多编辑人员忽视了它，甚至干脆取消了它。

（二）目录的策划

如果说内容提要或许可以取消，那么，目录绝对不能没有（长篇小说除外）。目录好比一个人的应聘简历，一本书到底有些什么内容，值不值得阅读或购买，读者在很大程度上靠目录来判断。

目录的功能有两个：基本功能是标识书的内容结构，让读者一目了然；更高的功能是激发读者的阅读与购买欲。做到前一点不难，把各章各节标题列上去就行了；进一步做到后一点就难了，因为这要求目录必须高度提炼书中观点，把最精彩的内容展现给读者。真正好的目录“一箭三雕”：既标示章节结构，又概述内容，还能起宣传促销作用。

目录设计的基本要求有两条：(1) 脉络清晰——各章各节各条款的标题层次清楚；(2) 主次分明——正文的标题与非正文（如附录、相关链接之类）的标题泾渭分明。总之，要给读者醒目、清新、舒适的感觉。

请看优秀畅销书《洪昭光健康忠告》的目录设计：

目录

《洪昭光健康忠告》目录

这个目录确实设计得出类拔萃！充分运用字体、字号、色彩等，版式新颖，错落有致，各篇之前还独辟蹊径地写了一段按语性质的文字，对于引导读者、诱导读者起了很好的作用。

目录放在目录页。在此基础上，还可以从中选择主要的标题（章题）或重要的标题（节题）放在封面或封底，以便在第一时间吸引住读者的眼球。《大败局》封面的左上端印上了该书目录的10个章题，独具匠心！（见第十四章中该书书影）优秀畅销书《素质教育在美国——留美博士眼里的中美教育》的封底有选择地印上了章题或节题。

最后，请记住金丽红的一席话：

> 我们对内容简介的要求非常高，要让人看了内容简介之后产生抵挡不住的购书欲望；还有就是目录的设计，要有亲切感，让人一看就能明白书的结构，感觉书的精彩。有些书，封面的文章做足了，但一看内容简介，却索然无味。①

【基本概念】

有的放矢法　雅俗共赏法　读者反馈法　一见钟情法

【思考题】

1.“细分市场似乎缩小了读者面，但实际上往往会增加销售量。”你是怎样理解这句话的？请举例说明。

2. 阅读下列著作中的任何一本，然后从读者的角度分析它销售成功的原因：《万历十五年》《明朝那些事儿》《人类的故事》《品三国》《洪昭光健康忠告》《生活中的经济学》《水煮三国》。

3. 什么样的书名是好书名？如何策划畅销书书名？

4. 在你看过的书中，哪些书的封面设计、内容提要、目录给你留下了深刻印象？为什么？

① 金丽红：《畅销书与营销策划》，载《出版广角》，2002（11）。

第十七章

选题策划方法：从作者的角度

我的好友许久文说：谁是我们的读者？谁是我们的作者？这个问题是编辑出版工作的首要问题。是啊，找不到合适的作者，再好的选题也是空中楼阁。物色什么样的作者来完成选题？如何发现、培养并帮助有潜力的新作者、普通作者？本章从作者的角度论述了两种具有典型意义的选题策划方法：小材大用法和大材小用法。

第一节　小材大用法（方法 12）

一、小材大用法的含义

作为选题策划的一种方法，小材大用法的含义是：在物色作者的时候，可以有意识地发掘少年儿童作者（6 岁至 18 岁的中小学生），充分发挥小作者们的创作潜力，让稚嫩之材派上大用场。

从 20 世纪 90 年代后期尤其是 2000 年以来，少年儿童写书出书（不是在报刊上发表文章）蔚然成风，成了一种引人注目的出版现象、文化现象和社会现象（详见第八章之“作家出少年，小材堪大用”中的有关内容）。一支前所未有的新兴作者群体——少年儿童作者群体——已经形成。少年儿童写书出书具有时代的必然性，是大势所趋。选题策划人、编辑出版人在继续重视中老年作者、大力扶持青年作者的同时，还应该积极挖掘和培育少年儿童作者。

二、少年儿童作者及其作品的基本情况

（一）少年儿童作者的类型

少年儿童作者主要有三种类型。

1. “怪才型”

或叫“偏才型”，也可叫“另类型”，《三重门》的作者韩寒是其代表。他们为了写作可以放弃学业，韩寒高一时因期末考试有七门功课挂“红灯”而留级，后又因“违反校纪”而被迫

休学；张天天初三时因成绩下滑和卷入与学校的官司纠纷而被迫退学。他们行为叛逆，言语“狂妄”。韩寒之“狂”有目共睹，他拒读复旦大学、拒上中央电视台《对话》节目；杨哲说是否加入作家协会“要看自己愿意不愿意”。

2. “乖乖型”

《花季·雨季》的作者郁秀是其典型。他们不仅有出众的文学才华，而且受过完整的学校教育，行为规范。如果把韩寒视为“坏孩子”，那么郁秀就是地道的“好孩子”。她的写作名言是：有的人热衷于写病态的青春，但青春并不是这样的，从阅读的角度来说，健康的青春也会写得很精彩很好看。

郁秀　像

3. 小留学生型

黄思路是其代表。他们全面发展，在国内受过正规的学校教育，小小年纪又有机会出国留学。黄思路上初一时因全面发展而获得第四届“全国十佳少年”称号，上高一时获得美国爱斯本音乐学校全额奖学金赴美学习古典音乐。身处异国他乡的所见所闻和亲身体验，使他们的文学才华有了用武之地，加之国内出版界与读者对小留学生生活的热心关注与好奇，他们的作品遂成为书市新宠。

第二类与第三类之间显然有联系，不能割裂。总的来说，第一类人数较少，第二类人数最多，第三类人数日益增多。还有其他一些，例如，著名作家肖复兴、毕淑敏等，辅导自己上中学的孩子出版过书。

从地域上看，少年儿童作者几乎都出自大城市，如北京、上海、深圳、武汉、沈阳、南京、长沙等。从2001年至2003年，有20多名武汉中学生出版了自己的文学作品，光是在武汉大学中文系，就曾汇集了胡坚、吴柳、戴漓力、邹慕晨等“中学生作家”。少年儿童作者的学习条件与成长环境大多优越，如金今和杨哲所在的班级（北京师范大学第二附属中学文科实验班）是当时全国唯一由教育部批准的中学文科实验班。但也有农村或一般城镇的，如崔利静是浙江德清农家女，窦蔻生于江苏丹徒农村，海啸是包头市蒙古族学生。

（二）少年儿童作者写书出书的动机

总体观之，少年儿童作者写书出书的动机有六种情况。

1. 出于兴趣爱好和强烈的表达欲望

这是最基本的动机。《上学真累》的作者海啸在初一暑假时，语文老师给他们布置了10篇作文，要求每篇达到800字。一向贪玩的他与爸爸商量，能否用一篇8 000字的小说顶替。爸爸同意了，并答应为他向老师说情。没想到，写起自己的内心感受来，他一下就收不住笔，最终写成了这部中篇小说并出版了。少年儿童的写作显然带有很强的自娱自乐的成分。

2. 为了缓解压力

为了缓解压力而写书，这是少年儿童作者相当普遍的心理。《再造地狱之门》的作者金今说：

> 我不会把写小说当作一种负担，我只是觉得它在紧张的学习生活之后可以给自己一个空间，把自己投入自己所创造的世界里，然后感觉到无限的释放……我一般是在临考之前写稿，越到考试的时候越愿意写，在那种巨大的压力之下，写小说这种释放的手段，让你觉得完全得到一种陶冶。①

3. 出于振兴中国文学的远大抱负

边金阳看了40多遍“哈利·波特”系列碟片后，说：“我写书是不服气‘哈利·波特’系列，人家外国人有幻想，我们中国人也有幻想！”他还语出惊人：“让全球人了解中国的幻想小说。”

4. 把出书当作敲门砖

赢得“新概念作文大赛”大奖的学生可以优先进入某些重点大学、名牌大学，这使千千万万的学生和家长看到了成功的捷径。2003年首次拥有招生自主权的中国人民大学和北京大学留出5%的特招名额对五类学生敞开大门，其中就有“在文史哲等基础学科方面成绩优异者”和“在某一方面特别优异的‘怪才’”。胡坚就因出版《愤青时代》而被武汉大学录取。的确有不少少年儿童及其家长把写作当作进入大学的跳板。

5. 为了赚钱

杨哲说：“我曾经说过我是一个写书的，同时我是一个商人，我把快乐给你，把你的钱放在我的兜儿里。”②

6. 为了趁早成名

黄思路说：“与其朝花夕拾，不如带露折花。”③

客观地说，大部分少年儿童作者写书出书的动机是单纯的，但也有不少人后来变得急功近利了。

（三）少年儿童作者作品的内容、题材

少年儿童作者作品的内容、题材主要有以下三种类型。

1. 校园生活

这是最多的一种，又有两种情况：（1）国内校园生活题材，如《花季·雨季》《三重门》等；（2）小留学生题材，如《放飞美国：一个中国男孩和七个美国老师》（五岁就开始留美的小作者的所见所闻所感）、《赴美就学笔记》（一个中国女孩从11岁到19岁在美国求学的经历与见闻）等。

2. 科幻、魔幻题材

这种类型比较多，如《真心英雄》《再造地狱之门》与《时光魔琴》等。

---

①② 转引自《〈午间一小时〉：文坛中的少年军团现象》，见 http：//news.sina.com.cn/c/240335.html，2001-04-25。

③ 黄思路：《第四节是物理课》，“朝花朝拾”篇，桂林，广西师范大学出版社，2000。

3. 其他题材

只有一小部分，如《我的“败”诉》与《窦蔻流浪记》是纪实性质的，《北京娃娃》是自传体小说，《踏莎行》《少年英侠》与《铃儿响叮当》是武侠题材。

（四）少年儿童作者作品的体裁

少年儿童作者作品的体裁主要有四种类型：（1）小说。这是最主要的，又以长篇小说为主，如《花季·雨季》与《三重门》。（2）笔记、日记。这一类体裁也比较多，如《答案是丰富多彩的》（初一到初三期间作者的周记）与《十六岁到美国——一个中国女生的美国日记》。（3）童话。如《奇奇编西游记》《奇奇和咪咪的故事》。（4）诗歌、散文。如《布娃娃舞会》是散文集，《小鸟的眼睛》是诗集，《黑黑癸未诗词存稿》是旧体诗词。《中国诗歌地理——00后九人诗选》（线装书局，2014年11月）收录9位6～14岁“00后”诗人的200多首诗歌。极个别的属于其他类型，如《大成奥秘——超越美国成功学》是论著，《黑客攻击防范秘技》是电脑著作，《一个女孩的上半夜涂鸦》是图文结合性质的书，《123——走》是报告文学。

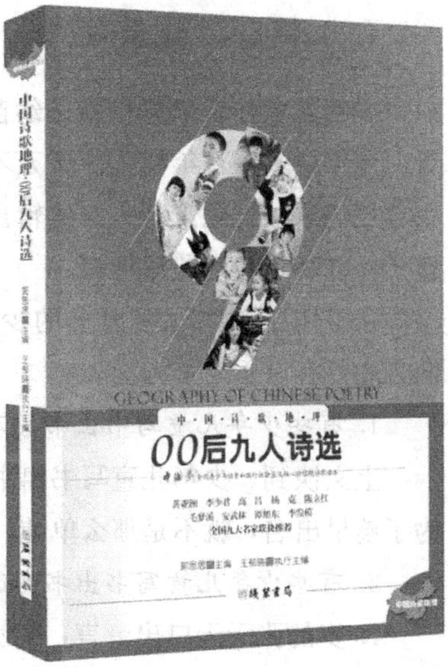

《中国诗歌地理——00后九人诗选》书影

可见，少年儿童作者出版的书绝大部分是反映校园生活的文学作品。因此，人们这样描述少年儿童写书出书热的现象：“校园文学作品热销，‘少年军团’大闯文坛。”①

三、小材大用法的基本要求

运用小材大用法策划选题的基本要求有以下四点。

（一）与时俱进，转变观念

少年儿童写书出书热的兴起，使选题策划人、编辑出版人的作者工作的内容有了新的发展，挖掘和培育少年儿童作者已成为编辑部作者工作的题中应有之义。选题策划人、编辑出版人应该具有新的作者观——少年儿童也能写书出书，少年儿童作者已成为图书作者的一种新的类别。

少年儿童作者写书出书的现象，并非中国独有。韩国17岁少女可爱淘（本名李韵世）出版的《那小子真帅》销售200多万册，此后又相继出版《狼的诱惑》和《狼的诱惑（终结版）》等。日本的绵矢丽莎17岁时出版的小说《毒蘑菇》已被上海译文出版社引进。15岁美国少年克利斯托弗写出长篇奇幻小说《伊拉龙》，并自印自卖。美国9岁男童亚历克·格雷文写了本

① 陈淑玉：《校园文学作品热销 “少年军团”大闯文坛》，载《北京晨报》，2001-03-05。

可爱淘　像

《怎样跟女孩打交道》的书，居然登上了全美畅销书榜。意大利17岁的女中学生梅丽萨出版了《床前100次梳理头发》。少年儿童写书出书势不可当。选题策划人、编辑出版人没有理由不顺应潮流，在物色作者的时候，可以有意识地发掘少年儿童作者。

（二）精心栽培，正确引导

少年儿童作者毕竟稚嫩，幼苗长成参天大树，尚待时日。十年树木，百年树人。千万不可只从树上摘果，而不去施肥浇水。选题策划人、编辑出版人应该像爱护自己的孩子一样呵护少年儿童作者。

从整体来看，写书出书的少年儿童存在一些不良倾向，主要有以下三个方面。

1. 有些少年儿童写书出书的动机不纯

上文谈到，少年儿童写书出书的动机有六种情况，其中，把出书当作敲门砖、为了赚钱、为了趁早出名，就不是那么单纯，有可能对他们未来的成长带来负面影响。

2. 有些少年儿童写书出书的速度过快

16岁的张天天口出豪言："我要在20岁之前玩遍所有的文学文体。"她16岁时就已"玩"了长篇儿童幻想小说、短篇科幻小说、报告文学、散文、日记、童话、历史传奇小说等体裁。2001年1月，她出版了《布娃娃舞会》《光体生命》《我的"败"诉》与《玛雅王朝——风俗卷》四本书。2002年11月、12月，12岁的邹琳接连出版《踏莎行》与《少年英侠》两本书。张蒙蒙9岁时出一本，10岁时又出一本，11岁时再出一本，三年共出版60万字的作品。

3. 有些少年儿童出书成名后缺乏正确的心态

很多人为少年儿童出书的负面影响而担忧。不过，有证据表明，如果处理得当，出书不但不会影响少年儿童的成长，反而会促进其发展。例如，初二时出版《上学真累》的海啸原来"贪玩"，学习成绩忽上忽下，他妈妈说："自从《上学真累》这本书出版后，这孩子改变了许多，不交作业的毛病改了，写作业也主动多了，每天不写完作业不睡觉。原来不爱穿校服，现在穿得整整齐齐。出书对他是一种极大的鼓励。"[①] 湖北宜昌的16岁学生郭道坤用长篇小说《五色秋日》的稿费约1万元建立"繁星助学金"，帮助身边的贫困同学。可是，另一方面，的确有一些少年儿童不能正确对待出书与成名。当今青少年大多心理脆弱，一旦背负太多与年龄不相称的东西，就有可能采取过激行为。

选题策划人、编辑出版人必须履行社会责任，必须以良知和理性正确引导少年儿童作者健康成长。鲁迅曾说，要毁灭一个人，有两种方法：一是"骂杀"，二是"捧杀"。选题策划人、编辑出版人要特别注意不要"捧杀"了少年儿童作者，不能不负责任地将他们捧起来、推出去之后就撒手不管，而必须真诚地指出他们作品中的显而易见的缺点，必须诚挚地指出小小年纪

① 转引自任彦宾：《小说代替作文　13岁男孩倾诉〈上学真累〉》，载《中国青年报》，2002-03-20。

出书成名将可能对他们造成的负面影响，并给予他们实实在在的帮助与爱护。选题策划人、编辑出版人必须学会经营少年儿童作者，不光是经营他们的创作、作品，更重要的是经营他们的思想、品行、心理。

（三）乐为少年儿童作者做“嫁衣”

出版史表明，出版新人的优秀作品比出版名人的作品更有价值、更光荣。“编辑的成就不在于发表名人的作品，而在于发现新作家，推荐新作品。”① “名人名家是作者队伍的核心力量，但‘小人物’是作者队伍的生力军。”② 从培养新作者的角度看，培育少年儿童作者具有不可估量的意义。从中外出版史来看，一部新人著作的出版，可能意味着一位名作家的诞生，意味着一种新学说、新流派的诞生。少年儿童作者是出版业的明天，是选题策划人、编辑出版人的明天。培育少年儿童作者，就是培育出版业的未来，就是培育选题策划人、编辑出版人自己的未来。

不言而喻，选题策划人、编辑出版人与少年儿童作者打交道的时候，要付出十二分的耐心、细心、诚心、爱心与慧心，真正要有“为他人作嫁衣裳”的无私奉献精神。

（四）建立和完善少年儿童作者作品评价体系

少年儿童写书出书涉及面很广，不光出版界，还有教育界、文学界、新闻传媒界等，全社会都要为少年儿童作者的健康成长施肥浇水。作家苏叔阳认为，出版少年儿童作者的书“最好有人点评，指出优劣，既不要挖苦孩子心高妄想，也不要宠坏了孩子”③。1996 年 9 月，中国少年作家班成立，学员采用函授、刊授、面授、网上教学相结合的形式学习，学员的来稿由作家、编辑点评；2005 年 10 月，中国少年作家学会成立；2006 年 7 月，《少年作家》月刊创办，这些都是大好事。政府、出版社、媒体、学校与社会应该紧密配合，建立和完善少年儿童作者作品评价体系，并加强对少年儿童作者的心理疏导与思想教育。

第二节　大材小用法（方法 13）

一、大材小用法的含义

大材小用法是相对于小材大用法而言的。如果说小材大用法是指让小作者（中小学生）写大书——大部头的书，那么，大材小用法是指让大作者写小书——小册子，具体说，就是请大学者、大作家、大科学家为文化水平低的读者写通俗普及读物、小册子。

---

① 巴金：《致〈十月〉》，载《十月》，1981（6）。

② 向新阳：《编辑学概论》，135 页，武汉，武汉大学出版社，1995。

③ 苏叔阳：《关于“少年作家”的几点议论》，载《人民日报》，2001－08－18。

大材小用法与雅俗共赏法也有联系，但区别在于：雅俗共赏法强调读者对象兼顾两头——文化水平高的与文化水平低的都愿意阅读，相比之下，大材小用法只强调一头——文化水平低的读者可以阅读。所谓文化水平低的读者，是指工人、农民、士兵、商人（非儒商）和小学生、初中生、高中生。

胡愈之　像

1904年，商务印书馆出版了《最新修身教科书》（共10册），它的读者对象是初小的学生，可它的编纂者是高凤谦（1870—1936）、蔡元培（1868—1940）和张元济。此三人皆是一流学者，是商务印书馆编译所前后三任所长，可知这部小学教材工夫之深、质量之高，风靡全国不足为怪。

20世纪50年代初，胡愈之初任原出版总署署长时，就注意到农历是向农民进行宣传教育和普及知识的重要工具，因而发布了《关于编印发行1952年历书的指示》，要求人民出版社和各地方人民出版社合力编印。1962年，担任文化部副部长的胡愈之亲自到人民出版社参加编辑新农历的工作。他给新农历取名为《东方红》，拟定了内容，还亲自审读清样。1963年初，新农历《东方红》创刊号出版，受到广大农村读者，特别是农村知识青年的欢迎。1983年，全国首届农村读物评选，《东方红》荣获一等奖。《东方红》后更名为《农村历书》继续坚持出版。[①] 像胡愈之这样的大作家、大官员为一本农历如此亲力亲为，值得今天的编辑出版人深思。

二、正确认识通俗普及读物、小册子的意义

学术界普遍瞧不起通俗普及读物、小册子，认为它们是雕虫小技，觉得写这些东西不值得。其实，通俗普及读物、小册子具有重大意义。

（一）有利于广泛传播文化，提高全民素质

“如何营造一个阅读的社会氛围，是关系到一个民族文化、民族素质，甚至是民族经济发展的重要因素。一个阅读型的社会，必然是一个和平、文明、安全，具有发展后劲的社会。”[②] 怎样培养全民阅读的兴趣？如何把青少年从影视、网络、手机吸引到书本上来？通俗普及读物、小册子显然可以发挥重大作用。第二次世界大战结束后，日本为了提高全民素质，出版了很多“小书”——口袋书，人们可以在电车上或其他地方利用空闲时间来阅读。这项措施对战后日本全民素质的提高和经济的快速发展起到了不可忽视的作用。专家学者有责任也有义务为文化的普及做一些实实在在的事情。

---

① 参见于友：《胡愈之传》，344～347页，北京，新华出版社，1993。

② 邓子平、杜恩龙：《如何拯救一般图书出版》，载《编辑之友》，2006（4）。

案例 17—1

吴晗　像

著名历史学家吴晗（1909—1969）在任北京市副市长期间，不惜花费大量时间为普及历史知识而奔走呼号。在百忙之中，他倡议出版“中国历史小丛书”并自告奋勇担任主编，但并非“挂名”，而是按时召集编委会议，亲自拟定选题，并亲自组稿；他认真审读书稿，亲自修改、润饰文字和改正错别字，甚至在火车上还在看清样；还亲自撰写《海瑞的故事》。“中国历史小丛书”由中华书局出版发行后，不仅受到广大群众喜爱，而且受到中央领导同志的重视，周恩来（1898—1976）总理要他继续主编一套“外国历史小丛书”。吴晗兴奋地接受了任务，“外国历史小丛书”由商务印书馆出版。截至 1965 年，“中国历史小丛书”出版了近 150 种，“外国历史小丛书”出版了 50 种。这两套丛书中的每一本，都是名副其实的小册子——篇幅 2 万字左右。吴晗还担任过“地球小丛书”“语文小丛书”和《中国历史常识》等书的主编。“文化大革命”发生前，在全国范围内，一度掀起了编写普及读物的热潮，不少专家在研究之余撰写普及读物，吴晗可以说是其中最卓越的一位。吴晗常对人说：“莫做空头政治家，也莫做空头史学家。”[①]

（二）有利于青少年的健康成长

大学者、大作家、大科学家为青少年写通俗普及读物、小册子，意义更为重大。

案例 17—2

《神奇的符号》书影

1997 年，湖南少年儿童出版社出版“大科学家讲的小故事”丛书，这是大科学家为少年儿童写书的范例。作者都是世纪老人，都是科学泰斗，特别是《神奇的符号》的作者苏步青（1902—2003），被国际上誉为“东方国度上灿烂的数学明星”，写书时已 96 岁高龄。这些大师级的科学家用平实而睿智的文字，以少年儿童喜闻乐见的讲故事的形式，从崭新的角度向少年儿童讲述自己求学、从事科学研究和做人的故事。苏老谈到他写《神奇的符号》的动机时说：“湖南少年儿童出版社约我为年轻朋友写一点故事，我心想，青少年是祖国的未来，我今年 96 了，能说点亲身经历和感受，对他们今后的健康成长也许有帮助，于是便同意了。”[②] 从《神奇的符号》可知，

---

① 转引自王宏志、金若年：《吴晗画传》，见新浪读书频道，http：//book. sina. com. cn/longbook/10990240 14 _ wuhanhz/14. shtml，2008-11-22。

② 苏步青：《神奇的符号》，前言，长沙，湖南少年儿童出版社，1997。

苏老出生在普通农家，上小学时十分贪玩，不爱读书，以致成绩全班倒数第一，后来经过一位地理老师的正确教育和自己的发奋努力，成绩跃为全班第一。相信读过这本书的少年儿童尤其是那些“调皮捣蛋”的学生，看到苏老小时候的成长故事时会产生心灵的触动。

三、引导大学者、大作家、大科学家写作通俗普及读物、小册子

遗憾的是，由大学者、大作家、大科学家写的通俗普及读物尤其是小册子太少了，这有三个原因：一是由于时间紧张或身体欠佳，这无可非议；二是由于观念上的误区；三是由于缺乏写作这种读物的经验。

《物理学的进化》书影

针对后两种情况，选题策划人、编辑出版人必须积极引导并帮助大学者、大作家、大科学家写作通俗普及读物、小册子。一方面，正确引导某些作者破除对于通俗普及读物、小册子的错误认识。年近百岁的苏步青自觉为青少年的健康成长而写小书，这应该成为所有有社会责任心的大科学家、大学者、大作家的榜样。另一方面，积极引导他们站在普通读者、青少年读者的角度去写作，并提供相应的服务。许多专家学者、研究人员习惯了写作学术理论著作，形成了写作定式，以致没有写作通俗普及读物、小册子的意识，更没有这方面的写作经验。大科学家爱因斯坦与人合写了一本科普小册子《物理学的进化》，他在序言中说：“我们在写这本书的时候，对于我们所想象的读者特征，曾作过很长时间的讨论，并且处处在为他们着想。”① 爱因斯坦处处为普通读者着想的文风，应该成为一切有社会良知的大科学家、大学者、大作家的楷模。

【基本概念】

小材大用法　大材小用法　少年儿童作者群体

【思考题】

1. 20 世纪 90 年代后期以来，我国图书作者的年龄结构发生了怎样的重大变化？假设你是编辑，你将如何应对这种变化？

2. 近三年来，有哪些中小学生出书了？影响大的有哪几本？阅读其中 1～2 本，从选题策划的角度写篇读后感。

3. 你如何认识通俗普及读物、小册子的意义？举例说明。

---

① 转引自梁彦斌：《读者学》，263 页，哈尔滨，黑龙江教育出版社，1990。

第十八章

选题策划方法：从策划者自身的角度

编辑出版工作者是选题策划活动的主体，他们的胆识直接决定着选题策划的走向与成败。工农兵作者可以写书出好书吗？选题策划中经常会遇到哪些风险？怎样对待这些风险？本章从选题策划者自身必备的胆识的角度探讨了两种选题策划的方法：慧眼识珠法与敢为人先法。

第一节　慧眼识珠法（方法 14）

一、慧眼识珠法的含义

慧眼识珠法与小材大用法有联系，都是讲怎样发现和培养普通作者、新作者，这里将其独立出来，是为了强调它的特定含义：选题策划人、编辑出版人应该从工人、农民、士兵、商人（非儒商）等作者的自然来稿中发现优秀书稿。

工、农、兵、商（非儒商）作者属于普通作者、新作者，但普通作者、新作者并不只有工、农、兵、商（非儒商）作者。普通作者、新作者是相对于名作者、老作者而言的，是指没有或很少出版作品的无名小卒、新人，既可以指初中、高中甚至小学文化程度者，又可以指大学、研究生文化程度者。对于文化程度较高或很高但没有或很少出版作品的作者，选题策划人、编辑出版人应该重视他们的自然来稿，这点不言而喻，但那些文化程度较低甚至很低，又从来没有发表或出版过作品的人，能否成为图书的作者呢？这种人主要有两部分：少年儿童和工、农、兵、商（非儒商）。从上一章和第八章可知，少年儿童已经成为图书作者的一种类型，那么工、农、兵、商（非儒商）呢？在一般人眼里，工人、农民、士兵、商人（非儒商）一般文化程度低，甚至没进过几天校门，自然没有资格写书，即使写了也是不能出版的，所以，在策划选题的时候，在组稿的时候，根本用不着考虑他们。

果真如此吗？笔者经常给编辑出版学专业的学生讲一个“老厨师出书的故事”。老厨师是指原中共湖南省委接待处的厨师石荫祥，他只读过两年小学。1983 年，湖南科学技术出版社出版了他写的《湘菜集锦》，当时他已经 66 岁了。请看该书责任编辑回忆的出书过程。

案例 18—1

《湘菜集锦》书影

记得1980年初，他第一次来到我们编辑部，带来一大包用报纸包好的书稿，要求我们看看有无出版的价值。翻开书稿一看，有的编辑皱眉头了，字写得歪歪斜斜不用提，就连内容结构也比较零乱，有些地方甚至文理不通，错别字多，很难看懂。这样的书稿必然受到冷落，他沮丧地走了。不料事隔一年之后，他又来了，带来的不是原来的那份手抄稿，而是一本铅印的菜谱"书"，要求公开出版。

我粗粗翻阅了这本排印粗糙的"书"，内容尽是正宗湘菜的菜谱，每种菜肴的原料、配料和制作方法都有介绍，全书约有40万字，挺有分量的。一个年过花甲、只读过两年书的老厨师，能够搞出这样一本厚厚的菜谱"书"来，需要克服多少困难，需要多么坚强的毅力啊！对这位老人我不禁升起一种敬仰之情。经过编辑室的讨论，终于接受了石师傅的要求，确定由我担任这本书的责任编辑。

这本名为《湘菜集锦》的新作于1983年5月出版后，立即受到各方面的重视。它开创了老年厨师写书的先河，又填补了湘菜历来无谱的空白。在香港参加中国书展时，香港的《大公报》与《文汇报》都发了消息，介绍了作者，《澳门日报》还发了书评：《〈湘菜集锦〉——立谱之作》，对这本书的出版价值给予了较高的评价。不久，中南地区图书评奖，该书获"优秀科技图书"奖。湖南饮食行业和商业学校还把这本书列为考核、培训厨师的重要参考书。多次印刷，仍难以满足需要。

……

1988年和1991年，他又出版了《湘菜集锦》续集和续续集①。这三部著作概括了他一生的成就，为湘菜的继承和发展作出了重大贡献。湖南省人民政府于1991年授予他"湘菜大师"的称号，这是烹饪行业最高的荣誉称号。为这位誉满三湘的石大师编辑出版了这三本书，也是我的编辑生涯中难以忘怀的事情。②

只读过两年书的老厨师写的书，竟然成了既叫座又叫好的畅销书、常销书！

其实，工、农、兵、商（非儒商）写书出书，早已有之。1955年，上学不到一个月的战士高玉宝出版了20多万字的自传体长篇小说《高玉宝》，由此创造了中国文学史上的一个先例——书名、作者和主人公同名。著名思想家、经济学家顾准（1915—1974）于1934年出版《银行会计》，这是国内第一本银行会计教材，可他只在中华职业学校学习了两年会计。

---

① 1995年出了合订本，2002年又修订再版。

② 江汀：《厨师写书的启示》，载《湖南新闻出版》，1992（5）。

二、工、农、兵、商（非儒商）写书出书的可行性

工、农、兵、商（非儒商）写书出书，是具有可行性的。可以从以下两个方面来理解这一点。

（一）通过自身的努力，工、农、兵、商（非儒商）具备了写书出书的基本条件

工、农、兵、商（非儒商）虽然一般学历低，但其中一些人通过刻苦自学，实际上达到了相应的文化水平。湖南省社会科学院炎黄文化研究所所长、研究员何光岳（1939—2015）小学辍学后因家贫为人牧牛，通过长期艰苦的自学与辛勤的研究，在民族史研究方面取得了卓越成就。“东北何光岳研究会”与“湖南省何光岳研究会”专门研究这位农民出身的历史学家。笔者的一位表伯父于1987年出版《读书指南》，当时的学历是初中肄业，但他一辈子在新华书店工作，与书为伴，以书为友，勤于学习，勤于积累，编写一本指导读书的书目提要书顺理成章。有的人虽然无缘接受高等教育，然而是某方面的偏才，具有从事某方面创作、研究的天赋。还有一些人虽然学历低，有字的书读得少，但实践经验丰富，见多识广，“无字”的书读得多。

工、农、兵、商（非儒商）一般学历低，但这并不一定表明他们的文化水平低。我们必须看到，学历不是衡量文化水平的唯一标志，有时甚至可以说不是主要的标志。选题策划人、编辑出版人绝对不应该是唯学历论者。美国著名政治家、科学家、作家本杰明·富兰克林（1706—1790）在学校只读过两年书，世界知名作家沈从文（1902—1988）只读了两年小学，超级畅销作家海岩的学历是小学四年级，难道不能说明问题吗？

（二）当今时代为工、农、兵、商（非儒商）写书出书创造了大好条件

工、农、兵、商（非儒商）写书出书原来就有，今天更不是什么稀罕事，而是与时代发展相适应的自然而然的事情。这是因为：

（1）人们的整体文化水平大大提高了。今天，大学教育已平民化，上大学不再是少数人的特权。高中毕业更是普遍。人们接受各种性质各种形式教育的机会越来越多，获得知识的途径越来越方便，因而越来越多的人掌握了基本的文字表达能力，基本上胜任写作。而且，改革开放以来特别是20世纪90年代推行社会主义市场经济以来，社会阶层发生了翻天覆地的变化，工人已非昨日的半文盲，农民也已非昔日的大老粗。

（2）信息时代尤其是互联网的普及，使人们对信息、资讯的获取越来越快捷。这就使更多的人可以很方便地拥有写作所需要的材料，而不像以前有限的信息、资讯被少数精英分子垄断。而且，互联网的出现，使普通人找到了一条表达自己情感、传播自己思想的最便捷的渠道。

（3）普通人写的书，写普通人的书，对普通读者更有亲切感，往往更有说服力。从2006年12月至2012年10月，先后出版了陕西农民侯永禄（1931—2005）的《农民日记》《农民笔记》（中国青年出版社）、《农民家书》《农民家史》《农民账本》（人民文学出版社），合称“农民五部曲”。它们都是由农民自己写自己的纪实性作品，出版后广受关注，好评如潮，《农民日

记》荣获第九届共青团中央精神文明建设“五个一工程”优秀文化作品奖，《农民家书》获原新闻出版总署评选的2011年大众喜爱的50本图书之一。有人这样评价《农民日记》：是一笔宝贵的原生态草根史料，是乡土文学中里程碑式的作品，是当代青少年了解历史和社会的鲜活教材。[①]

《农民日记》书影

选题策划人、编辑出版人没有理由忘记工、农、兵、商（非儒商）这些最普通的作者。早在1992年，《湘菜集锦》的责任编辑就认为：“物色和组织有丰富实践经验的工农作者写书，也是我们出版工作者的一项重要任务。有些工农作者写的书，质量并不亚于某些名家的作品。随着全民族科学文化水平的不断提高，知识分子和工农群众的文化差距正在缩小，越来越多的工人、农民通过各种形式的业余教育，提高了文化水平和专业水平，他们当中不少人具有强烈的写作欲望和写作才能，应当把他们纳入我们组稿的范围，调动他们的写作积极性。”[②] 真是佩服他的深邃目光与远见！

记得1999年的时候，笔者与一位大学副教授谈起大学生写书出书的事情时说：“现在，谁都可以写书出书了。”“谁都可以写书出书？”对方一脸茫然。中国人深受儒家文化的浸染，对书素来有一种迷信的心理，把写书出书看成是一件非常神圣、艰难的事情，把写书出书看成是读书人、知识分子、专家学者的专利，你说谁都可以写书出书，岂不亵渎了写书出书的崇高？亵渎了文化人的尊严？可是，仅仅过了几年，少年儿童作者写书出书不是热了起来吗？普通百姓写书出书不是多了起来吗？写书出书已走下圣坛，已不是读书人、知识分子、专家学者的专利了，现在不是，将来更加不是。工、农、兵、商（非儒商）同样能够成为图书作者。“把写书当成家常便饭，把出书当成柴米油盐，我们的日子才会越过越好”[③]，此言不错。

不是说编辑出版人应该大力培养和扶持新作者、普通作者吗？是否真能做到这一点，有时就看他是否愿意、敢于扶植工、农、兵、商（非儒商）作者。道理简单得很，再也没有比他们更普通更默默无闻的作者了。

三、应该无私扶持工、农、兵、商（非儒商）作者

编辑加工的一个重要原则是：既要把好书稿质量关，又要减轻加工负担。著名编辑出版家林穗芳（1929—2009）说：“编辑工作是创造性劳动，但是编辑的工作不能代替作者的创作。编辑有发现、培养作家的责任，但没有把质量低劣的书稿提高到出版水平的义务，有一部分书稿难免要多花时间加工、整理，但不应当成为常规，而要设法创造条件使编辑的主要精力从加工、

---

① 参见刘钊：《〈农民日记〉的三大亮点》，见 http：//www. shuku. net/novels/zhuanji/nongminrj/nongminri29. html，2007-03-05。

② 江汀：《厨师写书的启示》，载《湖南新闻出版》，1992（5）。

③ 曹保印：《别把出书当回事》，载《北京青年报》，2001-10-15。

整理工作转移到选题、审稿工作上来。”① 这里所谓难免要多花时间加工、整理的“一部分书稿”指的是什么书稿呢？笔者认为最典型的就是指工、农、兵、商（非儒商）作者写的书稿。《湘菜集锦》的责任编辑说：“在处理书稿的过程中，我的工作一直不轻松。”请看他的回忆：

> 铅印书稿比手抄稿自然好看一些，但中间的问题仍然不少，不仅文字粗糙，差错百出，而且编排结构也不大合理，要达到公开出版的要求，还要下很多工夫。由于文化水平和工作繁忙等原因，要石师傅动手加工是有困难的，这任务就自然落到我的头上了。我对烹调技艺一窍不通，要把烹调原理、制作方法改写得文从字顺、一目了然，不得不入厨“学艺”。一些用料繁多、操作复杂的菜点，就请石师傅一边操作、一边讲解，我一边观察、一边记录，书中500多道菜点，就是这样同石师傅合作加工整理出来的。②

由于文化程度和专业水平的局限性，工、农、兵、商（非儒商）作者写的书稿肯定不够成熟。如果题材或主体内容有重大价值，但写得不够理想，编辑人员就应当打破常规，付出更多的精力帮助他们修改、加工。上面提到的《高玉宝》写完后，解放军总政文化部领导和解放军文艺杂志社领导得知后十分重视，特意请老作家艾芜（1904—1992）指导高玉宝反复修改。

支持、培养新作者、普通作者的正确态度是：既不迁就迎合，又不求全责备。与栽培少年儿童作者一样，扶持工、农、兵、商（非儒商）作者，同样需要付出十二分的耐心、细心、诚心、爱心与慧心，同样需要有“为他人作嫁衣裳”的无私奉献精神。马克斯威尔·珀金斯说得好：“有两种气质使编辑名满天下：一是对于一本书稿能越过缺点看到优点，不管这些缺点如何使人沮丧；二是任凭困难再大，也能不屈不挠地去挖掘该书稿的潜力。”③ 总之，不管遇到什么样的作者，选题策划人、编辑人员都要热情，对于任何作者的任何选题与稿件，都不应随意发表意见，尤其不应嘲笑。

从稿件的来源看，普通作者、新作者特别是工、农、兵、商（非儒商）作者的书稿几乎都是自投稿。选题策划人、编辑出版人应该从大量的自投稿中选出佳作和精品，从中发现有才华、有潜力的作者。上海《科学》杂志编辑部发现华罗庚（1910—1985），德国《物理学纪事》（又译为《物理学年鉴》）编辑部发现爱因斯坦，在出版史上有口皆碑。“沙中有金，石中出玉，编辑应该是自投稿的最大受益者。”④

第二节 敢为人先法（方法15）

一、敢为人先法的含义

“敢为人先”与“捷足先登”都有一个“先”字，都是说选题策划应该抢在他人之前。然

① 阙道隆、徐柏容、林穗芳：《书籍编辑学概论》，347页。

② 江汀：《厨师写书的启示》，载《湖南新闻出版》，1992（5）。

③ 转引自［美］A·斯科特·伯格：《天才的编辑》，扉页。

④ 赵航：《选题论》，157页。

而，敢为人先法的关键显然在于“敢”字，它要求选题策划人、编辑出版人敢于第一个吃螃蟹。作为选题决策者和选题战略的策划者，出版社的社长、总编辑和出版局的局长们、出版集团的老总们，更应该本着与时俱进的精神敢为人先，大胆开拓。

案例 18—2

胡真　像

改革开放后原湖南省出版局第一任局长胡真在任期间(1978.3—1984.1)，为湖南出版改革摇旗呐喊，在全国率先提出“立足本省，面向全国，争取更多的图书进入国际市场”与“出版工作要加强竞争意识”等。前一口号被国家出版局于1979年12月在长沙召开的全国出版工作座谈会采纳，定为全国地方出版社新的出版方针，从而废除了过去地方出版社执行了几十年的方针——“地方化、通俗化、群众化”，这是全国出版工作改革开放的先声。到1983年6月，“立足本省，面向全国”被写进了《中共中央、国务院关于加强出版工作的决定》。尤其可贵的是，胡真敢于突破地方出版社出书的禁区。改革开放前，地方出版社不能出古籍，不能出译著。胡真在全国地方出版社中率先成立了古籍编辑室（不久后在此基础上成立了岳麓书社），决定出版《王船山全集》《魏源全集》《曾国藩全集》和《左宗棠全集》，还出版了有争议的《杨度传》，后来批准出版“走向世界丛书”；他还拍板成立了译文编辑室，这在当时全国地方出版社中也是绝无仅有。[①] 胡真的大胆改革，使湖南的出版工作活跃起来了，使湖南的出版业走在了前列，以至有“出版湘军”的美誉。

二、应该敢于策划五种选题

选题策划人特别是选题决策者应该敢于策划以下五种选题。

(一) 敢于策划著译或编校难度很大的选题

译林出版社策划出版《尤利西斯》全译本（三卷）是其典型。《尤利西斯》是意识流文学名著，在国外名气很大。但是，它写法怪诞，文字晦涩，实在难懂，号称“天书”“奇书”和“怪书”，而且，曾被一些西方国家视为“淫书”而禁止出版。因此，它问世以来一直没有完整的中译本。译林出版社原社长李景端联系过一大批英语专家，都婉言谢绝翻译，钱钟书先生回信说：“《尤利西斯》是不能用通常所谓‘翻译’来译的。假如我三四十岁，也许还可能（不很可能）不自量力，做些尝试。现在八十衰翁，再来自寻烦恼讨苦吃，那就仿佛别开生面的自杀

① 参见胡真：《我的出版观》，增补本，363～365页，长沙，湖南出版社，1997。

了。”然而，李景端偏不信邪，最后慕名找到萧乾（1910—1999）和文洁若夫妇，硬是说服了他们。通过精心运作，译林版《尤利西斯》竟然成了既畅销（在两年多的时间里印刷 4 次，累计 15 万册）又获奖（获第二届全国优秀外国文学图书奖一等奖和第二届国家图书奖提名奖）的热门书。①

《尤利西斯》(上卷) 书影

（二）敢于策划挑战经典、权威的选题

山西人民出版社的老编辑李锐夫敢于出版《红楼梦新补》是范例。该书于 1984 年出版，初版发行 130 万册，激起了海内外的强烈反响，受到广大读者和专家的一致好评。有些红学家认为：“它是今人续古典文学名著的一个创举，即使在世界文学史上，也是罕见的。”

案例 18—3

1981 年春，李锐夫到北京组稿，偶尔听一位作者说有人在续《红楼梦》。他出于职业性的敏感，意识到这是一件很有意义的事，但不知作者的地址和姓名。从此，他每次外出组稿，都要寻找、打听。1982 年 10 月 11 日，从《文汇报》上得知作者张之及其工作单位，他喜出望外，当即便与作者联系，接着，又专程到安阳去看稿子。在他看了八回书稿和三十回回目后，认为初稿虽有不少问题，暂时还达不到出版水平，但作品的基础是好的。从作者的创作动机和创作经过来看，创作态度严肃、创作思想对头，其大胆尝试的精神是可贵的。他相信通过对作者的帮助，经过进一步修改加工，这部作品将不失为一本好书。于是他立即拍板定案，执意要拿这部稿子。无私才能无畏，胆识来自真知。10 月 29 日晚上，他在与作者张之谈稿子时，安阳地区文化局领导首先介绍说：“这部稿子是不久前某个出版社经过五审不敢表态，让红学家外审，最后不用而退还作者的。你敢不敢做主?”“你把稿件带回去，要是领导不同意怎么办?”作者也具体说明了他们的担心和疑虑，李锐夫说：“我不怕为难，我相信我社领导会给予支持的。如有问题向有关方面反映，如得不到支持，我也决心以我平生之力帮助作者把书稿改好，向其他出版

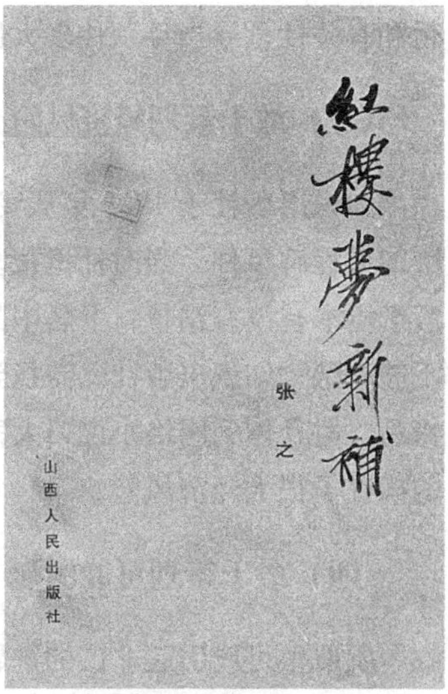

《红楼梦新补》书影

① 参见李景端：《〈尤利西斯〉获奖又畅销的启示》，见张芬之主编：《出版策划——理论与实践》，197～305 页，南宁，广西教育出版社，2000。

社推荐，让它早日问世。”

后来，李锐夫向出版社领导作了汇报，得到领导和一些同志的支持。但也听到一些不同的议论，有的担心它会“糟蹋《红楼梦》”“糟蹋曹雪芹”；有人害怕挨“狗尾续貂”“步高鹗的后尘”的骂名；有人认为出这样的书，“山西人民出版社要砸锅”；还有人主张“一定得让红学家外审”。一位红学家曾当面告诉老李说：“今人续《红楼梦》，再续还能超过高鹗?!出版这样的书，今天不仅没有必要，而且不可能。”在种种看法和担心面前，李锐夫从不动摇，坚定不移。他认为：前人能续《红楼梦》，今人为什么不能续？他坚信此举定有意义。此后两年他以高度的责任感和事业心，认真编好这部书稿。像李锐夫这样甘冒风险，力排非议，敢于爱护、扶植无名作者，真可谓世有伯乐而后有千里马。①

责任编辑李锐夫和山西人民出版社的领导出版《红楼梦新补》显然冒了极大风险。风险有五：(1) 在读者和专家眼中，《红楼梦》是经典，仰视都来不及，谁还敢续！(2) 高鹗（约1758—约1815）续《红楼梦》失败，这是前车之鉴。② (3) 续《红楼梦》的作者竟然是一位“无名作者”。(4) 书稿已被别的出版社审了五遍，也让红学家外审了，最终退了稿。(5) 在出版社内部，反对的意见很大，有人甚至说如果出这样的书，“山西人民出版社要砸锅”。责任编辑和有关社领导当年顶住多大压力冒险出版了这部书稿啊！

(三) 敢于策划经济风险大的选题

知识出版社于1999年从我国台湾引进出版《第一次的亲密接触》，是我国大陆网络文学出版的里程碑事件。当时社里很多人反对这个选题，理由是，既然在网上可以免费浏览，那么出版纸质本有没有销量？书名中的“的”字被认为应该删掉，因为从语法上讲根本不通，至少是不够高雅。知识出版社急需找到出版的突破口，决定主要出版面向15～25岁读者的青春文学作品，但具体到网络小说，大家有些狐疑。贷款100万元做以痞子蔡系列打头的图书，出版社的确冒了很大经济风险。

(四) 敢于策划可能引起非议的选题

所谓很可能引起非议的选题，是指内容很可能为世俗所不容，出版后很可能遭受舆论指责的选题。1998年，新世界出版社出版的《绝对隐私》是“隐私”类图书的第一种。见不得人的“隐私”被披露于世，国人不耻的婚外恋被告白于天下，这要是倒退10年，岂还了得？1989年求实出版社出版《厚黑学》，也引发阵阵非议。

(五) 敢于策划可能存在（事实上并不存在）导向性错误的选题

怎样对待那些具有“政治敏感性”的选题？“有些编辑为了少惹麻烦，对此类题材采取回

---

① 参见阮传武：《疾风知劲草——记〈红楼梦新补〉责任编辑李锐夫》，载《博览群书》，1985 (7)。

② 张爱玲（1920—1995）对高鹗续的后四十回极为不满，批评后四十回是长在前八十回身上的一种毒疮：“《红楼梦》未完还不要紧，坏在狗尾续貂成了附骨之疽。”（《张爱玲全集》，280页，海口，海南出版社，1995。）

避政策，干脆不接触，虽未免消极，但未尝不是一种办法。”① “干脆不接触”不是积极的办法。选题策划人、编辑出版人没有必要画地为牢。

《第一次的亲密接触》书影

《绝对隐私》书影

案例 18—4

《傅雷家书》首版于 1981 年，首次交印刷厂印刷时遭到拒绝，原因是傅雷（1908—1966）的儿子傅聪曾被视为“叛国贼”。《随想录》是一本敢讲真话的书，在范用（1923—2010）先生的努力下，这本讲了真话的书终于在 1987 年出版未删节本。有意思的是，此后别的出版社再版《随想录》时，仍然删掉了其中最敏感的部分：建议设立“文革”博物馆的内容。范用先生并没有因为决定出版《傅雷家书》与《随想录》而获罪。

范用　像

有社会责任感的编辑出版人，特别是社长或总编辑，应有一定胆量与胆识，应“敢闯敢试”。恪守正义，不顾个人得失，为了人民的利益和社会的进步，敢于出版坚持真理的书，这是编辑出版人应该具备的一种重要职业道德。

选题策划人、编辑出版人必须具有敏锐的政治洞察力，必须具有承担政治风险的心理承受力，必须具有化解政治风险的智慧。

---

① 雷群明：《编辑修养十日谈》，96 页。

选题策划需要宽松的社会环境和政治环境。可喜的是，中国社会越来越开放，政治越来越开明，政策越来越人性化，选题的禁区越来越少。对于那些具有崇高正义感和高超智慧的选题策划人、编辑出版人来说，选题的范围非常宽广，没有必要仅仅因为害怕犯错误而将选题策划置于一个狭小的天地之中。

【基本概念】

慧眼识珠法　敢为人先法

【思考题】

1. 有人说：工、农、兵、商（非儒商）文化程度低，不能写书，就算写也写不出好书。你认为这种说法对吗？为什么？

2. 敢于冒险是事业成功的必要条件之一，图书选题策划也不例外。请联系图书出版的事例对此加以评述。

第十九章

选题策划方法：从版权贸易的角度

在经济全球一体化进程日益加快的今天，在我国已经加入世界贸易组织的背景下，我国出版业同样不能游离于国际出版业之外。西书中渐，中书西渐，中西互补，是出版业发展的大趋势。20 世纪 90 年代尤其是进入 21 世纪以来，国外畅销图书已成为我国图书市场的一大热点。同引进选题相比，输出选题更紧迫更重要。开展对外版权贸易成为图书选题策划的重要方式。

第一节　引进选题法（方法 16）

一、引进选题法的含义与意义

引进选题法，是指以版权贸易的方式，从国外或我国台港澳地区引入优秀选题或畅销选题。

版权贸易，一般是指我国大陆出版机构与国外或我国台港澳地区的出版机构或著作权人，就作品著作权的转移或使用许可所进行的交易活动。从贸易主体的角度来看，版权贸易可划分为以下三种方式。

（1）著作权卖断。即著作权中的部分或全部财产权一次性无时限地有偿转让。有关财产权的所有权发生永久转移，被转让方成为新的著作权人。这种情况极少出现。

（2）著作权有时限转让。即著作权中的一项或多项财产权的所有权暂时有偿转让。在合同约定的期限内，被转让方成为有关权利的所有人。

（3）著作权使用许可。即著作权中的一项或多项财产权的暂时有偿授权使用。在合同约定的期限内，被许可方可以使用有关财产权。许可分为专有许可和非专有许可。

著作权使用许可是我国大陆出版机构与国外或我国台港澳地区的出版机构进行版权贸易时最常用的方式。就引进选题来说，20 世纪 90 年代尤其是进入 21 世纪以来，我国出版界取得了丰硕成果。译林出版社引进了《尤利西斯》，外语教学与研究出版社正式引进了《新概念英语》，北京大学出版社引进了比尔·盖茨的《未来之路》，海南出版社引进了《数字化生存》，人民文学出版社正式引进了“哈利·波特”系列，南海出版公司引进了《窗边的小豆豆》，等等，都取得了显著效益。及时引进优秀选题和畅销选题，既可以满足我国经济建设和科学技术发展对有关信息的需求以及人们日益增长的精神文化需求，还可以使我国出版业获得新的经济增长点。

二、引进选题的基本类型

“第一推动丛书”（初版）书影

概括起来，引进选题有下述两种情形。

（一）引进精品书选题

精品书，侧重科学技术、学术与文化价值。这种图书当然要大量引进。

湖南科学技术出版社引进的“第一推动丛书”已成为我国科普出版界的第一品牌。更重要的是，它使我国的科普理念发生了重要改变，即从强调知识普及和技术推广转向强调传播科学精神和科学思想，从专家自上而下地向群众“灌输”转向“公众理解科学”。正是通过该社和上海科学技术出版社、上海科技教育出版社和云南教育出版社等一批有远见、有责任感的出版社的引进、翻译、出版活动，一种新型科普图书已在出版界、科普界和广大读者中确立了地位。引进国外优秀科普选题，收获的不仅是一批优秀的图书，还有很多无形的东西。有专家将这种无形的东西概括为三个方面：

> 从学术角度来说，近年来科学史、科学哲学、科技传播等学科的发展，“科学文化运动”的勃兴，都离不开“第一推动丛书”那样人文性、思辨性的新型科普图书的“推动”；从创作角度来说，海外优秀科普作品的引进，为国内科普界带来了新鲜的观念和创作技法，让我们得以借鉴和提高；从出版角度来说，通过引进，我们能够学习国际上先进的出版理念、营销经验等，像《果壳中的宇宙》《我的野生动物朋友》等图书的推广活动搞得有声有色，都是非常可喜的现象。①

“哈利·波特”系列
（中文简体字珍藏版）书影

（二）引进优秀畅销书选题

畅销书，侧重经济效益。不同档次畅销书的文化内涵、思想价值有高低之别，我们要引进的自然是优秀畅销书。

20 世纪 90 年代以来，国内畅销的商业财经与企业管理通俗读物绝大部分是引进的，先是《世界上最伟大的推销员》，接着是“富爸爸　穷爸爸”系列，然后是《谁动了我的奶酪?》与《杰克·韦尔奇自传》，再就是《把信送给加西亚》等，都取得了骄人的销售业绩。人民文学出版社引进世界超级畅销少儿文学作品“哈利·波特”系列，销售总量超过 1 000 万册。

---

① 王洪波：《“新科普出版”走过十年》，载《中华读书报》，2003－09－17。

三、获取国际版权贸易信息的途径

引进国外选题，第一步要做的是搜集国际版权贸易信息，寻找值得引进出版的精品书选题和优秀畅销书选题。获取这方面信息的途径主要有以下六种。

（一）直接与国外出版机构建立合作关系

选择那些出版范围同本社相似且有一定世界性影响的国际出版机构，与其建立合作关系，经常保持联系，让其定期通报出版信息，推荐选题。在2005年10月举行的第57届法兰克福国际书展期间，外语教学与研究出版社同牛津大学出版社签署协议，正式结成“辞书编纂战略合作伙伴”关系。

（二）参加国际书刊展览

参加国际书展或国际刊展是寻求国际出版信息最有效的方式，也是进行国际版权贸易的最重要场合。德国法兰克福书展被誉为“世界出版人的奥运会”，约75%的国际版权贸易是通过法兰克福书展达成的[①]。北京世界图书出版公司的副总编辑雷玉清就是在法兰克福书展发现《富爸爸　穷爸爸》的。

（三）登录国际出版网站

登录国际著名出版机构的网站和网络书店（如亚马逊书店），是获得国际出版信息最简便的途径。人民文学出版社是从网上搜索到“哈利·波特”系列在国际上畅销的消息的。

（四）查阅国际出版纸质文献

美国的《纽约时报》畅销书排行榜和《出版商周刊》畅销书排行榜，是引进国外畅销书选题的主要依据。

（五）借助于国内外的版权代理机构

这种办法比较省事。例如，上海版权代理公司是海明威作品全球中文版权独家代理者，美国的约翰·布洛克曼公司是著名的科普图书代理公司，湖南科学技术出版社通过台湾博达著作权代理公司获得了优秀畅销书《世界是平的——21世纪简史》中文简体字版大陆地区独家出版发行权。

（六）通过留学生、国外访问学者等相关人员推荐

湖南科学技术出版社从霍金的学生吴忠超的手里获得了

《世界是平的》书影

---

① 参见张志强主编：《现代出版学》，276页，苏州，苏州大学出版社，2003。

译稿《时间简史》。三联书店于1997年出过一本叫《复杂——诞生于秩序与混沌边缘的科学》的科学译著，讲的是美国不同领域科学家的新思维的故事。中国科学院领导在几次学术会议上提到这本书。这个选题是怎么得来的呢？有一位在英国读书的留学生，清早起来在邮箱里发现推销此书的宣传材料，便买了一本。回国后她与三联书店的一位编辑谈起此书，立即引起这位编辑的注意，于是提出引进该选题。

不管通过哪种途径引进选题，最后都要与对方交涉谈判，最终能否取得对方的授权，既靠实力，又靠诚心。知识出版社是怎样获得《第一次的亲密接触》简体中文版权的呢？该社策划了一套完整而严密的营销方案，包括定价、开本、宣传以及出版时机等，不但关注《第一次的亲密接触》的营销，而且涉及作者痞子蔡当时在台湾出版的第二部作品《7-ELEVEN之恋》的营销策划。最终，该社以诚信和执著争取到了版权。该书策划者、知识出版社原社长谢刚总结经验说：

> 在引进版权方面，同类出版社完全不必相互诋毁，相互竞价。授权方更在乎对方的信任程度以及在内地出版的成功与否。给对方完整的营销方案，将整个运作过程透明化，授权方才相信你的能力与诚意。①

四、引进选题的操作要点

对引进选题的操作要掌握以下七个要点。

（一）在出版导向方面，必须以不违背我国现行的法规、政策为前提

对这项工作必须十二分地细心，稍有疏忽，就很可能出大问题。某社曾经引进一套儿童科普读物“恐龙”系列，很受读者欢迎，但其第六册误把原版中分裂中国领土的地图也“引进”过来，造成不良影响。陕西某社曾引进一种教育方面的电子音像出版物，发行之后，有读者发现里面隐藏色情内容。这都是工作做得不细之故。在引进畅销书选题时，更要注意选题的导向问题。如果单从经济效益考虑，有的选题肯定值得引进，但明摆着偏离了正确的导向。1988年1月，江苏某社率先从日本引进出版《诺查丹玛斯大预言》，认为它“学术价值大，并有极大的探索意义”。该书援引16世纪法国“预言家”诺查丹玛斯（1503—1566）的“理论”，预言人类在1999年7月间会有一场毁灭殆尽的空前大灾难，因而一度在社会上造成严重恐慌。该书无疑是当年的畅销书，但它的不良影响可想而知。

（二）从国外引进选题时要特别注意国内外社会环境的差异

是否从国外引进某选题，既要看其在本国的销售情况与社会影响，更要注意国内外社会环境的差异。例如，爱尔兰革命文学作品《牛虻》在本国不是很出名，但在中国影响巨大，从中国青年出版社1953年出版至今，已有10多个中译本（不包括各种缩写本和改编本）。再如以下案例。

---

① 转引自舒晋瑜：《做畅销书版权引进“快枪手”有三招》，载《中华读书报》，2003-09-17。

案例 19—1

1905 年 2 月，商务印书馆引进出版《迦茵小传》（林纾译）。至 1906 年 9 月发行三版，1913 年与 1914 年又几度再版，成为近代中国一大著名畅销书。有人甚至把中国的革命说成是由两部小说造成的，一部是《巴黎茶花女遗事》，另一部就是《迦茵小传》。① 可是，《迦茵小传》在英国本土是一部反响平平的小说。作者哈葛德（1856—1925）一生写了 58 部小说，《迦茵小传》不算出色。在今天看来，它是一部非常平淡的爱情小说，描写了平民女子迦茵与贵族子弟亨利一见钟情，迦茵大胆地与亨利相爱。最后，为了成全亨利与未婚妻爱玛的婚事，她毅然以牺牲自己的感情与生命来换取亨利的幸福。这样一部小说被引进中国后引起轰动，显然与当时中国的社会环境有关，它向近代中国人尤其是思想解放的青年人形象地展示了渴望恋爱自由、希望婚姻自主、向往爱情至上的美好憧憬。

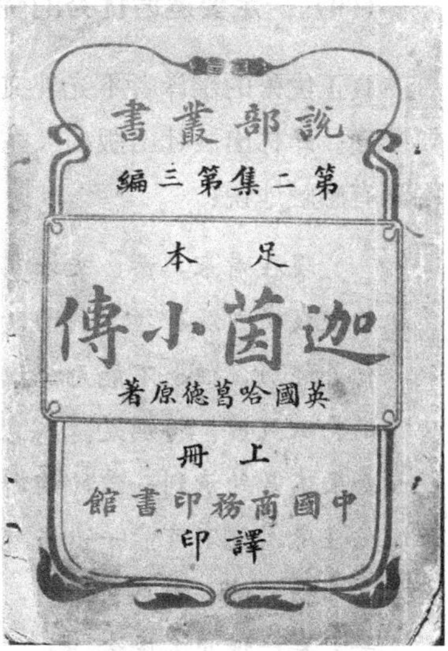

《迦茵小传》（民国版）书影

有些书则恰恰相反：在国外受欢迎，但引进到中国后水土不服。例如，1997 年 11 月，中国言实出版社从美国引进出版了一本获得普利策奖的著作《权力游戏》。该书揭示美国政权内部争斗的真相，又很有可读性，引进中国后，人人都说是好书，但市场上买的人很少。为什么？因为，国内政治家、领导、公务员无须学习美国官员的经验；国内一般读者或许感兴趣，但看不看实际上无所谓；研究国际关系与国际政治的专业人员真会有兴趣，但这些人有多少呢？

（三）在国内外尚未走红但有市场潜力的作品也值得引进

引进选题同样要有预见性。从 1991 年 10 月至 1998 年 1 月漓江出版社引进出版德国作家格拉斯的作品《猫与鼠》《铁皮鼓》与《狗年月》时，作者还没有获得诺贝尔文学奖。但德文编辑吴裕康很早就了解到格拉斯的作品，认为格拉斯是位有潜力的作家，他的作品值得向中国读者介绍，并对他获诺贝尔文学奖充满信心。果然，格拉斯在 1999 年荣获了该奖。此后，格拉斯的作品在中国持续热销。

清华大学出版社从 1992 年起从美国微软公司引进计算机图书版权，美方提出了苛刻的条件。计算机当时在我国并不热，但该社仍坚持引进计算机图书，因而使清华版计算机图书的技术含量进入了与世界同步的行列。清华大学出版社后来成为计算机图书出版的龙头老大，与其远见卓识显然有关。

① 参见陈源：《西滢闲话》，57 页，上海，新月书店，1931。

可见，选题策划人和编辑出版人一定要懂行，要有高瞻远瞩的眼光，看准之后还要锲而不舍。

（四）一定要邀请优秀的翻译人员来翻译

真正优秀的翻译者不光外文水平要高，中文水平也要棒，学识还要渊博，尤其翻译的态度要严谨。译林出版社出版的《尤利西斯》全译本为何既获奖又畅销？策划者、该社原社长李景端深有感触地说：

> 现在看来，萧、文译《尤利西斯》中文全译本的出版成功，既有《尤利西斯》本身的文学价值和它的传奇经历，但也不能无视萧乾夫妇作为名译者所产生的特殊效应。特别是像《尤利西斯》这样难译的书，如果不是约请到一流的翻译家来翻译，读者难免缺乏信任感，就不可能一出版就获得如此大的反响。《尤利西斯》的事例再次证明，“好马还要配好鞍”，译名著需要严谨的名译者。①

萧乾与文洁若

事实证明，萧乾与文洁若夫妇是翻译《尤利西斯》的最佳人选。萧乾在20世纪30年代留学英国时就研究过意识流文学，文洁若毕业于清华大学英文系。在翻译这部书的四年中，他们每天5点钟起床，整天漫游在《尤利西斯》的汪洋大海中，先后查阅了上百部词典及参考书，做了5万多张卡片，请教了几十位各个领域的专家。老两口时而探讨，时而争论，历尽艰辛，终于在《尤利西斯》问世72年之后，首次为中国读者提供了它的中文全译本。国内媒体对八十高龄的萧乾以顽强的毅力，终于啃下这块“硬骨头”的事迹也做了大量宣传。

（五）必须提高译作的编辑含量

所谓编辑含量，是指编辑出版人为了提高图书的整体质量，为了扩大图书的影响而进行的再创造。“精心设计名著的编辑含量”是译林版《尤利西斯》获得成功的第二条经验。《尤利西斯》在国外名气很大，但有个先天缺陷：实在太难懂了。因此，李景端与萧乾夫妇密切配合，从以下六个方面努力提高编辑含量。

（1）在译作中加了6 000条（约10万字）的注释，这是此译本独有的一大特色。

（2）请萧乾写了一篇长达1.5万字的序言，详细评述了作者乔伊斯（1882—1941）的创作意图和这本书的艺术特色，还附录了文洁若写的《〈尤利西斯〉与〈奥德修纪〉（对照）》和《詹姆斯·乔伊斯大事记》。

---

① 李景端：《〈尤利西斯〉获奖又畅销的启示》，见张芬之主编：《出版策划：理论与实践》，298页。下文所引关于该书翻译出版的材料均出自该文。

(3) 千方百计说服冰心的女婿陈恕（爱尔兰文学研究专家）撰写了一本《〈尤利西斯〉导读》，并赶在与《尤利西斯》译本同时出版。专门为一本书出一本“导读”，这在国内出版界实属罕见。

(4) 尽力打造译林版译本的特色。《尤利西斯》的原文很难懂，如按字面硬译，中文势必更费解，萧乾夫妇的中文文采极好，于是就要求他们在忠实原文意思的基础上，力求译文流畅和口语化。对某些翻译和编辑的技术处理，也大胆地有所创新。例如第十章开头，乔伊斯用的是古英语，翻译时也模仿译成半文言半白话的汉语；第十八章原文各句之间没有标点符号，为了既尊重原文又使读者多少好懂一些，就采取了句与句之间空一格的变通办法。

(5) 封面设计也别具一格。几经易稿，最后采用有强烈朦胧感觉的抽象构图，留下令人联想的余地。出版精装本时，考虑到有些读者收藏的需要，又设计了一种以表现乔伊斯奇特神态为特征的新封面，简洁而端庄。

(6) 为了力求做到与众不同，也为了防备盗版，就不惜加大成本，选用特殊的进口纸做封面，精装本采用国际高档书通用的米黄纸来印刷。

上述种种做法，从不同角度增加了《尤利西斯》的编辑含量，丰富了它作为精品书的形象，从而明显地强化了它在图书营销中的优势。

（六）必须高度重视书名的翻译

从国外引进出版的译著，书名要特别斟酌，不宜一味直译。西方名片《出水芙蓉》如按原名直译为《游泳的女人》，《魂断蓝桥》如按原名直译为《滑铁卢桥》，会让中国读者产生美感吗？有一本引进版的书，直译的话书名是《婚姻中的第三者插足是可以原谅的》，但意译为《外遇——可饶恕的过错》，显然要时尚、含蓄得多。中央编译出版社于2008年1月从德国引进出版一本谈色彩的书，主要阐述色彩心理、色彩象征、色彩构思，抽象深奥。如根据原书名直译应为《色彩如何起作用》，但中文版将书名意译为《色彩的性格》，这个拟人化的书名无疑要生动得多。由于在书名以及开本、装帧设计等方面增加了编辑含量，这本小众图书成为了累计发行五六万册的常销书。新华出版社引进过《敲开智者的脑袋——当代西方50位著名思想家的智慧人生》《穷人的资本》与《女性的情绪》，书名也译得相当精彩。

《色彩的性格》书影

（七）不能存在任何版权及其相关权利上的漏洞

《学习的革命》（修订版）后面的附录（只有16页）没有取得新西兰作者（两位作者之一）的授权，结果引发了版权纠纷。

在版权贸易中，还要特别注意版权与以下相关权利的区别，以免引发版权纠纷或者给自己造成损失。

（1）版权与版式设计权。版权是著作权人享有的专有权利，而版式设计权是出版者享有的专有权利。在国际版权贸易中，二者分开许可。如果在版权引进合同中仅仅获得对方图书的专有出版权而没有引进版式设计权，那么中文版图书的封面装帧设计等就不能借用原有的设计。

（2）版权与商标权。一家出版社从英国引进一本有关"007"的书，在中文版封面上加上"007"的标志，结果引起国外版权所有人的不满，理由是未经允许，在封面上使用了其享有商标权的"007"标志。

（3）版权与所有权。在版权贸易中，出版物中的图片不仅要有合法来源，而且要有图片版权人的明确授权。

（4）版权与商品化权。例如，迪士尼公司对米老鼠与唐老鸭这两个动物形象享有商品化权，未经允许，不得使用。一家出版社出版了一本研究迪士尼王国兴起的书，编辑从网上选了一张典型的米老鼠与唐老鸭的图片作封面的主图案，结果引起迪士尼公司的强烈不满。[①]

第二节　输出选题法（方法 17）

一、输出选题的含义与紧迫性、重要性

（一）输出选题的含义

输出选题，主要是指以版权贸易的方式，向国外和我国台港澳地区转让版权。

对外转让版权是中国出版走向世界最主要和最重要的方式。这是因为，出版物的出口虽然是我国出版走向世界最直接的方式，但从实际情况来看，由于受语言的制约，中文出版物的出口对象主要是华侨和华人，其影响力仍然在华语社会。据不完全统计，海外华侨华人大约3 000万人[②]，其中相当多的人对中文没有阅读能力。而且，国外经营中文图书的渠道不畅，主要是华侨华人和一些对中国友好的外国人士所办的中文书店，规模一般都不大。使用英语、法语、日语等外语出版外向型出版物，既缺乏语言优势，又缺乏渠道和营销优势，而且出版成本很高。而对外转让版权，由于被翻译成了当地语言，因而可以使中国出版物进入国外的主流发行渠道，其影响力可以辐射到国外的主流社会（非华语社会）。很显然，使中国出版物进入非华语圈，影响非华语社会，是我国出版走向世界的真正目的，也是我国对外输出选题的真正用意。

---

① 参见虞正春：《图书版权贸易的七个常见误区》，载《编辑学刊》，2007（3）。

② 参见魏玉山：《关于中国出版走向世界的思考——一种跨文化传播的方式》，见中国编辑学会编：《第十一届国际出版学研讨会论文集（2004）》，73页，武汉，湖北人民出版社，2005。

（二）输出选题的紧迫性、重要性

同引进选题相比，输出选题的紧迫性十分突出，意义更为重要。1997—2017 年我国图书版权进出口的基本情况如表 19—1 所示：

表 19—1　1997—2017 年我国图书版权进出口一览表　单位：种

项目＼年份 种数	1997	1998	1999	2000	2001	2002	2003	2004	2005
引进	3 224	5 469	6 459	7 343	8 226	10 235	12 516	10 040	9 382
输出	353	588	418	638	635	1 297	811	1 314	1 434
二者之比	9.1∶1	9.3∶1	15.5∶1	11.5∶1	13.0∶1	7.9∶1	15.4∶1	7.6∶1	6.5∶1
项目＼年份 种数	2006	2007	2008	2009	2010	2011	2012	2013	2014
引进	10 950	10 255	15 776	12 914	13 724	14 708	16 115	16 625	15 542
输出	2 050	2 571	2 440	3 103	3 880	5 922	7 568	7 305	8 088
二者之比	5.3∶1	4.0∶1	6.5∶1	4.2∶1	3.5∶1	2.5∶1	2.1∶1	2.3∶1	1.9∶1
项目＼年份 种数	2015	2016	2017						
引进	15 458	16 587	17 154						
输出	7 998	8 328	10 670						
二者之比	1.93∶1	1.99∶1	1.61∶1						

注：引进与输出的地区包括了我国的台湾、香港与澳门地区，二者之比根据四舍五入的原则取小数点后一位数。

由表 19—1 可知，1997—2017 年我国图书版权输出整体上呈现逐年增加态势，引进与输出的比例整体上逐年缩小，从 1999 年的 15.5∶1 缩小到 2017 年的 1.61∶1，但版权贸易逆差仍然比较严重。而且，版权输出的地区主要集中在亚洲，特别是我国的台湾地区，向欧美输出数量较少。例如，2017 年我国图书版权对外输出种数分别为：我国台湾地区 1 909 项，美国 592 项，韩国 490 项，英国 421 项，德国 421 项，我国香港地区 339 项，俄罗斯 306 项，日本 327 项，新加坡 254 项，加拿大 222 项，法国 172 项，等等。可见，中国出版对西方国家的影响力仍然有限，何况，在输往欧美国家的版权中，主要是中医药类和传统文化类，而反映中国当代现实生活的作品很少。

从深层意义上说，我国对外版权贸易、书刊进出口贸易的入超，制约着中国文化走向世界。在中国文化走向世界的过程中，中国出版业扮演着重要角色。要从国家文化安全的高度认识对外输出版权与出口书刊的重要性。今天，“出版成为文化渗透与反渗透的重要工具之一”①。对外输出版权与出口书刊关系到中华文化在世界文化中的地位，关系到中华民族在世界舞台上的地位。选题策划人、编辑出版人有责任也有义务弘扬中华文化、复兴中华民族。现

① 魏玉山：《关于中国出版走向世界的思考——一种跨文化传播的方式》，见中国编辑学会编：《第十一届国际出版学研讨会论文集（2004）》，75 页。

在全球掀起了一股学习汉语的热潮，不少国家的学校开设中文课程，学习汉语的人越来越多。随着这一潮流的发展，全球对中文书刊的需求将大幅增长，海外中文书刊市场将逐步走强，选题策划人、编辑出版人应该趁势而为，顺势而上。

世界上的大型出版集团几乎都是跨国企业，海外收入是其收入中的重要部分。英国出版业一半以上的收入来自国外。早在1967年，英国牛津大学出版社的图书出口就占其销售总额的55%。[①] 1994年，贝塔斯曼出版集团的海外收入占其总收入的64%。国际书刊市场不应该总是发达国家出版公司的垄断市场，13亿人口大国的出版业应该也必须在国际书刊市场上占有自己不错的一席之地。

上海文艺出版社的《话说中国》系列（15卷）通过版权贸易走向了世界。美国《读者文摘》公司购买了这套书的海外版权，向世界华人销售其海外繁体字版，这是该公司第一次向我国购买版权。应特别指出，海外版权签约仪式举行时，《话说中国》尚未正式出版，该书采取滚动式的出版方式，每月推出一卷，海外同步发行，成为中国图书“走出去”的一个经典范例。这让我们对中国版权与选题输出的未来充满了信心。

二、输出版权与选题的战略战术

外向型出版是中国出版业发展的必经之路，但目前中国出版业走向世界仍处于起步阶段。在起步阶段，国家、政府、出版单位与编辑出版人、选题策划人都要齐心协力，共谋发展。可以采取以下九种战略战术。

（一）国家、政府应该建立扶持机制，为版权输出提供优惠政策

我国出版业具有很强的意识形态性，加之我国出版的产业化很不成熟，版权输出又需要投入很大的人力、物力和财力，但目前收益较小，输出版权一般仅有几万元、几十万元的收益，而成功引进版权则有几百万元甚至几千万元的收益，因此出版单位缺乏输出版权的动力。所以，输出版权不仅需要业界的努力，更需要国家、政府的大力扶持。

在扶持版权输出方面，中国政府起码要做三件事情：（1）制定相关法规，出台鼓励政策，保证出版单位尤其是图书出版社能够从版权输出中获得实实在在的利益。一旦有了政策上的倾斜，一些有实力的出版社就会更有信心开拓海外市场。（2）由国家财政拨出专款，设立国家对外出版发展基金，用于对外翻译、宣传、推广、销售、展示中国出版物。（3）搭建版权输出信息平台，如建立外文出版网站、出版外文本的出版信息刊物等，向国际社会及时发布中文出版信息，主动推荐中文图书版权。

可喜的是，2004年下半年，中国政府启动了“中国图书对外推广计划”，通过资助出版中国的图书和向国外图书馆赠送中文图书，让世界各国人民更好地了解中国。“中国图书对外推广计划”工作小组办公室设在中国图书进出口总公司。国内出版单位每年分两次集中向“中国图书对外推广计划”工作小组办公室推荐图书，也可根据需要随时推荐。“中国图书对外推广

---

① 参见［英］大卫·福斯特、莱内特·欧文：《国际出版与版权知识》，53页，北京，外文出版社，1992。

计划”工作小组每年出版《“中国图书对外推广计划”推荐书目》，利用书展、媒体、网站、杂志等各种渠道向国内外出版机构介绍、推荐图书。2007年3月，国务院新闻办公室与原新闻出版总署联合主办的“中国图书对外推广网”（http：//www.cbi.gov.cn）正式开通，这是中国第一个以向国外推广中国图书为主要目的的中外文多语网站。2009年3月，中国政府启动了“中国文化著作翻译出版工程”，国家设立了专门的对外翻译基金，国内外出版机构经申请批准后均可得到翻译费资助。同年10月，又启动了“经典中国国际出版工程”，资助出版适合国外市场需求的外向型优秀图书。

（二）出版企业可以联合组建版权集团，合力强势推出版权

版权输出是一项系统性很强的复杂工程，单个出版企业开展版权输出往往力不从心。因此，“版权输出业务较大的出版企业可以联合起来组建自己的版权集团，以形成合力，壮大版权输出的资源力量、人员力量、渠道力量，共同打造能够远行海外的、不沉的版权‘航母’”[①]。出版企业可以联合起来，共同参加大型国际书展，集体推出自己的版权。在第57届（2005）法兰克福国际书展上，包括中国出版集团、辽宁出版集团、上海世纪出版集团、上海新闻出版发行公司、山东出版集团、广东出版集团和外语教学与研究出版社等单位在内的中国展团集体亮相，结果引进版权881项，输出版权615项，引进与输出的比例为1.4∶1，是此前历次参展中最低的。

（三）充分利用国内外版权代理机构，提高版权输出的成功率

目前，我国一些实力较强的出版单位设立了版权部、国际合作部等机构，专门负责版权的引进与输出，但这在一定程度上分散了出版单位的人力、物力和财力，不宜全面推广。出版单位要充分发挥版权代理机构在国际版权贸易中的作用。通过版权代理机构进行版权输出可以给出版企业带来至少三大好处：（1）降低版权输出的经济成本，节约资金资源；（2）降低版权输出的人力资本，节约人力资源；（3）扩大版权输出的渠道范围，提高输出效率。[②]一句话，出版单位充分利用版权代理机构熟练的业务知识和丰富的人脉关系，可以大大提高版权输出的成功率。

（四）与国外出版公司共同搭建战略合作平台，努力开发国外出版资源

国内出版企业应该主动走出去，在资源共享、优势互补的基础上积极在国外寻找战略合作伙伴，共同策划，共同制作，共同推广，努力开发国外出版资源。具体有以下四种方式。

1. 与国外出版公司开展版权合作

上海世纪出版集团与海外出版商密切合作。例如，牛津大学出版社和汤姆森学习出版集团等国际出版巨头主动从上海世纪出版集团引进英语学习读物，将其输出到其他国家与地区；上海外语教育出版社与50多家国际著名的出版机构建立了长期的合作关系。

2. 与国外出版公司共同开发出版项目

2006年，外语教学与研究出版社同汤姆森学习出版集团举行《汉语900句》新书首发式暨

---

①② 参见潘文年：《版权输出的五项策略》，载《出版发行研究》，2006（9）。

全球合作出版签约仪式，计划用 14 种语言在全球 50 个国家推广发行该书。2007 年，哈珀·柯林斯出版集团与人民文学出版社合作，准备五年内在国外发行 50 种左右的中国文学名著。①

3. 与国际出版公司组建海内外合资公司

2005 年，辽宁出版集团与贝塔斯曼公司合资组建发行公司，表面看仍是引进来，但实际上提高了辽宁出版集团的国际知名度，为实现"走出去"打下了重要基础。该集团原副总经理俞晓群深有体会地说："如今再和外商谈判，一听说我们是贝塔斯曼的合作伙伴，立刻省去许多了解的程序，一下子就增加了信任感。"② 辽宁出版集团还与一家国际出版公司在加拿大合作组建了威斯塔出版公司（Vista Books），直接在加拿大进行选题策划、组稿和出版。

4. 与国际出版公司组建中外翻译搭档

语言障碍是中国出版物走向世界的最大瓶颈，中国出版物要真正"走出去"，必须解决翻译问题。村上春树作品的中文版绝大部分是林少华翻译的，他翻译的《挪威的森林》风行中国。读者认为村上春树作品在中国受到欢迎的一个重要原因是"翻译得好""文笔美妙"。好的译作是原作者与翻译者的共同创造。

林少华（右）和村上春树　像

然而，既精通外语，又通晓汉语，还有扎实的专业理论知识，翻译态度又严谨的翻译人才凤毛麟角。相比之下，把中文译成外语的翻译人才更少。为解决这一问题，可以由国外的汉学家和中国的翻译家组成搭档，合作翻译中国作品，这样既符合国外的阅读习惯，又能更好地阐释作品本身。

（五）强化全球化意识，针对国际出版市场量身定做出版物

版权输出面对的是国外读者，版权输出的目的地是国外市场，因此，出版单位要有全球化意识，可以有的放矢地策划出版国际性出版物。

与引进版权相比，输出版权更不能守株待兔，更要主动出击。至少要做到以下三点。

1. 在内容策划上要有全球化意识

要充分了解国外目标读者的文化背景、阅读心理和审美情趣，编创出真正让他们感兴趣的出版物。选题题材除了中国传统文化（如中医、武术、气功、菜谱、风土人情）以外，还可以多关注一些全球性话题，如环境保护、情感世界、人与自然等。

2. 在整体设计上要有全球化意识

结合选题内容和国外目标读者的审美情趣，精心设计出他们熟悉的并乐于接受的版式、封面、插图、装订、印刷等，充分满足他们的阅读口味。

---

① 参见《柯林斯出版集团首次在中国设业务部》，见 http：//www.dragonraja.com.cn/20075/22007518938.html，2007-05-18。

② 转引自陈刚、江筱湖、刘颖等：《我们这样走出国门——版权输出成功个案》，载《中国图书商报》，2005-08-26。

3. 在营销模式上要有全球化意识

可以借鉴国外出版的成功经验，采用全球化营销方案，包括前期的多渠道造势、后期的宣传推广以及售后服务等，可以选择网上销售、按需印刷等现代销售模式。

事实表明，与国际阅读潮流同步的原创性图书，很有可能获得国际出版市场的认可。小说《狼图腾》之所以在四年里就出版了英语、韩语、法语、德语、日语、西班牙语、葡萄牙语、俄语、越南语等 26 种语言文字版本，是因为选择了人、动物、自然三者互动这一全球化题材，版式设计简单明了，并进行了国际性的宣传推广。图书题材本身的跨文化、跨地域特征，与国外读者阅读心理和审美趣味的合拍，使《狼图腾》在版权输出方面获得了巨大成功。诚如本书策划者安波舜所说："一本图书要走向世界，必须具备原创性、艺术性、人道主义精神和全球性的主题等诸多特征，《狼图腾》就是同时具有上述特征的一本书。"[①] 中国文化背景复杂的出版物在海外不容易销售。登上国内畅销书榜的《青衣》是一本很优秀的小说，但输出到德国后受到冷遇。可见，在版权输出和出版物出口方面，不能片面理解"越是民族的越是世界的"。既是民族的，又是世界的，才会真正走向世界。

（六）在国外建立出版发行机构，尝试兼并海外出版发行公司

国外多数国家对外国资本进入本国出版市场没有特殊限制，所以在国外建立出版发行机构没有法律或政策的障碍。国内一些出版发行机构已经开始这样做了。中国外文出版发行事业局（简称中国外文局）在版权输出方面实施了本土化战略，即在国外直接进行选题策划和出版发行。2002 年，它与香港联合出版集团一起收购了美国的中国书刊社，并携手成立了长河出版社，直接聘请当地美国人与华人做编辑，系统介绍我国的传统文化、语言与社会发展，受到当地读者欢迎。然而，总体来看，在国外设立出版发行机构的实际效果不理想，没有达到预期目的。

长河出版社总经理罗天佑

国内出版社可以尝试购并海外出版社。兼并是国际上通行的向海外扩张的方法，可以充分利用所在国的人力资源，占领国外市场。"国内出版社的实力不是太强，购买大的海外出版社实力还不够，但可以尝试首先购买中小型出版社，积累经验和实力，待到我们的实力足以购买大型出版社的时候，我们就可以在国际市场上大展拳脚。"[②] 这是富

---

① 安波舜：《解密〈狼图腾〉版权输出神话》，见陈燕主编：《中国图书"走出去"成功案例选》，77 页，北京，外文出版社，2010。

② 邓子平、杜恩龙：《如何拯救一般图书出版》，载《编辑之友》，2006（4）。

有远见又务实的主张。

（七）充分利用国际书展，加强版权输出宣传

出版产业离不开宣传，版权输出离不开国际宣传。国际书展是国际版权贸易最重要的场所。国内出版单位可以充分利用国际书展，进行版权输出的宣传活动。在第66届（2014）法兰克福书展上，中国展团展示了一批反映中国模式、中国道路、中国经验、中国梦以及社会主义核心价值观的主题图书。例如，中国外文局在展区按中国梦、中国道路、中国基本国情、中国政策解读等七大门类展示了740种883册图书，其中，多语种（中文简体字、中文繁体字、英文、德文、法文、俄文、西班牙文、葡萄牙文、阿拉伯文、日文）《习近平谈治国理政》在此届书展首发，吸引了大批德国媒体及各国版权代表的关注，许多国际出版人到展台洽谈其合作事宜。

2014年法兰克福书展中国外文局展台（王雪梅　摄）

（八）加强版权人才培养，提高版权从业人员素质

国际版权贸易对从业人员的要求很高，只懂外语和法律远远不够。熟练使用相关语言只是做好版权贸易的前提，掌握相关法律、公约和政策只是做好版权贸易的保障。一个优秀的版权贸易人才，还要及时洞察国内外出版业的动态，准确把握国际出版市场的行情，正确分析国际读者的阅读需求，熟悉版权贸易流程知识。我国版权贸易起步较晚，版权贸易从业人员的综合素质有待提高。建立一支高素质的版权贸易专业人才队伍可从两方面努力：（1）版权局制定相关的法规和行业规范，大力扶持版权代理业的发展；（2）在高校的编辑出版学专业增设相关课程，在出版界举办各种形式的版权贸易研讨班、培训班等。[①]

（九）成立全国性版权贸易协会，建立版权公共服务平台

成立全国性版权贸易协会的好处至少有两个方面：（1）可以促进各版权贸易机构的深入交流，整合资源和扩大版权的增值空间，提高版权使用的透明度，规范版权有序使用；（2）可以维护我国出版单位的合法权益，尤其是可以解决我国出版单位在版权引进时互相抬价、无序竞

① 参见兰月、乔东亮：《我国图书版权贸易的现状及思考》，载《北京印刷学院学报》，2006（5）。

争的问题，实现事先介入和全过程保护，使版权贸易更趋理性。

【基本概念】

引进选题法　版权贸易　输出选题法

【思考题】

1. 联系具体案例，谈谈策划出版引进版图书选题的操作方法。
2. 你如何看待中国对外输出版权与选题的紧迫性、重要性？
3. 试述我国出版业对外输出版权与选题的战略战术。

第二十章

选题策划方法：从做大做强文化产业的角度

发展和繁荣文化产业，是中国出版业重要的战略目标。如今，中国出版业已进入大出版时代，中国传媒业已进入大传媒时代，各种媒体日益融为一体，难以分割。在此全媒体时代，做大做强出版产业以至整个文化产业，是编辑出版人的必然选择。如何从选题策划的角度做大做强呢？本章试图予以回答。

第一节　滚雪球法（方法 18）

一、滚雪球法的含义

滚雪球法与下文所讲的多元转化法有联系，但有其特定含义：一个选题获得成功后，进一步策划相关、相近的选题，与之配套，形成系列书（或叫书系，一个系列之下可以有多个子系列），以点带面，举一反三，从而形成“连环效应”和规模效应。

所谓“相关”选题的策划，是指对选题的纵向挖掘，是对选题的拓展。如《幻城》（文字版）取得成功后，紧接着出版了《幻城》（漫画版）、《幻城》（卡通版）和《〈幻城〉之恋》。《经济学家茶座》系列既有各个分辑，又有合订本。《中国大百科全书》既有全本，又有精华本，还有简明版。《曾国藩》既有平装本，又有精装本。四大名著既有纯文字本，又有插图本，还有漫画本。著名古籍既出文言文版，又出白话文版。概言之，推出一本图书大获成功后，可继续推出其不同形式的版本，或者是文本形式不同，或者是装帧形式不同，或者是语言形式不同。这就好比海尔集团开发空调，起初做一般的制冷式空调，然后做静音空调，再做变频式空调，接着又做数字化智能空调。虽然都是空调，但功能与消费者定位不同。

“相近”选题的策划，是指对选题的横向扩散，是对选题的延伸。山东人民出版社出版《经济学家茶座》系列获得成功后，又相继推出《法学家茶座》系列、《批评家茶座》系列、《社会学家茶座》系列、《艺术家茶座》系列和《历史学家茶座》系列，从而形成“茶座”大系列；广西师范大学出版社出版《大学人文读本》后，继续开发出《大学人文教程》《大学科学读本》《大学思想读本》和《大学精神档案》，还创办了《大学人文》丛刊。这就好比海尔集团起初做冰箱，之后做洗衣机、空调，再做厨具、卫浴产品、电视机，接着做电脑、手机等，形成了家电系列、厨具系列、卫浴系列、通信系列等不同的子系列。

当然，二者往往是同时或交叉进行的。

二、滚雪球法的作用与策划思路

（一）滚雪球法的作用

滚雪球的作用有三点。

1. 可以挖掘选题资源的价值，充分发挥其效益

通过对某种优势选题资源进行深度、持久的开发，可以充分发挥其效益。中国铁道出版社反复出版的《全国铁路旅客列车时刻表》就是这样一种选题资源。它诞生之初，仅仅是为了让旅客事先知道所要乘坐的旅客列车的运行时间。随着旅客运输新产品的不断出现和旅客需求的不断变化，该社先后推出《中英文对照全国铁路旅客列车时刻表》《快车时刻表》《中国交通指南——飞机、火车时刻表》和《全国大城市列车时刻表》，等等，这一选题变成了选题开发的富矿。

2. 可以培植品牌

出版社品牌和良好形象的确立，光靠一两本好书不行，必须由一大批好书来支撑。复旦大学出版社推出“复旦博学”新闻与传播学系列获得成功后，又推出“复旦博学”工商管理前沿系列、“复旦博学”经济学系列、“复旦博学”金融学系列、“复旦博学”公共管理系列、“复旦博学”广告学系列、“复旦博学”公共关系系列、“复旦博学”文学系列、“复旦博学”语言学系列、“复旦博学”史学系列，等等，从而形成“复旦博学”品牌。

3. 可以减少他人跟风出版对自己造成的损失

一种选题取得成功后，同行往往一窝蜂似的跟进。如何在残酷的市场竞争中坚持得更长久些呢？及时对取得成功的选题进行滚动开发，是行之有效的办法。上海古籍出版社出版《唐诗三百首》（图文本）畅销之后，又陆续推出《唐宋词三百首》《律诗三百首》《宋诗三百首》《元曲三百首》《情诗三百首》《情词三百首》等图文本以及《唐诗一百首》和《宋诗一百首》等彩图本，形成了中国古典诗词图文本、彩图本的大系列。

（二）滚雪球法的策划思路

滚雪球法的策划思路是：将某种富有价值的选题资源挖尽、榨干，把它做细、做精、做大、做强，实现市场份额的最大化。按照著名图书策划家安波舜的话说就是，先从一个鸡蛋的家当做起，取得经验后，抽象、复制出一套有普遍意义的选题运作程序，然后按此经验与程序继续操作其他选题，这种做法叫做“出版产业化的COPY原则”①。总之，运用滚雪球法策划选题，可以把一种出版物做成一份永久性的产业。发展出版产业，不能做一锤子买卖。

---

① 安波舜：《从一个鸡蛋的家当做起——关于出版产业化的COPY原则与试验》，载《中国出版》，1998（1）。

案例 20—1

春风文艺出版社的“布老虎”号称中国文学图书第一品牌。1993 年 11 月最早推出“布老虎丛书”时，定位于都市言情长篇小说。“布老虎·长篇小说”系列取得成功后，于 1998 年推出“小布老虎丛书”（定位于少儿长篇小说）和“小布老虎译丛”。2003 年，推出“布老虎·随笔”系列和“布老虎·散文”系列，还出版“布老虎·中篇小说”系列和“布老虎·青春文学”系列（《幻城》是其第一种）。2004 年，创办《布老虎·青春文学》杂志。围绕“布老虎”延伸出去的各个子系列，都收到了预期效果。

三、滚雪球法的操作守则

运用滚雪球法策划、运作选题要遵守以下五个守则。

（一）寻觅到一个可以滚动开发的“支点”——原始选题

运用滚雪球法策划选题取得成功的首要条件是：必须找到一个可以用来不断滚动的“支点”（“基点”）。有了这个“点”，才可以“撬动地球”。这个“点”是什么呢？是原始选题，即第一本书。借用安波舜的话说，原始选题必须具有“可持续发展的 copy 品质”，即第一本书成功了，可以依此继续滚动开发下去，一年、二年、三年……一版、二版、三版……一本、二本、三本……一套、二套、三套，等等，不断扩展。这就要求选题策划人、编辑出版人一开始策划选题时就要有长远眼光，要给选题的滚动壮大留出足够空间。

《老照片》（第一辑）书影

事实告诉我们，赖以滚动的原始选题常常是无意发现的。山东画报出版社的《老照片》系列，从 1996 年 12 月推出第一辑至 2015 年 11 月已出 103 辑，分册、珍藏本，平装、精装，接二连三地出。《老照片》系列的第一个选题是怎样找到的呢？原来，该社在编辑大型历史图录《图片中国百年史》时，搜集到不少百年来弥足珍贵的历史生活照片。这些照片零散得琐碎，因而难以入史，但又琐碎得可爱，不忍束之高阁，于是，有心之编辑从中精选一些配以短文，辑成 126 页的薄薄小册子，据实冠名为《老照片》。哪想，正史没怎么让人留意，副产品《老照片》却在全国走红，长时间稳居各大书店、小书摊排行榜之首，火得实在让人心跳！真是应了一句俗话：“有心栽花花不发，无心插柳柳成荫。”

既然如此，选题策划人、编辑出版人岂不只能傻等命运之垂青？非也！寻觅到那个足以滚动开发的原始选题，需要具备三个条件：一是把握机会。机会经常有，关键是要果断抓住。当记住两句话：机会只垂青有准备的人；机会只为当机立断者而存在。二是积极尝试。“布老虎”

系列，最初组稿时只是一部长篇小说，但做起来以后，编辑觉得可以做成一个系列，可以把主题定位于都市言情小说，就开始有意识地去策划和经营这个品牌。策划之初，可以选取不同类型、不同风格的两个作者的作品进行同步实验，然后选取其中销得好的那一部进行解构分析，整合出一套程序，再依此运作。三是知己知彼。选题策划人对自己的优势一定要了如指掌，因为，原始选题大多出自自己的优势资源中。

（二）千万不能小富即安

原始选题获得成功后，不能坐享其成，必须趁热打铁，一鼓作气不断开发。滚动开发三四个选题都取得成功后，也不要停步不前。少年儿童出版社于1980年出版《365夜故事》大获成功后，又出版了《365夜儿歌》《365夜谜语》和《365夜新故事》，遗憾的是，该社就此停止了。就在《365夜新故事》出版不到两年后，国际文化出版公司从1991年4月至1992年2月出版了“365书系”，包括《世界真奇妙365》《成语故事365》《谜语故事365》和《自然之谜365》。一年之后，这套“365书系”竟然达到了23个品种！如此强大的阵容压倒了少年儿童出版社的“365夜”系列，以至于人们不知道究竟谁是“365”系列图书的开山鼻祖。滚动开发选题要记住：“选题特色不是丹顶鹤，只有那么一点红，而是要成线成片。”[1]

（三）及时调整、补充新选题

选题推出之后，要随时关注市场反馈信息，一旦发现有新的拓展领域，就要及时调整思路，赶快增补新选题。海燕出版社在推出“彩图”系列丛书的过程中，发现《中国通史》（少年彩图版）卖得最好，就立即围绕这一本书进行滚动开发，推出《中国通史》（少年版）、《中国通史国民读本》、《中国通史国民读本》（特价本）、《中国通史》（单卷本）等。大象出版社将“当代博物馆丛书”推上市场后，发现《海洋博物馆》很受欢迎，就及时策划了“走近海洋丛书”。在滚动开发选题的过程中，不能一劳永逸，必须寻找新的源头活水。

（四）坚持宁缺毋滥

这一点与第三点并不矛盾。滚动开发的过程实质上是打造品牌的过程。在打造品牌的过程中，“要有准确的定位，切记不要把品牌当作一个筐，什么东西都往里放”[2]。春风文艺出版社在出版第一种“布老虎”长篇小说以后的近10年中，平均每年只出版2.2种，就是由于对内容和作者的选择很严格。商务印书馆在连续开发“汉译世界学术名著丛书”的过程中，也是稳扎稳打，不在乎别人抢译抢出，而力求出版“定本”。我国台湾出版家郝明义说：“出版社的品牌非常奇特，它提醒我们，‘品’比‘牌’重要；懂得不做什么，比懂得做什么更重要；减法比加法更重要。”[3] 是啊，有所不为才能有所为。

---

① 李普涛：《选题策划的理论与实践》，48页。

② 韩忠良：《打造中国文学图书第一品牌——对“布老虎”丛书品牌运作的几点认识》，载《出版发行研究》，2002（10）。

③ 郝明义：《品牌与减法》，见辛广伟、魏玉山主编：《2002年世界华文出版年度观察》，127页，北京，华文出版社，2004。

（五）及时将图书品牌注册为商标

如果想对某种选题资源长期滚动开发，就必须及时将图书品牌注册为商标，以免别有用心者利用甚至抢注。图书品牌注册为商标之后，出版者对品牌享有永久专用权，这一权利甚至比专利权和著作权更有用，因为商标权没有时间限制。

2001年，复旦大学出版社选用复旦大学校训的开头两字“博学”，在工商部门注册，并将品牌教材统一冠名为“复旦博学”。2002年7月，广西师范大学出版社出版《大学人文读本》（3册），获得很大成功，引发了跟风。2003年，该社向商标局申请将“大学人文”注册为商标，但商标局认为“大学人文”不具有独占性，因而拒绝了他们的请求。这个教训告诉我们，利用滚动法策划、运作选题，一开始就要有打造品牌的意识，书名的拟定应该考虑到注册为商标的可能性。

《大学人文读本》（3册）书影

第二节　草船借箭法（方法19）

一、草船借箭法的含义、思路、理念

考察我国20世纪90年代末期以来的图书市场，可以发现一个引人注目的现象——依托影视或大众媒体出版的图书普遍卖得好。这种图书已经成为我国图书市场的热点之一，依托影视或大众媒体已经成为我国出版界策划运作图书的一种新方法。

草船借箭法的含义是：依托引起强烈反响的影视片或大众媒体的热点节目、栏目，及时策划相应选题。其策划思路是：通过图书与其他媒体之间的互动，达到促进图书销售的目的。笔者称之为“图书与影视齐飞，平面共立体一色”。此法的策划理念是：借船出海或借鸡孵蛋。

现代出版社出版的“梦剧场”系列、“梦工场”系列和漓江出版社出版的“影视同期书”系列，是运用此法策划图书的先行者和成功者，前者还注册了商标。报刊、广播、电视、互联网等大众媒体的强大辐射力和巨大影响力有目共睹，电视台的名牌栏目、热点节目（如《焦点访谈》《百家讲坛》《今日说法》《朗读者》《生财有道》《鲁豫有约》《国家宝藏》《中国诗词大会》等）是可资利用的优势出版资源。

二、图书与其他媒体互动的情形

图书与其他媒体的互动有以下四种情形。

(一) 图书与电影电视剧互动

请先看以下事实：

1999年第一季度，中央电视台一套黄金时间热播44集电视剧《雍正王朝》，这对二月河的历史小说《雍正皇帝》的销售起着直线上升的牵引作用，1月份的销售量比上一年12月份增长近20倍，2月份又比1月份增长125%。电视剧《雍正王朝》的热播还带动了二月河其他“皇帝书”的热销。

2000年，小说《大雪无痕》出版后几个月内一直少有人问津，但到2001年春中央电视台热播同名电视连续剧时变得热销起来了。

2004年，《哪吒传奇》图书借助于中央电视台同名动画片的热播得以畅销，一举打破了“哈利·波特”系列等国外少儿图书长期占据国内少儿图书畅销排行榜的局面。

根据小说《与狼共舞》改编的同名电影摘得1991年度奥斯卡金奖桂冠。这让美国出版界大为震惊。1988年，当这部小说以平装本出版时，读者反应颇为冷淡，几年总共售出5.7万册。但是，同名电影上映获得巨大成功后，小说的命运得以彻底改变。到1993年初，《与狼共舞》重印34次，销量达150万册，该影片的剧照集也卖出10万册。《廊桥遗梦》英文版出版于1992年4月，问世之初即引起轰动，高居美国各大畅销书排行榜榜首。中文简体字版于1994年6月出版，首印10万册。从1995年6月起，由华纳兄弟公司改编摄制的同名电影在全球上映，大受欢迎，大获好评，又大大拉升了小说的销量。该小说仅在美国就销售了600多万册，至2006年在全球销售1 200万册。中文简体字版在1995年印刷了5次，其中7月份印刷10万册，其他每次印刷5万册，在当年第八届首都图书交易会上引起轰动效应。

《与狼共舞》电影海报

可见，电视剧的热播与电影的热映可以带动同名小说、剧本或相关图书的销售，可以使原已畅销的书变得更加畅销，又可以使原本滞销的书变得畅销，这就叫影视驮着图书走。同名小说、剧本的热销又会进一步扩大影视片的影响。影视与图书唱双簧，比翼齐飞。

就时间关系而言，图书与影视之间的互动有三种情况。

1. 影视先于图书

影视播出之后观众反响强烈，出版社趁热打铁，将同名剧本出版，或将剧本改写成同名小说出版。书出版之时，影视片刚播完不久。这种书可称为“影视后期书”。比如电视剧《空镜子》于2001年11月播放，不经意间大受欢迎。2002年2月，中国电影出版社出版了同名小说。电视剧《恰同学少年》热播后，湖南人民出版社推出其同名小说。

2. 图书与影视同时

现代出版社最早明确提出了“影视同期书”的概念。也就是先编出剧本，再改写成小说，并同时根据剧本拍摄影视片，然后把小说和影视片同时推向市场。比如电视剧《天下粮仓》、电影《大腕》、动画片《哪吒传奇》，都是图书和影视同步推出的。

3. 图书先于影视

小说原作或文学剧本具有改编为影视的潜质，被导演看中后，请原作者改编，或另请他人改编。影视播映后，如果引起轰动，就能拉动原小说或原剧本的销售，而且出版社往往继续出版相关图书。影视播出前出版的同名图书或相关图书可称为“影视先期书”。比如《大雪无痕》《笑傲江湖》《刮痧》《永不瞑目》等，都是图书先行面世。

不管哪种情况，对图书的选题策划人和编辑出版人来说，目的只有一个：趁电视剧热播、电影热映之机热卖图书。

有人会问：观众看了影视之后，还会再看或再买影视互动书吗？事实表明，答案是肯定的。图书有自身的优势，能使读者对人物、情景、情节产生只可意会不可言传的审美效果，能让读者领略中国语言文字的独特魅力。电视连续剧《像雾像雨又像风》热播期间，北京出版社出版的同名小说热销，导演赵宝刚在“序言”中说：

> 老实说，像我这样的懒人不会因为喜欢一部电视剧就不依不饶地再去啃同样内容的小说——这无异于喝完了一锅鲜美的煲汤还偏要从锅底再寻那残剩的肉渣来嚼。当然这是句玩笑话。不过这部小说却给了我一个意外！因为它让我看到了我不曾想到的东西。我想对于那些在电视机前意犹未尽的朋友来说，这本书送来的不只是一个意外，没准儿还是一个惊喜。

这恐怕代表了相当一部分人的阅读心理。阅读图书时的那种快感、愉悦和享受，是观看影视时所没有的。可以肯定地说，即使在将来，影视也不能完全取代图书。

（二）图书与广播电视互动

广播电台、电视台某栏目、节目的高收听率或高收视率，可以使同名图书或相关图书热销。

2002年4月，有读者专程赶到湖南图书城，把身上的500多元钱全部买了湖南广播电台《夜色温柔》节目主持人柴静写的《用我一辈子去忘记》，共28本。他说，有其签名的书，拿去送人有意义。

中央电视台曾于20世纪90年代初热播《长城万里行》专题片，江苏文艺出版社版图书《东方老墙——万里长城写真》随后出版，畅销海内外。中央电视台科教频道的品牌栏目《百家讲坛》催生了“百家讲坛”系列畅销书更是家喻户晓。

案例20—2

2005年8月，轰动全国的电视节目《超级女声》刚落下帷幕，图书市场上就出现了“超级女声”图书。第一本全面介绍“超级女声”台前幕后故事的书是《我为“超女”狂》

（中信出版社）。该书主要汇集了《新京报》对《超级女声》比赛的一系列报道，在西单图书大厦上架仅半个小时，就卖出了50本。其他有关“超女”的书，如《李宇春真帅》与《超级女声宝典》等，也都借《超级女声》的东风热卖。

（三）图书与报刊互动

畅销报刊品牌栏目的高阅读率，也可以转化为图书出版资源。

报刊上的优势资源，经过提炼，可以转化为图书选题，使报刊的品牌效应在图书出版中得到延续。报刊资源转化成图书有三种形式：其一，传统的合订本形式。如《〈电脑报〉合订本》《〈知音〉合订本》《〈读者〉合订本》等，销售强劲。但这种形式是对现成资源的简单拼凑，已逐渐失去对读者的吸引力。其二，经过重新整合的佳作合集形式。如漓江出版社的名刊年选系列（包括《新周刊》《女报》《凤凰周刊》等期刊的年度佳作本），这种形式包含了一定程度的二次加工，受到读者欢迎。其三，融入更多编辑策划的形式。上海人民出版社和中国青年杂志社合作出版了《可能影响21世纪中国的100个青年人物》。在这种形式中，杂志社更强调自己的编辑策划含量，既利用现成的期刊文章，又自主组稿。

（四）图书与互联网、手机互动

互联网上网络文学、博客、微博、微信、视频等资源的高点击率，也可以用来策划出版图书。例如，上海文化出版社与榕树下网站合作推出“榕树下·网络原创作品丛书”，市场反响很好。2001年榕树下网站主编的各种图书发行量达到145万册，收入为1 600万元，成为公司的财政支柱。[①] 从2002年起，该网站大规模与出版社合作，策划出版了不少青春文学畅销书，如《成都，今夜请将我遗忘》《洛神红茶》《沙僧日记》与《诸星汉天空》等。由北京时代华语图书公司策划、长江文艺出版社出版的《罗辑思维》是根据作者主讲的同名互联网知识型脱口秀视频创作的。

“榕树下·网络原创作品丛书”书影

图书出版与手机之间的互动是一种最新的趋势，更值得开拓。手机已经跻身为大众媒体，号称“第五媒体”。手机技术、手机产业和手机传媒的发展已经给其他大众媒体和手机运营商家带来了显著的效益。例如，手机短信在我国兴起于2000年，深受人们喜爱。许多网站利用手机短信而扭亏为盈；许多电视节目、广播节目开辟了短信参与环节；在纸质媒体中，《扬子晚报》《人之初》与《疯狂英语》等报刊是最早一批提供相关短信服务的。

手机短信也给出版社带来了商机。有论者指出，出版社可以在七个方面利用手机短信：

① 参见陈阳：《网络文学资源的跨媒体经营——榕树下全球中文原创作品网案例简析》，载《编辑之友》，2003（2）。

(1) 发布图书资讯；(2) 通过“彩信”的方式，将精美的图书封面、图文书中精美的插图发送到用户手机；(3) 开展互动服务；(4) 保护正版书，打击盗版；(5) 支付电子书；(6) 直接引入图书内容的生产；(7) 综合服务。“对出版社而言，手机短信可以引入内容生产、信息发布、图书营销等多个环节，在进行充分市场调研的基础上，出版社不妨适当地引入短信，利用它的优势寻找新的盈利点。”① 尤其是在直接引入图书内容的生产方面，出版社应该积极介入。“短信文学大赛”等活动，大多是由网站举办的，其实，出版社完全可以成为策划方。再如手机小说，出版社更加可以积极介入（关于手机小说的内容，见下文“多元转化法”）。在我国，有些出版社出版了手机短信集，书中分门别类地收录精彩有趣的手机短信，取得了不错的效益。但是，出版社如何利用手机这种最新、最诱人的大众媒体来开辟新的出版领域，仍然大有文章可做。

三、媒体互动书销售成功的其他必要条件

依托热映的电影、热播的电视剧、大众媒体的热点节目或栏目而策划出版的图书一定会销售成功吗？否！群众出版社推出的影视互动书《重案六组》《清官于成龙》《黑冰》《黑洞》《拿什么拯救你，我的爱人》《便衣警察》等，销量都相当不错，如《黑洞》卖了10多万册。然而，同是该社出版的《你的生命如此多情》，由于同名电视剧没火起来，它的销售也没火起来。就算影视片红火，影视互动书也可能“动”不起来（详见第八章之“借船出海”）。也就是说，草船借箭法基本上属于被动跟进、被动适应，具有某种先天缺陷性。因此，运用此法策划、运作图书选题时，不能只求一时轰动而跟着影视走。

整体而言，运用草船借箭法策划图书，要想取得成功，还必须具备另外四个必要条件。

（一）上市时机要恰到好处

媒体互动书时效性很强，销售周期一般比较短，编辑出版工作要趁早抓紧做好，但推向市场的具体时间则要选择一个最佳时机。中央电视台版《笑傲江湖》在播出前，造足了声势，先是金庸以一元之价卖版权，然后是换角风波，接着是拍摄基地起火，到最后总算制作完了，又一再延播，吊足了观众胃口。于是，《笑傲江湖宝典》与《笑笑傲傲365》两本书应运而生，在北京的几家书店举行签名售书时场面极为火爆，以至于出动警察来维持现场秩序。

案例 20—3

作家出版社1996年引进《英国病人》（1992年获英国小说最高奖布克奖），签订协议后很快就编完了书，但并没有开印。如果1996年上市，最多发1万册。1997年3月，根据该书改编的同名电影获得第69届奥斯卡最佳影片、最佳导演、最佳女配角等九项大奖。于是，作家出版社马上把软片送到工厂开印，结果首印8万册，七天内一抢而空，当年卖出13万册。

---

① 姚雪：《短信能给出版社带来什么》，载《中华读书报》，2003-08-20。

一般来说，影视互动书应该与影视同时、同步上市，但图书毕竟不同于影视，一味抢着“搭车”上市有投机的风险，在影视片经过市场检验之后及时推出则比较稳妥。诚如郝铭鉴先生所说：“某些影视图书，总是强调‘同期出版’，在影视节目还没有经过市场检验的情况下，争先恐后地抢着‘搭车’。这种做法多半已不是正常的出版行为，而多少有了‘搏一记’的投机色彩。”①当年中宣部部长陆定一（1906—1996）打了个比方，说报纸是龙头，期刊是龙身，图书出版是龙尾巴。新闻要讲究速度，图书出版要讲究深度。“龙头”要高度敏感，一有风吹草动就立刻作出反应，而“龙尾巴”不妨静观其变，谋定而后动。

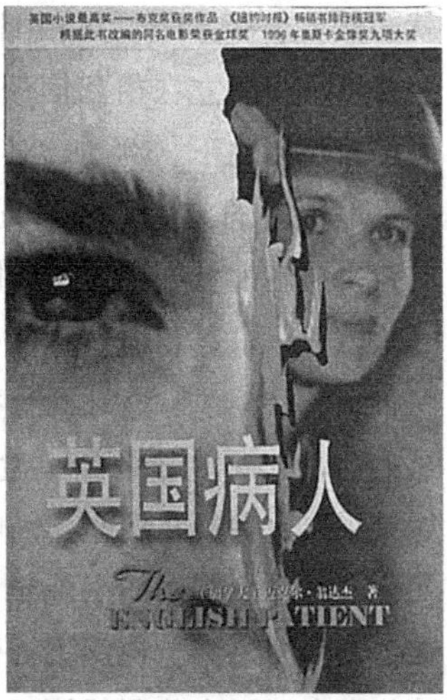

《英国病人》书影

（二）图书质量要有保障

策划出版媒体互动书肯定要抢时间，赶进度，但绝不能以牺牲质量为代价，否则因小失大。

案例 20—4

2000 年 2 月，趁电视连续剧《钢铁是怎样炼成的》在中央电视台黄金时间热播之机，广西某社快速出版了《钢铁是怎样炼成的》的文学剧本。哪知，南京大学外国文学研究所教授、博士生导师余一中状告该书是劣质出版物，理由是，他发现书中的编校差错率高达万分之一百以上。为了保护自己学术批评的权利，更为了保护自己、广大购书者与读者作为文化消费者的合法权益，他向法院提起诉讼。法庭判决该社停止该书的发行销售，向余教授赔礼道歉，并给以相应的经济补偿。

上文说道，影视互动书与影视之间的时间关系有三种情况：一是影视先于图书，二是图书与影视同时，三是图书先于影视。很明显，影视互动书现在之所以引起大家的高度关注，主要是由于前两种情况的广泛存在。相比之下，第三种商业运作的方式合乎文学创作的规律，前两种方式则很可能因为抢时间而忽视了文学创作的质量。事实上确实存在这种现象，不少影视互动文学书缺乏文学色彩，故事的背景和场景描述得极其简单，对话、情节也有着明显的影像化特征，没有动人的细节描写，没有细腻的心理刻画，对白简单，旁白粗陋，以至不少读者形成一种错觉：看书不如看影视片。也就是说，不少影视互动文学书质量的低下，影响了一部分读者阅读与购买影视互动文学书的积极性。这应该引起影视互动书的策划者与出版者的高度重视。

（三）媒体互动的双方必须密切合作

媒体互动图书的出版运作涉及出版社与另一个所依托的媒体，如电视台或电影摄制方，这

① 郝铭鉴：《好啊，无人赴“宴”》，载《编辑学刊》，2006（5）。

就必然要求双方必须互相配合、互相支持，达到双赢。双方的合作既应建立在相互信任的基础上，更应建立在一种科学的经营机制之下。例如，对于电视图书的出版，大多数出版社采取独资的方式，或者向电视台支付8%～15%的版税，或者一次性地从电视台买断图书专有出版权。“这些方式相对简单，责、权、利也非常明确，但若采取出版社与电视台共同投资、共担风险、共同受益的模式，效果必将更佳。”① 这是因为，电视图书的首印量少则一两万册，多则几十万册，如果采取这种模式运作，则电视台在投资压力与收益动力下，就会竭尽全力提供图书编辑所需的各种资料，就会想方设法宣传推广图书。电视图书《恰同学少年》即由湖南人民出版社与湖南电视台共同投资，双方以现金为出资方式（现有其他资源均不作为出资部分），双方按出资比例分配利润。于是，湖南卫视频道主动宣传图书，如在《晚间》等新闻资讯栏目及时报道图书的销售动态，在《快乐大本营》《娱乐无极限》等综艺节目中巧妙地推介图书，为宣传短片的制作积极提供同名电视剧DVD，特别是在图书首发式的前一天晚上在《快乐男声》总决赛中播报了该书将要签售的消息。电视台的这一系列宣传大大拉动了《恰同学少年》的销售。

《恰同学少年》书影

（四）要有必要的宣传促销

为了吸引更多的人购买影视互动书，影视互动书的策划出版者起码可以采取三项措施：第一，在书中插入较多的明星剧照，如现代出版社出版的《刮痧》一书以主角梁家辉、蒋雯丽的剧照为封面，书中文字几乎每两页就有一幅剧照；第二，组织演员签名售书；第三，随书赠送光盘，如现代出版社出版的《大腕》，就随书赠送含有拍摄花絮和明星介绍的光盘，以满足那些影视爱好者和追星族的需求。

《刮痧》书影

四、草船借箭法对选题策划人的素质提出的要求

运用草船借箭法策划、运作选题，选题策划人、编辑出版人起码应具备下述三个基本素质。

（一）信息要灵通

选题策划人、编辑出版人必须提前获得某部影视片的播映、播放信息和大众媒体的有关节目或栏目的开播信息，而且所获信息必须真实可靠。湖北少年儿童出版社获悉中央电视台

① 胡艳红：《挖掘电视图书的畅销潜力——由〈恰同学少年〉看电视图书成功之路》，《出版广角》，2009（3）。

将开播少儿折纸讲座，立即行动，将积压在库的《少儿折纸大全》修订再版，抢在该讲座指定的教材之前出版发行。讲座开播后，该书很受欢迎。岳麓书社在获知中央电视台将播放43集电视连续剧《水浒传》这一消息时，提前赶印《水浒传》。结果，随着电视剧的播出成功，该社赶印的45万册图书全部销完。掌握了信息就会取得市场的主动，信息是市场的制高点。

（二）要有正确的预见能力

“影视同期书”与“影视先期书”的发行风险很大，因为影视片播映、播放后的社会反响很难预料，这就要求策划者、出版者一定要眼力准，押对宝，必须尽可能地事先对赖以依托的影视片的社会影响力做出正确的预见。

（三）要善于与影视界、大众传媒界合作

特别是在上市时机和宣传促销方面，必须取得有关的影视界与大众传媒界的支持与配合。中央电视台摄制的电视连续剧《大宅门》刚刚拍摄完毕，人民文学出版社就与编剧兼导演郭宝昌达成默契，让该剧的文学剧本先于电视剧与读者见面。现代出版社策划出版《刮痧》时，与电影公司在书稿与宣传方面也有密切合作。

第三节　多元转化法（方法20）①

一、多元转化法的含义与策划理念

多元转化法的含义是：围绕一本畅销书或品牌书进行立体开发和综合利用，将其从一种媒体形态转化为多种媒体形态，从而将单一的出版业做成立体的传媒产业。

当今媒体可分为两大类：传统媒体和新兴媒体。传统媒体包括图书、报纸、杂志、电视、广播、电影，新兴媒体包括互联网和手机。现在的音像电子出版物则介于传统媒体与新兴媒体之间。今天，各种媒体之间的互动性不断增强，并日益融为一体。当今中国的出版业正在发生着深刻变革：已经进入大出版时代。何为“大出版”？“所谓‘大出版’之‘大’，不是指出版本身的规模之大，而是指出版业和其他媒体的关系日益密切而最终成为一个‘牵一发而动全身’的大传媒集合体。在这一大集合体中，各种媒体是活跃的变量，它们的级数虽有不同，但彼此勾连呼应的关系是不变的。”②

在全媒体时代，传统的图书出版业怎么办？无他，只能主动去适应这种传播的革命。有句古希腊的箴言说得好：如果你愿意，就跟着走；如果你不愿意，则被拖着走。你愿意被拖着走

① 本方法的主体内容，参见易图强：《“大出版”时代图书选题策划的新思路》，载《编辑之友》，2003（6）。
② 文硕、吴兴文编著：《图书营销传播》，765页，北京，中国广播电视出版社，2000。

吗？图书选题策划自然要跟上大出版、大传媒的潮流。

多元转化法的策划理念是：跳出出版干出版，既干出版，更做产业。换言之，从单一的图书出版和单纯的印刷型出版业中跳出来，向立体型的传媒产业发展，甚至向非传媒文化产业渗透。如此，图书选题才会大大增值，才会真正形成产业链。

二、把图书转化成其他媒体形态的形式

把图书转化为其他媒体形态有以下八种具体形式。

（一）扩张为同名杂志

可以把品牌图书扩张为同名杂志。海天出版社在1996年成功出版发行《花季·雨季》一书的基础上，于1999年创办了《花季·雨季》杂志，第二期的发行量就达到了5万多册。“同龄鸟”本是广西教育出版社着力推出的系列丛书，逐渐成为该社的知名品牌后，该社创办了《同龄鸟》杂志，第一期印刷的2万册供不应求。春风文艺出版社在“布老虎·青春文学”图书的基础上顺势推出《布老虎·青春文学》杂志。2011年1月，利用超级畅销童书“淘气包马小跳”系列的品牌效应，杨红樱和江苏人民出版社（后改为湖北少年儿童出版社）创办了《马小跳》月刊。

《马小跳》

（2015年第11期）封面

（二）制作成音像出版物

将图书的内容录制成磁带，就成了所谓的“磁带书”。这种书在20世纪90年代以前特别受到学生和旅游者的喜爱。1995年，上海文艺出版社出版了著名播音主持人赵忠祥的《岁月随想》，发行了90万册。假如出版社及时请赵忠祥朗读书中的精彩内容，推出“磁带书”，想必作者和出版社又会大赚一把。同年，中国少年儿童出版社策划出版了《中华五千年》彩色卡通画册，受到各界高度评价。不久，该社又推出《中华五千年》配书系列录音带（20盘），采用广播剧的形式，请中国青年艺术剧院的知名艺术家配音，他们以精湛的演播技巧和极富感染力的对白，讲述中国古代历史故事，听者既可欣赏艺术表演，又可获得历史知识。这套书配磁带获得首届全国配书出版音像奖。

《岁月随想》书影

（三）制作成电子出版物

越来越多的生活实用书（如股票书）、教材教辅（特

别是外语类、计算机类）附带光盘。也有其他类型图书附带光盘的，如中国广播电视出版社的“倾听文学书系”。从2000年到2003年，讲座类图书是市场一大热点，遗憾的是，只有《北大最佳讲座》附赠了现场影像VCD光盘。国内出版的电子出版物主要有工具书（如《中国大百科全书》与《汉语大词典》）和基本古籍（如《四库全书》、“二十四史”）等。

《钥匙》书影

（四）制作成网络出版物

可通过以下四种途径将图书制作成网络出版物：

1. 把已经出版的纸质书上传到互联网上

1997年2月，作家出版社和瀛海威信息通信公司合作，将长篇小说《钥匙》上网，这是国内第一本上了互联网的长篇小说。对这种网络出版物，首先让网民免费阅读。等到条件成熟时，再让网民付费点击阅读（如超星数字图书馆），从而实现图书的第二次售卖。

2. 同步推出纸质版与网络版

“非典”期间，中国协和医科大学出版社同步推出《传染性非典型肺炎防治问答》的纸质版和网络版。

3. 围绕图书创办相关网站

1999年7月，朝花少年儿童出版社推出了国内第一部传统纸质媒体与现代电子媒体互动的校园小说《你好花脸道!》。在纸质图书出版的同时，还在互联网上推出了“花脸道初中部网站”，其“站点导航”引导读者（网民）参观校园，书中11个主人公都有电子信箱。读者在“自由接龙”中可以按自己的意愿删改或续写情节。这种做法在如何利用网络为读者提供增值服务，如何通过网络收集更多的读者信息，如何探索网络时代图书出版的新形式方面，迈出了开创性的一步。可以针对畅销书、品牌书创办专门的网站，如哈利·波特网站与达·芬奇密码网站。

4. 创办听书网站

还可以利用互联网创办听书网站，主要有搜音客听书网（http://www.soyinke.com）与天方听书网（http://www.tingbook.com）等，网民付费或免费在线收听。

（五）改编成电影、电视剧、广播剧、动画片

历史上有很多名著被改编成了电影或电视剧，如《乱世佳人》《简·爱》《红岩》与《青春之歌》等。王朔、海岩、池莉、琼瑶、金庸等畅销书作家的作品也常被改编成电视连续剧或电影，如海岩的作品被接二连三地改编成电视连续剧《便衣警察》《永不瞑目》《玉观音》和《拿什么拯救你，我的爱人》等。台湾漫画家朱德庸的漫画书《涩女郎》被拍摄成电视剧《粉红女郎》，绘本漫画家幾米的

《你好花脸道!》书影

《地下铁》与《向左走·向右走》被拍摄成同名电影。1985年，琼瑶的《烟雨濛濛》在北京人民广播电台的《小说连播》节目中播出，引起强烈反响。1998年上映的52集《神脑聪仔》动画片，是根据接力出版社出版的同名系列丛书改编、摄制的。

（六）制作成手机出版物

手机出版已经成为新的出版形态之一。“所谓手机出版，就是以手机为媒介的出版行为，是网络出版的延伸……手机与互联网的结合正在使手机媒体成为一个发展潜力巨大的出版平台。”① 手机出版的商业空间广阔，选题策划人、编辑出版人没有理由袖手旁观，详情见第十二章的有关内容。

（七）开发成网络游戏

网络游戏日益成为出版产业链条上的重要一环。网络玄幻武侠小说《诛仙》既被朝华出版社（第7部开始转到花山文艺出版社）出版纸质书，又被北京完美时空网络技术有限公司开发成网络游戏《诛仙：六道轮回》与《新诛仙：六道轮回》。

（八）围绕一种畅销书、品牌书开发衍生产品

引进出版《哈利·波特与魔法石》（“哈利·波特”系列第一部）取得惊人的发行业绩后，人民文学出版社没有坐享其成，而是立即推出了《哈利·波特与魔法石》贴画书、《哈利·波特与魔法石》填色书、《哈利·波特与魔法石》贺卡书和《哈利·波特与魔法石》海报书等，还开发了哈利·波特明信片、笔记本等产品，连连喜获丰收。

总而言之，通过多元转化法，对优势出版资源进行立体开发和深层次利用，从而把一本（种）书做成永久性的产业。迄今为止，在这方面做得最好的是海天出版社对畅销书《花季·雨季》品牌的持久开发（详见第八章之“不做一锤子买卖”的介绍）。

三、多元转化法对选题策划人提出的新要求

多元转化法追求的是大出版、大传媒、大产业。这无疑对选题策划人、编辑出版人的素质与能力提出了新要求，主要有三个方面。

（一）解放思想，更新观念

如今，出版的内涵在不断加深，作用在不断扩大，手段在不断变化，选题策划人、编辑出版人必须从单一的图书或期刊出版、单纯的印刷型出版业中解放出来。策划出版了一本畅销书刊、品牌书刊，把口袋装满了，就心满意足，这是小农的作为。选题策划人、编辑出版人必须有大传媒的意识，必须有干大出版的气魄，必须有做大产业的本领。总之，必须要有把一本（种）出版物做成永久性产业的理念和追求。

---

① 匡文波：《手机媒体概论》，80～81页。

（二）更新知识，掌握新技能

在全媒体时代，选题策划人、编辑出版人必须主动适应正在发生的传播革命，要花大力气学习现代市场经济知识，了解多媒体技术，熟悉现代媒体运作的规律与程序，掌握大传媒、大出版和大产业运作的新技能。概言之，要有大本领。

（三）立足现实，积极探索

中国传媒业发展到今天，已不仅仅是媒体互动，不同媒体融为一体是必然之势。西方国家的传媒集团大多涵盖各种媒体，而在我国，受文化体制、传媒体制的制约，各种媒体之间的分割仍然明显，但融合是大势所趋。图书出版与大众媒体不断地向对方渗透，特别是大众媒体加快了向图书出版渗透的步伐，一旦政策上有了突破口，二者融为一体就会水到渠成。传统媒体与新兴媒体之间的融合也是阻挡不住的潮流。

即使是在现行体制下，我国出版业仍然存在跨媒体经营的可能与空间。例如，湖南电子音像出版社在出版"中国名家诗文精品欣赏"系列的磁带与光盘后不久，又推出了与磁带配套的诗文鉴赏文字书，这套磁带书、光盘书与文字书的销量都很可观。江苏文艺出版社独家投资拍摄电视连续剧《月色撩人》（详见第八章之"不做一锤子买卖"），更向我们展示了跨媒体发展的可行性。所以，选题策划人、编辑出版人没有必要裹足不前。

最后要强调，无论是滚雪球法，还是多元转化法，都要步步为营、稳扎稳打，不能盲目扩张。传统的图书出版社应该先做精做强纸质图书出版业，再逐步向其他媒体扩张；就算是只从事图书出版业，也不能什么好书、什么畅销书都去出。一家出版社、一个编辑、一个选题策划人都不可能包打天下，必须要有自己的拳头产品。把自己最拿手的图书门类做好了，品牌树立起来了，再做其他书或再向其他媒体扩张也就顺理成章。

【基本概念】

草船借箭法　影视互动书　滚雪球法　多元转化法　手机出版　大出版

【思考题】

1. 什么是草船借箭法？运用这一方法策划图书取得成功的条件有哪些？举例说明。
2. 何为滚雪球法？具体如何操作？举例说明。
3. 图书出版如何向其他媒体拓展？
4. 从选题策划的角度看，你认为怎样才能把出版产业做大做强？

参考文献

一、主要著作与论文集

1. A·斯科特·伯格．天才的编辑．西安：陕西人民出版社，1987.

2. J.P. 德索尔．出版学概说．北京：中国书籍出版社，1988.

3. 陈放，谢宏．文化策划学．北京：时事出版社，2000.

4. 陈满之．我与湖南出版．长沙：湖南科学技术出版社，2007.

5. 陈燕．中国图书“走出去”成功案例选．北京：外文出版社，2010.

6. 宫承波，要力石．出版策划．北京：中国广播电视出版社，2007.

7. 贺圣遂，姜华．出版的品质．上海：复旦大学出版社，2012.

8. 贺圣遂．新形势　新思考——第十届中国编辑学会年会论文集．上海：复旦大学出版社，2006.

9. 胡真．我的出版观．增补本．长沙：湖南出版社，1997.

10. 黄治正．图书编辑学．长沙：湖南出版社，1997.

11. 霍尔格·贝姆，等．未来的出版家——出版社的管理与营销．北京：商务印书馆，1998.

12. 杰夫·赫曼，德博拉·利文·赫曼．选题策划．石家庄：河北教育出版社，2005.

13. 杰拉尔德·格罗斯，编辑人的世界．北京：中国工人出版社，2000.

14. 杰罗德·杰肯斯，马丁·林克．畅销书内幕．天津：天津人民出版社，1998.

15. 匡文波．手机媒体概论．北京：中国人民大学出版社，2006.

16. 雷群明，等．编辑修养十日谈．上海：上海科技教育出版社，2002.

17. 李普涛．选题策划的理论与实践．开封：河南大学出版社，2004.

18. 梁彦斌．读者学．哈尔滨：黑龙江教育出版社，1990.

19. 罗伯特·唐斯．影响世界历史的 16 本书．上海：上海文化出版社，1988.

20. 罗紫初．出版学原理．武汉：武汉大学出版社，1999.

21. 门岿，等．雅俗文学与其互化论．天津：天津社会科学院出版社，2000.

22. 苗遂奇．现代出版选题学引论．苏州：苏州大学出版社，2005.

23. 清水英夫．现代出版学．北京：中国书籍出版社，1991.

24. 阙道隆，徐柏容，林穗芳．书籍编辑学概论．沈阳：辽海出版社，2000.

25. 斯坦利·昂温．出版概论．北京：中国书籍出版社，1989.

26. 宋连生．图书选题策划学．北京：中国水利水电出版社，2006.

27. 苏姗．现代策划学．北京：中共中央党校出版社，2002.

28. 孙琛．现代期刊编辑论丛．第七辑．西安：女友杂志社，1999.

29. 塔．波．伏尤科娃．八十五次喜与忧——一个编辑的思考．北京：中国书籍出版社，1990.

30. 王国安．把创新当成习惯．北京：中央编译出版社，2003.

31. 王建辉．新出版观的探索．武汉：华中师范大学出版社，2002.

32. 文硕，吴兴文．图书营销传播．北京：中国广播电视出版社，2000.

33. 小赫伯特·S·贝利．图书出版的艺术与科学．北京：中国书籍出版社，2004.

34. 谢新洲．电子出版技术．北京：北京大学出版社，2006.

35. 新闻出版总署教育培训中心．成功选题策划启示录．石家庄：河北教育出版社，2001.

36. 新闻出版总署科技与数字出版司．实践·探索·启迪——数字出版案例选编．北京：中国书籍出版社，2011.

37. 徐柏容．编辑创意论．天津：天津古籍出版社，1999.

38. 徐丽芳，等．中国百年畅销书．西安：陕西师范大学出版社，2001.

39. 徐丽芳，刘锦宏，丛挺．数字出版概论．北京：电子工业出版社，2013.

40. 阎达寅．书海耕耘——编辑札记．北京：中国展望出版社，1986.

41. 要力石．谋划出书．北京：新华出版社，2002.

42. 要力石．实用图书策划学．北京：中国书籍出版社，2007.

43. 易图强．出版学概论．长沙：湖南师范大学出版社，2008.

44. 于友先．现代出版产业发展论．苏州：苏州大学出版社，2003.

45. 张芬之．出版策划——理论与实践．南宁：广西教育出版社，2000.

46. 张静庐．中国出版史料补编．北京：中华书局，1957.

47. 张志强．现代出版学．苏州：苏州大学出版社，2003.

48. 赵航．选题论．沈阳：辽宁教育出版社，1998.

49. 赵劲．中国出版理论与实务．北京：中国书籍出版社，1999.

50. 郑士德．中国图书发行史．北京：高等教育出版社，2000.

51. 中国编辑学会，全国出版专业职业资格考试办公室．有关出版的法律法规选编（初级中级）．北京：中国大百科全书出版社，2007.

52. 中国出版发行科学研究所．全国首届出版科学学术讨论会论文选集．重庆：重庆出版社，1987.

53. 中国出版科学研究所，湖北省新闻出版局．第三届全国出版科学研究优秀论文获奖论文集．武汉：华中师范大学出版社，2002.

54. 周蔚华．出版产业研究．北京：中国人民大学出版社，2005.

55. 朱胜龙．现代图书编辑学概论．苏州：苏州大学出版社，2003.

56. 邹韬奋．经历．北京：三联书店，1978.

二、主要期刊报纸

1.《编辑学刊》

2.《编辑之友》

3.《博览群书》
4.《出版参考》
5.《出版发行研究》
6.《出版广角》
7.《出版人》
8.《出版商务周报》
9.《大学出版》(现名《现代出版》)
10.《科技与出版》
11.《人民日报》
12.《书与人》
13.《图书馆建设》
14.《文汇读书周报》
15.《中国报业》
16.《中国编辑》
17.《中国出版》
18.《中国图书商报》(现名《中国出版传媒商报》)
19.《中国新闻出版报》(现名《中国新闻出版广电报》)
20.《中华读书报》

三、主要网站

1. TOM 网：http：//www. tom. com
2. 百度网：http：//www. baidu. com
3. 光明网阅读频道：http：//www. gmw. cn/content/node _ 4236. htm
4. 开卷：图书产业专家：http：//www. openbook. com. cn
5. 孔夫子旧书网：http：//www. kongfz. com
6. 人民网读书频道：http：//book. people. com. cn
7. 深圳新闻网：http：//www. sznews. com
8. 新华悦读：http：//www. xinhuanet. com/book
9. 新浪网读书频道：http：//book. sina. com. cn
10. 中国出版传媒商报：http：//www. cbbr. com. cn
11. 中国出版协会：http：//www. pac. org. cn
12. 中国图书出版网：http：//www. bkpcn. com/web/Index. aspx
13. 中国学术期刊网络出版总库：http：//epub. cnki. net/kns/brief/result. aspx?dbPrefix=CJFQ
14. 中华读书报：http：//epaper. gmw. cn/zhdsb/html/2013-11/13/nbs. D110000zhdsb _ 01. htm
15. 国家新闻出版署：http：//www. sapprft. gov. cn

后　记

早在2004年5月，我就在教学讲稿的基础上写成了书稿《选题策划大讲堂》，并开始联系出版。在2004年上半年之前出版的题有"选题"的著作只有《图书选题策划六讲》（1996年10月出版）、《选题论》（1998年7月出版）与《成功选题策划启示录》（2001年1月出版）。我当时并不知道已经出版了《图书选题策划六讲》（2007年意外发现早已出了这么一本书，但多方搜寻未果，直到2012年才在孔夫子旧书网上买到此书），只知道南开大学的赵航先生出版了专著《选题论》，而《成功选题策划启示录》只是一本选题策划案例文集，所以，我就梦想着拙著能够成为国内出版的第一本题有"选题策划"的专著。然而，联系出版社起初很不顺利。我当时的基本定位是，力争找一家在全国有知名度且出版过颇有影响的新闻出版传播类著作的出版社，而且最好不要让我出钱资助出版，如果一定要我出钱，也要在我愿意承担的范围之内（最多1万元）。于是，通过各种途径先后联系过新华出版社、中国传媒大学出版社、苏州大学出版社和复旦大学出版社，但都因故未成。2006年9月，我到北京大学新闻与传播学院师从肖东发先生做为期一学年的高级访问学者。其间仍时刻牵挂书稿出版事宜，遂经肖先生的博士诸葛卫东师兄介绍，找到北京大学出版社，编辑部周主任颇有兴趣但迟疑不决，这在情理之中。2007年2月下旬的一天，我忽然想起，中国人民大学出版社的周蔚华总编辑在《中国出版》（2006年第11期）发表过《选题创新论》，一个念头闪过：他是人大出版社的总编辑，又研究选题策划，何不联系一下他呢？遂立即给他写了一封信，附上详细目录，并挑选三章样稿挂号寄给他（未寄全部书稿是留了一点心眼的）。当时的心思是，死马当活马医，未抱多大希望。哪知，一个月后，3月30日上午十点十分左右，竟然接到了周总的电话，说是要出版我的书稿，并简要说了一下要出版的理由，我大喜过望！因已与我研究生同门师弟约好当天下午去南开大学看望导师，遂与周总约好下周二下午去他办公室面谈。后因周总临时有事又改在上午见面。周总当时在文化大厦办公，在宽阔、通亮的1504室，双方先寒暄了几句，我得知周总是安徽人。周总先浏览了我带去的完整书稿《图书选题策划》，然后重述了电话中所言并明确表态说："人大社决定出版一套编辑出版学教材，其中就有《出版选题策划》这一本，我正想找人大编辑出版专业的老师写这本书，你既然已经写出来了，而且写得不错，况且肖老师还是我很好的朋友，就决定出版你这本书，你就不要再找别的出版社了。"最后，周总就书稿提了修改意见，说选题策划不能缺了战略定位，选题策划也不只是策划畅销书，谈选题策划不能局限于图书的选题策划，并指出"功利性是选题策划最鲜明的特征"这个说法不妥当。大约20分钟后，我向周总告辞。周总给我的第一印象是，英俊，和蔼，没架子，业务精，尤其是那副英气逼人的眉毛在我脑海里至今挥之不去。这年5月在第三极书局由肖先生组织的一次学术沙龙上再见过周总一次，九年不见，真想念他。返回途中，一个疑问在我心中徘徊：周总怎么没说出这本书我要付多少钱呢？这年6月，我在长沙收到人大社策划编辑李学伟寄来的出版合同及附信，信中说："稿酬方面，本套书均为版税8%，您还满意吧？"不要我出钱，而且有版税，这大大超乎我想象，还会有什么不满意？如果有什么美中不足的话，那就是，它是作为教材来出版的。而根据大学的评价体系，教材不属于专著，不仅没有科研奖励，而且评教授也起不了什么作用。我当时还没有出版过编辑出版学方面的专著，因此，在通读清样的同时，试着给周总打电话，请求在我这本书上最好不要出现"教材"字样。他解释说："我不可能为了你一个人破例。再说，也得看是什么出版社出版的教材，前年有个作者在我这里出了本教材评上了教授。"我没有理由再提什么要求。

在意料之外，似乎也在意料之中，拙著《图书选题策划导论》出版发行后，日渐受到全国高校编辑出版学专业师生的认可。2013年4月的一天，我接到人大出版社人文分社副社长翟江虹女士的电话，说我这本书走得不错，出版社决定修订再版，问我能否在暑假交修订稿。我非常高兴，也十分感激，但有更重要的事情要做，只好说争取寒假交稿。结果到2014年5月也未能交稿，翟女士说："2014年寒假必须交稿，2015年暑假出书。"纵有千难万难，我也应该抓紧修订了。谁料，修订工作并不容易，特别是增补的数字出版物及音像电子出版物的选题策划这两章写作的难度相当大，故又推迟到2015年4月初才全部交齐修订稿。作者的写作是编辑逼出来的！编辑的耐心、认真与敬业、专业，可以激发作者的潜力，成就作者的事业，也激励作者执著于写作，回馈于出版社。

此次修订的力度相当大，具体来说，修改之处有以下14个方面：

第一，改变了书名。将书名由"图书选题策划导论"改为"选题策划导论"。也就是说，修订版所说的"选题策划"是指以图书为主的出版选题策划，即书中内容涵盖传统的书刊出版、音像电子出版与新兴的数字出版。

第二，增加了三章。增加的第十章至第十二章分别阐述了期刊、音像电子出版物和数字出版物的选题策划。特别是第十二章，篇幅达4万字，开拓性地、比较系统地探索了数字出版物的选题策划。

第三，几乎重写了"绪论"。新"绪论"多了七千余字，补充了对传媒策划活动的分类，完善了选题策划研究综述（主要是增加了"现有选题策划研究著作的不足"）。

第四，删除了重复、陈旧的内容。初版中每章后面的"每章要点"大多出自该章正文，复述一遍无多大必要，删除之可以节省篇幅。其他可有可无或已过时的内容也予以删除，如删除了第十三章中的"编辑出版专业报刊、工具书表"。对初版中反复出现的一些词语或语句，如《谁动了我的奶酪?》《大败局》《哈佛女孩刘亦婷》等畅销书的书名，"畅销书策划大师金丽红"（前后出现10次），修订版尽可能地作了删改，以避免重复。

第五，更换、增补了材料。初版明确标识为"案例"的事例有73个，修订版则有91个。与之相关，更新了不少信息。例如，对一些名称已有变更的机构［如新闻出版总署、中国图书商报社、知识出版社（沪）］，一些人物（如聂震宁、张胜友、柳斌杰等）的职务，一些品牌书（如商务印书馆的《现代汉语词典》，少年儿童出版社的《十万个为什么》等）的版本，都据最新事实作了更改。

第六，更新、补充了数据。凡是关于中国出版业的统计资料，都起码使用截至2014年年底的数据，例如，1978年以来我国图书出版品种与印数统计表、1991年以来各年份少年儿童出书统计表与1997年以来我国图书版权进出口一览表，统计年份的下限均延伸到2014年。一些图书的销量或发行量、我国教辅出版情况等，也都尽量使用最新数据，数字出版方面的一些情况则采用了2015年7月时的数据。

第七，改正了一些文字方面的差错，包括错别字、漏字及用词不当等。如将第八章“学术理论著作最早尝试大化体的应该是《水煮三国》”中的“化”改为“话”，将第十三章中的“感同身受”改为“身临其境”，将第十六章中的“读者既可以用来深味，又可以用来浅尝”的“深味”改为“深品”。

第八，更正了个别知识或观点方面的错讹。例如，普鲁斯特著作的中文简体字本《追忆似水年华》原误为《追忆似水流年》，国际著名文学批评家陈世骧的生卒年份（1912—1971）原误为同姓同名的昆虫学家陈世骧的生卒年份（1905—1988），中国外文局在美国成立的长河出版社原误为常和出版社。修订版将广义选题策划分类的第二种视角由“从选题策划外延的角度划分”改为“从选题策划在出版流程中所起作用的角度划分”，将“分配办法的总原则是效益优先、多劳多得、优劳优酬”改为“分配办法的总原则是多劳多得、优劳优酬、兼顾公平”。

第九，更换、增添了图片。结合内容，初版插入书影、编辑出版名家等图片135幅，修订版增加到204幅。对于丛书、系列书，修订版尽量不使用其单本书影。一本书如果修订再版了，就更换为新版书影。

第十，将书中提到的已经去世的人物，在第一次出现时一律用括号标出生卒年份。初版对此有遗漏（如孙子、徐柏容、郭沫若、三毛、马克斯威尔·珀金斯等），有的人物（如范用、史铁生、何光岳、林穗芳）是在初版出版以来逝世的，现在补上其生卒年份。

第十一，对注释部分做了一些改动。如果初版引用的网页现在点击不开，就换为可以打开的最新网址，还核对了初版个别引用不准确的引文，并订正了个别注释的错讹（如《我国图书版权贸易的现状及思考》发表在2006年第5期的《北京印刷学院学报》，而初版误为2006年第10期）。

第十二，更改了标点方面的差错或不当之处。例如，将初版中的不少感叹号改为句号，将《二十四史》改为“二十四史”，按照新标准删除了书名号或引号之间的顿号。

第十三，调换了一些段落或语句的位置。如将北京世界图书出版公司分别邀请大学教授和政府官员、公司管理人员审阅或试读《富爸爸　穷爸爸》的事例，由第十九章前移至第四章，将美国营销大师阿尔·里斯所说的“历史表明，第一个进入人们头脑的品牌所占据的长期市场份额通常是第二个品牌的两倍、第三个品牌的三倍。而且，这个比例不会轻易改变”由第七章后移至第十四章。

第十四，调整了开本、版式与辅文。修订版的开本与版式更疏朗、大气，增加了作者简介与内容简介，目录也有微调。

概括起来，此次修订版的修改情况有七种情形：一是增补，二是删除，三是更换，四是改正，五是统一，六是规范，七是移动。我们努力精益求精，但写书、编书、出书往往是一件令人遗憾的工作，不管修改、编校、通读多少遍，最后拿到样书时还会发现有差错或不满意之处。真心希望读者、专家继续批评、指正！

2000年下半年以来，“图书选题策划”是我讲授的一门主要课程，受到学生的普遍欢迎。2006级编辑出版班学生罗嘉莉在期末答卷中说：“我超喜欢‘图书选题策划’课，您给我们介绍了很多书并向我们展示了很多策划成功的图书。”从2008年下半年起，我增开了“校对实务”。学习这门课，学生需完成三次课外作业，其中一次是挑选正式出版的书刊并改正其差错与不规范之处。2011级编辑出版班的陈叶艳、李无瑕与欧阳蕾馨挑选了我的《图书选题策划导论》。她们高度评价其编校质量，李无瑕认为“其中的语法错误少之甚少”，陈叶艳说：“校对《图书选题策划导论》花费了不少时间，本着‘一心挑刺’态度的我也没能挑出多少错误。由此感叹大出版社毕竟是大出版社啊！”与此同时，她们还提出了一些中肯的修改意见并改正了一些差错，如认为感叹号过多、有些篇章的次序需调整。我吸收了她们的一些校改成果。在此，向她们以及所有喜爱吾课吾书的学生表示谢意，祝愿他们工作顺利、爱情甜蜜、生活幸福！

必须衷心感谢周蔚华先生！翟江虹女士说，他当年决定出版拙著是“慧眼识珠”。说我是“珠”是抬爱我，说他拥有慧眼是实事求是。他现在虽然离开了中国人民大学出版社，但我始终铭记并感谢他！感谢翟江虹女士和郦益编辑为拙著的修订再版付出的辛勤劳动！

最后，还需指出，修订版增补的三章是由我的研究生撰写初稿，刘洋撰写了“期刊的选题策划”，钟可撰写了“音像电子出版物选题策划”，蒋科兰与朱碧倩撰写了“数字出版物选题策划”。她们按照我拟定的提纲撰写了初稿，我在初稿的基础上作了大幅度、实质性的修改。感谢她们！

易图强

2015年11月30日于长沙梨子山

2019更新版修改说明

图书在版编目（CIP）数据

选题策划导论/易图强著．—北京：中国人民大学出版社，2015.9
新编 21 世纪新闻传播学系列教材
ISBN 978-7-300-22268-4

Ⅰ.①选… Ⅱ.①易… Ⅲ.①选题计划（编辑工作）-高等学校-教材 Ⅳ.①G232.1

中国版本图书馆 CIP 数据核字（2015）第 316620 号

新编 21 世纪新闻传播学系列教材
选题策划导论
易图强　著
Xuanti Cehua Daolun

出版发行	中国人民大学出版社		
社　址	北京中关村大街 31 号	**邮政编码**	100080
电　话	010－62511242（总编室）		010－62511770（质管部）
	010－82501766（邮购部）		010－62514148（门市部）
	010－62515195（发行公司）		010－62515275（盗版举报）
网　址	http：//www.crup.com.cn		
经　销	新华书店		
印　刷	北京捷迅佳彩印刷有限公司		
开　本	787 mm×1092 mm　1/16	**版　次**	2016 年 3 月第 1 版
印　张	25.25	**印　次**	2024 年 1 月第 5 次印刷
字　数	592 000	**定　价**	59.80 元

版权所有　侵权必究　　印装差错　负责调换

关联课程教材推荐

书号	书名	第一作者	定价	出书时间
978-7-300-14140-4	普通编辑学	邵益文	39.80 元	2011-09
978-7-300-22124-3	数字出版教程	匡文波	32.00 元	2016-01
978-7-300-18897-3	新媒体理论与技术	匡文波	32.00 元	2014-07
978-7-300-16006-1	手机媒体概论（第二版）	匡文波	35.00 元	2012-07

配套教学资源支持

尊敬的老师：

衷心感谢您选择使用人大版教材！

相关的配套教学资源，请到人大出版社网站（www. crup. com. cn）下载，或是随时与我们联系，我们将向您免费提供。

欢迎您随时反馈教材使用过程中的疑问、修订建议并提供您个人制作的课件。您的课件一经采用，我们将署名并付费。让我们与教材共成长！

联系人信息：

地址：北京海淀区中关村大街 31 号 206 室　龚洪训 收　　邮编：100080

电子邮件：gonghx@crup. com. cn　　电话：010－62515637　　QQ：6130616

如有相关教材的选题计划，也欢迎您与我们联系，我们将竭诚为您服务！

选题联系人：	电子邮件：	电话：
翟江虹	zhaijh@crup. com. cn	010－62515636

俯仰天地　心系人文

人大出版社网站　www. crup. com. cn

专业教师 QQ 群：259226416（全国新闻教师群）

欢迎您登录人大出版社网站浏览，了解图书信息，共享教学资源

期待您加入专业教师 QQ 群，开展学术讨论，交流教学心得